JÖRG MAGENAU

Brüder
unterm Sternenzelt

Friedrich Georg und Ernst Jünger

Eine Biographie

Klett-Cotta

Klett-Cotta
www.klett-cotta.de
© 2012 by J. G. Cotta'sche Buchhandlung Nachfolger GmbH,
gegr. 1659, Stuttgart
Alle Rechte vorbehalten
Printed in Germany
Schutzumschlag: Rothfos & Gabler, Hamburg
Foto: © DLA Marbach
Gesetzt in den Tropen Studios, Leipzig
Gedruckt und gebunden von CPI – Clausen & Bosse, Leck
ISBN 978-3-608-93844-9

Bibliographische Information der Deutschen Nationalbibliothek
Die Deutsche Nationalbibliothek verzeichnet diese Publikation in der
Deutschen Nationalbibliographie; detaillierte bibliographische Daten
sind im Internet über ‹http://dnb.d-nb.de› abrufbar.

Alle vier- oder fünfhundert Jahre
ist ein Einbruch von Wildheit vonnöten, um die Welt
neu zu kräftigen. Die Welt würde sonst an der
Zivilisation zugrunde gehen. Wenn die Mägen gefüllt
sind und die Männer nicht mehr vögeln können,
brechen aus dem Norden sechs Fuß hohe Burschen
ein. Heutzutage gibt es zwar keine Wilden mehr,
aber die Arbeiter werden es sein, die in einigen
fünfzig Jahren diese Aufgabe übernehmen. Man wird
es die soziale Revolution nennen.

(Edmond und Jules de Goncourt,
Tagebücher, 3. September 1855)

PROLOG

1 (LUFT)

Wilflingen 1996

Er wartete nicht auf den Tod. Der Tod war immer schon da, war ein Bruder, ein guter Freund. Irgendwann würde er ihm die Hand reichen und hinübertreten auf die andere Seite der Dinge. Das wäre ein einfacher Vorgang, leichter noch als der Weg die Treppe hinab und hinaus in den Garten, wo unter der Blutbuche der Winterling blühte und die Krokusse ihre ersten Spitzen zeigten. Vielleicht ließ dieser Augenblick nur deshalb so lange auf sich warten, weil er ihn nicht fürchtete – seit jenem Tag vor bald achtzig Jahren nicht mehr, als beim Sturm auf Favreuil ein Geschoss seine Lunge durchschlug und er in den Graben und für einen Moment auch aus dem Leben und aus der Zeit stürzte. Es war kein Schmerz, es war nur Staunen, Leichtigkeit, Annäherung. Ein Glücksgefühl. Wer frei sein will, muss mit dem Tod ein Bündnis schließen. Die vernarbte Stelle zwei Zentimeter unter der rechten Brustwarze konnte er immer noch spüren, wenn er mit den verbliebenen Fingerspitzen darüber strich. Zwei Kuppen hatte er im Ersten Weltkrieg eingebüßt. Das Leben ist dazu da, verzehrt zu werden. Es lässt sich nicht aufsparen. Wenn der Tod kommt, zieht es die Fühlhörner ein.

In seinem Arbeitszimmer duldete er keine mechanischen Uhren. Ihr Ticken hätte ihn in den Takt der Unruhe hineingezwungen, ihn umstellt, eingehegt, niedergehalten. Doch seine Gedanken und Träume sollten ausschweifen. Schreiben hieß, die Zeit aufzuheben. Nur seine Sanduhren, diese Stellvertreter des Elementaren, ließ er hier zu. In ihnen verrann die zugemessene Dauer sacht und nahezu lautlos. Dann drehte man sie um, und die Dauer wiederholte sich in ihrem Quantum. Das tat er jedoch nur noch selten, er hatte die Freude an diesem Spiel verloren, so dass sich immer wieder eine feine Staubschicht auf den Gläsern bildete. Sie standen auf dem Bücherregal zu seiner Rechten, in dem die neunundsiebzig Bände der Kirchenväter untergebracht waren. Die hatte er 1933, im ersten Jahr der »Lemurenherrschaft«, besorgt und sich gleich auf Tertullians Untersuchung der Seele gestürzt. Vanitas, schrieb er Jahrzehnte später, das wäre eine Sanduhr, gefüllt mit der Asche der Geliebten. So eine Uhr hätte er gerne besessen.

Auch jener Freitag der Dreizehnte lag schon mehr als dreißig Jahre zurück. Es war vor der Küste Sardiniens, in Blickweite des Sarazenenturms, als ihn beim Baden während eines aufziehenden Gewitters eine Strömung erfasste, die das nahe Ufer unerreichbar machte. Dort stand Liselotte, sein »Stierlein«, die er nach Grethas Tod geheiratet hatte, und winkte ihm zu wie von einer hell erleuchteten Bühne. Verzweifelt kämpfte er gegen den Sog des Meeres, schaffte es aber nicht, ihr näher zu kommen. Die Wellen warfen ihn wie ein Stück Holz hin und her, als wollten sie mit ihm spielen und ihn verhöhnen, bis ihn die Kräfte verließen. Als er aufgab, entrang sich ihm ein Schrei, der ihn entsetzte, da er nicht gewusst hatte, zu einem solchen Laut fähig zu sein. Das Tosen der brechenden Wellen konnte er damit nicht übertönen. So also ist das Ende, dachte er, als seine Füße plötzlich Grund fassten und er an den Strand taumelte, wo das Stierlein ihn in die Arme schloss und die Zeit, die stehengeblieben war, weiterlief.

So alt, wie er inzwischen geworden war, hatte er mit den Toten vertrauteren Umgang als mit den Lebenden. Die Lebenden waren knapp geworden, und sie würden verschwinden. Die Toten aber blieben mit ihm im Gespräch. Im Tod wurden die Menschen kenntlicher. In seinen Träumen begegneten sie ihm wie Urlauber auf der Straße. Der Tod nahm ihnen nichts weg, er fügte ihnen etwas hinzu. Er war nicht das Ende, und es ging auch nichts mit ihm zu Ende; die Toten veränderten sich, solange sie in der Erinnerung weiterlebten. Sie reiften heran und wurden milder, sie wuchsen in ihm und schlugen Wurzeln, sie rückten näher, auch wenn sie sich in der Zeit entfernten. Wir sind der wahre Totenacker, der wahre Totengrund, sagte er sich: Sie wollen in den Herzen bestattet sein.

Er sammelte Käfer, als ob sich den bizarren Formen und Farben ihrer Körper Nachrichten über die Herkunft des Lebens ablesen ließen. Er sammelte »letzte Worte«, als erlaubten sie einen Blick hinter den Vorhang, auf einen Schimmer des Geheimnisses, für das die Sprache nur das Wort »Jenseits« zur Verfügung stellte. Er war auf subtiler Jagd nach menschlichen Bekundungen über den Sinn der durchlebten

Existenz, denn einen Sinn musste dieses Leben doch haben. Er schrieb die »letzten Worte«, die ihm zugetragen wurden, auf Karteikarten, die er alphabetisch ihren Sprechern zuordnete. Aber dann gab er diese Jagd wieder auf. Mehr als »Es ist vollbracht« ließ sich am Ende nicht sagen, Helleres als »Mehr Licht« konnte er nicht finden. Letzte Worte waren nicht weniger trivial und verworren als alle menschlichen Äußerungen. Seine Sammlung war eine Kuriosität, ein Anekdotenkabinett und kein Kompendium tiefer Wahrheiten. Sein eigenes letztes Wort, so hatte er im Scherz einmal bemerkt, würde lauten: »Bitte vorbeitreten zu dürfen!« Er wusste, dass man dies beizeiten diktieren muss. Nur dann behält man wirklich das letzte Wort.

An den Zimmerwänden hingen Schildkrötenpanzer, verknöcherte Echsen, Muscheln, Seeigel und ein Krebs, auch ein Bogen mit einem wie im Flug festgefrorenen Pfeil, ein Dolch, eine Schere, Landkarten. In einem Teller lagen Orden und Kastanien vom vorigen Herbst, die in die Hand zu nehmen er liebte, und der Splitter eines Meteoriten. Das Modell eines Segelschiffs erinnerte an längst vergangene Fahrten. Eine hölzerne Schlange reckte züngelnd ihren Kopf. Auf dem Fensterbrett wachten die Bilder seiner Toten. Es war eine ganze Kompanie, eine Geisterschar, von der es beständig herüberwisperte. Um sie zu besänftigen, zündete er dort eine Kerze an. Vor den Bildern hielt er in einem Ständer ein ganzes Sortiment von Spazierstöcken für die lange Wanderschaft bereit. An schmucklosen Gräbern orientalischer Friedhöfe hatte er bisweilen Witwen beobachtet, die im stummen Zwiegespräch mit ihren Toten die Lippen bewegten und wohl auch Antwort bekamen. So sprach jetzt er mit seinen Toten oder sie mit ihm. Dieses Gespräch hielt ihn am Leben, weit über seine Zeit hinaus. Er war mit ihnen durch unsichtbare Adern verbunden, ein Fluidum, das in Träumen und Bildern spürbar wurde.

Vater und Mutter, die Brüder, die Schwester, zwei Söhne und die Frau, von der er glaubte, sie sei die Ewigkeit selbst, waren ihm vorausgegangen. Nur er, der Unerschrockene, der hoch dekorierte Kriegsheld, blieb zögernd hinter der Linie zurück. Andererseits: Für jeden Kapitän ist es Ehrensache, als Letzter von Bord zu gehen. Wer über hundert wird, muss diesem Umstand gewachsen sein. Die Bilder seiner Nächsten standen nicht im großen Chor der Freunde am Fenster,

sondern im Sekretär hinter Glastüren, zwischen allerlei Schmuck-
kästchen, Dosen aus Perlmutt, kleinen Vasen, Versteinerungen, Tellern
und Tassen: ein Familienschrein. Links Gretha zwischen den Söhnen
Alexander und Ernstel, in der Mitte die Mutter, ganz rechts Fritz, an
die Seite des Vaters gerückt, anders als früher am großen, ausziehba-
ren Familientisch aus dunklem Eichenholz, der über alle elterlichen
Umzüge hinweg stets derselbe geblieben war. Der Tisch wurde mit
den Enkeln und den Jahren länger, so dass Fritz, der dem Vater von
Anfang an gegenübersaß, sich immer weiter von ihm entfernte. Vom
anderen Ende sah er, wie der Vater sich die Hände rieb und verkündete: »Ich werde hundert Jahre alt.« Jetzt hatten sie hinter Glas zuein-
andergefunden. Der Bruder, in Schal und Mantel gehüllt, machte auf
der Fotografie einen kränklichen Eindruck und war deutlich älter als
der Vater, der sich als kraftvoller Mann in der Blüte seiner Jahre präsentierte, mit Stehkragen und stolzem Blick. Der Vater verlangte Res-
pekt. Der Bruder brauchte Liebe. Keinen vermisste er wie ihn, mit
dem das Gespräch nie abriss. Fast nie.

Einen Bruder zu haben, ist ein Glück. So ein Bruder ist ein Geschenk. Das Gespräch mit ihm war der Maßstab für alle anderen Gespräche. Es war eine Form von Osmose, ein tiefenwirksamer und le-
bensnotwendiger Austausch von Substanz. Gemeinsam erlebten sie,
was ein Gespräch ist und sein kann, und suchten dafür immer und
überall die Nähe des anderen. »Ich glaube überhaupt, dass im Gespräch unsere bedeutendste Leistung liegt«, hatte er vor sehr langer
Zeit an Fritz geschrieben. »Leider lässt sie keine Denkmäler zurück
wie die Literatur oder die Malerei. Immer werden die gesamten Elemente einer Zeit in unzähligen Gesprächen bis in ihre feinsten Einzelheiten durchdrungen; in Gebilden, die so leicht und unbestimmt
sind wie die Wolken und die doch alles Wasser in sich enthalten, das
dann in den Strömen die Mühlen treibt und die Schiffe trägt. Dabei
halte ich das Gespräch für umso wirksamer, je mehr es in sich selbst
beruht und je weniger es die Geschäfte und Interessen berührt. Der
Weltstoff wird hier gewissermaßen auf eine leichteste und luftigste
Art zerpflückt und bearbeitet. Darin besteht der geistige Genuss, der
sich sogleich verringert, wenn Absichten einspielen.« Und weiter: »Übrigens setzt das gelungene Gespräch eine geringe Differenz bei grund-

sätzlicher Übereinstimmung voraus, so wie beim Mikroskop, damit der Gegenstand hervortrete, die grobe Einstellung ruhen, die Mikrometerschraube dagegen spielen muss.«Ganz ähnlich verhielt es sich auch mit den Briefen, die sie sich schrieben, um Trennungen zu überwinden. Briefe waren ein Notbehelf, und doch hatte Fritz nach dem Zweiten Weltkrieg eine Auswahl davon zusammengestellt und Abschriften herstellen lassen, für ihn, für sich, für die Nachwelt.»Ich hob nur das auf, was Lebensspuren enthält, die wiederzufinden mich vergnügen konnte«, schrieb er dazu.»Warum liest man Briefe gern? Weil in ihnen flüchtiger, fliehender, augenblicklicher Lebensgeist ist, weil zarte Konturen sich darin enthalten, die wie die Spuren der Vögel auf dem Schnee sind.«

Vögel. Natürlich. Vögel. Anders konnte es bei Fritz nicht sein. Sie waren seine Freunde. Sein Glück. Fritz wollte noch die Spuren der Vögel in der Luft nachzeichnen, er sprach mit den Vögeln, und er kannte sie alle, die vor seinem Fenster den Bodensee und den Himmel über dem See und die Wälder bevölkerten: Blassgans, Moorente, Nachtreiher, Kornweihe, Sperber, Kiebitz, Kuckuck, Kampfläufer, Wasserralle, Zwergschnepfe, Uferschnepfe, Pfuhlschnepfe, Regenbrachvogel, Austernfischer, Steinwälzer, Trauerschnäpper, Bruchwasserläufer, Schwanzmeise, Neuntöter, Erlenzeisig, Rohrammer und auch den seltenen Schlangenadler und den Schwarzen Milan.»Wo bin ich? Ich möchte zum Bodensee«, sagte er zuletzt. Da lag er auf dem Sofa in seinem Haus an der Seepromenade, blickte durch die offene Balkontür hinaus ins Licht, wo die Möwen kreischten und lachten und Segelboote vorüberglitten, sagte:»Heut ist die Schlacht von Breitenfeld«, und:»Jetzt müsste ich in China sein.« Und dann:»Ich habe noch nie eine Aktenmappe gehabt.« Abends trug er den Bruder, der ihm federleicht vorkam, ins Schlafzimmer hinauf –»Fast wie bei Langemarck!« –, legte ihn behutsam aufs Bett und las ihm, im Wechsel mit Schwägerin Citta, aus Hauffs Märchen vor. Fritz lächelte und hob matt die Hand. Sie sprachen nicht über die Lage. Sie ließen von Kind auf das Letzte unberührt.

Fritz. Dessen letztes, dem Traum entstiegenes Gedicht,»Im tiefen Granit«, sagte er immer wieder auf, um den Bruder herbeizurufen.

Dort entspringt die Granitquelle »Urzwang«.
Das ist die heilsamste aller Quellen.
Der Urzwang zwingt alle Übelkeit,
Alles Unwohlsein weg,
Alle Krankheit verschwindet.
Dort möchte ich sitzen und
Aus kristallenen Bechern trinken,
Bis aller Durst verschwunden ist.
Neben der Quelle »Urzwang«,
Die aus dem Rosengranit sprudelt,
Steht eine Wanne aus Rosengranit,
In die dunkle Granaten verstreut sind.
Die Wanne füllt sich mit kaltem Urzwang,
Aus dem Luftperlen und Silberbläschen emporsteigen.
Hin und wieder schaut ein Helfer zu mir herein,
Porphyrios genannt,
Und erquickt mich mit frischer Luft.

Wie immer, wenn er in der Seeuferklause zu Gast gewesen war, übernachtete er auch dieses Mal im Dachzimmer, das sie »Schwalbennest« nannten. Die Daten seiner Aufenthalte hier oben hielt er auf dem Passepartout eines kolorierten Stiches fest, der Blüte und Blatt einer Aloe vulgaris zeigte, und setzte sein aus den Initialen E und J zusammengefügtes Signum daneben. So wuchs am Bilderrahmen eine Liste der Jahre und der gemeinsamen Stunden am See. Die Liste blieb am Ende offen. Der letzte Besuch war nur noch mit der Vierzehn für den Ankunftstag bezeichnet. Kein Monat, kein Jahr, kein Datum der Abreise.

Als Fritz starb, war er bei ihm. Er saß an seinem Bett, um das sich die Familie des Bruders versammelt hatte: der als Sohn adoptierte Neffe Johannes, dessen Halbbruder Alexander und Dr. Korte als Arzt und Freund. Citta, deren Disteltherapie nichts mehr hatte ausrichten können, hielt Fritz' Hände in den ihren. Seine Atemzüge wurden schwächer, und Fritz schien nichts davon zu bemerken, als um vier Uhr die Münsterglocke schlug und der Bruder sich neben ihm aufrichtete, ihn an den Schultern packte und schüttelte und ihn zum Entsetzen der Anwesenden mit seiner hellen, scharfen, kindlich erstaunten Stimme anbrüllte: was ihm einfalle, er solle bleiben, solle etwas sagen. Er schrie den Namen, schrie: Fritz!, schrie: Friedrich Georg!, schrie: Sag was und: Komm zurück! Es waren Kommandos eines Soldaten, der es nicht gewohnt ist, dass seine Befehle missachtet werden. Es war ein verzweifelter Kampf um eine Wiederkehr, vielleicht auch nur um letzte Worte für die Sammlung. Fritz öffnete noch einmal die Augen, blickte verwundert und ohne ihn zu erkennen auf den, der mit seinem Geschrei die Ruhe störte, und glitt stumm hinüber in den Tod. Seine letzten Worte lagen schon ein paar Tage zurück, er hatte sie zum Arzt gesprochen: »Lasst mich in Ruhe sterben.« Das letzte Wort, das er in sein Tagebuch schrieb, war »Lindenblüte«.

Fritz trug nie eine Uhr und war doch immer pünktlich. In seinem Roman *Der erste Gang* hatte er einen »Uhrenbaum« erfunden. Das war ein alter, mächtiger Baum mit ausladenden Ästen, an denen Erhängte sacht im Winde schaukelten. Irgendwo im Osten. Der Mond erhellte die Nacht, so dass die Schatten der Äste und der hängenden Körper sich mitbewegten. Wie Zeiger hingen die Toten im Baum. Tot wie die Uhren. Friedrich Georg starb im Jahr 1977 am 20. Juli. Am Tag nach seiner Geburt am 1. September 1898 hörte der Vater, auf dem Weg zum Standesamt, um den Sohn registrieren zu lassen, wie auf dem Welfenplatz in Hannover die Kanonen feuerten, zu Ehren des Kaisers und des Reiches und des heiligen Sieges. Der Sedantag wurde gefeiert. Es war eine andere Epoche, eine versunkene Welt. Da kamen sie her.

Was weiß einer, der älter ist als sein Jahrhundert, von der Zeit und von den Zeiten? Wem gehört die Zeit? Was wird sichtbar? Als er 1895 geboren wurde, entdeckte Röntgen seine Strahlen und die Brüder Lumière erfanden den Kinematographen. Aus Technik und Wissenschaft entstand Magie. In Fritz' Geburtsjahr begann mit Émile Zolas »J'accuse« die Dreyfus-Affäre, die die Figur des modernen Intellektuellen hervorbrachte. Er konnte zurückblättern im Tagebuch und die Seiten, die er beschrieben hatte, überschlagen. Der Bruder war nun bald zwanzig Jahre tot. Gestern Abend war Schlachtfest im Löwen. In der Nacht hatte er unruhige Träume gehabt und sich unter der Decke geborgen, in der er sich wie in einer Höhle verkroch. Nur ein kleines Luftloch blieb frei. Der Schlaf war sein Unterstand. Und wenn er müde war, war das mehr als die Müdigkeit einer Nacht. Er schraubte den Füllfederhalter zu und wusste, dass er ihn nicht mehr öffnen würde, egal, wie viele Tage ihm noch blieben. Hundert verweht, das musste reichen. Hinter das Wort »anfällig« setzte er den Schlusspunkt. Er würde jetzt in den Garten gehen, dann zum Weiher hinüber und nach den Schwänen sehen. Es war der 17. März 1996, der vierte Sonntag der Fastenzeit, zwölf Tage vor seinem einhundertundersten Geburtstag.

I. MOOR

2 (WASSER)

Rehburg 1908

Am Anfang ist das Wort. Doch vor dem Wort liegt das Paradies, und das Paradies ist ein Garten, in dem man nicht reden muss. Wer sich dort aufhält, erkennt es nicht. Erst wenn es, wie jedes Paradies, verloren ist, sehnt er sich danach zurück und versucht, es andernorts nachzubauen. Gelingt das nicht, dann kann er böse werden.

Am Anfang stehen die beiden in kurzen Hosen im Garten hinter dem Haus. Fritz biegt die Zweige des Fliederstrauchs auseinander, Ernst steckt den Kopf hindurch und erkennt im Halbdunkel des Gebüschs ein Nest. Vier winzige nackte Wesen hocken dort und sperren ihre gelben Schnäbel auf. Auch im Wacholder sind Nester verborgen, hinter der Schlingrose brüten die Drosseln, die Rotschwänzchen wohnen unterm Giebel des Gartenhauses. Fritz hat die Vögel belauscht, ist ihren Flugwegen gefolgt und hat so die Verstecke aufgespürt. Er kennt auch den Schlafplatz des Käuzchens unterm Schornstein und die Nisthöhle des Kleibers in der alten Eiche, die mit ihrem dichtbelaubten Blätterdach alle anderen Bäume und auch das Haus überragt. Bevor er seinem Bruder die Zimmer zeigt, führt er ihn durch den Garten, in dem er schon viele Stunden verbracht hat. Die Heide reicht dicht an das Grundstück heran. Eine Pforte an der Seite führt auf einen Feldweg, den sie im Hundetrab entlanglaufen bis zum Mühlenberg, wo die Brombeeren blühen. Ganz außer Atem kommen sie dort an. Der Blick reicht hinüber zum Steinhuder Meer mit der Insel Wilhelmstein. Auch den Meerbach mit seinem dunklen, stockenden Wasser, die Sümpfe, Bruchwiesen und Moore sieht Ernst von hier aus zum ersten Mal.

Ernst traf 1908 mit einem halben Jahr Verspätung in Rehburg ein. Er hatte erst noch das Schuljahr in Braunschweig abschließen müssen. Nach dem Desaster in Hannover – sogar in Betragen hatte er dort eine Fünf bekommen, angeblich das schlechteste Zeugnis, das am Lyzeum II jemals ausgestellt worden war, »Versetzung vollkommen ausgeschlossen!«, wie er später nicht ohne Stolz zu Protokoll gab – und dem Wechsel auf eine sogenannte Knabenpresse besuchte er in Braunschweig mit relativem Erfolg die Oberrealschule. Seine Literaturkenntnisse wirkten sich dort zu seinen Gunsten aus. Bis elf Uhr in der Nacht nutzte er zum Lesen das Licht der Gaslaterne vor dem Haus, indem er sich mit dem Buch in der Hand ans Fenster stellte. In Hannover hatte er sich zum Lesen nachts heimlich ins Wohnzimmer geschlichen und den Kerzenhalter angezündet. Da standen auch Vaters Rum- und Arrakflaschen, aus denen er sich bediente, indem er einen Schuss Alkohol auf einen mit Zucker gefüllten Löffel goss. Das hielt ihn wach.

In Rehburg erwarb der Vater 1907 für 120.000 Mark die herrschaftliche Villa eines insolventen Fabrikanten, so dass die Familie wieder einmal umziehen musste. Ernst war 1895 in Heidelberg geboren worden, noch bevor die Eltern geheiratet hatten, Fritz und die Schwester Hanna dann schon in Hannover und unter bürgerlich ordnungsgemäßem Eheverhältnis. Als der Vater 1902 in Schwarzenberg im Erzgebirge die Apotheke übernahm, zog die Familie nach Sachsen und ein paar Jahre später, nach dem gewinnträchtigen Verkauf der Apotheke, zurück nach Hannover, wo Hans geboren wurde. Und nun von der Stadt aufs Land, und wieder gab es dazu einen neuen kleinen Bruder: Wolfgang. Hier würden sie jetzt aber bleiben, versprach der Vater, der mit Kali-Aktien so viel Geld verdient hatte, dass er sich zur Ruhe setzen konnte. Er wollte sich um das Anwesen mit dem parkartigen Garten kümmern und seiner Leidenschaft, dem Schachspiel, nachgehen. Jenseits der vierzig sollte niemand mehr arbeiten müssen, pflegte er zu sagen, dann sollte man sich nur noch seinen Neigungen widmen. Fritz und Ernst imponierte diese Sicherheit. So wollten sie es später auch einmal halten. Noch besser wäre es allerdings, mit dem Arbeiten gar nicht erst anzufangen.

Draußen fühlte Fritz sich am wohlsten – und oben in seinem Vogelzimmer unterm Dach. Wenn er später daran zurückdachte, sah er es vor sich, wie es im Sommer morgens aufleuchtete, wenn in den schräg einfallenden Sonnenstrahlen die Staubkörnchen tanzten. In der Baumkrone überm Dach versammelten sich vom Frühjahr bis zum Herbst die Stare und zogen ihren Nachwuchs auf. Sie schwätzten und plapperten durcheinander, sie lärmten und brausten, schnalzten und pfiffen und weckten ihn in aller Frühe. Er passte sich dem Rhythmus der Vögel an, lebte mit ihnen und nahm sie in seine Träume auf. Die Wände seines Zimmers hatte er mit Vogelbildern geschmückt. Ein in die Wand eingebauter Schrank nahm die Kostbarkeiten seiner Sammlungen auf. Er verwahrte sie in eisernen Kassetten, deren Inhalt er Ernst stolz präsentierte: Federn und Eier, Steine und knotige Wurzeln. Brehms Vogelkunde stand griffbereit daneben.

Viele Bücher lasen sie zusammen. Am liebsten saßen sie dabei unten im prächtigen, mit Schnitzereien und Intarsien geschmückten Jagdzimmer, dessen bemalte Fenster idyllische Waldszenen zeigten. An einem Wasserlauf im goldenen Abendlicht stand ein Fuchs, der mit glühenden Augen über die Schulter zurück ins Zimmer blickte, als wolle er wissen, ob ihm von dort aus jemand folge. Von oben schossen zwei Waldschnepfen im Sturzflug herab. Auf dem anderen Fenster zeigte sich scheues Rotwild, fluchtbereit am Waldrand unter Birken. Zum Lesen hatten sie eine eigene Technik entwickelt. Das Buch in der Mitte zwischen sich auf dem Tisch, saßen sie eng nebeneinander und blätterten in regelmäßigem Gleichtakt um. Mal war der eine mit Blättern dran, mal der andere; sie funktionierten wie ein Metronom, so versunken waren sie. Das Lesetempo musste exakt aufeinander abgestimmt sein, und zwar so, dass ihre Augen gleichzeitig Wort für Wort berührten und sie jedes Stocken und Verweilen des anderen ahnten. So richteten sie sich parallel zueinander aus. Wenn wir lesen, sind wir wie zwei Geraden, bemerkte Fritz einmal, doch schneiden sie sich nicht erst im Unendlichen, sondern gleich hier, in Sichtweite, in den Büchern. Lesen setzt die Regeln der Mathematik außer Kraft, behauptete Ernst. Wir schneiden uns nicht, wir sind verbunden. Wir tauchen mit unserem Phantasiestrahl in eine gemeinsame Welt ein. Dorthin kann uns niemand folgen.

Sie lasen Jules Vernes *Reise zum Mittelpunkt der Erde*, entzifferten mit Professor Lidenbrock und seinem Neffen Axel die Geheimschrift Snorri Sturlusons und brachen mit den beiden auf nach Island und zum Vulkan Snæfellsjökull. Sie lasen *Gullivers Reisen* und immer wieder die *Geschichten aus Tausendundeiner Nacht*. Der allem Vergänglichen so tränenreich nachtrauernde Emir Mûsa aus der »Geschichte von der Messingstadt« blieb zeitlebens einer der Lieblingshelden von Ernst. Mit dem Lederstrumpf begegneten sie Chingachgook und beklagten seinen Tod. Robinson Crusoe folgten sie in afrikanische Gefangenschaft und retteten sich an seiner Seite als Schiffbrüchige auf die namenlose Karibikinsel im Mündungsgebiet des Orinoco. Fritz fürchtete sich beim Anblick des dunklen Wilden, der auf dem Buchumschlag abgebildet war, doch das Meer, das die Insel umgab, tröstete ihn. In der Nähe von Wasser konnte ihm nichts passieren; wo Wasser war, da war auch das Glück. Das früheste Bild, an das er sich erinnerte, war ein Badeausflug mit den Eltern. Auf einem Teich glitzerte das Sonnenlicht, und er streckte die kleinen Händchen aus, um danach zu greifen. Neben dem großen Bruder verlor er alle Angst. Nachts schlich er gemeinsam mit Hanna zu ihm hinüber. Dann hockten sie auf seinem Bett, und Ernst erzählte von seinen Abenteuern bei den Ameisen. Als Däumling drang er in deren burgartige Behausung vor und kämpfte, ein einsamer Ritter, immer wieder aufs Neue siegreich gegen die überlegene Armee der Insekten.

Der Großvater hatte, wie im 19. Jahrhundert üblich, Blätter und Blüten für sein Herbarium gesammelt. Der Vater, botanisch gebildet und naturwissenschaftlich orientiert, war zur Chemie übergegangen und hatte sich damit beschäftigt, bestimmte Stoffe aus Pflanzen zu extrahieren, wie zum Beispiel Kumarin aus Waldmeister. Den Söhnen schenkte er zu Weihnachten eine Fangausrüstung und dazu Fleischers *Der Käferfreund*, eine praktische Anleitung zum Sammeln und Bestimmen von Käfern. Es war ein pädagogisches Geschenk: Die Mutter fürchtete, die beiden Ältesten würden wie der Vater zu viel Zeit aufs Schachspiel verschwenden, und dem Vater waren die Buchfluchten der Söhne suspekt. Die Ausrüstung bestand aus Netz, Nadeln, äthergefüllter Fangflasche und einem mit Torf ausgelegten Sammelkasten. Das war nicht viel, aber es war ein Anfang.

Das Steinhuder Meer war zugefroren, so dass die Moore und die schwimmenden Wiesen zugänglich wurden. Mit der Axt in der Hand zogen sie los, klopften morsche Baumstümpfe auf und sammelten ein, was sich darunter verbarg: metallisch schimmernde Wesen, frisch aus der Puppe geschlüpft und vom Licht noch unberührt. Oder sie hieben Löcher ins Eis und holten mit dem Käscher Wasserkäfer heraus. Fritz kam es so vor, als hätte der Bruder den Adlerblick Lederstrumpfs. Ernst sah die Beute schon, bevor Fritz sie auch nur ahnte, und gab dazu knappe Kommandos. Fritz befühlte das vereiste Moos. Die Finger schmerzten im Frost, und das Gesicht brannte. Er lauschte den Klängen des Schilfrohrs, das klirrte wie aneinanderschlagendes Glas. Der Meerbach war unter einem Eispanzer verschwunden. Schwärme schwarzer Krähen kreisten in der Luft. Die Bäume streckten ihre dunklen Äste in den Himmel. Leer und verlassen lagen darin die Nester. Das war ihr Winter, an dem sich alle späteren zu messen hatten.

Im Sommer wateten sie nackt durch die sumpfigen Wiesen, streiften auf gefährlichen Wegen durchs Moor, rieben sich gegenseitig mit Schlamm ein, um sich vor Mückenstichen zu schützen, und grinsten sich an mit ihren schwarzen Gesichtern. Ernst sah aus wie einer der Menschenfresser im *Robinson Crusoe*, schnitt Grimassen und machte schmatzende Geräusche. Sie durchsuchten die Schlehenhecken nach Elsternestern und stahlen den Vögeln die Eier. Sie wateten durch Bäche und stelzten auf Stangen durch den Uferschlamm, um die Aalreusen der Fischer auszunehmen. Sie fingen Weißfische mit der Hand und schlugen mit Knüppeln nach dem Hecht.

Heimat ist da, wo man noch nicht war. Heimat ist aber auch dort, wohin man nicht mehr zurückfindet. Und es kann sein, dass sie beides zugleich ist. Als Friedrich Georg in seiner Autobiographie die Kindheit als Heimat entwarf, war er fast fünfzig Jahre alt und zwei Weltkriege davon entfernt. Während draußen die Bomben fielen, nahm die Kraft der Erinnerungen zu und wuchs sich zur Idylle aus. Nicht die spröde Strenge des Vaters, nicht die Ängstlichkeit und Schwermut, nicht die Enge der wilhelminischen Welt färbte die Betrachtungen über die Vergangenheit ein, sondern das Glück, das es so vielleicht nie gegeben hat. Rehburg wurde zur Insel in der Zeit, auf der er sicher und aufgehoben war. Doch auch wenn das im Rückblick entstandene Bild stilisiert ist, ist es deshalb nicht falsch. Stilisierung ist das ganze Leben. Es gibt keinen Grund, es besser wissen zu wollen und eine andere, kritische Wahrheit dagegenzusetzen. Der schwere Kampf um die Anerkennung des Vaters: zweifellos. Eine Kindheit zum Kriege: Ja, das war sie auch. Aber das Kind wusste nichts davon. Und als es davon wusste, war es begeistert. Fritz schrieb sich später die Kindheit zurecht, die er benötigte, um sein Leben darauf zu gründen. Ernst dagegen blieb immer das Kind, das er war. Er lebte seine Kindheitsphantasien noch im Alter aus, wenn er mit seinen Sekretären im Wilflinger Steinbruch Feuerchen entzündete und in die Flammen blies oder mit Steinen auf vorstehende Felsnasen warf, bis sie herunterbrachen.

Einmal drangen sie in den stillgelegten Stollen vor, wo Fledermäuse den Tag verdämmerten. Sie kletterten im Steinbruch herum und bestiegen die Ruine der abgebrannten Mühle auf dem Mühlenberg, sammelten Eulengewölle und Vogelfedern oder suchten auf dem Haarberg nach Mauerresten von Münchhausens Burg. Den Plätzen, die sie entdeckten, gaben sie Namen und trugen sie zu Hause in die Karte ihres Reiches ein. Im Fundbuch hielten sie alle wichtigen Beobachtungen fest, klebten Pflanzen und Federn ein, vermerkten die Fundorte und bestimmten die Tiere. Und Fritz schrieb die Ankunfts- und Abflugdaten der Zugvögel auf: Störche, Graugänse, Schwalben, Mauersegler, Kiebitze, Kraniche.

Das Benennen und Bestimmen war noch schöner als die Jagd selbst. Erst mit der Benennung nahmen sie die Beute in Besitz, erkannten sie als das, was sie war, ordneten sie ein, machten sie zum Teil eines Systems und eroberten sich so ihre Welt. Nur was erkannt war, blieb bestehen; nur was sich einfügen ließ, verwies auf den großen Zusammenhang. Dann hatte jedes Fundstück seinen Platz im Universum. Schon damals betrachtete Ernst die Käfer in ihrem unendlichen Formenreichtum weniger als Tiere oder als Lebewesen denn als wundersame Kunstwerke, Schnitzereien aus Horn, Jade oder Elfenbein. War ihr Glanz nicht reiner Schmuck, zwecklos und verschwenderisch schön? Sie waren wie die Muscheln des Meeres, wie die Früchte der Bäume. Nichts als Überfluss.

Die Vögel, von denen Fritz alles wissen wollte, ließen sich nicht sammeln. Vögel musste man aus der Ferne beobachten und versuchen, ihnen vorsichtig nahe zu kommen, ohne sie zu erschrecken. Man musste sie im Gedächtnis bewahren. Sie mussten leben, um schön zu sein, mussten die Flügel ausbreiten, ihre Stimmen erheben, und wenn sie starben, dann wurde ihr Gefieder stumpf. Den Käfern aber schien der Tod im Essigätherdunst nichts anzuhaben. Sie blieben geschmeidig und leuchteten auf, als wären sie dankbar für diese Verwandlung. Hält man sie gut in Schuss, dann dauert es eine Ewigkeit, bis sie zu buntem Staub zerfallen.

Die Schule in Wunstorf war fünfzehn Kilometer entfernt und nur mit der Meerbahn zu erreichen. Um den Zug nicht zu verpassen, mussten sie kurz vor sechs aufstehen, und sie kamen erst am späten Nachmittag zurück. Der weite Weg hatte immerhin den Vorteil, dass die Entschuldigung, den Zug verpasst zu haben, von den Lehrern akzeptiert wurde. Sie durften das nur nicht überstrapazieren, und sie machten es sich zur Regel, guten Willen dadurch zu beweisen, dass sie den Zug möglichst knapp verpassten und ihn noch abdampfen sahen. Der vergebliche Dauerlauf diente auch dann der Lockerung von Muskulatur und Gewissen, wenn sie statt der Schulsachen gleich das Angelzeug unterm Arm trugen und direkt weiterliefen zum Meerbach.

Jeder so gewonnene Tag war besser als ein in der Schule abgesessener Tag. Wenn Fritz den Vögeln vor den Fenstern des Klassenraumes hinterhersah, fühlte er sich wie in einem gläsernen Käfig, als wäre er einer der ausgestopften Kolibris in der Vitrine der Biologiesammlung. Der Körper hockte brav in der Schulbank, aber der Geist träumte sich hinaus. Im Unterricht fiel das nur auf, wenn er aufgerufen wurde und dann hochschreckte aus seinem Dämmer und nicht wusste, wovon die Rede war. Quälender verliefen die Turnstunden, wenn die Knaben den Gleichschritt übten und hintereinander durch die Halle marschierten. Da konnte man sehen, wenn einer nicht bei der Sache war und aus dem Takt kam. Der Turnlehrer schlich sich dann von hinten an, klatschte Fritz die flache Hand auf den Rücken und schleuderte ihn derb in die Wirklichkeit zurück, so dass er ins Stolpern geriet und zum Gespött der Kameraden wurde – Bauernjungs zumeist, mit denen er nicht viel zu tun hatte.

Ernst war geschmeidiger, beweglicher. Sein Körper machte alles mit, was man von ihm verlangte. Aber auch er träumte sich davon und wurde von den Lehrern aufgegeben. Er malte sich aus, in einer Welt ohne Menschen zu leben, in der nur noch er, Robinson, existierte. Oder er stellte sich vor, gemeinsam mit Eltern und Geschwistern in epochalem Schlaf zu liegen, aus dem sie nur alle hundert Jahre einmal erwachten zum Rundgang durch Haus und Garten. Er konnte auch nie die Vermutung abweisen, dass alles, was um ihn herum geschah, nichts als ein Theaterstück wäre. Die anderen Kinder auf dem Schulweg trügen ihre Ranzen nur bis hinter die nächste Ecke, wo sie sie abwerfen und sich lachend auf dem Boden wälzen würden. Die Lehrer waren Schauspieler, die festgelegte Texte repetierten, um ihn damit zu täuschen. Nur er selbst war wirklich in dieser großen Inszenierung, deren Regisseur ihm jedoch unbekannt blieb. Dieser Gedanke beunruhigte ihn jahrelang. Wenn alles nur Schein ist, was dann? In einem anderen wiederkehrenden Traum saß er als Trapper im Wilden Westen auf seinem Pferd und blickte reglos in die Ferne. Kein Härchen auf seinem Kopf bewegte sich, kein Muskel in seinem Gesicht zuckte, kein Windhauch ging, kein Regen durfte fallen, um das Bild nicht zu verwischen. Die dafür notwendige Konstruktion eines Glasdachs über der Steppe nahm ihn für viele Wochen in Anspruch. In seinen Träumen arbeitete er konzentriert und sorgfältig. Das machte ihn auf schmerzliche und lustvolle Weise einsam.

Auch Tagträume muss man sich leisten können. Sie sind ein Indiz dafür, dass man für die Bestellung der Wirklichkeit nicht selbst zuständig ist. Dafür gab es die Dienstboten. Sie besorgten die Ordnung der Dinge und waren, solange sie sich im Hause bewegten, so etwas wie natürliche Freunde der Familie. Der Vater beschäftigte einen Gärtner, die Mutter ein Hausmädchen. Der Gärtner wohnte im Erdgeschoss, in einem Zimmer gleich neben der Küche, wo Ernst und Fritz oft am Abend mit ihm zusammensaßen und auch noch Freunde mitbrachten. Das Hausmädchen bewohnte eine Kammer unterm Dach, als wäre sie von den Eltern dort oben absichtsvoll zum Wohl der Söhne plaziert worden. In ihrer Kammer roch es nach frischen Äpfeln, die sie in einer Schale am Fenster lagerte. Beim Gärtner lernten die Brüder, was man über Pflanzen wissen musste, alles über Erde, Kompost, Düngung, das Säen, Pikieren und Ausgeizen von Tomaten, den Schnitt von Obstbäumen und Sträuchern, die günstigste Anlage der Beete und das Okulieren der Rosen. Der Gärtner musste nicht nur den Park pflegen und die Wege harken, sondern kümmerte sich auch um die beiden Warm- und Kalthäuser im hinteren Teil des Gartens, wo Palmen, Gummibäume und Farne, Kamelien und zarte Teerosen gediehen. Fritz zog dort seine eigenen Pflanzen groß: Hyazinthen, Frauenschuh und die fleischfressende Drosera. Wenn er träumte, dann sah er sich

26

durch einen verwilderten Resedengarten gehen, wo in den hoch aufragenden Blüten die Tautropfen glänzten. Und er summte die Verse vor sich hin: Stell auf den Tisch die duftenden Reseden, die letzten roten Astern trag herbei, und lass uns wieder von der Liebe reden, wie einst im Mai.

Das Hausmädchen hieß Paula. Nicht nur ihre Kammer, auch sie selbst roch nach frischem Apfel. Sie weckte am Morgen mit sanfter Stimme, bereitete das Frühstück vor, war immer gut gelaunt und immer da. So kam es Fritz jedenfalls vor, wenn er im Garten den Kopf auf ihren Schoß legte. Frauen mussten wie Mütter sein oder wie Schwestern und noch mehr. Auch in jener heißen Sommernacht, in der er in ihre Kammer schlüpfte und leise die Tür hinter sich schloss, wies sie ihn nicht zurück, so dass er glaubte, sie hätte auf ihn gewartet. Auch Ernst hatte sie nicht zurückgewiesen, der dem Bruder zuvorgekommen war. Ihre Bangigkeit, ihr Zögern, ihre geflüsterte Angst hatten etwas Erregendes, und dass sie kurz danach von einem Tag auf den anderen das Haus verließ, erschien beiden wie eine Folge dieser stummen, von Neugier getriebenen, hastigen Begegnungen, auch wenn sie nie darüber sprachen und glaubten, die Eltern hätten nichts bemerkt.

Afrika war das bevorzugte Traumland. Nach Afrika würden sie zusammen reisen. Sie würden den Dschungel durchqueren, riesige Spinnen fangen, Negerdörfer besuchen und dort am Feuer sitzen, Elefanten und Löwen jagen, auf Kokospalmen klettern. Ernst beschwor Fritz immer wieder, ihn zu begleiten, wenn er demnächst aufbrechen würde, um das freie Leben eines Landstreichers zu führen. Sie lasen Henry Morton Stanleys Expeditionsbericht *Im dunkelsten Afrika*, ein Geschenk der Großmutter, und *Durch den dunklen Welttheil oder Die Quellen des Nils*. Um sich abzuhärten und auf die tropischen Verhältnisse vorzubereiten, saßen sie stundenlang in der feuchten Hitze des Gurkenhauses im Garten. Wie dicke Würste hingen die Gurken um sie herum, deren erfolgreiche Zucht der Stolz des Vaters war. Ernst stopfte eine Pfeife mit schwarzem Bambus, einem kräftigen, übelriechenden Tabak. Tapfer zogen sie daran, wie sie es bei Sherlock Holmes gelernt hatten. Das würde auch in den Tropen helfen und sie vor Mücken und Fieber schützen.

Wirklicher waren einstweilen die Wälder, die Wiesen und die Ufer des Steinhuder Meeres. Hier störte sie niemand. Nur der Jagdaufseher schreckte sie gelegentlich auf, wenn er effektvoll aus dem Dickicht brach und sie verdächtigte, die Marder aus den Fallen befreit zu haben. Doch er konnte ihnen nie etwas nachweisen. Den Holzfällern sahen sie dabei zu, wie sie mit langen, dünnen Sägen Baumstämme durchschnitten. Zacke um Zacke fräste sich das Sägeblatt durchs Holz, so wie die Zeit Minute für Minute durchs Leben schnitt. Man durfte keine Angst davor haben. Auch nicht vor dem Bauern, der sie um ein Haar erwischt hätte, als sie sich in der alten Scheune am Weg nach Mardorf mit Kartoffeln bewarfen und es ihnen eben noch gelang, sich oben im Heu zu verstecken, während er fluchend und schimpfend unter ihnen herumpolterte. Und auch dann nicht, als sie vom Vater vierzig Mark bekamen für einen Ausflug in die Lüneburger Heide und er ihnen auftrug, das Stöhrkreuz hinter Soltau zu besuchen. Herrliche, herausgeputzte Welt der Erinnerungen. Der alte Schäfer Stöhr, so erzählte der Vater, war gestorben und wurde von Knechten im offenen Sarg zum entfernten Friedhof getragen. An der Stelle, an der nun das Kreuz steht – sie heißt »der Totengrund« –, brach ein Gewitter los. Die Knechte setzten die Leiche ab und sprachen davon, dass Stöhr oft gesagt hatte: Es ist Gottes Wille und Gottes Wetter. Da tönte es aus dem Sarg heraus: »Gott's Will un Gott's Wäer, dat seggt he noch; Gott help em to'n ewigen Leben!« Entsetzt rannten die Knechte davon, kehrten aber wenig später zurück. Sie fanden den Toten unverändert steif und kalt und stumm im Sarg liegen. Da hat wohl, sagte der Vater, ein Spaßvogel die Stimme des Toten imitiert. Oder aber er war nur scheintot und erwachte durch den Donner für einen letzten Atemzug. Als die Brüder das Kreuz im Totengrund erreichten, fürchteten sie sich. An die Geschichte erinnerten sie sich genau, doch die Erklärungen des Vaters hatten sie vergessen.

Auch als der Halleysche Komet am Himmel stand, hatte der Vater die nötigen Erklärungen parat. In der Zeitung stand, das Giftgas Dicyan werde freigesetzt, wenn der Schweif des Kometen die Erde berühre, und viele Menschen glaubten, das Ende der Welt stehe bevor. In Rehburg verschlossen die Nachbarn Türen und Fenster, im nahen Winzlar läutete die Kirchenglocke. Der Vater aber rief die Familie in der Nacht des 19. Mai 1910 in den Garten und zeigte ihnen das harmlose Lichtknäuel am Himmel. Die Mutter stand neben ihm mit dem kleinen Wolfgang auf dem Arm; Hanna, Hans, Fritz und Ernst umringten die Eltern. Nur Wolfgang wird den Kometen noch einmal sehen, wenn er in sechsundsiebzig Jahren wiederkehrt, prophezeite der Vater. Die Mutter dachte an den kleinen Felix, den sie am Tag nach Neujahr geboren hatte und der im März gestorben war.

Vom Ende des Jahrhunderts aus, mehr als achtzig Jahre später, sah der Alte dieses Bild so scharf und so deutlich vor sich, als wäre er selbst ein Komet, der klar und unverändert auf seiner Bahn durchs All zurückgekehrt war. Brüder unterm Sternenzelt. Die Zeit konnte dem Bild nichts anhaben. Lichtwellen kristallisierten sich zu Erinnerungen aus. Reglos standen die Figuren da und starrten mit zurückgelegten Köpfen nach oben. Auch sich selbst sah er so, als hätte er sich verdoppelt, vervielfacht in der Zeit und befände sich eben jetzt, nur ein paar Schritte entfernt, am Fuß der Treppe, die in elf sich nach unten verbreiternden Stufen von der Veranda des Rehburger Hauses in den Garten führte. Er war es, der den blasser gewordenen Kometen dann noch ein zweites Mal sah, und nicht Wolfgang. Wolfgang, der Jüngste, war der Erste von ihnen gewesen, der den Eltern nachfolgte, noch vor Hans, vor Fritz, vor Hanna.

3 (ERDE)

Wilflingen 1996

Der Vormittag war mild und windstill, die Sonne wärmte schon ein wenig. Wie jeden Morgen hatte er kalt gebadet. Fünf Grad Celsius. Die Kälte kräftigte ihn und wehrte Influenzaangriffe ab, doch dann brauchte er Licht und Wärme, wie eine Eidechse, die geschmeidig werden möchte. Fritz dagegen hatte sich in seinen letzten Lebensjahren angewöhnt, warme Bäder zu nehmen. Das Wasser erhitzte ein Ofen, den er mit eigenhändig gestapeltem Buchenholz speiste. Nur die durch dieses Buchenholz erzeugte Wärme war geeignet, dem Badewasser die richtige Beschaffenheit zu verleihen. Die Temperatur musste exakt siebenunddreißig Grad betragen, aber das war nicht alles. Entscheidend war vielmehr eine Qualität, die sich nicht messen ließ, die Buchenholzwärme, die das Wasser weicher und voller machte. Fritz konnte den Unterschied spüren.

Eine Woche vor dem Tod des Bruders hatte Ernst einen Traum, der ihm jetzt wieder in den Sinn kam. Er sah Fritz zusammen mit dem Philosophen Martin Heidegger an einem Waldrand entlanggehen. Er wunderte sich nicht darüber, obwohl Heidegger bereits im Jahr zuvor gestorben war. Die beiden hatten sich regelmäßig besucht und ausgetauscht. Friedrich Georgs Analyse der technischen Welt war eine Voraussetzung von Heideggers Technikkritik, und Heideggers Begrifflichkeit färbte auf Friedrich Georg so sehr ab, dass er zauberformelhafte Sätze schrieb, die direkt aus diesen Gesprächen hervorgegangen sein mussten. »Zu dem Abbilden, bei dem die Ahmung selbst abgebildet wird, gehört alles Abbilden einer Ebenbildlichkeit. Hier reicht keinerlei Geschicklichkeit hin. Dem, was wir Art nennen, geht immer die Abbildung eines Ebenbildes voraus. Jemand, der keine Art hat, bildet nicht ebenbildlich ab.« Im Traum sah er die beiden mit auf den Rücken gelegten Armen und mit ihren Gedanken befasst in den Wald spazieren. Ihr philosophisches Gespräch blieb ihm als distanziertem Betrachter unverständlich: ein fernes Gemurmel. Deutlich und aus nächster Nähe sah er jedoch die Biene, die sich auf Heideggers Nacken niederließ und ihren Stachel in die Haut des Philosophen bohrte, bis der im Schmerz nach ihr schlug. Das soll gut gegen Rheumatismus sein, sagte Fritz mit seiner melodischen Stimme und dem leichten Lispeln, das er nie ganz ablegen konnte. Darauf Heidegger, verärgert: Mehr wissen Sie mir dazu nicht zu sagen?

Es dauerte danach fast zwei Monate, bis Fritz wieder in einem seiner Träume erschien. Auf seinen Sohn Ernstel hatte er vergeblich gewartet, nachdem ihn im Januar 1945 die Nachricht erreicht hatte, dass der Sohn bereits im November in den Marmorbrüchen bei Carrara gefallen war. Wahrscheinlich, so vermutete er, gehen die, die sich früh verabschieden, gleich in große Weiten, den Götterweg, und haften nicht an der Erde. Im Tagebuch hielt er den Traum fest, der ihn in Friedrich Georgs mythologische Welt führte:»Wir saßen auf einem Felssockel über dem Nahr-el-Kalb, der bei den Alten als Fluss des Adonis galt. In jedem Frühling färbte sich das Wasser mit seinem Blut. Selbst Lukian war davon überzeugt. Am Boden wuchsen Pilze mit kugelförmigem Fuß und winzigem Kopf. Ich fragte Friedrich Georg nach dem Namen, er kannte ihn und sagte, es sei eine köstliche Art. Solche Gespräche haben wir oft geführt. Ich sah, dass die Haare des Bruders sich verändert hatten − goldene Strähnen durchflochten eine grüne Patina. Dabei fiel mir ein, dass er gestorben war.«

Die metallische Farbe der Haare erinnerte an den schimmernden Panzer des Carabus auratus. Kein Zweifel: Fritz durchlief die Metamorphose zum Käfer. Adonis, der seine Zeit aufteilen musste zwischen Persephone und Aphrodite, den Göttinnen der Unterwelt und der Schönheit, war der Verbindungsmann, der den Übergang ermöglichte. Aus seinem Blut spross die Anemone. Aus den Tränen, die Aphrodite bei seinem frühen Tod vergoss, wuchs die weiße Rose. Beide Blumen gediehen in Fritz' prächtigem Überlinger Garten.»Indem Adonis stirbt und sein Blut verströmt, strömen aus jedem Blutstropfen Blumen hervor«, hatte er in seinem Buch über die griechischen Mythen geschrieben. Adonis war ihm eine schöpferische Gestalt, ein Muster des zyklischen Empfindens, wie es ihm lebensnotwendig geworden war. Der Tod verlor dann seinen Schrecken.»Das Gesetz der Wiederkehr ist auch das des Adonis; er geht in den Hades und kehrt aus ihm zur Aphrodite zurück. Sein Fest, die Adonien, sind zugleich Toten- und Lebensfest; der Totenklage folgt unmittelbar der Festjubel. Zu den Festen werden in Scherben oder Körben die Samen von Fenchel, Lattich oder Weizen gesät, die schnell keimen. Wo immer Blumen auftauchen und Verwandlungen sich vollziehen, ist der Hades nicht fern.«

Wenn er an Fritz dachte, dachte er immer auch an dessen kleinen, doch üppig blühenden Garten, aus dem er manchmal Stauden mitnehmen durfte. Oder Fritz gab ihm zum Abschied ein paar Zwiebeln, wie die der großen Leopardenlilie, die so herrlich gedieh. Und wenn ihm selbst etwas gelungen war, dann erhielt Fritz einen Ableger. So waren ihre Gärten eine Fortsetzung ihrer Gespräche. Sie ergänzten sich, antworteten aufeinander, wetteiferten um die schönsten Blüten und üppigsten Früchte, aber es war doch fast immer Fritz, der im Vorteil war und der schon in Kirchhorst den Gartenplan für ihn erstellt hatte. Damals, im Krieg, war alles auf Gemüse ausgerichtet. Fritz pflanzte Erbsen, Bohnen, Möhren, Schwarzwurzeln, Mais und Rhabarber, gab aber auch den Lilien, Nelken, Wicken und Rosen ihren Platz. Ohne Schönheit ist das Nützliche nichts. Doch die Zeiten ließen die gute Anlage verkommen. Fritz blieb nicht länger in Kirchhorst, sondern verkroch sich in Überlingen. Gretha hatte weniger Gespür für den Garten, und als er aus Frankreich zurückkehrte, fand er die Beete verwildert, die Zäune im Verfall, das Haus voller Flüchtlinge. »Urnen füllen sich und Krüge, mit der Jahre grünem Moose. Es verliert im Busch der Weg sich, es verwilderte die Rose«, reimte Fritz. »Alter Friedhof« heißt dieses Gedicht, das mit der Strophe endet: »Denn es löst die Zeit die Schmerzen, / Die uns bleiben als Vermächtnis. / Länger währt das Reich der Toten, / Als der Lebenden Gedächtnis.« Damit hatte Fritz Einspruch erhoben gegen die griechische Mythologie. Dass die Schatten im Hades mit den schwächer werdenden Erinnerungen der Lebenden verblassen und verenden, das wollte er nicht akzeptieren. Das kam ihm grausam vor, als müssten die Toten noch einmal sterben. Fritz wünschte sich, dass Blumen aus dem Hades hervorsprießen, so wie die Anemonen des Adonis. Der Frühling war das Fest der Wiederkehr.

Ernst bückte sich, um den Winterling zu bewundern und daran zu riechen. Die gelben Blüten hatten sich in der Sonne weit geöffnet für die ersten Bienen des Jahres. Mit ihrem intensiven, süßen Geruch lockten sie die Insekten an. Er roch nichts. Das musste am Alter liegen.

4 (FEUER)

Rehburg 1913

Die Rauchsäule stand etwa dort, wo das Haus sein musste, schräg hinter dem Mühlenberg. Fritz sah sie schon vom Zug aus. So schnell er konnte, rannte er nach Hause und atmete den brandigen Geruch. Die Angst stellte sich erst ein, als es dafür schon zu spät war, als er von der Wegbiegung aus erkennen konnte, dass nicht die Villa, sondern nur das leerstehende Gärtnerhaus in Brand geraten war. Senkrecht stieg der Rauch in die frühe Dämmerung des Novembers. Der Feuerschein spiegelte sich im Glas der Gewächshäuser, so dass es an mehreren Ecken gleichzeitig zu brennen schien, und so schrecklich der Anblick der auflodernden Flammen auch war, so sehr genoss er ihn aus sicherer Distanz. Der Spritzenwagen der Rehburger Feuerwehr stand zwischen den rot aufleuchtenden Bäumen. Er sah die Männer, die im Garten hin und her liefen, hörte ihr Rufen, sah den Vater zwischen ihnen und auf der Terrasse die Mutter, die schon den ganzen Tag über geweint hatte. Am Morgen war die Nachricht eingetroffen, dass Ernst, der einige Tage zuvor verschwunden war, sich in Verdun bei der Fremdenlegion verdingt habe und nun bereits auf dem Weg nach Afrika sei. Fritz konnte es nicht fassen. Ernst hatte ihn zurückgelassen, ohne ihm etwas zu verraten. Als hätte es ihre gemeinsamen Pläne nie gegeben.

Die Rehburger Streifzüge hatten schon zuvor ihr Ende gefunden, als die Eltern Ernst nach Hameln schickten, wo er mal wieder eine andere Schule besuchen musste, da es auch in Wunstorf mit ihm nicht klappte. War es die zehnte? Die elfte? Ernst konnte dort nur lernen, dass er nirgendwo dazugehörte und auch gar nicht dazugehören wollte. In der Hamelner Altstadt trieb er sich mit Saufkumpanen herum, zog grölend durch die Straßen, Blumentöpfe und Scheiben gingen zu Bruch, der Vater musste einen Rechtsanwalt einschalten, um dem Sohn einen Eintrag im Strafregister zu ersparen. Und jetzt war er auf und davon. Zu Hause war er ja sowieso nur ein sporadischer Gast.

In seinen Briefen hatte er noch so getan, als ob alles in Ordnung wäre und die gemeinsamen Waldgänge bald wieder aufgenommen werden könnten. Von seinen Schulnöten ließ er Fritz nichts wissen. »Mit dem Kajak bin ich die Hunte hinaufgepaddelt, bis es an einem Mühlenwehr umkippte. Als ich zurückfuhr in dieses laubüberdachte Flüsschen, dachte ich an das Bild im Schweizer Robinson, wo auch der eine mit seinem Kajak durch solch finstere Landschaft fährt. Zum ersten Mal habe ich da auch einen Eisvogel im Gebüsch erblickt. So wunderbar blauschillernd sah er aus, er ist doch der schönste Vogel Deutschlands. Dann paddelte ich mit meinem winzigen Segeltuchboot hinter einigen Enten her, sie verschwanden aber durch Untertauchen.« Und Fritz schrieb zurück: »Hier ist alles so öde. Gestern hatten wir unser Kriegsspiel, bei dem es recht roh zuging, denn einem Schüler von unserer Partei wurde das Ohr durchstochen und ein Stück Fleisch aus der Backe geschnitten. Es war ein Spiel mit Armbinden, die abgerissen werden mussten. Willi kaufte sich ein langes Terzerol, mit dem wir die Äpfel von der Winzlarer Straße abschossen. Doch explodierte es gestern und verletzte ihn an der Hand. Wir fischten am Ausgang des Karpfenteiches und fingen eine Quappe.« Im letzten Brief hatte Ernst noch von einem Besuch bei der Großmutter und einem Zoobesuch in Hannover berichtet: »Du weißt doch, dass in dem Schlangenhaus die Stabheuschrecken sind.« Vielleicht war das ein Hinweis gewesen. Doch warum hatte er ihn nicht mitgenommen? Und wohin sollte er ihm jetzt schreiben?

Die Flucht war so sehr ihre gemeinsame Sache gewesen, dass Ernst schon vier Jahre zuvor, für seine allerersten Reiseaufzeichnungen, das Notizheft Friedrich Georgs benutzte. Fritz hatte den Kalender für das Jahr 1909 mit Eintragungen zu »Erdkunde. Afrika. Flüsse« begonnen und schwungvoll hineingeschrieben: »Der Nil mündet in das mittelländische Meer.« Ernst nahm den Kalender des Bruders mit nach Frankreich, wo er vierzehn Tage im Rahmen eines Schüleraustauschs verbrachte. Fritz hatte mit seiner afrikanischen Erdkunde den Grund gelegt, auf dem Ernst weiterschrieb. Ernst wurzelte sich in Fritz' Sätze ein und begann, wie er das noch so oft tun würde, mit dem Aufbruch: »Um sechs aufgestanden. Dreiviertel sieben bis acht von Rehburg Stadt nach Wunstorf.« So ging es, Station für Station, weiter bis nach

Buironfosse in der Picardie. Seine Afrikasehnsucht führte schon damals nach Frankreich, und in Frankreich entdeckte er Europa.

Das Feuer war bald unter Kontrolle. Auch wenn sich herausstellte, dass Wolfgang beim Spielen herumgezündelt hatte, blieb der Brand für Fritz immer mit Ernst verbunden. Wenn in seinem Gedächtnis die Flammen hochschlugen, dann sah er Ernst vor sich – oder vielmehr sah er ihn nicht, sondern spürte seine Abwesenheit. Ernst war im Feuer verschwunden. Nun war niemand mehr da, der ihm Schutz bot, wenn wieder einmal der Fremde an seinem Bett saß. Der Fremde war eine farblose, fast durchsichtige, ungreifbare Gestalt mit einem langen Chinesenbart, ein Schemen eher als ein Mensch, ein Dämon vielleicht oder ein Teufel. Er wusste es nicht, denn der Fremde erschien, wie es ihm passte, und hinterließ keine Spuren, nur ein Frösteln, ein Gefühl der Bedrohung, der Angst, ohne dass Fritz hätte sagen können, was an ihm so schrecklich war. Er war ein Nichts, ein Verschwinden, ein leerer Hauch.

Wenn er Ernst vom Fremden erzählte, lachte der ihn aus. Im Bücherzimmer setzte Ernst sich einmal, ohne dass Fritz etwas bemerkte, eine große, rote Pappnase auf und wandte sich damit abrupt dem Bruder zu. Fritz erstarrte vor Entsetzen, als wäre es der Fremde, der ihn necken wollte. Und doch tröstete es ihn, dass Ernst ihn nicht für voll nahm. Als er eines Nachts im Traum eine Stimme hörte, die laut »Boston! Boston!« rief, fuhr er hoch und lief zum Bruder hinüber. Der Traum hatte damit zu tun, dass er in der Zeitung von einem Erdbeben am Missouri gelesen hatte. Es war so stark, dass im weit entfernten Boston die Kirchenglocken von ganz allein zu läuten begannen. Ernst zeigte kein Verständnis. Albernheiten, schnauzte er, er wolle schlafen und nicht geweckt werden. Trotzdem war Ernst da, er atmete im Zimmer nebenan, er ließ sich nicht stören und nicht beunruhigen, und deshalb fürchtete Fritz sich etwas weniger. Der Fremde tauchte immer seltener auf. Fritz gewöhnte sich an dessen Besuche und machte ihn zu einem Vertrauten. Dann fühlte er umso stärker, wie geborgen, wie sicher er in seinem Elternhaus lebte. Hier war er zu Hause, hier gehörte er hin. Das konnte ihm kein Fremder nehmen.

Vielleicht war Ernst ohne ihn aufgebrochen, weil er ihm die Flucht nicht zutraute. Weil er wusste, dass Fritz die Heimat nicht verlassen würde. Weil er ihn immer noch für ein Kind hielt und sich selbst für erwachsen. Fritz machte sich seine Fremde zu Hause, er musste gar nicht weg. Ihm genügten die Träume und die Bilder, die er vom Auszug nach Afrika und von der Überfahrt nach Amerika malte, Comicstrips, Schießereien in Miniaturausgabe, Kämpfe mit wilden Tieren, Neger in Baströckchen, die um Palmen tanzten. Wenn der Zirkus im nahen Badeort gastierte, roch er etwas von der Ferne und pumpte sich damit voll. Er ließ keine Vorstellung aus, verliebte sich sogar in eine Seiltänzerin, dann in das Zirkusmädchen mit dem Schimmel, das sich so leicht und graziös bewegte, als gäbe es für sie keine Schwerkraft. Außerhalb der Vorstellung sah er sie nur einmal am Goldfischteich stehen, doch schon am nächsten Tag zog der Zirkus weiter. Sie hatte ihn nicht wahrgenommen. Im Traum erwartete sie ihn freudestrahlend unter einem Baum und reichte ihm die Hand. Doch als er sie festzuhalten suchte, wurde sie durchsichtig und löste sich auf in Nichts. Ja, er war ein weiches Kind. Doch er fürchtete sich nicht vor den Klischees. Oder es war vielmehr so, dass das, was auf Ältere klischeehaft wirkt, ihm noch unverstellt erlebbar war. Deshalb die lebenslange Sehnsucht zurück.

Als er die Rufe der Kraniche hörte, ging er hinunter in den Garten. Über ihm zogen die Vögel in Keilformation südwärts, auf ihrem Weg nach Afrika oder nach Indien. Er lief hinüber zum Haarberg, legte sich ins Gras und ließ einen Trupp nach dem anderen vorüberziehen. Tausende, Abertausende Tiere bevölkerten den Himmel, der von den Keilmustern wie schraffiert aussah, es nahm kein Ende, und als es dunkel geworden war, lag er noch immer mit ausgebreiteten Armen in der Heide und lauschte den fremdartigen, klagenden Rufen. Er weinte, ohne zu wissen, weshalb. Vielleicht, weil es so sehr in ihm zog, weil er sich wünschte, wie Nils Holgersson mitgenommen zu werden, aber längst wusste, dass Märchen nicht wahr werden. Vielleicht, weil er kein Zugvogel war, weil er schwer auf der Erde lag und sich nicht regte, weil er so winzig war und der Himmel so groß, weil die Kraniche ihr Ziel kannten und er nicht wusste, wohin mit sich, weil er sterblich war und die Kraniche auch.

Ernst tauchte nach sechs Wochen wieder auf, ein paar Tage nach Weihnachten. Der Vater hatte alle diplomatischen und juristischen

Hebel in Bewegung gesetzt, um ihn herauszuholen aus der Gefangenschaft, in die der Sohn so vertrauensselig hineingestolpert war, als gelange er endlich in die Freiheit und die Freiheit wäre ein Paradies. Ernst kam braungebrannt und gekräftigt zurück und roch seltsam streng, ein Geruch, den Fritz für den Geruch Afrikas hielt. Er drehte Zigaretten aus einem schwarzen Tabak, die er mit einem neuen Feuerzeug gravitätisch entzündete. Sie rauchten gemeinsam in seinem Zimmer, und Ernst erzählte von seinen Erlebnissen, so wie er früher von seinen Abenteuern bei den Ameisen erzählt hatte. Wie er eine Pistole erworben hatte, wie er über Marseille nach Sidi bel Abbès gebracht wurde, wie er von dort wieder floh, wie er im Heuhaufen, in dem er übernachtete, gefunden und verhaftet wurde, wie er die Zeit in der Gefängniszelle lesend verbrachte. Aus seinem Gepäck kramte er einen blauen Gurt heraus, den er dem Bruder feierlich überreichte: Das ist eine *ceinture*. Man trägt sie in der Legion. Und dann schmiedeten sie neue Pläne. Im Sommer würden sie zu einer Wanderung durch die Karpaten aufbrechen. Gemeinsam. Ehrenwort.

Doch am 1. August begann der Krieg. Damit waren alle Pläne und alle Gewohnheiten hinfällig. Ernst beschrieb diesen Moment später so, als wäre es eine Szene aus der Verfilmung seines Lebens: Er saß mit dem Gärtner und einem Dachdecker aus Wunstorf auf dem Dach des Gärtnerhauses, das nach dem Brand wieder aufgebaut wurde. Sie nagelten feuerfeste Platten auf die frischen Sparren, als sich der Briefträger auf einem Fahrrad näherte und ohne abzusteigen rief: Mobilmachung befohlen! Der Dachdecker, der eben den Hammer gehoben hatte, um einen Nagel ins Holz zu treiben, erstarrte in der Bewegung und ließ dann den Hammer vorsichtig sinken. In dieser Sekunde begann die neue Zeitrechnung. Der geplante Schlag musste nicht mehr ausgeführt werden, als ob alles, was bis hierher sinnvoll gewesen war, nun seinen Sinn verloren hätte.

Ernst fuhr am nächsten Tag nach Hannover, ließ sich beim Regiment einschreiben, legte ein paar Wochen später das Notabitur ab (ein anderes hätte er wohl kaum bestanden), begann im Oktober mit der Grundausbildung und zog am Ende des Jahres endlich in den Krieg, der, wenn er ihn aussprach, immer wie »Kriech« klang. War es ein Glücksfall, dass er in den Westen kam, nach Frankreich? Kann man von einem Glück reden, wenn einer dort alle großen Schlachten mitmachen muss? Hätten ihn die »74er« genommen und nicht die »Gibraltars« in der Kaserne am Waterlooplatz, wäre sein Leben anders verlaufen. Nur weil dort der Andrang zu groß war, fügte sich alles so, wie es ihm Jahrzehnte später sinnvoll und richtig erschien. Sonst hätte er andere Kameraden und andere Vorgesetzte gehabt und einen anderen Krieg erlebt. Vielleicht hätte er dann im Osten gegen einen ihm gänzlich fremden Gegner kämpfen müssen und nicht gegen Franzosen und Engländer in Flandern. Und wer weiß, ob die Sterne auch dort schützend über ihm gestanden hätten. Als er im Zweiten Weltkrieg einmal die Front im Kaukasus inspizierte, tat er einen Blick in den Abgrund. Er sah, wie die Leichen im Schlamm versanken, mit dem Gesicht nach unten, ohne dass sich jemand darum kümmerte. An der Somme hatte er zwar genug Schlamm und Tote und abgerissene Gliedmaßen gesehen; das war es nicht, was ihn schreckte. Das Entsetzliche lag darin, dass er in diesem Sterben keine Ordnung mehr erkennen konnte. Es war, als ob die Soldaten mit den Elementen im Kampf lägen, während sie den Feind, der sich in den Wäldern verbarg und aus Hinterhalten zuschlug, kaum zu Gesicht bekamen.

Fritz kehrte am 2. August 1914 mit den Eltern und den Geschwistern aus Juist zurück, wo sie, wie jedes Jahr, den Sommerurlaub verbrachten. Sie fuhren durch ein Land, das sich in einen summenden Bienenschwarm verwandelt hatte, und auch Fritz war voller Unruhe und Ungeduld. Umso mehr erstaunte ihn, wie unverändert friedlich Haus und Garten dalagen, als Insel der Ruhe inmitten des Aufruhrs, auf der er, noch keine sechzehn Jahre alt, festsaß und wartete. Wenigstens hatte Ernst nun eine Feldpostnummer, und er konnte ihm schreiben: »Auch ich denke jetzt oft an Afrika und weile in Gedanken in der sonnenbeschienenen Nyika. Ich habe ziemlich viel im Treibhaus und im Garten zu arbeiten. Meine Belustigung ist Eichelhäherjagd; ich schoss heute den siebten und verspeiste ihn, braun in Butter gebraten, mit großem Appetit. Vor einigen Tagen zogen mehrere hundert Kraniche über das Haus. Ich habe für diese Vögel eine große Vorliebe, besonders gerne höre ich sie in der Nacht schreien.« Ernst antwortete aus dem französischen Monchy-au-Bois, denn auch dort kamen die Kraniche vorbei, als wollten sie Grüße überbringen. »Die ziehenden Kraniche erweckten in mir Erinnerungen an Rehburg, an Mardorf und an das Steinhuder Meer. Aber ach, die armen Tiere flogen ängstlich krächzend an der Front entlang, viele hundert Schüsse, deutsche, englische, französische, wurden ihnen entgegengeschickt. Sonst geht alles seinen alten, stumpfsinnigen Gang. Die ewigen Explosionen werden langweilig, und ich wollte, dass ich wieder friedlich bei meinen Insekten säße.«

Fritz, den die Eltern auf eine Schule in Detmold schickten, wo er sich aufs Abitur vorbereiten sollte, musste vor der Abreise die Käfersammlung sorgfältig überprüfen, ob sich auch ja keine Schädlinge einnisteten, und konnte dem Bruder melden, dass er alles in bester Ordnung zurückgelassen habe. In Detmold wohnte er bei einem alten Rat mit zwei ledigen Töchtern, Sophie und Marie, die an Geister glaubten und ihn ganz verrückt machten. Er wanderte, so oft er konnte, zum Hermannsdenkmal hinauf, las Klopstock, dichtete eigene Oden in Hexametern, die er an Ernst schickte, der irgendwo im Schützengraben hockte. Und während Ernst sich an die Gegenwart der Toten längst gewöhnt hatte, berichtete Fritz von einer toten Krähe im Wald. Der Fund habe ihm einen Stich versetzt, weil der Gedanke des Todes »ihm ganz unfasslich« wurde. »Vor ein paar Tagen hatte ich einen Ohnmachtsanfall, bei dem ich mit Kopf und Ellenbogen gegen den glühenden Ofen fiel«, schrieb er, »doch ist mir nichts dabei geschehen.«

Da hatte Ernst seinen ersten Lazarettaufenthalt nach der Verwundung durch einen Granatsplitter schon hinter sich und war zum Zugführer ernannt worden. Seine Briefe klangen so angeberisch wie verlockend. Einen Nervenzusammenbruch verschwieg er. Fritz wusste, dass nur im Felde, dort, wo Ernst im Schützengraben lag, Bewährung möglich war. Ernst ließ ihn daran teilhaben und mühte sich, die Verbindung zum alten Leben nicht zu verlieren. Ein Hund, den sie im Sommer im Kloster Lokkum aufgelesen hatten, begleitete ihn in die Schlacht als lebendige Erinnerung an die Heimat. »Neulich haben wir zwei Dorfbeschießungen ausgehalten und mit Zittern und Zagen im Keller gehockt. Ich hatte gerade einen Scalytus in der Hand, denn ich übe mich jetzt im Bestimmen, und meine Sicherheit nimmt täglich zu. Als der erste Krach in meinem Garten ertönte, ließ ich ihn und die Lupe fallen und stürzte in den Keller. Luxie sitzt immer mit im

Unterstand. Bei Beschießungen kriecht sie in den äußersten, tiefsten Winkel. Vielleicht leben auch wir hier in unseren Bauten instinktiver, als wir ahnen, etwa wie die Ameisen.« Vier Monate später meldete er aus Monchy: »Vorgestern ist meine schöne, gute Luxie gestorben; ich werde ihr einen Stein setzen. Ganz kurz vor ihrem Tode sah sie mich, auf dem Fußende meines Bettes liegend, noch lange an und leckte mir die Hand.«

II. FELD

5 (FEUER)

Langemarck 1917

Wenn Ernst Jünger den Krieg bedachte, dann kam ihm der Begriff
»Verzehr« in den Sinn. Welch enormer Verzehr! Die Vernichtung von
Menschenleben, von Material, von ganzen Wäldern und Wiesen mitsamt allem Vieh, von Dörfern und Städten, ja selbst der Luft zum Atmen ließ er in diesem schlichten Wort zusammenlaufen. Das klang
so, als habe man es mit einem Moloch zu tun, der alles Lebende und
Tote in sich hineinfraß und dem man permanent das Maul mit Menschenleibern stopfen musste. Wenn er die Toten betrachtete, die im
Stacheldraht verdorrten, fiel ihm ein, dass auch in diesen mumien-
haften Köpfen einst Gedanken, Wünsche und Hoffnungen lebendig
gewesen waren. Das, so notierte er, »erweckt in mir dieselbe Rüh-
rung, die man beim Anblick alter Burgruinen empfindet«. Krieg war
ein titanenhafter Verdauungsvorgang, ein gigantischer, waffengestütz-
ter Umwälzungsprozess der Materie, der das Vorhandene zermalmte,
um es zerkaut und verdaut wieder auszuscheiden als Dung für eine
neue, härtere Welt. Wo Gefahr ist, wächst das Rettende auch; wo der
Tod seine Ernte hält, wird das Feld bereitet für neue Frucht. So wollte
er es sehen, damit das Töten nicht vergeblich und seine im Schlamm
Flanderns und in den Schützengräben an der Somme verbrachten
Jugendjahre nicht sinnlos gewesen wären. In der gewaltigen Maschi-
nerie der Vernichtung wurde der neue Mensch aus Stahl geschmiedet.
Und die, die im Flammenmeer untergingen, waren notwendige Opfer
dieser Wandlung.

Er war ein zäher Kämpfer. Mehr Krieger als Soldat. Er schreckte
nicht davor zurück zu töten, besaß aber durchaus die Gabe, sich in
den Gegner hineinzuversetzen und ihn als einen Menschen zu sehen
wie sich selbst. Er kämpfte nicht für Gott und Kaiser, für Volk oder
Vaterland, sondern für sich und für den rauschhaften Augenblick.
Er las Ariost und versorgte sich aus dem *Rasenden Roland* mit der heroischen Rhetorik, die das nüchterne Preußentum ihm nicht bieten

konnte. Heroismus war für ihn zuerst eine literarische Erfahrung. Er war jung und naiv genug, den Krieg für einen großen Abenteuerroman zu halten, der ihm Gelegenheit bot, sich zu erproben und das Leben zu riskieren – sein eigenes ebenso wie das der ihm Unterstellten. Leutnant Jünger war nicht angenehm. Brüllend trieb er auch diejenigen in die vorderste Linie und darüber hinaus, die sich lieber in Deckung gebracht hätten. Hinterher zählte er die Toten und die Überlebenden und wunderte sich, dass einer, dem nach einem Kopfschuss das Hirn übers Gesicht lief, beim Abtransport noch bei Bewusstsein war. Als eine Kugel seinen Stahlhelm durchschlug und ihn mit Wucht umwarf, griff er sich verblüfft an den Kopf. Ist es nur Blut oder kann man Hirn sehen? Konnte man nicht. Also stand er wieder auf und machte weiter. Wenn Kugeln und Granatsplitter heulend neben ihm einschlugen, dann – so jedenfalls schrieb er in sein Tagebuch – war ihm »behaglich« zumute. Dann zündete er sich »ein Pfeiflein an«, als befände er sich nicht in der Schlacht, sondern in einem biedermeierlichen Wohnzimmer und trüge nicht Uniform, sondern Strickjacke und Pantoffeln. So stellte er sich dem »Verzehr« entgegen. Nicht, indem er sich entzog, denn das wäre Feigheit gewesen, sondern durch Kaltblütigkeit, durch Verachtung und indem er sich versuchsweise für unsterblich hielt. Es war eine Lust zu jagen und das Fieber des Waidmanns zugleich mit der Aufregung des Wildes im eigenen pochenden Puls zu spüren. Jäger und Gejagter sein. Was für ein herrlicher Adrenalinstoß. Wer fällt, der fällt – das war preußisch gedacht. »Man weiß, es ist Gefecht, das geht nicht ohne Verluste ab, dabei hat die Sache etwas Unpersönliches wie vielleicht für den Arzt eine Operation.«

1922, in seiner Schrift *Der Kampf als inneres Erlebnis*, ging er auf den Einwand ein, den er auf Urlauben oft von Leuten zu hören bekam, »die weit vom Schuss gefühlvolle Betrachtungen lieben«: wie furchtbar es doch sei, Menschen zu töten, die man nie gesehen hat. Ja, wenn sie einem wenigstens etwas getan hätten! »Das sagt alles«, schrieb er süffisant. »Sie müssen hassen, sie müssen einen persönlichen Grund zum Töten haben. Dass man den Gegner achten kann und ihn trotzdem bekämpfen, nicht als Menschen, sondern als reines Prinzip, dass man für eine Idee einstehen kann mit allen Mitteln des Geistes und der Gewalt bis zum Flammenwurf und zum Gasangriff, das werden sie nie verstehen. Darüber kann man sich nur mit Männern unterhalten. Man tötet als denkender Mensch nicht ohne weiteres. Je mehr man sich dem Leben durch Muskel, Herz und Hirn verbunden fühlt, desto höhere Achtung empfindet man vor ihm. Aber einmal, früher oder später, erkennt man, dass Werden mehr ist als Leben.«

Im Schreiben über das Töten verdoppelte er den Reiz. Das Tagebuch reichte ihm dafür nicht. Er brauchte einen, dem er von seinen Heldentaten erzählen konnte. Einen, den er nicht, wie die Mama, besänftigen und beruhigen musste. Einen, der ihn bewunderte. Das war Fritz, der nichts sehnlicher wünschte, als endlich auch in die Schlacht zu ziehen. Was Ernst ihm aus dem schon »dreimal gestürmten Trümmerhaufen Monchy« berichtete, beeindruckte Friedrich Georg tief. Wie Gewehrsalven folgten die Sätze aufeinander und bohrten sich in ihn hinein. So wie Ernst wollte er sein. Da, wo Ernst war, wollte er hin. Er las: »Ich führe jetzt eine Gruppe, um mich wieder an den Graben zu gewöhnen. Einige Kugeln haben mich schon wieder umtönt. Auch heute haben wir Verluste gehabt. In unseren Nachbarstellungen hängen sie zu Hunderten im Draht. War eine wüste Knallerei in den Tagen, hätte ja, wie ich schrieb, bald selbst was davon abgekriegt. Wenn schwere Sachen kommen, flitzen wir wie die Wiesel in die Löcher, denn im Graben bleibt keine Handbreit unversehrt. Dann wird die Erdoberfläche durch lange Spiegel beobachtet.«

Friedrich Georg war noch keine achtzehn Jahre alt, als er endlich der Schule entkam, die er wie ein ungerechtes Nachsitzen empfand. Diese Stille, wo doch die ganze Welt um ihn herum in Aufruhr geraten war. Die Worte, die ihn beschäftigten, bot nicht der Unterricht, er las sie in der Zeitung: »Feuerwalze«, »Trommelfeuer«, »Materialschlacht«; und er begann zu ahnen, dass der Krieg alles erfassen würde. Voller Stolz meldete er im Sommer 1916 dem Bruder an die Front, dass er nun endlich auch dabei sei: »Vor einigen Wochen, als Papa und ich nach dem Matteschlösschen gingen, um junge Gänse zu kaufen, wurde beschlossen, dass ich sogleich ins Heer eintreten sollte. Schon am nächsten Morgen waren wir in der Kaserne am Waterlooplatz, wo Papa mich dem Führer des Ersatzbataillons, dem Major von Nobbe, vorstellte. Er nahm mich als Fahnenjunkeranwärter an. Ich schlief in der ersten Zeit mit den anderen Junkern in der Bultkaserne, in der mich die Wanzen Nacht für Nacht arg zerstachen. Jetzt bin ich seit drei Wochen Soldat. Schießen, Exerzieren, Märsche, Felddienst und Nachtübungen lassen mir kaum eine freie Stunde Zeit.«

Das Gebrüll des Kasernenhofs, die obligatorischen Schikanen und den Drill nahm er hin, denn das würde ihn dem Krieg und dem Bruder näher bringen. Er wurde Fahnenjunker im 73. Füsilierregiment der hannoverschen Truppen, dem Regiment, dem auch Ernst angehörte, und er trug dieselbe Uniform, die anfangs auch Ernst getragen hatte: den blauen Rock mit rotem Kragen und den glänzenden Messingknöpfen, die unentwegt poliert werden mussten. In dieser Uniform war schon die Schlacht bei Königgrätz geschlagen worden, hieß es. Sie stellte den schmucken Soldaten dar, wie er im 19. Jahrhundert noch üblich war. An der Front hatten sich dagegen praktische Uniformen in erdiger Tönung durchgesetzt, so wie auch die Pickelhaube vom Stahlhelm abgelöst worden war. Die Soldaten verwandelten sich in Mechaniker. Die karnevaleske, geradezu festliche Ausstaffierung vergangener Zeiten mit Leuchtfarben und Federbüschen war purer Zweckmäßigkeit gewichen.

Fritz litt unter dem Zwang der Disziplin, war er es doch gewohnt, allein durch die Wälder zu streifen. Ernst ging es ähnlich; immer wieder berichtete er, dass er mit Vorgesetzten aneinandergeraten sei und mit dem Gedanken spiele, sich zur Luftwaffe versetzen zu lassen, wo der Einzelne mehr Raum und Freiheit besitze. Erstaunlicherweise bekam Fritz die Erlaubnis, außerhalb der Kaserne in der Stadt zu wohnen. Und weil Ernst nach einem Schuss in den linken Unterschenkel und einem Lazarettaufenthalt in Gera noch ein paar Wochen Erholungsurlaub erhielt, mieteten sie zwei Zimmer im Zentrum Hannovers, in einer stillen, düsteren Wohnung, in der sie sich lesend verkrochen. Für den einen war es eine Gefechtspause, für den anderen ein Aufschub. Sie lasen Forsters Entdeckungsreisen, träumten von der Südsee und gedachten der ebenso fernen Rehburger Zeit mit ihren Streifzügen durch die Wälder und Sumpfwiesen am Steinhuder Meer, als läge ein Jahrhundert zwischen der Kindheit und dem Hier und Jetzt.

Bevor es im Sommer 1917 zur mythenumrankten Begegnung auf dem Schlachtfeld kam, trafen sie sich noch einmal in Fresnoy-le-

Grand, am letzten Tag des Jahres 1916, als hätte das Schicksal ihnen ein gemeinsames Silvester zugeteilt. Hinter Ernst lagen Wochen heftigster Saufgelage, die in nächtliches Randalieren ausarteten. »Jede Nacht bis zum Morgen durchzecht mit schärfsten Getränken. Zum Schluss war ich ganz herunter.« Er war auch nicht wirklich beglückt, den Bruder hier vorzufinden, doch tarnte er seine Gefühle mit der Sorge des verantwortungsbewussten Älteren, der in sein Tagebuch schrieb: »Heut, als ich nichtsahnend vor der Kirche von Fresnoy stand, erblickte ich plötzlich Fritz auf dem Marktplatz. Ich glaubte, meinen Augen nicht trauen zu dürfen. Es stellte sich heraus, dass er plötzlich mit einigen anderen Fahnenjunkern ins Feld geschickt war und nun der 2ten Compagnie zugeteilt. Es ist ja sehr nett, aber zwei Brüder in derselben Compagnie, bei den mörderischen Verlusten der Neuzeit hat die Sache zwei Seiten.« Sätze wie diese waren an die Eltern adressiert, denn wenn er ein Heft vollgeschrieben hatte, schickte er es mit der Feldpost an den Vater.

Fritz wollte an den Tod nicht denken. Die Freude über das Wiedersehen kam in seiner Notiz des Tages aber auch nur gedämpft zum Ausdruck, als wäre Freude nicht angemessen, wenn sich zwei Soldaten im besetzten Feindesland begegnen. »Nachts schlief ich mit Ernst zusammen. Wir blieben lange wach, denn wir hatten uns viel zu erzählen.« Erst im Rückblick, Jahrzehnte später, wurde er mitteilsamer. In der Erinnerung wuchs die Szene und begann zu leuchten. »Ich traf Ernst in Fresnoy-le-Grand, als er bei der Kirche einem Platzkonzert lauschte. Er nahm mich sogleich mit in sein Quartier und räumte mir die Hälfte des großen Bettes ein, in dem er schlief. Den Garten, der neben dem Haus lag, benutzten wir, um uns im Pistolenschießen zu üben. In der Dämmerung zogen wir uns an den Kamin zurück und lasen beim Schein zweier Talgkerzen. Da alles trist war, die von mächtigen Wolken verhangene Landschaft, die schweren Regengüsse, die unablässig niedergingen, und der feuchte Lehm, durch den wir stampften, blieb der Wein das einzige Mittel, das einige Aufheiterung gewährte.«

Für Fritz folgten auf das brüderliche Besäufnis Wochen in Stellung, in denen nicht viel geschah. Er kam in das von Mensch und Tier geräumte Dorf Forques, wo die Kompanie sich maulwurfsartig einbuddelte. Nachtwachen im Graben, eisige Kälte, Granatenbeschuss, Stiefel, die aus der Erde ragten und in denen noch zerfetzte Füße steckten, verirrte Rebhühner zwischen den Linien, Läuse am eigenen Leib: Das war sein kurzer Krieg. »Es liegen noch viele Tote dort oben, ihre Schnürschuhe und ausgedorrten Beine ragten aus dem gefrorenen Graben hervor«, schrieb er an Ernst, um deutlich zu machen, dass er nun auch dem Tod begegnet war, wenn auch nur als Betrachter. Zum Heldentum fand er keine Gelegenheit. Er schleppte Drahtrollen und Hundertpfünder, die er aufstapelte wie Brennholz, zog Stacheldraht und schanzte, hockte herum und wartete, wie es für jeden Soldaten das Hauptgeschäft ist. Er war nicht mehr als ein Hilfsarbeiter, ein Hospitant des Krieges, der sein erstes Praktikum absolviert. Bald schon wurde er für vier Monate ins Truppenübungslager Döberitz bei Berlin abkommandiert, um dort die Ausbildung zum Unteroffizier zu durchlaufen. Also blieb es bei der grundsätzlichen Rollenverteilung, dass Ernst für den Kampf zuständig war, für Todesmut, getötete Feinde, Ehre und Auszeichnungen, und Fritz dafür, sich aus der Ferne an die Front zu sehnen. Als müsse er beweisen, dass auch er einen harten Dienst leistete, schrieb er aus Döberitz: »Die Verpflegung hier ist nicht üppig. Marmelade aus faulen Steckrüben und Würste aus altem Mehl und Sehnen frisst man mit Gier, wenn man es mal bekommt.« Und Ernst verfiel immer mehr in den burschikosen Kommisston, der mehr verbarg als offenbarte: »Kurz und gut, Zähne zusammengebissen und ran an den Feind. Ein lumpiges Leben haben wir. Mehr als totgehn kann man nicht.«

Die Armee herrschte über ihr Denken und Fühlen. Sie bestimmte ihre Aufenthaltsorte und riss sie auseinander. Für Fritz äußerte sich die Gewalt des Krieges nicht zuletzt darin, dass ihm, um die Gemeinschaft mit Ernst zu beschwören, nur die Erinnerung an Rehburg blieb. Die jüngeren Brüder Hans und Wolfgang mussten dort stellvertretend die Gänge absolvieren, die sie einst unternommen hatten. »Ich habe sie ermahnt«, schrieb Fritz an Ernst, »fleißig den Eiern der Krähen nachzustellen, die grünlich gesprenkelt auf rauschenden Bäumen in dunklen Nestern sich verstecken. Sie haben das auch befolgt und mir ein Kästchen mit gekochten Eiern geschickt.«

Ernst hatte für derartige Reminiszenzen nur wenig Sinn. Was er mitzuteilen hatte, war reines Erleben, waren Eindrücke, die er loswerden musste, auch wenn er die Schocks im abgebrühten Tonfall eines unerschütterbaren Haudegens vortrug. »Dem Feldwebel Jakob, den Du von der Somme her kennst, wurde vor einigen Tagen auf dem Anmarsch ein Fuß abgeschossen, so dass er nur noch an einigen Sehnen hing. Jakob behielt die Pfeife im Munde und bat seine Begleiter, ihm den Fuß ganz abzuschneiden, zuckte nicht mit der Wimper dabei. Dazu gehört umso größerer Mut, als man gleich nach der Verwundung sich sehr elend fühlt.« Die Pfeife im Mund zu behalten, war der gültige Nachweis der Mannhaftigkeit. Darauf hatte er auch selbst größten Wert gelegt, als ihm eine Kugel überm Knöchel ins Bein schlug und sein Blut auf den Boden lief. Da schrieb er ins Tagebuch: »Ich muss bemerken, dass ich während der ganzen Geschichte meine Pfeife im Mund behalten und auch noch weiter geraucht hatte.«

Wenig später folgte der Bericht von einem Gefecht, das für Ernst ein triumphaler Höhepunkt seines Krieges war: der nächtliche Kampf gegen eine englische Truppe, die sich vorwiegend aus Indern rekrutierte. Er konnte sicher sein, von Fritz dafür bewundert zu werden. Seine Erzählung klang so, als hätte er ein Indianerspiel gewonnen. »Im kritischen Augenblick näherte sich ihr Oberhaupt, ein englischer Oberleutnant, der mit Keule und Revolver bewaffnet war, bis auf wenige Schritt. Ein Schuss durch Auge und Schläfe sandte ihn eben noch zur rechten Zeit in die ewigen Jagdgründe. Als Beute brachten wir drei verwundete Inder in unseren Graben ein. Den englischen Oberleutnant fanden wir erst am nächsten Abend im hohen Gras. Nur noch zwei scharfe Patronen steckten neben vier abgeschossenen Hülsen in seinem Colt. Ich nahm seinen Stahlhelm an mich, aus dessen Rand das Geschoss einen Fetzen herausgerissen hatte. Auch fanden wir bei ihm eine flache, mit schottischem Whisky gefüllte Metallflasche. Im Dunkel neben ihm stehend, brachten wir dem Toten, der uns eingeschenkt hatte, die Libation.«

In der Abschrift der Briefe, die im Sommer 1947 entstand, fehlen die folgenden Zeilen, die ihm wohl allzu großsprecherisch erschienen: »Nächstens werde ich meine neuen Trophäen nach Hause schaffen lassen. Ich besitze jetzt: einen prachtvollen englischen Karabiner, für spätere Jagdzwecke vorzüglich geeignet, dazu eine Koppel Patronen, den durchschossenen Stahlhelm des englischen Oberleutnants, seine blutbespritzte Keule und sein Zigarettenetui, das mir Kius noch gegeben hat.« Nur der Schlusssatz blieb stehen, der die Szenerie ins Friedliche wendet: »Hier sind die verwilderten Felder jetzt prächtig bunt.« Den durchschossenen, flachen Helm des Engländers bewahrte er sein Leben lang auf. Im Wilflinger Arbeitszimmer plazierte er ihn auf dem Bücherregal, neben seinem eigenen, durchlöcherten Stahlhelm. Zwei Helme, zwei Botschaften: Einmal war Ernst Jünger der, der den Tod brachte und der seinem Opfer ein ehrendes Andenken bewahrte. Zum anderen war er der Überlebende, derjenige, der nicht zu töten war.

In Friedrich Georg mögen diese Geschichten nachgeklungen haben, als er im Juli 1917 in der Nähe von Langemarck an die vorderste Front verlegt wurde, eine Gegend, in der man beim Schanzen die Leichen junger Rekruten fand, die dort beim Vorstoß vom November 1914 liegen geblieben waren. Wie Jahresablagerungen lagen die Toten übereinandergeschichtet in der Erde. Langemarck hatte sich im Deutschen Reich bereits in ein mythisches Gelände verwandelt, ein Totenreich voller Heldengesänge. Friedrich Georg erinnerte sich später an diffuses Dämmerlicht, schwere Rauchschwaden und gelbliche Gaswolken, die wie Nebel über die Trichterlöcher des Schlachtfeldes waberten. Wo einmal Wald gewesen war, ragten nur noch ein paar schwarze, zersplitterte Baumstümpfe auf. Vom Dorf war nichts mehr zu sehen als Spuren roter Ziegelerde und gespenstische Kaminreste. Was von der Welt übrigblieb, sah aus wie ein schauerliches, expressionistisches Gemälde. Da hinein sollte er stürmen, sollte Raum gewinnen, den Gegner zurückdrängen. Er kam nicht weit. Nach wenigen Metern empfing ihn englisches Schrapnellfeuer. Er sah es aufblitzen, sah die Geschosse auf sich zukommen, überscharf und wie in Zeitlupe. Er stürzte in den aufgewühlten Schlamm und sah sich beim Fallen zu, als wäre er schon nicht mehr er selbst. Sein Krieg war zu Ende, kaum dass er begonnen hatte und bevor er dazu kam, auch nur einen einzigen Schuss abzugeben. Der Krieg stieß ihn ab wie einen Fremdkörper, wollte ihn nicht in seiner Nähe dulden. So sehr Ernst hier zu Hause war und im Element des Feuers atmete wie ein Fisch im Wasser, so hilflos irrte Fritz darin umher. Das war kein Handwerk für ihn, urteilte Ernst, und der Vater hielt ihn für einen Soldaten, der wenig

Glück hat, der schnell verletzlich ist und die Geschosse auf sich lenkt, wo immer sie umherfliegen.

Als er wieder zu sich kam, lag er mit dem Kopf nach unten in einem Trichterloch. Er wusste nicht, ob es Abend oder Morgen war. Die Schulter schmerzte. Der linke Arm ließ sich nicht bewegen. Die Brust brannte wie Feuer, und er bekam keine Luft in die Lunge. Er hatte Durst, konnte aber die Wasserflasche nicht finden. Er erinnerte sich daran, dass Ehlert rechts von ihm Kommandos gebrüllt und mit den Worten »Mir nach!« vorwärtsgestürmt war und an zwei dumpfe, klatschende Einschläge in seinen Körper, daran, dass ihm das Gewehr aus der Hand gefallen war, der Kopf nach hinten gerissen wurde und an diese Stimme, die sagte: »Den hat's erwischt!«

Er versuchte den Kopf zu drehen und sich zu orientieren, aber er wusste nicht, in welche Richtung er kriechen sollte. So blieb er liegen und verlor erneut das Bewusstsein. Dreizehn Stunden, rechnete er später aus, musste er so gelegen haben, während um ihn herum die Erde vom Geschosshagel durchpflügt wurde. Sind dreizehn Stunden eine lange Zeit? Und wie viele Jahre dauert es, damit fertigzuwerden? Drei Leute schleppten ihn schließlich zu einer kleinen Hütte in der Nähe, nicht wirklich ein Schutzraum, aber immerhin ein paar Wände und ein Dach gegen die aufspritzenden Erdbrocken. Die Hütte war voll mit Verwundeten, Halbtoten und Toten, Fritz lag zwischen ihnen.

Und dann geschah das, was die beiden Brüder immer nur als ein Wunder betrachteten, als Zeichen einer schicksalhaften Verbundenheit, wie ja der Krieg für alle Überlebenden reich ist an Wundern und Zeichen: Wäre man nicht zufällig gerade auf Heimaturlaub gewesen, als die ganze Brigade aufgerieben wurde; hätte man nicht verschlafen an diesem Morgen, als eine Granate genau da einschlug, wo die Kameraden zum Dienst antraten; und so fort. Wäre Fritz nicht von zwei Kugeln niedergestreckt worden, von denen eine sein Schultergelenk zertrümmerte und die andere die Lunge durchlöcherte, hätte es ihn wie die anderen ein paar Meter weiter viel schlimmer erwischt. Ehlert blieb dort mit einem Schuss durch den Hinterkopf liegen. Keiner kehrte zurück. So entsteht der Glaube, dass das eigene Überleben kein Zufall sein kann, dass etwas darüber wacht und ein Generalstabsplan existiert, in dem sehr wohl unterschieden wird zwischen denen, die sterben, und denen, die leben. Dass er den Arm nie wieder richtig bewegen konnte, war so gesehen ein Zeichen, das ihn an die eigene Auserwähltheit und an die Verbundenheit mit Ernst erinnerte.

Denn wo gibt es so etwas, dass ein Bruder den anderen rettet? Oder auch nur, dass zwei Brüder sich begegnen in der Schlacht? Vielleicht war das einst im Trojanischen Krieg möglich, als man die Feinde noch persönlich kannte. Doch einen Homer gab es nicht mehr und auch keine *Ilias*, seit das Schießpulver erfunden worden war. Und so schrieben die Brüder selber am Mythos der Rettung, um das Hohelied des Brudertums zu singen. Die Begegnung am Rande des Todes – am Tag zuvor hatten sie jeweils den anderen gerüchteweise für tot halten müssen – war das Geschenk, das der Krieg ihnen machte, etwas, das ihre Bruderschaft zur Schicksalsgemeinschaft veredelte und ihr eine höhere, unhintergehbare Bedeutung verlieh.

Die erste Schilderung des Ereignisses, die Ernst im Kriegstagebuch unter dem Datum des 29. Juli 1917 hinterließ, ist zurückhaltend und sachlich. »Plötzlich erschien am Rande meines Trichters eine Ordonnanz von Sandvoß und teilte mir mit, dass Fritz hier in der Nähe in einem Unterstande läge. Ich lief natürlich sofort hin, während sich der Engländer einen Spaß daraus machte, auf mich zu schießen. In einem halbzerschossenen, nach Leichen stinkenden Unterstand lag Fritz neben dem Fahnj. Untoffz. Bachmann, neben einer Menge von Schwerverwundeten. Wir drückten uns die Hände und erzählten. Welch ein Wiedersehn! Fritz hatte in voriger Nacht den Sturm der 3. Comp. mitgemacht, war dabei verwundet und in einem Granattrichter liegen geblieben. Nun war er hier. Er hatte zwei Splitter in die Brust bekommen, wegen des einen konnte er den rechten Arm schwer bewegen, der andere machte ihm Atembeschwerden. Außerdem fieberte er etwas. Mir trat das Wasser in die Augen. Jedenfalls war es mir klar, dass er hier nicht bleiben durfte, denn hier konnte jeden Augenblick der Engländer kommen oder eine Granate einschlagen. Der beste Bruderdienst, den ich ihm leisten konnte, war, ihn sofort zurückschaffen lassen, und das tat ich auch gleich. Während die übrigen Leute der 8. jetzt auch langsam einschwärmten, kommandierte ich vier der Leute, die zuerst angekommen waren, Fritz zurückzuschaffen. Er wurde in eine Zeltbahn geknöpft, eine lange Stange hindurchgesteckt, dann nahmen ihn zwei der Leute auf die Schulter. Auch ein Sanitäter ging mit. Noch ein letzter Händedruck, dann ging die traurige Ladung ab. Es war kein angenehmes Gefühl, einen lieben Bruder so fortgetragen sehen, während rechts und links von ihm schwere Einschläge ihre Staubfontainen hochwarfen.« In seinem Kriegsbuch In Stahlgewittern, das er nach dem Krieg anhand der Tagebuchnotizen schrieb, fügte er hinzu: »Bei jedem Einschlag zuckte ich zusammen, bis der kleine Zug im Dunst des Gefechtes verschwunden war. Ich fühlte mich zugleich als Vertreter der Mutter und ihr für das Schicksal des Bruders verantwortlich.«

In den Stahlgewittern ließ Ernst den Bruder dann auch selbst zu Wort kommen und ihn die Rettung aus seiner Sicht erzählen. Ausführlich zitiert er da aus einem Brief, den Fritz ein paar Wochen danach im Lazarett geschrieben hat. In den ersten Auflagen des Buches war das noch ein knapper Bericht, in den späteren durfte auch das emotional Bewegende des Augenblicks aufscheinen. Da ist es längst kein Brief mehr, sondern eine Erzählung, die sich weniger an den Bruder als an die Öffentlichkeit richtet. Nachdem Ernst noch als Kind sein erstes Reisetagebuch im Erdkundeheft des Bruders begonnen hatte, war nun Friedrich Georgs erste schriftstellerische Veröffentlichung im Buch des Bruders zu finden. So, gleichsam über Kreuz und ineinander verschränkt, begannen sie zu schreiben.

In der Werkausgabe Ernst Jüngers, ein halbes Jahrhundert später, lautet die zentrale Passage dann fast wortgleich so, wie sie auch in Friedrich Georg Jüngers Autobiographie Grüne Zweige zu finden ist: »Plötzlich stürzte, von den Schuhen bis zum Stahlhelm mit Lehm bespritzt, ein junger Offizier herein. Es war mein Bruder Ernst, der beim Regimentsstab schon den Tag zuvor totgesagt war. Wir begrüßten uns, ein wenig seltsam und gerührt lächelnd. Er blickte sich um und sah mich voll Angst an. Die Tränen traten ihm in die Augen. Wenn wir auch zu dem gleichen Regiment gehörten, so hatte doch dieses Wiedersehen auf dem unermesslichen Schlachtfeld etwas Wunderbares, Erschütterndes, und die Erinnerung daran blieb mir für immer kostbar und verehrungswürdig. Nach wenigen Minuten verließ er mich und brachte die fünf letzten Leute seiner Kompanie herbei. Ich wurde auf eine Zeltbahn gelegt, durch deren Schnüre man einen jungen Baum steckte, und vom Schlachtfelde getragen. Je zwei und zwei der Träger lösten sich ab. Der kleine Transport eilte bald nach rechts, bald nach links und wich im Zickzack den massenhaft einschlagenden Granaten aus. Gezwungen, schnelle Deckung zu nehmen, warfen sie mich einige Male ab, so dass ich hart in die Trichter schlug.« Und so ging es weiter, aus dem Sichtfeld des Bruders hinaus in einen sicheren Unterstand und am nächsten Tag auf den beschwerlichen, quälenden Transport mit dem Lazarettzug nach Gelsenkirchen. Bei Ernst ist noch zu erfahren, dass er ein paar Tage später in der Nacht aus kurzem Schlummer hochschreckte und eine Stimme hörte. Ein Posten sagte zum anderen: »Er hat den Bruder gefunden.« Da setzte dann schon das mythische Raunen ein, das Sätze hervorbringt, die in Kriegsfilmen von flackernden, schemenhaften, in die Erde geduckten Gestalten gesprochen werden.

Der Mythos handelt von der wundersamen Begegnung auf dem Schlachtfeld und dient als Urszene, die die lebenslange Verbundenheit der Brüder besiegelt. Man könnte die Geschichte aber auch anders erzählen, entgegengesetzt, und hier den Graben erkennen, der sie von nun an trennt. Ab jetzt stehen sie sich als Retter und Geretteter gegenüber, als Kriegsheld und als Invalide. Ihre Zusammengehörigkeit beruht auf einer unüberwindlichen Differenz. Es ist ein Unterschied, ob man den Krieg mit gloriosen Trophäen und dem Orden Pour le Mérite beendet oder aber als einer, der sich nutzlos fühlt, weil er keinen Schuss abgegeben hat. Der eine wird in der Nachkriegszeit vom Stolz angetrieben, der andere von seinem Minderwertigkeitsgefühl. Im Resultat aber wird das auf dasselbe hinauslaufen.

Die Bewunderung, ja Verklärung des älteren Bruders, wie sie dem jüngeren schon von Kindheit an nahelag, fand nun einen objektiven Anlass. Die Schwermut, an der Friedrich Georg litt, ließ sich leichter ertragen, wenn Ernst sie als Lichtgestalt überstrahlte und damit auch der Krieg in ein edles, glänzendes Licht getaucht wurde. So leuchtet es aus der Elegie »An meinen Bruder Ernst«, die in der ersten Lyriksammlung Friedrich Georg Jüngers, erschienen im Jahr 1934, enthalten ist. Diese Verherrlichung ist der vermisste homerische Gesang, der Troja durch Flandern ersetzt und aus dem Bruder einen neuen Achill macht. Die Schlachtfelder, auf denen er seine ruhmreichen Heldentaten vollbrachte, werden nacheinander aufgerufen, als gebühre auch ihnen Ehre und Ruhm, bis dann endlich die entscheidende Sequenz beginnt:

Langemarck nenn ich euch jetzt, ein Feld, dessen Fluren
Mehr als die Wiese an Gras Tote und Sterbende zählt,
Mich auch warf ein Geschoss dort zur Erde, blutend verbracht' ich
Von den Wettern umflammt, hilflos in Trichtern die Nacht.
Nimmer vergisst sich, wie du mich fandest, wie in die Hütte
Spähend tratest herein, kaum je erkannt ich dich dort.
Wie ein Gräber im Erdreich erschienst du, umhüllt von der Erde
Bis zum Stahlhelm mit Schlamm flandrischer Weiden bespritzt.
Wie ein Arbeitsmann kamst du, bedeckt von dem Schmutze der Werkstatt,
Blass von dem Mühsal der Schlacht tratst du im Rauche hervor.
Schweigend, mit Tränen begrüßten wir uns. Wie ein Wunder ergriff mich
In der Verwesung Gefild' dieser Begegnung Gewalt.
Auf der schwankenden Bahre befahlst du zurück mich zu tragen,
Wandtest von neuem des Feinds stürmenden Massen dich zu.
Schanzend hieltest du am Steenbach die Front in Schlamm und in Wassern,
Riefest zum Widerstand auf, brachest des Angriffs Gewalt.
Aber wer wiegt es, das Wagnis? Wer zählt die Tage der Schlachten,
Misst der Zeit wilderen Stundenschlag aus?

Es mussten Hexameter sein als feste Form, die er den Sätzen wie eine Rüstung anlegte und die die Heldentat der Bruderrettung in ferne, heroische Zeiten rückten. Auch wenn sein kostbarer Ton zu den Vernichtungsschlachten des Weltkriegs schlecht passte, auch wenn er diese Unangemessenheit als einen Schmerz empfand, der tiefer ging als der Schmerz der Niederlage, veränderte er nicht den Vers, sondern das Bild des Krieges, bis es sich den Hexametern fügte und es ihm so schien, als hätten sie tatsächlich mit Schwert und Speer gekämpft und federgeschmückte Helme getragen. Wenn der Krieg sich zum Mythos wandelt, sind Sieg und Niederlage eins. Dann erfüllen Sieger und Besiegte gemeinsam das ihnen auferlegte Geschick. Für Ernst bedeutete dieses Gedicht viel, ja mehr als alle anderen Auszeichnungen, sogar mehr als »der Stern Friedrichs des Großen«, wie er einen Weltkrieg später, wieder in Frankreich, in sein Tagebuch schrieb: »Den höchsten Lohn teilt nicht der König, ihn teilt der Sänger aus.« Die enge Verbundenheit mit dem Bruder hatte er schon 1922 öffentlich dokumentiert, als er seinem zweiten Buch, *Der Kampf als inneres Erlebnis*, die Widmung voranstellte: »Meinem Bruder Fritz zur Erinnerung an die Begegnung auf dem Schlachtfeld von Langemarck«.

6 (LUFT)

Wilflingen 1996

Er bewegte sich marionettenhaft, hölzern, so dass er sich auf einmal wie der sehr alte Mann vorkam, der er war. Seltsam: Er hatte jedes Gefühl für das eigene Alter verloren. Wenn er von anderen hörte, sie seien achtzig oder siebzig geworden, dachte er: Die sind jetzt alt. Doch im eigenen, hundertjährigen Fall wunderte er sich, wenn die Gelenke im Winter gelegentlich schmerzten und ächzten wie rostige Scharniere. Mit vierzig hatte er sich alt gefühlt, aber das war lange her. Er ging zum Käferschrank im Flur, zog den Kasten mit den Buprestiden heraus und trug sie behutsam, Schritt für Schritt, um ja nicht über den Teppich zu stolpern, hinüber ins Arbeitszimmer. Dort stellte er sie am Fenster in die Maisonne. Die Käfer verlangten nach Licht als ihrer Nahrung und dankten es ihm. Er liebte ihren feurigen Glanz, das phosphoreszierende Schimmern der Flügel. Er hatte sie getötet und präpariert und ihnen damit eine längere Existenz geschenkt. Die kleinen Zettelchen unter ihnen hielten den Tag und Ort fest, an dem er sie eingebracht hatte; der Tod machte sie dauerhaft. Im Käferschrank schlummerten sie und warteten darauf, wieder zum Leben zu erwachen wie herumliegendes Kinderspielzeug in der Nacht, wenn alle Kinder schlafen.

Er hatte sie als marschierende Einheiten angeordnet, so dass sie einem Ziel entgegenstrebten. Die unaufhaltsame Infanterie des ewigen Lebens. Eine Flotte verwegener Segelboote, in denen eine schlanke Nadel als Mast steckte. An ihren Nadeln schwebten sie über dem Grund. »Beim Spießen der Käfer wird die Nadel unweit der Rückenmittellinie durch die rechte Flügeldecke derart gestochen, dass sie auf der Bauchseite zwischen dem zweiten und dem dritten Hüftenpaar heraustritt.« Die Sätze aus der Sammlerfibel seiner Kindheit konnte er immer noch auswendig; er führte sein Handwerk exakt danach aus. Man durfte den Tod nicht verwackeln. Man musste Haltung bewahren wie diese prächtigen Buprestiden. »Manche Käfer, namentlich große Exoten, haben so hart gepanzerte Flügeldecken, dass man erst mit einer unter drehenden Bewegungen einzuführenden, scharf zugespitzten Nähnadel vorarbeiten muss. Um einen Anhalt für die Stärke der Insektennadeln zu geben, sei erwähnt, dass für Hirschkäfer Nr. 9, für Maikäfer Nr. 6, für Sandlaufkäfer Nr. 4 das Richtige ist. Die ganz feinen Nadelnummern o und oo können in der Käfersammlung kaum Verwendung finden, da Käfer unter 6 Millimeter Körperlänge sich nur schwer nadeln lassen und daher besser auf dreieckig zugeschnittenen Kartonstücken aufgeklebt werden.«

Jedes einzelne Exemplar verkörperte eine Erinnerung, jede Form stand für etwas ein. Das Rodino-Tal von Rhodos tauchte vor ihm auf, wo er an einem heißen Nachmittag mit Fritz das ausgetrocknete Bachbett hinaufgegangen war und ein grün-goldener Prachtkäfer gerade in dem Augenblick eine Kiefer anflog, als sie über diese Art sprachen und die Zweige danach absuchten. Fritz sah ihn zuerst. Oder das Trettachtal in den Alpen, wo sie zusammen mit Monsignore Horion mehrere Exemplare des nahezu ausgestorbenen Bembidion eques aufgespürt hatten. Oder Copris hispanus, das Spanische Mondhorn, das er zum ersten Mal in der Nähe Palermos sah. Fritz brachte ihm dort eines Morgens ein totes Tier, so wie er von seinen Morgengängen fast immer etwas mitbrachte und ihm überreichte: einen besonderen Stein, eine seltene Pflanze, eine schöne Blüte. Das Spanische Mondhorn, gedrungen und stämmig wie ein kleines Nashorn, begegnete ihm danach immer wieder bei seinen Reisen rund ums Mittelmeer, aber alle waren tot, selbst wenn er in frühester Stunde loszog. Dem Mondhorn blieben nur wenige Stunden für seine nächtlichen Liebesflüge. Doch welchen Aufwand betrieb die Natur für diese kurze Spanne Zeit! »Um wie viel dauerhafter scheint doch die Rüstung des Spanischen Mondhorns als das bleiche Gewand der Larve, die in der Erde träumt«, hatte er geschrieben. »Warum dient der Schmuck nur für eine einzige Nacht?«

Als er darüber nachgedacht hatte, war er darauf gekommen, dass er nicht die menschliche, die lineare, zweckgebundene Zeit als Maßstab anlegen dürfe, die ja nur eine Hilfskonstruktion ist. Von Friedrich Georg hatte er gelernt, Zeit als etwas Zyklisches zu begreifen, dessen Wiederkehr in festlichen Übergängen zu feiern war. Jahre ließen sich sparen, um sie in wenigen Stunden zu verschwenden, so wie die Traube in der Sonne heranreift, im Fass zum Wein vergärt, langsam an Schwere und Bedeutung gewinnt und schließlich im Rausch rasch getrunken wird. So steigt auch das Spanische Mondhorn in Schwärmen zum Hochzeitsfest aus der Erde, reine Transzendenz, Übergang von der Materie zur Idee und wieder zurück, ein Fest, in dem sich das Dasein erfüllt. Das Leben ist ein Kreislauf, und vielleicht, dachte er, liegt Erfüllung außerhalb der Zeit und ist dem Augenblick näher als den Jahrtausenden. »Der Augenblick des Glückes zählt nicht nach Sekunden – die Uhr schlägt keinem Glücklichen. Das Larvenleben könnte der Zündschnur gleichen, die sich im Feuerwerk und seiner Glorie erfüllt. Wenn das Hirn im Fegfeuer verglüht, erfährt es noch das Geheimnis des letzten Ganglions.«

Fritz und auch Citta hatten ihm von ihren Reisen immer wieder Käfer mitgebracht oder sie, stümperhaft verpackt, per Post gesendet. Die meisten waren unbrauchbar: abgebrochene Beine, geknickte Fühler, eingedrückte Flügeldecken. Es nutzte nichts, wenn er sich darüber beschwerte. Für andere waren die Käfer nur ein Zeitvertreib und eine kleine Gefälligkeit. Anhand der Fundstücke, die Bruder und Schwägerin aus Ischia schickten, konnte er ihre Wege nachvollziehen und sich einer Rüge nicht ganz enthalten: »Die Tenebrioniden am Strand, dann die Chrysomeliden an Blüten und Büschen beim Aufstieg zum Quartier, Steine habt ihr offenbar selten gewälzt – so sind leider große Carabiden nicht dabei. Nun, vielleicht halte ich dort einmal Nachlese.« Was die Sammlung betraf, musste er letztlich eben doch alles selber machen.

Dabei wusste er sehr wohl, dass auch die beste Sammlung nicht haltbar war. Sie würde mit ihm zugrunde gehen, denn sie brauchte Kenntnis, Pflege und Aufmerksamkeit. Hätte er die Tiere im Keller gelagert, wären sie längst vom Schimmel überwachsen. Auf dem Dachboden hätten sich erst die Milben über sie hergemacht, ihnen Schuppen und Haare abgenagt, und dann die Motten mit den stumpf gewordenen Resten aufgeräumt. Er erinnerte sich an Sérignan, wo er das zum Museum gewordene Wohnhaus des großen Insektenforschers Jean-Henri Fabre besucht hatte. Da konnte er sehen, dass der Verfall nicht aufzuhalten ist. Die Prachtkäfer waren glanzlos und morsch, die

Zettel mit den Beschriftungen vergilbt, die Schrift kaum noch zu erkennen wie auf verwitterten Grabsteinen. Selbst die Nadeln hatten Rost und Grünspan angesetzt, und manche steckten nur noch in einem Haufen bunten Staubes. So würde es auch seiner Sammlung irgendwann einmal ergehen, wenn aus der Wilflinger Oberförsterei ein Museum geworden wäre.

Doch Vergänglichkeit ist nicht gleich Vergeblichkeit. Haltung zu bewahren hieß, der Vergänglichkeit zu trotzen. Die Sammlung war ihm ja nicht nur ein »Quell der Freude«, eine »Bereicherung der Augen und des Herzens«, eine »sorgenbrechende Substanz«. In ihr verkörperten sich kosmisches Wissen und kosmische Ordnung, die sichtbar zu machen – und sei es auch nur vorübergehend – ihn befriedigte. Die zoologischen Systeme hielt er für kühnere Gebäude als die ägyptischen Pyramiden, unsichtbar, aber nicht weniger dauerhaft. Wenn er in der unendlichen Formenvielfalt der Natur einen Plan erkannte, Zusammenhänge und Entwicklungslinien entdeckte, dann offenbarte sich darin die Schöpfung als etwas Göttliches; dann wies die Ordnung der Käfer auch ihm selbst seinen Platz zu. In jedem kleinen, zufälligen Fundstück wurde der Kosmos offenkundig, aus jedem erwuchs Wissen über Erdzeitalter, Klima und Erblehre. Es gab ein Prinzip, das sich allem Leben einprägte und dem er auf der Spur war. Er konnte es nicht greifen, aber er konnte es ahnen im grünen Schillern der Käfer, die umso farbenprächtiger und heller leuchteten, je näher sie dem Äquator kamen. Im Licht blühten sie auf und verglühten. Sie zu betrachten war seine Frömmigkeit.

Ordnung hielt er für ein Bollwerk gegen den Verfall. Vielleicht hatte er deshalb 1915 in Frankreich zwischen Gewaltmärschen und Schießereien darüber nachgedacht, wie der ideale Käferschrank auszusehen habe, und dazu eine Zeichnung in seinem Notizheft angefertigt. Aus gutem Holz, am besten aus Eiche, stellte er ihn sich vor, mit zwanzig großen, tadellosen Käferkästen und zwei bis drei sehr großen Schubladen, um die noch nicht bestimmten und eingeordneten Exemplare aufzubewahren. Schubladen für Präparierzeug durften nicht vergessen werden und einige Klappen für stark riechende Substanzen zum Schutz der Sammlung. Aber all das würde nicht helfen, wenn er sich nicht penibel an die Grundregeln hielte: »Jeder Kasten ist mindestens zweimal monatlich nach Schimmel, Grünspan und Raubinsekten zu untersuchen. Jeder Schaden muss unverzüglich beseitigt werden. Der Schrank muss immer verschlossen sein und darf nie Unnötiges enthalten. Die Schutzpräparate sind in bestimmten Zwischenräumen zu erneuern.«

Die Zeichnung des Käferschranks korrespondierte mit Lageskizzen, die den flüchtigen Frontverlauf, die Anordnung der Gräben und Verbindungslinien und die Anzahl der getöteten Feinde festhielten. Der Schrank war eine Ordnung höherer Art. Der Gedanke an die Sammlung, für die der Schrank das Gehäuse sein würde, beschäftigte ihn unablässig, und er arbeitete ja auch während des Krieges weiter daran, indem er abseits der Gräben und der Schlachtfelder seiner subtilen Jagd nachging, so lange, bis es in der von Explosionen erschütterten Erde keine Käfer mehr gab. Am Käferschrank hielt er in Gedanken auch dann noch, gerade dann fest, als alles zerstört war. Die Sekunde, in der er sich von einer Kugel ins Herz getroffen glaubte und fiel, erlebte er als Moment größter Klarheit und Rätselhaftigkeit, die er nur so wiedergeben konnte, als wäre es um Äußerlichkeiten gegangen: »Im Stürzen sah ich die weißen, glatten Kiesel im Lehm der Straße. Ihre Anordnung war sinnvoll, notwendig wie die der Sterne und verkündete große Geheimnisse.« Als er sich nach dem Ende des Krieges in Rehburg erholte, war das Erste, was er in Angriff nahm, der Käferschrank. »Ich habe das Modell eines Käferschrankes ausgearbeitet, den ich von Stöxen herstellen lassen will«, schrieb er Ende November 1918 an Fritz. »Ich habe für die Zukunft noch keine bestimmten Pläne, den Tropenaufenthalt natürlich ausgenommen. Zunächst muss die Spartakusgruppe zerschmettert werden.« Auch die Revolution bedrohte die Ordnung.

Die Zecke, deren Biss ihn fast umbrachte, zwei Jahre vor dem Hundertsten, suchte den Waldgänger und den Sammler heim. Vielleicht war sie die Rächerin all der getöteten Insekten, die nicht mehr zubeißen konnten und von denen er annahm, sie müssten ihm für die Präparation dankbar sein. Nun traf ihn die Borreliose mit Schüttelfrost, Fieber und Gelenkschmerzen. Überliefert ist aus diesen bedrohlichen Wochen im August 1993 aus dem Riedlinger Krankenhaus der Satz: »Von denen muss ich mich ja nicht gerade beerdigen lassen. Den Gefallen tue ich ihnen noch nicht.« Wären dies seine letzten Worte gewesen, hätte unklar bleiben müssen, ob er damit die Käfer oder aber die Bild-Zeitung meinte, die unter der Schlagzeile »Ein großer Deutscher liegt im Sterben« voreilig seinen bevorstehenden Abgang verkündete. Also überlebte er auch dies und ließ weitere Worte aus Wilflingen folgen.

7 (FEUER)

Hannover 1918

Das Fieber kam mit der Spanischen Krankheit. Es verbreitete sich im Frühsommer 1918 so rasch über ganz Europa und alle Fronten hinweg, als wären die Stellungen, die vier Jahre lang erbittert verteidigt worden waren, für einen echten Sturm nie Hindernisse gewesen. Noch einmal starben Millionen – wenn nicht an der Grippe, dann an Lungenentzündung oder an Unterernährung. Das Fieber begann mit Kopfschmerzen, Schluckbeschwerden, Husten und gipfelte in Lähmungserscheinungen und dumpfer Willenlosigkeit. »Man wird widerlich weichlich«, klagte Fritz, fiebernd, zerschlagen, geschwächt von den Folgen seines Lungenschusses, und wünschte dem Bruder an der Front, »von dieser Pest verschont« zu bleiben. Doch Ernst brauchte keine guten Wünsche. Er fühlte sich gewappnet gegen Angriffe aller Art. Angst machte ihm nur die heimtückische Syphilis als eine besonders lächerliche Art des Sterbens. Als er am Gaumen ein paar rote Flecken entdeckte, suchte er den Truppenarzt auf, gestand ihm diverse Sünden, gurgelte mit Mundwasser und erbat sich von Fritz eine Antiseptsalbe aus der Apotheke. »Vergiss die Salbe nicht, schicke bald!«, drängte er, bekam aber nur zur Antwort: »Kajol? Kajol? Ist allen Apothekern gänzlich unbekannt, ich kann es daher nicht besorgen.«

Der Grippe beugte er durch ausgedehnte Sonnenbäder vor, mit denen er den Stellungskrieg in einen Kuraufenthalt verwandelte. Frische Luft hält gesund. Gegen Mittag badete er im Kanal, anschließend wurde aus Langeweile und nur so zum Spaß »mit allen möglichen Mordinstrumenten herumgeballert«, dann unternahm er einen langen Ritt über die einsamen Felder, um nach dem Abendessen in Schopenhauers Aphorismen zu lesen. »Ich bin so braun geworden, dass kein Flieger mich entdeckt«, schrieb er, behauptete jedoch, sich schon wieder, immer noch, danach zu sehnen, dass »das Gewummer bald wieder losgeht. Immer ran wie Oskar! Vor und beim Sturm kommt man doch auf andere Gedanken, und wenn's auch geradewegs in die Hölle gehen sollte.«

Feuer war ihm vertraut. Fieber genoss er wie eine Droge. Im Gefecht erfasste es ihn kurz und rasend als »Orgie der Wut«, und wenn es verraucht war, sah der Graben aus »wie das zerwühlte Bett eines an Krämpfen Gestorbenen«. Dann blickte er in die fiebrig glänzenden Augen der Kameraden, die sich, im durchdringenden Gefühl, überlebt zu haben, unter ihre Helme duckten. »Warum ist gerade unsere Zeit an Kräften, vernichtenden und zeugenden, so überreich?«, schrieb er ein paar Jahre später. »Warum trägt gerade sie so ungeheure Verheißung im Schoß? Denn mag auch vieles unter Fiebern sterben, so braut zu gleicher Zeit die gleiche Flamme Zukünftiges und Wunderbares in tausend Retorten. Das zeigt ein Gang auf der Straße, ein Blick in die Zeitung, allen Propheten zum Trotz.«

Die Wirklichkeit war weniger pompös. Am 25. August 1918 beendete ein Schuss durch die Lunge auch für Ernst Jünger den Krieg. An Fritz hatte er in der Rolle des besorgten älteren Bruders eben noch geschrieben: »Sei nur recht vorsichtig mit Deiner Lunge, auch was Wein und Tabak anlangt.« Zehn Tage danach und schwer getroffen berichtete er von einem »ekligen Stechen in der Nähe des Zwerchfells«. Mit derben Scherzen suchte er zu beweisen, dass es ihm gut gehe: »Du kannst mir inzwischen schon eine passende Braut nebst Zimmer aussuchen, d. h., mit einem Lungenschuss muss ich mit Sachen, die eine gewisse Atemanstrengung erfordern, vorsichtig sein.« Jammern gehörte nicht zu ihrem Umgangston. Und hatte der Krieg sie getrennt, so führte das Leiden an der gleichen Verletzung sie nun wieder näher zueinander.

Doch der Abgang von der Bühne des Weltkrieges geriet noch einmal zum großen Auftritt, bei dem der Tod ihm so nahe rückte wie noch nie in allen Schlachten zuvor, als folge er einer geheimen Dramaturgie, die für den Schluss noch eine besondere Pointe bereithält. Mitten im Gefecht, schwer verwundet, wäre Ernst ohne die Hilfe des Gefreiten Ludwig Hengstmann nicht herausgekommen. Auf allen vieren kroch er mühsam zurück, als Hengstmann ihm anbot, ihn auf dem Rücken zu tragen. Ernst setzte sich auf ihn, Hengstmann, der ihm »schon zuvor durch seine anständige Gesinnung in jeder Beziehung angenehm aufgefallen war«, trabte ein paar Schritte, stolperte, stürzte und entschuldigte sich vielmals, bevor er seinen Kompanieführer wieder hochhob. Sehr weit kam er auch beim zweiten Versuch nicht. Den folgenden Moment beschrieb Ernst im Tagebuch so: »Ich hörte ein leises metallisches Sirren und merkte, wie Hengstmann unter mir zusammenbrach. Ein Schuss durch den Kopf hatte ihn niedergeworfen. Ich löste mich von dem Erstarrenden, der noch meine Schenkel umklammert hielt, und kroch, von Geschossen umzischt, hinter die nächste Bodenwelle. Es ist doch ein merkwürdiges Gefühl, wenn ein Mensch, der einem körperlich so nah ist, unter dem Leibe weggeschossen wird. Es ist dies wohl die nächste Form, in der der Tod an einem vorbeistreichen kann. In notdürftiger Deckung wurde mir erst der Nibelungentod des treuen Menschen klar. Jedenfalls gibt es von jetzt an mehr denn je für mich nur einen wünschenswerten Zustand des Gegners, das ist der Tod.«

Immer wieder kam Ernst im Lauf seines Lebens auf diese Szene zurück, in der er gerettet wurde, indem ein anderer sein Leben für ihn gab. Zu den Fotografien der Toten auf dem Fensterbrett der Wilflinger Bibliothek gehörte auch das Bild des jungen Gefreiten Hengstmann in Uniform: einer der vielen, die ihm vorausgegangen waren, für immer jung. Noch im hohen Alter erzählte Ernst davon, dass der Schuss in den Helm hinein und auf der anderen Seite wieder hinaus »und leider auch durch den Kopf« gegangen sei. Für den Mythos und das Wunder der Rettung seines Bruders hatte er gesorgt. Nun besorgte er auch den Mythos und das Wunder der eigenen Rettung – mit Hilfe des Soldaten Hengstmann.

Das Wundfieber, mit dem er im Lazarett in Hannover lag, milderte den Temperatursturz ins lauwarme zivile Leben. Fritz, an seinem Bett sitzend, war schockiert von der geisterhaften Blässe seines Gesichts, von der zierlichen Magerkeit des fast kindlichen Körpers, von den dunkel glühenden Augen und der bedrohlich ausschlagenden Fieberkurve, die am Bettgestell angebracht war. Das Fieber ließ auch dann nicht locker, als Ernst das Lazarett schon wieder verlassen hatte, weil er nicht länger liegen konnte. Jeden Morgen hustete er Blut, rauchte aber trotzdem dicke Zigarren und hielt sich ein mit Äther getränktes Tuch vor die Nase. Welch angenehme Art des Sterbens für die Käfer, die er damit tötete! Äther hielt Beinchen und Fühler beweglich, als wäre das Sterben ein Tanz. Ihm diente er als »leichter Feuerstoff – wer ihn zum Fahrzeug wählt, muss sich vor Phaethons Schicksal in Acht nehmen«. Unter den Soldaten an der Front war es verbreitete Sitte gewesen, Äther zu trinken. Wenn ein Mannschaftswagen vorbeifuhr, wehte manchmal eine Ätherfahne hinter ihm her, und es roch, als befände man sich im Operationssaal.

Er nahm sich ein Zimmer in der Mittelstraße in der Nähe des Waterlooplatzes – dem militärischen Zentrum Hannovers, wo sich Zeughaus, Kriegsschule, Infanteriekasernen, Lazarett befanden. Die Gegend diente als Exerziergelände und Auslauf der Militärs, war also dafür geschaffen, das Zeremoniell des Grüßens zu pflegen und Hierarchien zu respektieren. Umnebelt vom Äther achtete er überkonzentriert auf die Rangabzeichen, grüßte in Richtung der schweren Achselstücke eines Majors, die vor ihm auftauchten, übersah dabei jedoch die Sterne des Generals, der auf einem Fahrrad vorüberfuhr. Katastrophen dieser Art kennzeichneten die Niederlage. Der Krieg war verloren, die Ordnung erschüttert, auch wenn die Militärs das noch nicht begreifen wollten, und so grüßten und schnauzten sie weiter und liefen herum wie mechanische Aufziehpuppen.

Ernst hatte sich, noch an der Front, um eine respektable Friedensuniform bemüht und Fritz gebeten, er möge bei Schneider Bennigsdorf einen »hellgrauen Mantel, blauen Überrock und was dazu gehört« bestellen, »ebenso eine Reithose aus Cord«. Nun stolzierte er in voller Montur, mit wehendem Mantel, angehefteten Orden und umgeschnalltem Säbel durch die Straßen und genoss die bewundernden Blicke der Mädchen – auch wenn er heimlich ins Taschentuch hustete. Er fühlte sich als Kriegsheld und bemerkte nicht, dass die Soldaten sich in Schauspieler verwandelten, in Selbstdarsteller ohne Funktion und, was noch schlimmer war, ohne Idee, wie es weitergehen könnte. Was war das Schlimmste am Krieg? »Dass wir ihn verloren haben.« Bei dieser Antwort blieb Ernst Jünger bis ins hohe Alter.

Auch Fritz wohnte, wenn er nicht bei den Eltern in Rehburg war, in der Altstadt in einem Zimmer unterm Dach. Er hatte, was Lungenschuss, Heilungsprozess und Lesen betraf, ein Jahr Vorsprung vor Ernst und blieb ihm mit seinen Lektüren immer ein wenig voraus.

In griechischer Mythologie und klassischer Philosophie gab Fritz den Ton an. Neun Lazarette hatte er durchlaufen und konnte Ernst endlich einmal als der Erfahrenere Ratschläge erteilen:»Wenn man einen Lungenschuss gehabt hat, muss man sich vor Lungen- und Rippenfellentzündungen in Acht nehmen.« Doch auch er steckte noch in der Rekonvaleszenz, litt unter tiefer Erschöpfung und einer Kurzatmigkeit, die ihn dazu zwang, sich ein anderes, tiefer gelegenes Zimmer zu suchen. Nur mit Mühe schaffte er es die Treppe hinauf, kam schweißnass oben an und lag nachts wie gebadet im Bett. »Drei Ärzte untersuchten mich heute«, notierte er im Sommer 1918 im Tagebuch. »Der eine riet mir, aufs Land zu gehen und viel Milch zu trinken. Offenbar gefiel ihm der Lungenschuss nicht. Immer noch bin ich in Behandlung wegen des Schulterschusses. Doch ist nichts gebessert, denn die Schulter bleibt steif wie ein Brett. Bei jeder Bewegung höre ich das Knirschen der Knochensplitter. Auch steckt die Kugel noch darin.«

Die Verletzung betraf nicht nur Lunge und Schulter, sie war tiefer als nur in den Körper eingedrungen. Was unterschied ihn denn von all den nutzlosen Krüppeln, die durch die Städte Europas hinkten und sich auf Krücken dahinschleppten? Vom Heer der Amputierten, Blinden, Tauben, Zitternden und Zerstörten? Gegenüber Ernst verschwieg er seine Zustände und erzählte ihm stattdessen bloß, dass ihn in seinem hoch gelegenen Zimmer Scharen von Mauerseglern umschwärmten. Die Vögel blieben ihm treu. Auf dem Dach gab es ein Gärtchen, in das er sich lesend zurückzog, um niemandem zu begegnen. Er versenkte sich in das Leben der großen Eroberer Dschingis Khan und Tamerlan und tröstete sich am ewigen Aufstieg und Untergang der Weltreiche. Er las Baudelaire, Stendhal und Rabelais und rezitierte Verse von Trakl: »Menschheit vor Feuerschlünden aufgestellt / Ein Trommelwirbel, dunkler Krieger Stirnen, / Schritte durch Blutnebel; schwarzes Eisen schellt, / Verzweiflung, Nacht in traurigen Gehirnen.« So empfand auch er, so sah er die Gegenwart – und verharrte doch wie paralysiert im Soldatentum.

Der Garnisonsdienst führte ihn mit halbwegs auskurierter Lunge nach Oldenburg, obwohl es auf dem dortigen Bezirkskommando im Grunde nichts zu tun gab. Was auch: Der Krieg war verloren, die Armee stand vor der Auflösung, und so lautete die Devise: Dienst nach

Vorschrift. »Bis jetzt arbeite ich noch vollkommen selbständig, zeichne und unterschreibe wie früher. Du glaubst gar nicht, was für ein gemütliches Städtchen dies alte Oldenburg ist. Dabei stöhnt ein großer Teil von Offizieren vor Langeweile. Ich tue dann auch so, als ob ich gähnte, in Wirklichkeit denke ich aber, leckt mich im Arsch! Die Verpflegung ist nach der in Hannover ganz phänomenal.« Seine Tage, wie er sie Ernst schilderte, verliefen in beamtenstubenhafter Beschaulichkeit. »Morgens stehe ich um 8 auf, dann trinke ich Kaffee und bin um 10 auf dem Bureau. Von 10 – 1 wird gearbeitet, dann gehe ich ins Kasino und esse zu Mittag. Diese Leute leben noch ausgezeichnet. Hasenbraten, Rehrücken, Kuchen gibt es und einen guten Sekt, die Flasche zu 7 Mark. Das heißt, Du musst nicht denken, dass ich jeden Mittag eine Flasche trinke, aber jede Woche eine. C'est bien! Auch Tabak kann man bekommen. Nach dem Essen wird in einem gemütlichen Zimmer Kaffee getrunken und Karten gespielt. Ich schaue friedlich zu und rauche. Dann steht es in meinem Ermessen, ob ich nachmittags Dienst tun will oder nicht. Wenn nicht, gehe ich nach Hause. Ich habe zwei prächtige Parterrezimmer, groß und gemütlich. Der Sohn des Hauses, ein Artillerieoffizier, hat eine famose Bibliothek. So sitze ich bis zum Abend und lese am offenen Feuer. Nach dem Abendessen wird wieder gelesen bis 10, 11, dann gehe ich zu Bett. Die Leute hier im Haus sind reizend. Es ist da ein Mädchen, Lieschen, das wäre was für Mama! Sie ist schon elf Jahre da, treu wie Gold, aber nächstes Frühjahr will sie heiraten, was Frau Oberförster nicht gerade angenehm ist. Ab und zu gehe ich ins Café. Zarte Bande sind am Entstehen. So reiht sich ein Tag an den anderen.«

Von der Novemberrevolution war aus dieser Perspektive nicht viel mehr wahrzunehmen als ein paar »ergötzliche Histörchen« und wildes Geschrei, und mehr wollte Friedrich Georg auch gar nicht damit zu tun haben. Der Umsturz und die Ungewissheit machten ihm Angst, doch er tat so, als sei das alles nur eine nicht ganz ernst zu nehmende Komödie. Die einzige rote Fahne Oldenburgs, die auf der Kaserne am Pferdemarkt wehte, wurde, wie er behauptete, mit der Begründung eingeholt, sie sei zu abgerissen, und der Kantinenwirt freute sich, seinen Vorhang wiederzuhaben. Als aber die ersten Wahlzettel auftauchten, konnte er seinen Unmut über die fortschreitende

Demokratisierung nicht verbergen: »Es ist mir ein widriger Gedanke, dass jetzt auch die Frauen in die Politik hineingetrieben werden.«

Ernst verbrachte den November 1918 in Rehburg bei den Eltern. Angeblich versäumte er den Kampf gegen Spartakisten und aufständische Matrosen nur deshalb, weil die Mutter die Uhr um eine Stunde zurückstellte und er – in Uniform und mit umgeschnallter Pistole – den Zug nach Hannover verpasste. Tatsächlich gab es dort außer ein paar Schießereien keine Kämpfe. Schon am 7. November war die Lage durch SPD und Soldatenräte einigermaßen befriedet; das Straßenamt brachte an den Barrikaden rote Laternen an, als handle es sich um abzusichernde Baustellen. Ernst war zu sehr mit sich beschäftigt und zu schwach, um sich einzumischen. Der Arzt, der seine Lunge behorchte, stellte eine Rippenfellentzündung fest, er lag im Bett, und sein Atem klang, »als ob ich an einer Pfeife söge, die beträchtlich schmort«. Wenn er aufstand, dann nur, um seine Tagebücher zu dem Kriegsbuch *In Stahlgewittern* umzuarbeiten. »Gegen Frühjahr wird sich die Lage wohl geklärt haben, solange will ich krank bleiben«, schrieb er an Fritz. Krank sein hieß, sich Zeit zu nehmen, Abstand zu gewinnen und die gärenden Erinnerungen an den Krieg reifen zu lassen wie kostbaren Wein.

Die Aufständischen waren für ihn bloß Soldaten, die es an Disziplin und Haltung mangeln ließen, marodierende Verbände, die für nichts standen als Auflösung und Niederlage. Die Groteske, die er am 16. November im Elternhaus erlebte und von der er Fritz en détail berichtete, bestärkte ihn in dieser Ansicht. »Vorgestern fand bei uns eine sogenannte Haussuchung statt, und zwar durch Leute der Scheinwerfer-Kompanie, deren Offiziere davongelaufen sind. Ich hatte den Trupp schon vor dem Gartentor gehört und öffnete auf sein Klingeln die Tür. Statt der Begrüßung sah ich drei Pistolen, die sich auf meine Brust richteten. Auch ich trug die ungesicherte Armeepistole, die ich rasch aus meinem Schlafzimmer geholt hatte, in der Hosentasche. Die Leute murmelten etwas wie ›Wir müssen mal nachsehen hier‹, und ich führte sie in die erleuchtete Diele, in der Hanna, Mama und Max saßen und wo sich dann ein unbestimmtes Palaver erhob, ob etwa Waffen versteckt wären und Ähnliches. Jetzt begann die Elektrizität etwas abzufließen, besonders da ich mich während dieses Gespräches zu Mamas großer Erleichterung nach oben in die Bibliothek begab. Man führte die seltsamen Gäste durch das Haus und komplimentierte sie durch die Küche hinaus. Das Merkwürdige an dem Vorgang war, dass die Leute kaum zu wissen schienen, was sie wollten; darin lag auch das Beunruhigende. Vielleicht erwarteten sie ein Stichwort zur Gewalt, oder sie fanden nicht den Übergang. Als ich die Pistolen sah, spürte ich gar keine Erregung, nicht einmal Herzklopfen, eher ein schläfriges Gefühl. Dagegen war die Belehrung, die ich durch dieses Erlebnis erhielt, ganz außerordentlich.«

Er nahm diese Ereignisse unbeteiligt hin, sie gingen ihn nichts an. In dem Maß, in dem sich sein Rausch und sein Fieber verflüchtigten, konnte er, kühler geworden, auf die fiebernde Gesellschaft blicken. So sehr er während des Krieges die Vernichtung gepriesen und die Zerstörung gefeiert hatte, sah er sich nun auf die Seite der Kontinuität und der bewahrenden Kräfte gestellt. Dafür bürgte das Militär oder das, was davon übrigblieb. Die Entscheidung für die Armee war eine Entscheidung für das Gewohnte und gegen die Veränderung. Und wenn schließlich auch das Militär und mit ihm alle Verlässlichkeit zerfiel, dann waren die demokratischen Missstände daran schuld.

Ein Schock muss es vor allem für Friedrich Georg gewesen sein, als der Vater im Sommer 1919 plötzlich die Villa in Rehburg verkaufte. Im letzten Kriegsjahr hatte er dort noch 50 Morgen Land und die Rehburger Mühle nebst Wohnhäusern und Viehbestand erworben, und Fritz hatte geschwärmt, »wenn die Sache gut geht, können wir reiche Leute werden. Papa ist auch nicht abgeneigt, die Jagd zu kaufen, die der Rehburger Gemeinde gehört. Ich habe ihm schon eifrig zugeredet, denn es wäre großartig, wenn wir in dieser Riesenjagd schalten und walten dürften.« Nun erwarb er eine Apotheke im sächsischen Leisnig, die Eltern und die jüngeren Geschwister zogen um.

In den Briefen der Brüder ist davon erstaunlich wenig die Rede, und doch kam es Fritz so vor, als ob er »mit allen Wurzeln aus der Erde gehoben würde«. Dieses Schwindelgefühl war ihm allerdings nicht unvertraut; der Krieg hatte eine ähnliche Wirkung gehabt, und so redete er sich jetzt ein, im Unterschied zu einer Pflanze überall leben zu können. Hauptsache, es gab Wasser in der Nähe und frischen Humus. Die Stimmung jener Monate, politisch geprägt von der Unterzeichnung des Versailler Vertrags, hielt sich die Waage zwischen »Katzenjammer« bei Ernst, »Einsamkeit und zerstörender Trauer« bei Friedrich Georg. Deutschland hatte die alleinige Kriegsschuld und umfangreiche Reparationsleistungen zu tragen, das Heer sollte auf hunderttausend Mann verkleinert werden, der Berufsstand der Offiziere damit de facto zur Bedeutungslosigkeit verkommen. Die Haare standen ihnen zu Berge. Im Sommer 1919 verloren sie nicht nur die Heimat, sondern auch ihre Perspektive. Den Fahneneid der neu formierten Reichswehr auf Reichspräsident Ebert legten sie gemeinsam ab, spreizten dabei aber drei Finger der anderen Hand nach unten, damit der Eid wie bei einem Blitzableiter durch sie hindurchfahre. Ab jetzt war alles erlaubt.

Noch waren sie Soldaten und wussten und kannten nichts anderes. Ernst teilte Fritz sein Erstaunen darüber mit, wie schnell »eine Truppe sich regeneriert, vorausgesetzt, dass einige geheime Schleusenwärter zurückgeblieben sind, die das doppelte Filter der An- und Abmusterung zu bedienen verstehen«. Die Regenerationskraft der Truppe war spürbar stärker als ihre eigene nach ihren Verwundungen. Ernst erhielt den Posten eines Zugführers, aber nicht den erhofften des Kompanieführers. Fritz, durch seine steife Schulter nur noch für Stubendienst geeignet, war von seinen Vorgesetzten bereits vor Monaten der Abschied nahegelegt worden. Nun, »da das Heer auf ein Nichts reduziert« wurde, reichte er ihn ein: »Ich bitte gehorsamst um Bewilligung meines Abschiedes mit Pension und Überführung in das Reserveverhältnis, da meine im Felde erlittenen Verwundungen es mir nicht gestatten, dauernd aktiv zu bleiben und meine Dienstobliegenheiten voll zu erfüllen. Auch bitte ich gehorsamst, die Erlaubnis zum Tragen der Regimentsuniform höheren Orts befürworten und erwirken zu wollen. Gleichzeitig bitte ich gehorsamst um Beurlaubung bis zur Entlassung, da ich am 1. Oktober die Universität beziehen will und bis zu diesem Zeitpunkte noch vieles zu ordnen habe. Gehorsamst! Jünger. Leutnant im Füsilier Regiment Generalfeldmarschall Prinz Albert von Preußen (Hann) No. 73.« Die offizielle Entlassung erfolgte im März 1920; glücklich war er darüber nicht. Die kleine Pension, die er erhielt, sollte für lange Zeit, ja eigentlich sein Leben lang, die einzige verlässliche Einnahmequelle bleiben. Ein »Gefühl tiefer Heimatlosigkeit, für das ich keinen Namen hatte«, diagnostizierte er rückblickend.

»Mir war dabei manchmal, als ob ich auf einem Wirbel, auf einer Stromschnelle entlangschoss.«

Die Monate bis zur Entlassung verbrachte er in Munster in der Lüneburger Heide, in einem Lager für Kriegsheimkehrer. Ein paar Freikorpsleute lungerten dort herum, Soldatenräte drohten, das Offizierskasino in Brand zu stecken, und Männer vom Freikorps Lüttwitz, das aufgelöst werden sollte, vertrieben sich die Zeit mit Rauben und Plündern. Aber es gab gut zu essen, also allen Grund, Ernst zu einem Besuch zu überreden: »Ich habe indischen Tee für Dich, Milch aus Neuseeland, kanadischen Speck und englische Zigaretten. Diese ganze Herrlichkeit stammt aus dem Russenlager, dessen Insassen von den Engländern gefüttert werden. Da das Brot rar ist, machen sie mit uns Tauschgeschäfte. Komm, denn der Frühling kommt. Die Erde wird wild. Bring Dein Mädchen mit, es kann mit Dir in der Baracke schlafen. Urlaub wird reichlich gegeben.« So nahmen sie ihre gemeinsamen Streifzüge wieder auf – die Heide war ja immerhin auch eine aus der Kindheit vertraute Landschaft.

Wenn sie sich in Hannover trafen, verfiel Fritz hinterher in umso größere Schwermut. Er habe, schrieb er dem Bruder nach dessen Abreise, »die mitleidlose Menge nach einem Geschöpf abzuspähen begonnen, welches Trost bringen konnte. Trotz des Einspruchs meiner Wirtin teilte ich daher mein Zimmer mit einer Unbekannten, die meine Lage kraft des wunderbaren Instinktes, den Frauen besitzen, begriff. Sie strich mir die Brote für die Reise, stand mit mir um ein halb vier Uhr morgens auf, half mir sogar in die Reitstiefel und brachte mich an die Bahn.« Dafür, und nicht, um zur Wahl zu gehen, waren Frauen da. Sie waren – mehr noch für den draufgängerischen Ernst als für den schüchternen Fritz – Rausch und Vergnügungsmittel, lebendige Wesen, die man sich nehmen konnte, wenn sie sich nicht wehrten. Rasch, flüchtig, traurig und verloren waren diese Begegnungen.

Ernst, stationiert in Eitorf im Siegerland, war damit befasst, Posten und Patrouillen gegen Schmuggler an der Grenze zum englisch besetzten Gebiet aufzustellen und Waffen zu beschlagnahmen, die nach der Demobilisierung überall verstreut waren. Daneben blieb viel Zeit für Spazierritte, Treibjagden und Lektüre, die er, strategisch weiträumig angelegt, mit Goethes Werken begann. Ganz naiv, wie ein Studienanfänger, plante er, sich »in den nächsten Jahren einen vollständigen Überblick über die deutsche Literatur und Philosophie zu verschaffen, und zwar zunächst rein quantitativ«. Er las *Reineke Fuchs*, suchte sich aus den Prosasprüchen und dem *West-östlichen Diwan* die Perlen heraus und verkündete standesbewusst, mit einer Weisheit Ottiliens aus den *Wahlverwandtschaften*: »Die größten Vorteile im Leben hat wohl ein gebildeter Soldat.«

Er lebe viel in seinen Träumen, vertraute er Fritz an, Träume, die »oft fürchterlich und prächtig sind«. Dann überfiel ihn bisweilen ein Hass auf alles und alle. »Die Menschen widern mich an«, brach es aus ihm heraus, »käme nur einer, der das ganze Pack zu Dreck zerstampfte.« Die Passage zwischen zwei Träumen, wenn er nachts erwachte und bevor er wieder in den Schlaf glitt, verglich er mit einem Tal, das zwischen zwei Gebirgszügen verborgen ist. Dann hob es ihn hoch und trug ihn hinaus. Da oben hatte er das Gefühl, unabhängiger auf die Welt und unbarmherziger auf sich selbst zu blicken. Die Tapeten in Hotelzimmern regten seine Phantasien an; aus ihren Mustern traten Karawanen mit Kamelen hervor und zogen über ungeheure Dünen ins flirrende Land. Am weitesten trugen sie ihn mit sich fort, wenn er sich unter falschem Namen angemeldet hatte. »Wir sind so eng in das soziale Koordinatensystem gespannt, dass schon eine geringfügige Abweichung uns mit bedenklichen Kräften begabt.«

Zurück in Hannover musste er für die Entwaffnung der »Roten« nach dem Kapp-Putsch sorgen, die den Generalstreik und die Unruhe ausnutzen wollten, um die Revolution noch einmal zu entfachen. Die Soldaten in der Kaserne diskutierten darüber, wie die Armee sich zu verhalten hätte. Major von Stülpnagel sah die Aufgabe darin, die Ordnung zu verteidigen, während einige aus dem Baltikum zurückgekehrte Truppen, die mit den Putschisten sympathisierten, ganz andere Ansichten vertraten. Bei der Konfrontation mit Demonstranten schoss ein Maschinengewehr Garben in die Luft, dass der Putz vom Kirchturm rieselte. Ernst stellte sich gegenüber Fritz als unbeteiligten, die Ereignisse wie ein Theaterstück genießenden Zuschauer dar, dessen einzige Aufgabe darin bestanden habe, »Nachmittags-Spaziergänger und ihre Frauen, die in das Gedränge geraten waren, durchzulassen«. Das Ganze habe nur ein paar Minuten gedauert und hatte für ihn »etwas zugleich Ärgerliches und Erheiterndes, wie wenn Dilettanten sich mit überlegenen Künstlern einlassen«. Heikler war die Aufgabe, eine »welfisch« orientierte Nachrichtenkompanie zu entwaffnen, der die Heeresführung misstraute: »Kurze, aber lehrreiche Auseinandersetzung zwischen Stammestum und Staat.« Der halbe Eid, den er geleistet hatte, hielt aber auch dann, als ein Bekannter, ein »toller Kerl«, ihn in Pläne einweihte, Walther Rathenau zu ermorden, und ihn aufforderte, sich den Verschwörern anzuschließen. Rathenau, erst Wiederaufbau- dann Außenminister, war der vielleicht einzige wirklich ernst zu nehmende Politiker von Rang; Sebastian Haffner zählte ihn in seinen Erinnerungen zu den wenigen großen Persönlichkeiten der Weimarer Republik: »Er war aristokratischer Revolutionär, idealistischer Wirtschaftsorganisator, als Jude deutscher Patriot, als deutscher Patriot liberaler Weltbürger und als liberaler Weltbürger wiederum ein Chiliast und strenger Diener des Gesetzes (also, in dem einzigen, ernsthaften Sinn: Jude).« Haffners Einschätzung macht deutlich, warum gerade Rathenau den tödlichen Hass der Rechten auf sich zog. Ernst distanzierte sich von den Mordplänen mit der Begründung, er halte nichts von Attentaten. An Fritz schrieb er: »Aus dem Kriege sind wir in eine ganz andere Arena zurückgekehrt und langsam begreifen wir die ungeheuren Veränderungen, die sich vollziehn. Das kocht und gärt wie in einem großen Sumpf, in dem man viel Schlamm, aber auch grüne Spitzen sieht, und es scheint, dass wir durch die feurigen Tore in neue Länder gedrungen sind. Das Leben liegt vor uns, der blue ground des Trivialen soll uns nicht stören. Bist Du auch dauernd in Geldnöten?«

Erholsam fand er das darauf folgende, eher beamtenhafte Leben, das ihn nach der Versetzung in Berlin erwartete. Tagsüber arbeitete er in der Militärverwaltung in der Alten Leipziger Straße an einer neuen Heeres-Dienstvorschrift, nachts erkundete er mit dubiosen Bekannten die Stadt. Die finsteren Ecken zogen ihn an, zwielichtige Gegenden, in denen das Leben heiß pulsierte. In seinen Träumen hörte er Schüsse, weil Häftlinge aus einem Gefängnis zu fliehen versuchten oder in einer Kaserne Plünderer hingerichtet wurden. »Einige Häuser von mir wohnt der gute Mohr. Abends pilgern wir zuweilen in den

Tiergarten, setzen uns auf eine Bank, rauchen und erzählen uns ein. Dieser verunglückte Sohn eines orthodoxen Pastors ist wie ein seltsames Wild, das zu beschleichen ich nicht müde werden kann. Gutmütigkeit, Brutalität, Sinnlichkeit und die Verschlagenheit eines Tartuffe sind so ineinander verwebt, dass man nie weiß, wo die Lüge endet und die Wahrheit beginnt. Vor allem fehlt ihm der feine Schleier, mit dem die Scham unser inneres Theater verhängt. Zuweilen fahren wir noch mitten in der Nacht in den Norden, in die Gegend der Markthallen hinaus und spazieren dort plaudernd im Gewimmel der überfüllten Straßen hin und her. Wir handeln dabei düstere Themen wie den Selbstmord ab, treten auch nach Belieben in kleinere Wirtschaften und Amüsier-Lokale ein.«

Solche Männerfreundschaften besaßen eine uneingestandene erotische Spannung, die nur selten einmal sichtbar werden durfte – so wie in der Nacht nach einem »verheerenden Regimentsfest« mit ungeheuerlichen Trinksprüchen und einem gewaltigen Rausch, den er als »Vorgefühl künftiger Größe« erlebte, wie man sie »auf Erden nie erreicht«. Ernst sammelte in dieser ersten Berliner Zeit Material zum Thema Rausch, erprobte mit einer gewissen Systematik verschiedene Drogen und betrachtete seine Erlebnisse als verwertbare Experimente. Er hatte bereits eine Akte zu diesem Thema angelegt, hatte Fritz um Zusendung relevanter Zeitschriftenartikel mit medizinischen, chemischen, physiologischen oder psychologischen Hinweisen gebeten und verfiel nun in den dozierenden Ton des Kundigen: »Es gibt im Rausch eine untrügliche Sicherheit in Bezug auf die Rangordnung, die der lächerlichen Art, in der wir in der Lotterie des Lebens unsere Lose ziehen, sehr überlegen ist. Es handelt sich bei Trunk und Zutrunk um ein Mysterium unter Männern, durch das jenseits von Intelligenz und Tugend das Maß an Urkraft ermittelt wird, das einem jeden zugeteilt worden ist. Für den Lauf einer Nacht werden die Karten neu gemischt und aufgelegt nach den Gesetzen einer höheren Realität.«

Derart auf das »Mysterium unter Männern« gestimmt, verbrachte er den folgenden Tag damit, »ohne zum Essen zu gehen, in allerlei Phantasien und Konzeptionen vertieft, in meiner Wohnung auf und ab zu gehen« und sich früh schlafen zu legen – also wohl mit einem üblen Kater. Nach ein paar Stunden wurde er wieder wach, hatte wohl abzuschließen vergessen, denn auf dem Bettrand saß ein Regiments-kamerad, der ihm mit der Hand zärtlich übers Gesicht streichelte und flüsternd Zukunftspläne entwickelte: Er werde mit Aktien viel Geld verdienen, Geschäfte machen in der Industrie, Ernst solle zu ihm zie-hen, könne sich in seine Neigungen vertiefen und müsse sich keine Sorgen mehr machen, komm, komm zu mir! Da erst erkannte Ernst, »welche Neigung er für mich hat«. Er sei daraufhin wieder eingeschla-fen, das Ganze war »wie ein Traum, in dem man den Menschen etwas deutlicher erkennt als sonst«, und es wurde am anderen Tag und auch später nie über diese Begebenheit gesprochen.

Eine seltsame Unruhe habe ihn erfasst, schrieb er kurz darauf an Fritz. Es gebe Tage, an denen er auch für die leichtesten Verrichtun-gen »die Anstrengung eines Tiefseetauchers« aufbringen müsse, »den jeder Handgriff, jeder Atemzug beschwert«. Zu seiner bevorzugten Lektüre gehörte Arthur Rimbauds *Trunkenes Schiff.* »Dämonisch« fand er diese Sprache. Die Randbezirke der Vernunft zogen ihn an, die Ab-gründe des Glaubens und der Träume, die ihm Hinweise gaben auf die Geheimnisse der Existenz. Rimbaud war sein Erwecker als Dichter, Schopenhauer als Denker, Hamann als Magier. Zur Einführung in die dunkle Welt des Aberglaubens studierte er Soldan-Heppes *Geschichte der Hexenprozesse*, auch wenn er darin nur die Auffassungen des ra-tionalen 19. Jahrhunderts fand. Er begriff, dass Moral nicht statisch, sondern dynamisch ist und dass das Böse seinen Platz wechselt. Die Vernunft wurzelte inmitten des Wahns und brachte mit geradezu wis-senschaftlicher Akribie eine Erkenntnistheorie des Dämonischen und eine ausgefeilte Hexenjustiz hervor. Er las den mittelalterlichen Hexen-inquisitor Delrio und den aufgeklärten Hexentheoretiker Balthasar Bekker, den Goldsucher Raimundus Lullus und den weisen Albertus Magnus, als könnten ihm die Dämonen der Vergangenheit helfen, die wirre Gegenwart zu begreifen. »Der Geist dringt in solche Zustände wie in die verlassenen Gänge eines alten, aber noch befahrbaren Berg-werks ein. Er findet dort vergessene Werkzeuge, deren Form ihn er-staunt und die doch von einer besonderen Intelligenz, einer beson-deren Anschauung zeugen, die sie gebrauchte und ersann«, schrieb er an Fritz, den diese Ausflüge eher befremdeten. Fritz las gerade mit großer Faszination Spenglers *Untergang des Abendlandes.* Diese Geschichtstheorie, die auch die eigene Niederlage in einen großen historischen Zusammenhang brachte und darin etwas Unausweichliches sah, schien ihm brauchbarer als Hexen- und Dämonenforschung. Das Buch hatte etwas Verlockendes für ihn, da es erlaubte, aus der so unbarmherzig voranschreitenden Chronologie der Zeit auszusteigen. Die lineare Anordnung der Geschichte mit dem sogenannten Fortschritt brachte zu viele Verluste mit sich und schnitt ihn von allem ab, was ihm lieb geworden war. Spengler setzte dagegen die Wiederkehr sich wiederholender Grundformen, eine Morphologie der Geschichte, und fügte in synoptischen Tabellen das zeitlich weit Auseinanderliegende als Verwandtes zusammen. Die Kulturen Ägyptens, der griechischen Antike, Chinas und der westlichen Welt rückten nebeneinander, so dass sich aus dem Verlauf der früheren Kulturen auch der Untergang des Abendlandes gesetzmäßig voraussagen ließ. Der Krieg war nicht das Ende dieses Prozesses, sondern erst der Anfang. So zwanghaft und schematisch Spengler auch vorging, schuf er damit neue Zusammenhänge und eine stabilisierende Ordnung, in der die höchste Stufe der Zivilisation, die eine Kultur erreichte, mit ihrem Untergang identisch war. Der Gedanke, dass es sinnlos wäre, sich gegen den Untergang aufzulehnen, versöhnte Fritz mit seinem Fremdheitsgefühl. Eine Kultur musste man sich wie eine Pflanze vorstellen, die knospte, blühte, Frucht trug, welkte und verging, auf dass etwas Neues entstehe. Also galt es, den Zerfall noch zu beschleunigen, die Zerstörung voranzutreiben, um die Ordnung der Dinge und der Zeiten jenseits der primitiven Chronologie und der dumpfen Fortschrittsideale – Freiheit, Gleichheit, Brüderlichkeit – zu stärken.

Ernst, mit dem er so oft wie möglich bei den Eltern in Leisnig zusammentraf, blieb zurückhaltender, nachdem Fritz ihn immer wieder drängte, Spengler zu lesen. Ihre Gespräche drehten sich vor allem um die Frage des Fortschritts. Auch wenn auf jeden Aufstieg einer Kultur der Niedergang folgte wie Tod und Verwesung auf das Leben, wollte Ernst doch nicht auf die Vorstellung verzichten, dass es eine darüber hinausführende Weiterentwicklung der menschlichen Möglichkeiten geben müsse. »Bei der Lektüre von Spengler, den ich nach unserem Gespräch noch einmal aufmerksam gelesen habe, wurde mir übrigens deutlich, dass ich in der Überzeugung von der Einheit der Menschheits-Geschichte nicht zu erschüttern bin. Ohne das würde sie für mich sogleich zur Zoologie«, schrieb er. »Sonst aber hat Spengler mir wirklich in vielem die Schuppen gelöst.«

Die literarische Ergänzung oder das Gegenstück dazu war Alfred Kubins phantastischer Roman *Die andere Seite* – ein Traumbuch, das den Untergang eines Reiches als gewaltige Vision schilderte, in der ein Diktator und ein Freiheitskämpfer in ihrem Ringen alles mit sich in den Abgrund rissen. Am Ende herrschten Zerfall, Mord, Gier, Irrsinn. Ernst hatte Kubin noch an der Front in Frankreich zum ersten Mal gelesen und in dessen Bildern die Landschaften des Krieges wiedergefunden. Kubin lehrte ein Sehen, das in den Häusern und Kathedralen der deutschen Städte bereits die Ruinen erkannte. Das war ein geträumter Spengler, ein künstlerischer Ausdruck des Untergangs neben dem philosophischen Zugriff. Und zweifellos war es die Kunst, die eine länger andauernde Wirkung entfaltete – bis hin zu Ernst Jüngers Roman *Auf den Marmorklippen* aus dem Jahr 1939, der das Grundmuster von Kubins Roman wiederholt.

Da hinein gehörte auch der Maskenschnitzer Groß, dessen Existenz bewies, dass die Geister immer noch Macht besaßen. Ernst hatte ihn kurz nach dem Krieg in Hannover kennengelernt und besuchte ihn regelmäßig, Fritz begleitete ihn gelegentlich. Seine Werkstatt lag in einem Altstadtwinkel im Schatten der Kreuzkirche, in einer Gegend, die 1943 in Schutt und Asche zerfiel, in der aber, als Ernst dann durch die Trümmer streifte, die Erinnerung an den Maskenschnitzer überdauerte. Groß hatte einen langen weißen Bart, hockte mit seinem Kater in einem Sessel und trug zum Schutz gegen Geister einen Jägerhut mit einer Entenfeder, den er auch im Schlaf aufbehielt, weil ja gerade dann die Geister in ihn einzudringen versuchten. Er glaubte, der Teufel habe die Gestalt Christi angenommen und die Welt werde von einer Geheimgesellschaft regiert, die mit dem Teufel im Bund stand. Groß' Überzeugung, dass jeder Mensch seinen eigenen Teufel besitzt, leuchtete Ernst ein, da doch jeder auf seine ganz eigene Weise in die Tiefenschichten des Bösen eindringt. »Der Vorstoß in das Gesetzlose ist lehrreich wie der erste Liebeshandel oder wie das erste Gefecht«, schrieb er ein gutes Jahrzehnt später. »Das Gemeinsame dieser frühen Berührungen liegt in der Niederlage, die neue und stärkere Kräfte weckt. Wir werden ein wenig zu wild geboren und heilen die gärenden Fieber durch Tränke von bitterer Art.« Die Teufel, deren Speise die Seele ist, mussten Feinschmecker sein. Es gefiel ihm, dass beim Maskenschnitzer der wirkliche Mensch und nicht der Bürger in Frage stand. Das Wesen des Bürgers bestand ja gerade darin, dass ihm jedes Verhältnis zum Bösen fehlt. Deshalb liebte Ernst die grimmigen Fratzen aus Groß' Werkstatt so und kaufte immer wieder eine. Er konnte daran sehen, wie anstrengend es ist, böse zu sein.

»Er macht jetzt eine neue Art von Masken mit spitzen Höckern auf Nase und Kinn«, schrieb er an Fritz, als der sich mal wieder in Leisnig verkroch, und schickte ihm eine Maske. »Er war mir übrigens sehr dankbar, dass ich ihm durch Bestellung satanischer und phallischer Pyramiden ein ganz neues Gebiet erschlossen hätte. Ich fürchte, er wird noch einmal berühmt werden. Er warnte mich, indem er sagte, ich verfiele seit Beginn unserer Bekanntschaft immer mehr dem Christentum. Als ich das vorige Mal von ihm gegangen wäre und ihm die Hand gedrückt hätte, hätte er es besonders gemerkt, denn als er an einen Kopf gegangen wäre, hätte dieser ohne sein Zutun die Züge eines Christusgesichtes angenommen. Er zeigte mir die Arbeit und ich sah einen unverkennbaren Christuskopf, allerdings hatte Groß zur Rache seine eigene Schöpfung mit zwei langen, schlotternden Araber-Brüsten behangen, ein Fall, der wohl einzig in der Geschichte der religiösen Kunst dasteht.«

Das dämonische Urerlebnis des Maskenschnitzers kannte Fritz bereits, weil Ernst es ihm immer wieder erzählt hatte. Im Jahr 1903 muss es gewesen sein, als Groß nach einer langen Zeit des Brütens über biblische Geschichten von Angst getrieben ins Misburger Holz flüchtete. Die eisige Januarnacht war belebt. Aus den Bäumen flüsterten Stimmen. Die Geister hetzten ihre Hunde hinter ihm her; er hörte ihr Gebell und eine donnernde Stimme, die rief: Die Hunde rufen nach dir! Er rettete sich, indem er ihnen erst den Hut, dann den Mantel, dann die Stiefel und schließlich alle anderen Kleidungsstücke entgegenschleuderte, bis er nackt durch den eisigen Wald rannte. In einem Gebüsch wurde er von Holzarbeitern gefunden, die ihn ins Krankenhaus schafften, wo man ihm einen erfrorenen Zeh abnahm. Alle Orte mit Holz hielt er seitdem für gefährlich, also auch die eigene Werkstatt. Deshalb der Hut. Sein hölzernes Tabakfässchen benutzte er nicht mehr, weil der Teufel da hineingesamt hatte.

Fritz sagte nichts zur neuen Maske. Die Geschichte vom Tabakfässchen aber amüsierte ihn, und in der Nacht träumte er, verkleidet als Schornsteinfeger in die Wälder zu fliehen, wo er ohne Hosen durch den Schnee lief und mit Pistolen schoss.

III. STÄDTE

8 (ERDE)

Leipzig 1923

Fritz studierte Jura. Aber es interessierte ihn nicht. 1920 zog er nach Leipzig, aber er fand die Stadt hässlich und in ihrem vulgären Messegeschrei abstoßend. Mit dem Studium begann er, weil der Vater ihn zur Juristerei drängte: Einer der Söhne sollte Rechtsanwalt werden, das braucht man in jeder Familie. Also tat der »brave Fritz« wie ihm geheißen. Für Leipzig entschied er sich, weil es in der Nähe von Leisnig lag. Wo die Eltern lebten, war sein Rückzugsort – auch wenn er die menschenleere Heide und die unzugänglichen Moore Rehburgs vermisste. Das, was sich nun Zuhause nannte, war fremdes, sächsisches Terrain, eng und viel zu dicht besiedelt. Aber nur hier, beim Vater und mehr noch bei der Mutter, fühlte er sich sicher.

Die Mutter Karoline war neben dem rational ausgerichteten Vater – klassische Rollenverteilung – mehr fürs Gemüt, für Wärme und Heimatlichkeit zuständig. Eine beständige Unruhe trieb sie gleichwohl hinaus, mal zur Tochter Hanna, die nach München geheiratet hatte, mal nach Tirol, am liebsten aber ans Meer, an die Ostsee nach Zinnowitz oder auf die Nordseeinsel Juist. Ihre Ehe war nicht leicht. Vielleicht brach sie deshalb sooft auf, weil sie Abstand brauchte, oder auch nur, um in Bewegung zu bleiben und ihre Weltneugier zu stillen. Die Reiselust erbten Ernst und Fritz von ihr. Der Vater reiste nicht gern und schon gar nicht ans Meer. Der Satz »Wasser hat keine Balken« gehörte zu seiner rhetorischen Grundausrüstung, womit er sagen wollte, dass sich daraus nichts Festes bauen ließ. Die Mutter sah das anders, und Fritz bewunderte sie dafür, dass sie »ohne Bedenken schwamm, wo die Balken fehlten«. Auf ihren Reisen war er ein treuer Begleiter, und wenn die Mama zur Kur nach Karlsbad aufbrach, blieb er an ihrer Seite und trank mit ihr sechsmal täglich Nymphenquellwasser aus feierlichen Porzellanbechern.

Zu Besuch im Leisniger Elternhaus erinnerte sich Fritz an den Fremden, der ihn als Kind so geängstigt hatte. Jetzt verblüffte es ihn, wenn er, im Dunkeln nach dem Weg gefragt, nichts anderes antworten konnte als: Ich bin fremd hier. Alles konnte fremd werden: der Garten, das Elternhaus, ja sogar der Himmel und die Luft. Die Heimat war zur Fremde, er selbst zu einem Fremden geworden. Immerhin floss die Mulde durch Leisnig, und im Sommer badete er im Fluss, mit Hans, und wenn dann auch Ernst aus Berlin kam, mit ihm. Gemeinsam verdösten sie die heißen Tage, spielten Schach im Café Meißner oder gingen hinauf zur Burg Mildenstein, um den Blick übers Tal und die alte Stadt zu genießen. Die Rosen blühten in unglaublicher Üppigkeit. Doch sein liebster Ort war der Friedhof mit den rostigen Eisengittern, den von Moos überzogenen Steinen und all den schweigsamen Toten.

In Leipzig hielt er sich abseits und versuchte, möglichst nicht aufzufallen. Er stand früh auf, ging zur Universität, absolvierte pflichtgemäß Seminare und Vorlesungen, machte lange Spaziergänge und verbrachte den Abend irgendwo im Grünen, allein. Das Äußerste an Geselligkeit erlebte er, wenn die Vermieterin ihn am Sonntagnachmittag zusammen mit dem Zimmernachbarn, einem Kaufmann, in den Garten lud, ihn mit Kaffee und Kuchen bewirtete und er ihr beim Kirschenpflücken half.»Mir schien, als wäre ich nie so einsam gewesen wie in der Gesellschaft dieser beiden Menschen, deren Gesprächen ich wie seltsamen Märchen lauschte«, vertraute er Ernst an.»Alle Bekannten habe ich abgestoßen und lebe nun in vollkommener Einsamkeit.« Und doch war ihm alles zu viel, zu laut, zu voll, Menschen überall und er verloren zwischen ihnen.»In letzter Zeit dringt vieles mit Wucht auf mich ein, und ich zahle recht teuer für das Einziehen und Ausstoßen des Atems. Ich bin unruhig, rastlos und ungenügsam. Oft auch desperat. Die freieren Augenblicke sind selten. Vor allem leide ich an einer Art geistigem Kopfschmerz, der sich wie ein Reifen über die Stirn legt.«

Der Einfluss der Universität blieb gering. Es gelang ihm noch nicht einmal, ein zumindest oberflächliches Interesse für die Rechtssphäre aufzubringen.»Die Zeit kotzt mich, grob gesagt, zu Zeiten an. Ich bin gerade mit Examens-Vorbereitungen beschäftigt. Doch was scheren mich im Grunde usucapio und rei vindicatio? Auch widert mich der Arbeits- und Wissensbetrieb an der Universität, der etwas durchaus Fabrikmäßiges hat, sehr an. Die Institution ist so tot wie ein toter Hund.« Nicht ganz selbstlos war demnach sein Vorschlag, Ernst solle nach Leipzig kommen und hier studieren, Medizin vielleicht oder Zoologie, jedenfalls müsse er endlich die Armee verlassen. Und wie schön wäre es, sie beide, wieder vereint. Er redete auf ihn ein wie der Vater, und vielleicht sprach er sogar im väterlichen Auftrag, wenn er erkennen ließ, dass ihm Ernsts Lebenswandel missfiel. Die Einsamkeit, unter der er selber litt, empfahl er als ein Mittel, zu neuen Gedanken und zu größerer Freiheit zu gelangen, und mahnte: »Deine vielen Bekannten erscheinen mir manchmal wie ein Schwarm Fliegen, die Dich auffressen wollen.« Doch als Ernst im Spätsommer 1923 dem Bruder dann tatsächlich nach Leipzig folgte und im Alter von achtundzwanzig Jahren Zoologie zu studieren begann, war Fritz schon wieder weg. Nach bestandenem Rigorosum trat er ein Referendariat im Amtsgericht Meißen an.

Ernst war zu so etwas wie einem Schriftsteller geworden, also einer fragwürdigen Existenz. *In Stahlgewittern* hatte seit 1920 mehrere Auflagen erlebt und ihm einige Aufmerksamkeit eingebracht. Er genoss diese milde Prominenz wie einen besonders ausgefallenen Orden an der Uniform und arbeitete an einer Erzählung, deren Held, ein Leutnant wie er selbst, auf den Namen »Sturm« hörte. Das Schreiben über den Krieg erlaubte ihm, an der Vergangenheit festzuhalten und daraus seine Lebensgrundlage zu machen. »Wir haben viel, vielleicht alles, auch die Ehre verloren«, schrieb er ins Vorwort der *Stahlgewitter*. »Eins bleibt uns: die ehrenvolle Erinnerung an euch, an die herrlichste Armee, die je die Waffen trug, und an den gewaltigsten Kampf, der je gefochten wurde. Sie hochzuhalten inmitten dieser Zeit weichlichen Gewinsels, der moralischen Verkümmerung und des Renegatentums ist stolzeste Pflicht eines jeden, der nicht nur mit Gewehr und Handgranate, sondern auch mit lebendigem Herzen für Deutschlands Größe kämpft.«

Ernst verkehrte in militärischen Kreisen, in denen die Bezeichnung »Literat« als Schimpfwort galt. Literaten waren ungesunde Leute mit Nickelbrillen, die in Caféhäusern herumsaßen und defätistische Reden führten. Als Kriegsautor, als schreibender Soldat, konnte er Anerkennung nur so lange erhoffen, als es ihm glaubhaft gelang, literarische Ambitionen zu verleugnen. In einer aus den Fugen geratenen Welt, in der die Inflation den Wert der Dinge verhöhnte und jegliches Ordnungsgefüge zerstörte – denn was war von einer Gesellschaft zu halten, in der ein neuer Mantel so viel kostete wie vor dem Krieg ein schönes Haus mit Garten, Obstbäumen und einer Gärtnerin dazu? – sah er die zusammengeschrumpfte Armee als eine letzte Bastion der Verlässlichkeit. Es fiel ihm schwer, sich zu lösen und Fritz' Lockrufen nach Leipzig zu folgen. Das bürgerliche Dasein besaß nichts Erstrebenswertes. Die Zivilgesellschaft und ihre demokratischen Verwalter waren die Gegner. Man musste diesen Feind bekämpfen. Die Frage war nur, ob sich das besser in der Armee und mit der Waffe in der Hand bewältigen ließ oder als Publizist, der das Wort zur Waffe machte.

»Wir leben in einer merkwürdigen Zeit. Umwälzungen bereiten sich in und um uns vor, die unermesslich sind. Wir, ein wenig vorsorglicher gestanzt als die meisten, spüren doch schon eine neue, mystische Zukunft in uns, und Gott kristallisiert sich neu und persönlicher in unserer Brust«, schrieb Fritz als Geburtstagsgruß für Ernst im März 1923 aus Leisnig. »Wer kann die Entfernung noch ermessen, die uns von der Vorkriegszeit trennt. Vor dem Kriege war das Offizierskorps ein Stand, und die Würde dieses Standes lag in Formen von großem Sinn, nicht in der Höhe der Bezahlung. Uniformen, Orden, Rangliste, nur Narren können hierüber lachen. Die Revolution hat den Offiziersstand vernichtet und die Bindung an den Fürsten zerstört, wie sie jede Bindung zu zerstören sucht.« Aus dieser Gefühlslage heraus ergab sich – und die Brüder waren darin völlig einig –, dass die Armee dem neuen Staat nicht zu dienen hatte. Sie repräsentierte eine eigene, höhere Macht, die einzige erkennbare Macht überhaupt neben Gott, und war niemandem Rechenschaft schuldig. Fritz, der als Kriegsversehrter nicht mehr dazugehörte, neigte umso mehr dazu, das Soldatische zu verherrlichen. »Da der neue Begriff des Staates aber schon brüchig ist und dieser Staat an seinen Parteien zugrunde gehen wird, dient Ihr schon nicht mehr dem Staate, sondern ganz anderen Mächten, die sich über kurz oder lang stabilisieren werden. Es gibt keine Spitze mehr, die das Heer in Tradition und Entwicklung bestimmt, vielleicht seid Ihr auf Euch selbst gestellt und müsst Eure Richtung in Euch suchen. Deshalb fühlt die Armee schon, dass sie dem Geiste dieser Staatsform fremd ist. Auch die anderen fühlen dies und betrachten Euch mit Misstrauen und wachsender Sorge. Die Offiziere müssen nun die Armee tüchtig machen und erhalten, um sie der Macht zuzuführen, die bald die neue Zeit heraufbeschwört, und diese ist keine andere als die diktatorische.« Da keimte im Denken etwas auf, für das es noch keine Begriffe gab. Die Erregung wuchs, ein aggressiver Ton hielt Einzug in die bis dahin doch eher sanften Briefe von Friedrich Georg Jünger.»Nachdem alles nivelliert ist, was zu nivellieren war, wird sich der Einzelne mit vermehrter Wucht über die unkristallinische und flüchtige Masse erheben und einen Sozialismus einleiten, vor dem die, die sich heute so nennen, erschrocken die Flucht ergreifen würden. Ihr aber seid die Träger dieser neuen, absoluten Macht, die allein den Fortschritt und die Würde der neuen Zeit bedeutet. Dazu wünsche ich Euch und besonders Dir Glück.«

In der Abschrift, die nach dem Zweiten Weltkrieg entstand, blieb von diesem Tenor nichts übrig. Aus dem flackernden Fanal für eine militärische Diktatur wurde dann die bloße Beschreibung besorgniserregender Zustände und aus demjenigen, der aktiv einer Diktatur entgegenfiebert, ein leidenschaftsloser Beobachter. Nicht nur Erinnerungen, auch Briefe verändern sich manchmal im Lauf der Jahrzehnte. In dieser geläuterten Variante lautet die entsprechende Passage so: »Überall ist eine trübe und widrige Gärung. Die Anarchie macht Fortschritte, und manchmal will mir scheinen, dass wir uns rasch einer Diktatur nähern. Ob diese aus dem Heere hervorgehen wird, ist allerdings sehr fragwürdig. Das Offizierskorps ist heute kein Stand mehr wie vor dem Kriege, es ist demokratisiert worden. Konservative Prinzipien vermögen nichts. Wenn das Heer mit Misstrauen gegen die Republik erfüllt ist, so kommt das daher, dass es in dieser Republik keine vertrauenswürdige Form erblickt.«

Ernst reagierte auf Fritz' Bekenntnisse mit geburtstagsbedingter Nachdenklichkeit.»Ich werde jetzt achtundzwanzig Jahre alt, bin also wieder eine Etappe näher gerückt der Vollendung des dritten Jahrzehnts, jenem Zeitpunkte, an dem die Unklarheit überwunden sein muss. Es gilt, den Willen auf wenige Formeln zusammenzuschmelzen, aus denen sich alles andere ableiten lässt.« So sprach der militärische Mann, der sich nach klaren Fronten und nach Übersichtlichkeit sehnte. So kannte er es aus dem Krieg. Er glaubte nun, der Mangel an Übersichtlichkeit sei der demokratischen Gesellschaftsform anzulasten, die alles undurchsichtig und widersprüchlich machte. In der Armee fühlte er sich aufgehoben »wie die Seidenraupe im Cocon«. Als Käferfreund wusste er aber auch, dass das Stadium der Verpuppung nicht ewig währt. »Und dann die Zeit«, schrieb er. »Jede Erkenntnis wird sogleich von einer entgegengesetzten gelähmt und relativiert. Das Hirn ist nachgerade ein Perpetuum mobile, das seine Kraft im Spiele mit Gewichten und Gegengewichten verbraucht. Die einfachsten Tatsachen schillern in so viel Lichtern, dass jede einheitliche Farbe verloren geht. Wir sind durch eine liberale Erziehung verpfuscht und müssen sehen, wie wir uns wieder heraushelfen.«

Zum Schriftsteller wird man mit einer solchen Einstellung nicht – schon gar nicht zu einem, der, wie Ernst Jünger dann ein paar Jahre später in *Das abenteuerliche Herz*, den »stereoskopischen Blick« erprobt, also die Betrachtung der Gegenstände aus einer doppelten Perspektive: wachend und träumend, wissenschaftlich und intuitiv, sinnlich und metaphysisch. Literatur ist in sich vielstimmig, sonst ist sie keine Literatur. Dies begründete auch das instinktive Misstrauen der Militärs. Und es erklärt, warum Ernst vorerst noch kein Schriftsteller, sondern bloß ein Propagandist des Nationalismus wurde. In dieser Rolle konnte er die angestrebte Wildheit und die Abenteuerlust mit der Sehnsucht nach ideologischer Entschiedenheit verbinden.

Auch der Vater hatte, aus anderen Gründen, Zweifel am literarischen Lebensmodell, das sich als Konsequenz der schriftstellerischen Erfolge abzeichnete. Die väterlichen Sorgen und Ratschläge trug jedoch Fritz vor, der an den Bruder in Berlin auf Briefpapier mit dem Kopf »1684 privilegierte Löwen-Apotheke, Dr. Ernst Jünger, approbierter Nahrungsmittel-Chemiker« schrieb, als wäre er des Vaters Sekretär: »Papa hat heute Morgen über Dich gewettert und mir befohlen, Dich zur Verlobung zu ermahnen. Du wärest unentschlossen wie Mama, tätest nur, was unter den Nägeln brennt, und wärest töricht, nicht zuzugreifen bei einem Mädchen, jung, hübsch, reich, gesund und aus guter Familie. Ich glaube, er will gern Großvater werden. Ich entledige mich hiermit dieser Aufträge und stelle seine Erfüllung in Dein pflichtschuldiges Ermessen. Mama ist äußerlich zurückhaltend, aber innerlich in großer Spannung. Im Ganzen sind die Wünsche der Eltern dieselben. Man wünscht Dich gesicherter, behaglicher und gesünder leben zu sehen und sieht es gern, wenn Du die Plattform Deines Lebens verbreiterst.«

In des Vaters eigenen Worten hörten sich die von Fritz eher milde formulierten Weisungen schroff, in ihrer biologisch-ökonomischen Betrachtungsweise der Ehe aus Männersicht geradezu brutal an. Bei der passenden Frau solle Ernst auf ein »angenehmes bescheidenes Wesen« achten, auf Gesundheit und »gesunde Zähne«, weil doch eine »kranke Frau und kranke Kinder etwas Entsetzliches« seien. Schön müsse sie nicht sein und geistreich schon gar nicht, denn »geistreich ist man selbst«. Ein Mann müsse es halten wie der Bauer, der sich zur Zucht ja auch »prämierte Eltern« aussuche. Der Vater empfahl aber doch keine Zuchtsau, sondern eine einfache, heitere Magd, die sich für die Tätigkeit ihres Mannes interessiert und die ihre Aufgabe und ihr Lebensglück darin findet, ihn darin zu unterstützen. »Auch in der Ehe gilt das Wort Napoleons: dass ein schlechter Feldherr besser ist als zwei gute.«

Weder Fritz noch Ernst gelang es je, die väterliche Autorität abzuschütteln. Dabei galt der bürgerlichen Lebensweise, die der Herr Papa den Söhnen nahelegte, ihre Verachtung. Wenn Fritz in eigenen Worten und nicht in denen des Vaters schrieb, dann klagte er über lästige Pflichten und Abschweifungen, die ihn am wirklichen Leben hinderten: »Man muss die Tage auspressen wie Zitronen, man muss leidenschaftlicher und wütender leben, sowohl nach innen wie nach außen. Es gibt nichts Erstrebenswerteres, als sich zu erschöpfen.« Dann erzählte er von nächtlichen Mondspaziergängen mit Mädchen am Ufer der Mulde, von denen die eine für Ernst schwärmte, die andere ihm, Fritz, ihre »weißen Rosen schenken« wollte, »womit sie ihre Jungfernschaft meinte«. Ernst erinnerte daran, dass schon die Großeltern in Hannover ihnen alles Wilde und Natürliche auszutreiben versucht hatten. So duldete die Großmutter es nicht, dass die Maikäfer, die Ernst gesammelt und in ein kleines Kistchen gesteckt hatte, über Nacht zusammenwuchsen, wie er dachte. Dann griff sie zur Strickschere und trennte die kleinen Sünder mit einem rabiaten Schnitt.

Das Mädchen aus gutem Hause, das Ernst auftragsgemäß wenig später kennenlernte, hieß Gretha von Jeinsen. Sie entstammte einer verarmten Adelsfamilie vom Lande und war, als sie ihm in Hannover begegnete, gerade sechzehn Jahre alt. Er kam ihr auf der Georgstraße zwischen Kröpcke und Steintor entgegen. Wehender Soldatenmantel, Reichswehrmütze, ein schleppender, melancholisch rasselnder Säbel, der blau funkelnde Pour le Mérite unterhalb des Kragens. All das gefiel ihr sehr. Sie war von Hause aus aufs Soldatische orientiert. Ihr Vater war als Offizier im Krieg gewesen, ihr bewunderter Bruder gehörte einem Freikorps an. Und dann diese Augen, die sich, wie sie später erinnerte, »bei meinem Näherkommen mit unwiderstehlicher Gewalt an mich hefteten und mich gleichsam in sich aufzunehmen schienen«. Braune Augen, blauer Stern. Die Machtverhältnisse sind vom ersten Augenblick an klar. Mikroskopisch, sezierend, herrisch ist dieser Blick, der Beute machen möchte. Stärker noch, eindringlicher, bei der zweiten Begegnung am folgenden Tag, als sie sich angestarrt fühlte wie ein Medium, »dessen eigenen Willen man durch hypnotische Kraft auszuschließen entschlossen sei«. Sie ergab sich diesem Blick, zeigte aber, dass sie ihm etwas entgegenzusetzen gewillt war, und lud den schneidigen Soldaten ins Schülertheater in ihrem Gymnasium ein, wo sie an der Seite von Theo Lingen die Frau Marthe in Kleists *Zerbrochenem Krug* spielte. Da sollte er sie oben auf der Bühne betrachten und aus dem Dunkel des Zuschauerraums ihre Schönheit bewundern. Ihm missfiel diese Anordnung. Und die Passivität, zu der er dadurch gezwungen war. Er wollte nicht, dass sie eine Rolle spielte und sich ihm darin entzog. Es verstimmte ihn, wenn so viele Augenpaare sie anstarrten. Er wollte sie für sich.

Ende August 1923 schied er endlich aus der Reichswehr aus. Von den »verlorenen Jahren« nach 1918 sprach er da noch nicht. Dass er sich endlich dazu durchrang, hatte, wie er Fritz andeutete, auch gesundheitliche Gründe. Der Lungenschuss von 1918 habe ihn »aus dem Gleichgewicht gebracht«, schrieb er, eine Woche bevor er den Militärdienst quittierte. Auch stellte sich beim Röntgen heraus, »dass mein Magen eine große Narbe als Folge des damaligen Magengeschwürs aufweist. Die Narbe beeinflussen wir jetzt durch Wärme und elektrischen Strom. Zum Glück darf ich alles essen.«

Niemals sonst erwähnte er je dieses Magengeschwür. Es kam ihm unpassend vor, dass einer wie er auf den Krieg mit körperlichen Symptomen reagierte. Seine Zeitschriftenbeiträge über Frontsoldatentum, Angriffsgeschwindigkeit, Nationalismus und Revolution, die hauptsächlich in der »Standarte«, einer Beilage des »Stahlhelm«, erschienen, wären dafür nicht der richtige Ort gewesen. Doch auch wenn er den Kampf als »inneres Erlebnis« darstellte und auf die kreatürliche Angst vor dem Tod zu sprechen kam, sah er den Sinn des Kampfes in der Überwindung der Angst. Erst dann zeige sich, »dass wir wirklich dem Leben und nicht nur dem Dasein verbunden sind«. Er erinnerte sich an die Rufe der einsam Sterbenden in der Nacht, »die aus dem Dunkel heraus in langen Pausen anschwellen und verklingen wie die von Tieren, die nicht wissen, warum sie leiden müssen«. Doch all die »zitternden Fremdlinge vor den Toren des Todes« mussten begreifen, dass das Lebensprinzip mehr bedeutet, als nur am Leben zu bleiben. Für Magengeschwüre war in dieser heroischen Betrachtung kein Platz.

Die Revolution von 1918 hatte einen »Schwarm von Schmeißfliegen« und mit ihnen »die Kapitalisten und Schieber« an die Macht gebracht, schrieb er im nationalsozialistischen »Völkischen Beobachter«. Die wahre, völkische Revolution stehe aber erst noch bevor: »Ihr Banner ist das Hakenkreuz, ihre Ausdrucksform die Konzentration des Willens in einem einzigen Punkt – die Diktatur!« In München hörte er eine Rede von Adolf Hitler: »ein Elementarereignis«. Als er sich 1946 daran zurückerinnerte, beschrieb er Hitler als »blassen, begeisterten Menschen, der nicht so sehr neue Gedanken brachte als neue Kräfte entfesselte. Es schien weniger, dass er des Wortes mächtig war, als dass das Wort seiner mächtig war. So stellt man sich ein Medium vor, das fast verzehrt wird von den Kräften, die ihm zuströmen.« Und er verglich ihn mit einer Pflanze, »die auf einem verrotteten Boden zu mächtiger Größe gedeiht, indem sie seine Kräfte an sich zieht«. Mit Hitlers dilettantischem Putschversuch im November 1923 erhielt seine Begeisterung dann aber einen Dämpfer. Hitler war wohl doch kein Dämonologe wie der Maskenschnitzer Groß, kein Exeget des Rausches und des Abenteuers, kein starker Diktator, sondern bloß ein kleiner Prophet und nationalistischer Irrläufer.

Fritz brachte Ernst in Leipzig mit Gerhard Roßbach zusammen, einem martialischen Freikorpsführer, der mit einem illegalen Verband im Baltikum gekämpft hatte, nun der NSDAP angehörte und ein landesweites, antidemokratisches Netzwerk aufbaute. Er geriet als Gegner der Republik immer wieder in Haft, wurde aber von der Reichswehr umworben und von den Jünger-Brüdern geschätzt. Ernst schickte ihm seine Bücher und erhielt von Roßbach den Auftrag, die sächsische Gruppe zu übernehmen, die sich im Hinterzimmer eines Leipziger Zigarrenhändlers traf. »Von Begeisterung war wenig zu spüren«, erinnerte er sich 1946 im Tagebuch an diese Episode zurück. »Die Geschäfte nahmen gleich eine unangenehme Färbung an. Ich arbeitete im Zoologischen Institut; manchmal, während ich meinen Tintenfisch sezierte, kam der Pedell und rief mich hinaus. Im Korridor stand ein Roßbacher, dem das Bewegungsgeld ausgegangen war. Ich musste ihm dann, natürlich aus meiner Tasche, aushelfen. Die Leute machten nicht den Eindruck von Lützower Jägern oder Mitgliedern des Tugendbundes. Der eine war in einen Fememord verwickelt, ein anderer hatte als Terrorist in Oberschlesien Häuser in die Luft gesprengt, ein Dritter war in Breslau Redakteur eines völkischen Wochenblatts gewesen und wegen dunkler Umtriebe auf der Flucht. Nach einem Monat erreichte ich, dass Roßbach mich dieses Postens entband, und konnte aufatmen.« Zu den Roßbachern, deren Namen Ernst Jünger nicht nannte, gehörten auch Rudolf Höß, der als Kommandant von Auschwitz berühmt werden sollte, und Martin Bormann, der spätere Leiter von Hitlers Reichskanzlei. Vielleicht wusste Ernst es nicht besser. Möglich aber auch, dass diese Unterlassung aus politischem Kalkül geschah, weil die Nennung dieser Namen ihn 1946 in falscher Nähe zu den Nationalsozialisten hätte erscheinen lassen – ein Verdacht, dessen er sich gegenüber den Alliierten zu erwehren hatte. Roßbach blieb er jedoch verbunden, auch wenn er aus der Organisation rasch wieder ausgestiegen war.

Er konzentrierte sich erst einmal auf sein Studium, belegte Vorlesungen in Mineralogie, Geologie, Anatomie der Tiere, Pflanzenphysiologie und vergleichender Morphologie. Gretha, die ihm nach Leipzig folgte, bemühte sich um ein Engagement an einer der städtischen Bühnen. Er unterstützte sie darin nicht. Als sie ein Angebot aus Zürich erhielt, wurde ihm klar, dass er diese Frau an sich binden musste.

Sie heirateten rasch, am 3. August 1925, in der Leipziger Thomaskirche. Ernst war dreißig, Gretha neunzehn Jahre alt. Ihre künstlerischen Ambitionen opferte sie der Entscheidung, die Frau an seiner Seite zu werden. Er nannte sie »Perpetua« und genoss es durchaus, wenn sie ihn zum äußeren Zeichen ihrer »Unterwerfung unter das göttliche Geschlecht«, aber nicht ohne ironischen Unterton, mit »mein Gebieter« ansprach.

Zu den wenigen Zeugen der Zeremonie gehörte selbstverständlich Fritz, der inzwischen mit einer Dissertation »Über das Stockwerkseigentum« seinen Doktortitel gemacht hatte und als Referendar wieder in Leipzig wohnte, ganz in der Nähe von Ernst und nicht weit weg vom Botanischen Garten, den sie so oft als möglich besuchten. Ernst zu heiraten bedeutete für Gretha, zum Ehemann auch noch dessen Bruder zu bekommen, denn Fritz war immer da. Auch der Bruder Hans, der Physik und Mathematik studierte, wohnte um die Ecke. Fritz laborierte an einer Liebesgeschichte, die vor allem deshalb unglücklich endete, weil er so zögerlich blieb. Sie hieß Buri, kam aus Leisnig und trug, als er sie dort in einer kleinen Wirtschaft am Fuße des Felsens zum ersten Mal sah, ein seidenes, kirschfarbenes Kleid. Er setzte sich so an den Kachelofen, dass er sie unauffällig anschauen und ein sanftes Lächeln registrieren konnte. Er schätzte sie auf zarte sechzehn Jahre. Auch sie wollte, wie sich bald herausstellte, Schauspielerin werden, und vielleicht gab erst die Parallele zu Gretha der nur einen Monat später beginnenden Romanze den erforderlichen Schwung. Fritz eiferte Ernst offensichtlich auch im erotischen Erleben nach und litt ebenso unter Buris Schauspielerinnensehnsüchten und den Aufführungen ihres Theaterkreises.

Ein Jahr lang konnte er sich nicht vorstellen, ohne sie zu leben. Es fiel ihm schwer, die Woche über von ihr getrennt zu sein. Sonntags saßen sie Hand in Hand auf dem Bänkchen bei der Jasminhecke auf dem Leisniger Schlossberg, seufzten und küssten sich und schenkten sich Blumen. Als sie ihn einmal in Leipzig besuchte, steckte er likörgefüllte Schokoladenfläschchen für sie ein. Er brachte den Mädchen, die er liebte, immer gerne Schokolade mit. Sie saßen in einem Café, redeten lange miteinander, bis er sie am Abend zum Haus ihrer Verwandten brachte, wo sie übernachtete. Sie schloss die Haustür auf, er drängte sich auf der Treppe von hinten an sie, umarmte sie und legte seine Hände auf ihre Brüste. Sie »zitterte wie ein Rohr«, erinnerte er sich Jahrzehnte später im Tagebuch, doch er habe gewusst, »was er sich gestatten durfte«. Zu Hause merkte er dann, dass die Schokoladenfläschchen in seiner Jackentasche geschmolzen waren. Der Stoff war nass und klebrig von dem Zeug.

Als Ernst heiratete, ahnte Fritz, dass er selbst zu diesem Schritt nicht fähig war. In einem Traum sah er Buri, die mit einem anderen Mann Hand in Hand ging. Er folgte ihnen in einiger Entfernung, nicht um sich zu verstecken, denn das wäre sinnlos gewesen. Die beiden wussten um ihn, um seinen Schmerz und seine Unruhe. Der Mann trug einen schwarzen Frack, Buri ein weißes Kleid. Vielleicht ist dieser Fremde der Tod, dachte Fritz im Traum. Oder ein Mann, der sie mir stehlen will? Warum will sie nicht mit mir sterben? Da drehte sie sich um, kam auf ihn zu, weinte »bitterlich«, wie er am nächsten Morgen notierte, und bat ihn um Verzeihung. »Sie weint, weil du sie verloren hast. Und du findest sie niemals wieder. Wie vergeblich ist doch alles.« In seinen Träumen kehrte sie immer wieder zu ihm zurück, oder er besuchte sie. Einmal wohnte sie mit ihrem Mann in einem Schloss, das an der Stelle des Elternhauses in Rehburg stand, und sie begrüßte ihn freundlich.

Dass sie sich trennten, hatte auch mit seiner Arbeit zu tun, die ihn wie in einer Mühle zerrieb. Aktendunst, Armut und der Anblick all der Menschen verursachten ihm Übelkeit. Vormittags war er am Gericht, dann im Gefängnis, nachmittags hospitierte er auf dem Südfriedhof bei Leichensektionen und übte sich in kühler Neugier. Der Fall eines »sehr kräftigen, achtzehnjährigen Mädchens«, das bei einem Abtreibungsversuch an Embolie gestorben war, machte ihm zu schaffen. Er schaute zu, wie die Ärzte die Gebärmutter zerschnitten und »nach einigem Suchen einen Embryo fanden, der nicht größer als eine Erbse war«. Zwei Stunden dauerte es, eine Leiche zu verarbeiten, die mehr als ein Jahr im Wasser gelegen hatte. Und als wäre das nicht genug, als müsste er sich gezielt abhärten gegen die Entsetzlichkeiten des Lebens und des Sterbens, besuchte er die Sammlung im Institut für gerichtliche Medizin, »eine Art Schreckenskammer«.

Wenn er mit Ernst am Abend in den Zoologischen Garten ging,

konnte er die frisch erworbene Sachlichkeit bei der Fütterung der Riesenschlangen erproben: »Man gab ihnen Kaninchen. Die Schlange bildet, um das Tier zu fangen, eine Art Lasso, wirbelt auch wie eine Schlinge durch die Luft, wobei der Bauch hell aufleuchtet.« An den Wochenenden erholten sie sich in Leisnig bei gemeinsamen Waldspaziergängen und im Gefühl, in die Kindheitswelt zurückzukehren. »Wir suchten Haselnüsse und gingen an den Ufern des Waldbaches entlang, um Krebse zu haschen. Ernst legte sich über die Uferböschung, und ich hielt ihn, damit er mit dem Kopfe nicht ins Wasser rutschte, an den Beinen fest. Am Nachmittag nahmen wir das Obst im Garten ab. Warmer und heiterer Tag. Malven, Astern und Judenkirschen blühten. Der Garten duftete nach Thymian und Minze.«

Fritz fand immer und überall denselben Gegensatz: Hier die ewige Natur, in der er sich aufgehoben fühlte, dort die zerfallende städtische Zivilisation mit allem Elend, wo er als Fremder herumirrte. Hier die Liebe zu Buri in all ihrer Unschuld und Naivität, dort die abgefeimten Intrigen der Gesellschaft und sein Überdruss. Seine Zimmerwirtin hielt ein ganzes Katzengeschwader in der Wohnung, in der es folglich nach Katzendreck roch, und außerdem einen Papagei, so dass die Brüder sie »Papageiengräfin« nannten. In ihrem Viertel gab es viele Kneipen und Bordelle, Schlägereien waren keine Seltenheit. Der Philosoph Hugo Fischer, ein gemeinsamer Freund, bewohnte hier eine Dachkammer voller Bücher und grauenvoller Unordnung. Er streifte im Schlafrock und mit Pantoffeln an den Füßen durch die Nachbarschaft, redete mit Huren und Marktfrauen und versuchte, sie mit Vorträgen über Hegels Phänomenologie zu beeindrucken. Für Fritz, der sich mit dem strengen Kant und dem aufbrausenden Nietzsche befasste, war die Dialektik ein erstaunliches Rätsel. Die Resultate des Denkens in Bewegung zu setzen, sie aufzuheben und auf einen notwendigen Fortschritt hin auszurichten, erschien ihm, der nach Sicherheit und Beständigkeit suchte, beunruhigend.

Fischer, ständiger Gast bei Ernst und Gretha, hatte die Angewohnheit, sehr laut zu lachen, viel zu trinken und bis spät in die Nacht zu bleiben, ein Zustand, mit dem die Witwe Steinwedel, die ihnen zwei Zimmer vermietete, nicht einverstanden sein konnte. Der Umzug in eine als »Atelier« bezeichnete Etage in der Johann-Sebastian-Bach-

Straße war die logische Konsequenz. Gretha, hochschwanger, stellte dort Wandschirme auf, um Zimmer abzutrennen, und bereitete ein Einzugsessen vor, zu dem Hugo Fischer mit seiner Frau geladen war. Fritz saß schon in dem großen, vom Großvater übernommenen Ohrensessel, paffte seine Pfeife und kam sich vor wie in einer Schiffskabine auf hoher See. Und als Gretha mit Ernst zu streiten begann, weil sie die überragende Bedeutung des männlichen Prinzips, dem Ernst huldigte, in Zweifel zog, gab Fritz, um den Frieden zu retten, beiden recht. Streit ertrug er schlecht, auch wenn er sich in seinen Schriften aggressiv und kampflustig gab.

Friedrich Georg betrat die publizistische Bühne im Schatten des Bruders, versuchte aber, ihn an Radikalität zu übertrumpfen, um gar nicht erst den Verdacht aufkommen zu lassen, er sei nur der kleine Bruder, der Kriegskrüppel hinter dem Kriegshelden. Brüder, die sich als natürliche Kampfgemeinschaft begriffen und auch so auftraten, waren im Umfeld der nationalistischen Bünde keine Seltenheit. Brüderliche Zusammengehörigkeit entsprach ihrem Selbstverständnis. Parteien waren ihnen suspekt, waren bloße Kompromissmaschinen, die den »stählernen« Willen schwächten. Blutsverwandtschaft – und sei es auch die imaginäre des Volkes – bedeutete mehr als geistige Übereinstimmung durch ein Programm. Brüder standen symbolisch und ganz konkret für den unverbrüchlichen Zusammenhalt unter Männern, wie ihn die Kampfbünde anstrebten. Disziplin, Treue, Gefolgschaft: Das waren die erklärten Tugenden.

Ernst von Salomon, der als Beteiligter am Rathenau-Mord im Zuchthaus saß, hatte einen Bruder, der sich als Bombenleger in der schleswig-holsteinischen Landvolkbewegung betätigte. Bruno von Salomon schloss sich später der KPD an und kämpfte auf Seiten der Kommunisten im Spanischen Bürgerkrieg. Bekannt waren auch die Brüder Otto und Gregor Strasser, die – anfangs zusammen mit Joseph Goebbels – zum linken, sozialrevolutionären Flügel der NSDAP gehörten. Otto ging 1933 ins Exil, Gregor wurde 1934 im Zusammenhang mit dem »Röhm-Putsch« ermordet. In Hamburg agierten Albrecht Erich Günther und sein Bruder Gerhard als Journalisten und Herausgeber der Zeitschrift »Deutsches Volkstum«, wo auch Ernst mehrmals publizierte. Die brüderliche Nähe von Ernst und Fritz bekam in diesem

Umfeld eine neue, kämpferische Dimension als natürliches Bündnis. Man war schon vor aller Politik zu zweit und focht für ein und dieselbe Idee. Wenn Brüder gemeinsam ein Verbrechen begingen, schrieb Ernst später im *Abenteuerlichen Herzen*, erscheine ihm das Kriminelle abgeschwächt, als ob da noch ein Nachklang des Sippenrechtes mitwirke. Den Zeitungen und Gerichtsurteilen seiner Zeit konnte er jedoch die gegenteilige Auffassung entnehmen: »dass das Verbrechen in besonderer Bösartigkeit zum Ausdruck komme, insofern es, statt sich auf Individuen zu beschränken, die Familie ergreift«. Aus staatsrechtlicher Sicht musste die Brudertat als besonders infamer Angriff erscheinen, weil es dabei nicht nur um ein einzelnes Verbrechen ging, sondern gewissermaßen um die Infragestellung des staatlichen Rechtsanspruches, um eine eigenmächtige und vormoderne Setzung von Recht durch eine Sippe. Und so fügte er – wohl durchaus auch mit Blick auf sich selbst und das eigene Bruderverhältnis – hinzu: »In der Tat darf man, wo Familien mit dem Staat in Konflikt geraten, auf Punkte schließen, an denen die Zähmung noch nicht gelungen ist.«

Friedrich Georgs erste eigenständige Publikation, *Der Aufmarsch des Nationalismus*, erschien 1926 demonstrativ unter Ernsts brüderlicher Herausgeberschaft und brachte ihm gleich ein Verfahren wegen Anstiftung zum Hochverrat ein. Fritz sprach »in wilder Erbitterung« im Namen einer »unverbrauchten Jugend«. Mit halbgarem Nietzsche predigte er den »Willen zur Herrschaft«, zu Vernichtung und »notwendiger Grausamkeit«. Von der Dolchstoßlegende, der empörten Zurückweisung der deutschen Kriegsschuld und der Bejahung von Herren- und Sklavenvölkern, über den Hass auf Liberalismus, Parlamentarismus und aufklärerische Vernunft bis hin zur Feier der deutschen Blutsgemeinschaft, des Führerprinzips und der Diktatur: Alles, was diese paranoide, dröhnende Schrift enthielt, fügte sich bruchlos in die Propaganda der Nationalsozialisten ein.

Der revolutionäre Nationalismus, wie Fritz und Ernst ihn verstanden, war wild, rauschhaft, heroisch, blutmäßig, fanatisch und ungerecht. Er war nicht: kritisch, analytisch, tolerant, wissenschaftlich und literarisch. Einer der Kernsätze lautete: »Der Nationalismus ist keine kritische Bewegung; er ist eine autoritative Satzung härtester Prägung.« Und alles und alle, die als unzugehörig empfunden wurden, mussten

99

vernichtet werden. Kugeln wären für Demokraten doch zu schade, nehmt Giftgas, schlagt sie mit Knüppeln tot, eiferte sich Fritz in seiner rhetorischen Raserei. Die Frage nach der Kriegsschuld zu stellen betrachtete er als eine denunziatorische Operation intellektualistischer Dunkelmänner, da es sich beim Krieg doch »um einen schicksalhaften Vorgang handelt, der in die Gemeinschaft eindringt und sie gleich den Gezeiten bewegt«. Der Krieg, schrieb er, als ob das mit seinen Erfahrungen irgendwie in Übereinstimmung zu bringen wäre, »ist naturhaft gesetzt wie die Beziehung der Geschlechter, der Kreislauf des Blutes und die Bewegung der Gestirne«. Zufrieden betrachtete er diese Sätze vor sich auf dem Papier. Es war ein Rausch, in den er sich lustvoll hineinsteigerte.

Bemerkenswert sind weniger die in der nationalistischen Rechten weit verbreiteten Positionen als eine am Unbehagen an der Aufklärung und an dem auch vom Vater Jünger repräsentierten Wissenschaftspositivismus ansetzende Technikskepsis, die Friedrich Georg während des Zweiten Weltkrieges zu seinem ökologischen Manifest *Die Perfektion der Technik* ausbauen sollte. Wenn er 1926 die »mechanistischen Ideen« eines »allgemeinen, beständigen Fortschritts« angriff und damit »die ungeheure Anmaßung der zivilisierten Intelligenz, die den kosmischen Sinn gleichsam in sich erfüllt sieht und sich auf dem Gipfelpunkt einer imaginären Menschheit glaubt«, dann ist die spätere konservative Kulturkritik bereits zu ahnen. Hier schon von »Kritik« zu sprechen verbietet sich allerdings, weil ja nicht »Kritik«, sondern »Kampf« das Wort der Stunde war. Die Brutalisierung der Menschheit im Zeitalter der Maschinen hielt er für verwerflich. Daraus folgte aber noch keine umfassende Kritik der Technik, sondern das Einverständnis damit, die brutalisierten Menschenmassen mit brutaler Gewalt, Zwang und Zucht niederzuhalten. In nichts anderem bestand die Aufgabe des nationalistischen Staates: »Sammlung und Verdichtung der Gewalt in einem geschlossenen Absolutismus«.

Und noch etwas ist bemerkenswert an diesem Debüt: Das ist das seltsame Wort »Urzwang«, das erst wieder in seinem allerletzten, 1977 auf dem Sterbebett diktierten Gedicht »Im tiefen Granit« auftauchte. Der »Urzwang« markiert Anfang und Ende seines Schaffens. 1926 hieß es: »Ein großer, dunkler Urstrom verbindet das Leben der Einzelnen und ordnet sie in eine schicksalhafte Ganzheit ein. Das Blut singt gleichsam den Gesang des Schicksals. Der Urzwang, aus dem es hervorströmt, ist uns unfassbar. Er kann niemals tiefer als in Gott gebettet sein.« Ein religiöses Grundgefühl, die Aufgehobenheit in etwas, das wahlweise Gott oder Schicksal genannt wird, ist der Hintergrund des »Urzwanges« schon in seiner nationalistischen Verkapselung. Diese Herkunft hat Friedrich Georg Jünger später gründlich vergessen, so gründlich, dass der »Urzwang« zuletzt rein und unschuldig als »die heilsamste aller Quellen« zu seinem Lebens- und Sterbebrünnlein wurde. Und niemand, auch er selbst nicht, ahnte, aus welch dunklem Boden das Quellwasser aufgestiegen war.

»Der Aufmarsch des Nationalismus« markiert biographisch eine tiefe Zäsur. Nach dem erfolgreich abgelegten zweiten Staatsexamen gab Fritz alle juristischen Ambitionen auf und kündigte beim Gericht. Er wollte mit diesem Beruf und den juristischen Streitereien nichts mehr zu tun haben. Achtundzwanzig Jahre alt, stand er mit leeren Händen da. Er hatte nichts als seine Radikalität, an die er doch selbst nicht ernsthaft glauben konnte. Im Unterschied zu Ernst, der sein Studium der Zoologie abbrach, hatte er keine publizistische Bekanntheit, keinen militärischen Ruhm, keinen festen Wohnsitz (er wohnte weiter zur Untermiete in kleinen Zimmerchen, fuhr zu den Eltern nach Leisnig, zur Schwester Hanna nach München oder zu Ernst), keine Perspektive und auch keine Freundin mehr. Luise Knigge, ein Hausmädchen, das er in der Nachbarschaft am Fenster bewunderte wie ein Traumbild, lernte er gerade erst kennen.

Am Abend vor der Geburt von Ernstel kehrte er mit Gretha und Ernst zum Gose-Trinken in einer Gaststätte gegenüber der Klinik ein. Gretha schüttete, als die Wehen schon einsetzten, hastig noch ein Bier nach dem anderen hinunter. Als sie vor der Tür einen jammernden Laut ausstieß, erbleichte Fritz und verabschiedete sich hastig. Die kühle Abgeklärtheit, die er in seinen Sektionskursen erlernt hatte, hielt nicht sehr viel aus.

9 (ERDE)

Wilflingen 1996

Es war ihm durchaus bewusst, dass sein Sinn für Ironie nicht ausreichte, auch wenn die Geschichte ihre Ironie bisweilen ziemlich dick aufträgt. Er hätte es komisch finden können, ausgerechnet in einer Oberförsterei sesshaft geworden zu sein, aber man kann nicht ein halbes Jahrhundert lang einen Scherz belächeln. Den despotischen Oberförster in den *Marmorklippen* hatte seine Leserschaft hartnäckig für Hitler, gelegentlich auch für Göring oder Stalin halten wollen, obwohl er solch schlichten Deutungen stets widersprach. Was kümmerten ihn bestimmte Individuen und zufällige historische Verkörperungen der Macht, wo es allein darauf ankam, den Typus kenntlich zu machen. Tatsachen waren ihm zweitrangig. Doch auf der symbolischen Ebene, auf der er sich bewegte, konnte gerade diese Tatsache nicht bedeutungslos sein. Als er sechs Jahre nach dem Ende des Zweiten Weltkrieges in die Wilflinger Oberförsterei des Grafen Schenk zu Stauffenberg einzog – ein stattliches Barockgebäude aus dem Jahr 1728, gleich gegenüber dem stauffenbergschen Schloss –, trat er ein symbolisches Erbe an, ob er wollte oder nicht, und machte sich die »Oberförsterei« zu eigen. Er richtete sich darin ein wie ein Einsiedlerkrebs, der ein verlassenes Schneckenhaus bezieht. Vielleicht hingen deshalb Fische, Schildkröten und Echsen an den Zimmerwänden und keine Hirschgeweihe, wie es einer Oberförsterei und ihm als Waldgänger angemessen gewesen wäre.

In der Ausstattung orientierte er sich an Dürers »Hieronymus im Gehäus«. In dem Heiligen, der in seiner Stube am Schreibtisch saß und in konzentrierter Stille arbeitete, umgeben von Stundenglas, Kruzifix, Totenschädel und anderen Arbeitsgegenständen, erkannte er sich selbst. Sogar die Gartenschuhe entdeckte er unter der Fensterbank. Statt des Löwen, der zu Hieronymus' Füßen schlief, schnurrte auf seinem Schoß jahrelang der Siamkater Li Ping, später dann Idris, bis auch der im Alter zu schwach war, um hochzuspringen, und immer mehr abmagerte, »als zöge er sich stufenweise aus der Welt der Erscheinungen zurück«. Er begrub ihn im Garten unter dem Haselstrauch, wo Idris so gerne im Schatten gelegen und geschlafen hatte. Auch Klein Zaches, eine afrikanische Fangschrecke, die aussah wie ein welkes Blatt, hatte er hier begraben, nachdem er sie monatelang mit Fliegen gefüttert und in der Schale seiner Hand getränkt und gebadet hatte. Die Tiere würden schneller in den Himmel kommen als er selbst. Ohne Umweg über die Erbsünde.

In der ersten Hälfte seines Jahrhundertlebens war er an keinem Ort länger als ein paar Jahre geblieben. Aus Städten waren Dörfer geworden, weil er die Städte für unbewohnbar hielt. Bedeutender Verkehr, außerordentliche Einsamkeit. Über Hannover, Leipzig, Berlin, Goslar, Überlingen, Kirchhorst, Ravensburg war er hierher gelangt. Die Bewegungslinien auf der Landkarte ergaben kein strukturiertes Bild, keine Richtung, aber doch eine Dimension der Tiefe: Er wollte Abstand gewinnen von der Geschichte und ihren Mächten und die Geschehnisse aus großer Entfernung wie mit dem schärfsten Fernrohr vom Mond herab betrachten. Der Mann im Mond, unter dessen Blick die Zeiten ineinanderschmolzen – das war er selbst. Gretha besorgte alle Umzüge, während er sich in der Zwischenzeit immer auf Reisen begab und erst zurückkehrte, wenn am neuen Ort alles eingerichtet war, alle Bücher in der festgelegten Ordnung in den Regalen und die Käferschränke am vorgesehenen Platz standen. Das zwischenzeitliche Durcheinander ertrug er nicht, und wenn er etwas nicht ertrug, wurde er unerträglich. Dann war Gretha froh, ihn am Amazonas zu wissen.

In der Oberförsterei kamen seine Dinge und er zur Ruhe, auch wenn er von nun an noch öfter auf Reisen ging und seine Reisen ihn in immer fernere Regionen führten, nicht nur in die Länder des Mittelmeeres, sondern nach Spitzbergen, Kuala Lumpur oder in die angolanischen Kaffeepflanzungen der Stauffenbergs. Das Arbeitszimmer im ersten Stock der Oberförsterei war der Nullpunkt seiner Meridiane, ein unveränderlicher Ort außerhalb der Zeit. Er reiste nach Damaskus, in den Sudan, nach Amerika, als müsse er überall und auf jedem Kontinent gewesen sein und den Raum mit Schiffen und Flugzeugen durchmessen haben, um die Dimensionen der Welt zu erfassen.

Denn dafür reichten die Gänge in die heimischen Wälder und in den Steinbruch nicht aus. Die Zeit aber erlebte und überwand er hier. Das Arbeitszimmer war eine Enklave des Biedermeier im 20. Jahrhundert. Hundert Jahre dauerten nicht länger als so manche Opiumnacht, in der er sich verirrt hatte. Es ging ihm wie dem grüblerischen Mönch von Heisterbach, den ein bunter, seltsamer Vogel mit seinem Gesang tief in den Wald hineinlockte, wo er auf einem Baumstumpf sitzend einschlief. Als er aufwachte, war der Vogel verschwunden, und er, der ins Kloster zurückeilte, war ein alter Mann mit schneeweißem Haar, und niemand erkannte ihn mehr, denn es waren dreihundert Jahre vergangen: Dem Herrn ist ein Tag wie tausend Jahre, und tausend Jahre sind ihm wie ein Tag.

Je älter er wurde, umso tiefer tauchte er in die Vergangenheit ein. Er wertete die Weltereignisse nicht mehr politisch, sondern betrachtete sie historisch. Oder vielmehr geologisch. Erdgeschichtlich. Als er in den achtziger Jahren aufgefordert wurde, sich der Friedensbewegung und ihrem Protest gegen die Stationierung der Mittelstreckenraketen anzuschließen, lehnte er mit der Begründung ab: »Die Politik jeglicher Färbung ist mir seit langem zuwider, und ich marschiere hinter keiner Fahne mehr her. Auch ist die Erdrevolution mit politischen Mitteln nicht zu bewältigen. Sie dienen höchstens zur Garnierung des Vulkanrandes, falls sie nicht die Entwicklung sogar vorantreiben.« Die Apokalyptiker, die sich wie vor jeder Jahrtausendwende zu Wort meldeten, hielt er für geistig arm, auch wenn sie, wie der Artenschwund unter den Käfern bewies, in vielem richtiglagen. Das Ozonloch würde der Planet überstehen, denn er besaß unerschöpfliche Reserven und heilende Kräfte genug. Klimaveränderungen hatte es immer gegeben. Die Erde verausgabt sich zyklisch, doch sie verbraucht sich nicht. Was ist schon Tschernobyl gegen die Marneschlacht. Schon die Götter der Antike hatten in ihrem Kampf gegen die Titanen die Atmosphäre aufgeheizt und Katastrophen verursacht. Fritz hatte darüber in seinem Buch über die griechischen Mythen geschrieben. Nun war der Mensch an die Stelle der Götter getreten, hatte Natur und Evolution hinter sich gelassen und begonnen, sich selbst zu erschaffen. Die globalen Katastrophen verursachte er nun selbst. Ihn beunruhigte das nicht. Auch der Mensch war nur ein Durchgangsstadium der

Geschichte. Die Götter würden irgendwann zurückkehren. »Wir sind keine feste, sondern eine liquide, vielleicht sogar zu liquidierende Art«, notierte er kaltblütig.

Die Kriege der neunziger Jahre beunruhigten ihn, weil er sie nicht verstand. Das war nicht mehr seine Welt. Der Soldat hatte abgedankt. Die Zeitungslektüre wurde ihm von Monat zu Monat widriger. Im Fernsehen sah er live die Bombardierung Bagdads, grünlich flackernde Lichter am nächtlichen Himmel. In Sarajevo ging es schlimmer zu als einst unter den Türken. Berichte über Scharfschützen, die auf alles feuerten, was sich auf den Straßen bewegte, entsetzten ihn. »Jetzt wird es hundert Jahre lang keinen Krieg mehr geben«, hatte sein Vater im Herbst 1918 gesagt und damit eine allzu günstige Prognose gewagt. Er dagegen hatte stets im Bewusstsein eines andauernden Weltbürgerkrieges gelebt, der nicht wieder enden würde. Da galten andere Regeln als die von Clausewitz.

Wenn die Regierenden bei ihm »einsprachen«, wie es in seinem Wortgebrauch hieß, war ihm das Ehre und Genugtuung, durchaus, aber er machte nicht viel Wind darum. »Der Autor steht neben der Gesellschaft«, schrieb er und glaubte auch daran. »Seine Aufgabe ist nicht sozialer Natur. Es ist für ihn wichtig, dass er seine exzeptionelle Stellung begreift, damit er sich und sein Ansehen nicht in untergeordneten Händeln verbraucht. Es kann vorkommen, dass er sich wohl oder übel damit befassen muss. Dann ist der Misserfolg für ihn günstiger als der Erfolg.« Das Bundesverdienstkreuz, das ihm einst Theodor Heuss überreicht hatte, steckte er sich bei Bedarf unterhalb des vom Kaiser verliehenen Pour le Mérite ans Revers. Als Kanzler Kohl ihm zum neunzigsten Geburtstag gratulierte, schrieb er nur: »Ich weiß es zu würdigen.« Er schenkte ihm seinen Kriminalroman *Eine gefährliche Begegnung* mit der subtilen Widmung: »Zur Erinnerung an eine ungefährliche Begegnung«. Zum Hundertsten kamen neben dem Kanzler auch Bundespräsident Roman Herzog und Baden-Württembergs Ministerpräsident Erwin Teufel. Zum Fünfundneunzigsten brachte der Kanzler den spanischen Regierungschef Felipe González mit, auch Frankreichs Präsident Mitterrand machte seine Aufwartung. Als Veteran zweier Kriege und Repräsentant der schwer erkämpften deutschfranzösischen Freundschaft stand er zum Jahrestag in Verdun neben

Kohl und Mitterrand, ein wenig steif und fröstelnd im Gefühl, nun auch sich selbst historisch geworden zu sein.

Nur Hitler war nicht gekommen, seinerzeit. Diese gefährliche Begegnung blieb ihm glücklicherweise erspart. Noch in Leipzig hatte Hitler ihm einmal seinen Besuch angekündigt, nachdem er dem NSDAP-Vorsitzenden das Buch *Feuer und Blut* mit der Widmung »Dem nationalen Führer Adolf Hitler« zugesandt hatte. Hitler bedankte sich und schrieb zurück: »Ihre Schriften habe ich alle gelesen. In Ihnen lernte ich einen der wenigen starken Gestalter des Fronterlebnisses schätzen.« Kurz darauf ließ Hitler ihm durch seinen Sekretär Rudolf Heß mitteilen: »Herr Hitler lässt Ihnen für Ihren Brief vom 6. d. M. vielmals danken, ebenso wie für die ›Standarte‹ mit Ihrem Aufsatz ›Schließt Euch zusammen!‹, der ihn sehr interessierte. Herr Hitler würde sich freuen, Sie einmal persönlich sprechen zu können. Die Gelegenheit ergibt sich wahrscheinlich schon in allernächster Zeit, bei einer Durchfahrt durch Leipzig im Auto. Sie erhalten rechtzeitig Nachricht über die Stunde des Besuchs. Mit deutschem Gruß.« Der Brief müsste in seinem Archiv noch zu finden sein; das Stierlein sollte ihn einmal heraussuchen. Damals schickte er ihn an Fritz weiter und übte sich dabei in Ironie: »Hitler wird in der nächsten Woche durch Leipzig kommen und hat sich bei mir angemeldet. Im Garten auf der tabakartigen Staude in der Nähe der Erdbeeren habe ich einen schönen Buprestes erbeutet. Er ist bräunlich erzfarben, sieh Dich doch bitte nach einigen Dubletten um.«

Der Besuch entfiel, weil die Reiseroute sich änderte. Vielleicht hatte Hitler aber auch der genannte Aufsatz doch nicht so gut gefallen, weil darin eine grundlegende Skepsis gegen jeglichen in Parteien organisierten politischen Willen zum Ausdruck kam. Die berufenen Kämpfer, die wahren Nationalisten wie Ernst und Fritz, fühlten sich über diese hohle demokratische Form erhaben. Sie missbilligten, dass die Nationalsozialisten sich in die Parlamente der Republik begaben, wenn auch nur, um sie zu zerstören. Auch die Position des Führers, so war dort nachzulesen, sei noch vakant: keiner in Sicht, der sie angemessen auszufüllen in der Lage wäre. So blieb es dabei, dass Ernst nur einmal, 1923 in München, Hitler begegnete, wo er ihn als Redner erlebte. Acht Jahre später kam Fritz in einem Münchner Lichtspielhaus zufällig hinter Hitler zu sitzen, der sich »mit seinem Adjutanten im Dunkeln hereingeschlichen« habe, um »einen jüdischen Film« zu sehen. »Der Kerl fängt an fett zu werden«, berichtete er. Den ganzen Film über musste er auf Hitlers Scheitel schauen. »Wirklich ein Friseursgehilfe. Stinkt jedenfalls nach Pomade.«

Die Gestalt des Oberförsters entstieg den Träumen und gehörte dort seit ihrem ersten Auftauchen im November 1934 zum festen Personal, häufig begleitet von bläulichen, züngelnden Schlangen. Der Oberförster wartete in einem gotischen Jagdzimmer, das mit Fallen und Netzen aller Art dekoriert war. Dort saß er an einem klobigen Tisch aus rötlichem Eichenholz, der in der Dämmerung phosphorisch schimmerte, und spielte mit einem Lerchenspiegel – einem Gerät, das dazu dient, mit Lichtreflexen die Vögel ins Netz zu locken. Während des Gesprächs blies er in verschiedene Lockflöten, mit besonderer Lust in eine große, hölzerne Kuckucksflöte, mit der er den Ruf des Kuckucks nachahmte. Der Rattenfänger von Hameln hatte sich in einen Vogelfänger verwandelt, der es jedoch nicht auf Kinder, sondern auf einen Adepten abgesehen hatte. Die blauen Nattern, die ihm zu Diensten standen, lagen zu Schlingen verknotet im Wald herum. Zu spät begriff der Träumer, dass er selbst als Opfer auserkoren war und dass die Nattern nur dazu dienten, ihn zu verführen.

Fritz hatte schon im Jahr 1918, als er im Bezirkskommando Oldenburg seinen Dienst versah, in einer Oberförsterei Quartier gefunden. Das blieb Episode, und doch war er ihm in diesem Punkt vorausgegangen. In Rehburg gehörte der Oberförster neben dem Bürgermeister und der Lehrerin zur respektablen Gesellschaft, die zum Abendessen bei den Eltern erschien. Die Traumfigur jedoch könnte als Hinweis auf eine Stimmung im Geisterreich verstanden werden, die, so schrieb Ernst dem Bruder, »sich dort seit langer Zeit in den Winkeln zusammenbraut und die man nicht anders als menschenfresserisch bezeichnen kann. Fürchterliche positive Gegenstücke der Lüge reifen heran.« Dass der dämonische Angriff durch einen Vogelfänger erfolgte, musste Fritz interessieren; fast schien es so, als wäre dieser Traum ihm zugedacht. Fritz streifte in jedem Frühjahr durch die Wälder, um die ersten Kuckucksrufe nicht zu verpassen. Der Kuckuck war ihm ein Bote der Wiederkehr; er wäre seinem Ruf immer gefolgt.

Es war durchaus möglich, stellvertretend zu träumen und in die Träume von anderen verwickelt zu werden. Man betrat sie wie einen dunklen Saal in einem unbekannten Gebäude. Wenn Fritz von phantastischen Käferarten träumte, sammelte er noch im Schlaf stellvertretend besondere Exemplare für den Bruder ein. In diesen Träumen hielt er sich streng an die natürlichen Käferformen und die Ordnung der Gattungen, verpasste ihnen jedoch ungewöhnliche Farben nach Laune und Geschmack. Ernst dagegen träumte vom Fremden, der doch eher Fritz heimsuchte: Er hörte, der Fremde sei in der Stadt, und sah ihn dann auch schon an seinem Bett sitzen – so wie es einst Fritz in Rehburg widerfahren war. Der Fremde hatte rotglühende Augen, wie der Teufel persönlich, bis sie zersprangen und in einem Funkenregen zerfielen. In den ausgebrannten Augenhöhlen wurde das schwarze Nichts sichtbar, »das sich hinter dem letzten Schleier des Grauens verbirgt«.

Träume waren nicht zu deuten, schon gar nicht im Sinn der Psychoanalyse, die in ihnen bloß ein Schema erkannte; er nahm sie eher als Verkündigungen oder als Hinweise auf eine andere Seite der Wirklichkeit. Den Traum vom Oberförster notierte er fast schon so, wie er dann auch im *Abenteuerlichen Herzen* von 1938 – neben dem Traum vom Fremden – nachzulesen ist, schickte ihn an Fritz und auch an den Bruder Hans und sprach darüber mit dem Freund Carl Schmitt. »Schmitt erklärte den Oberförster für das Symbol der ursprünglichen Autorität, die blaue Natter für die Anarchie. Es mag etwas dran sein; jedenfalls bleibt es merkwürdig, dass man die eigenen Träume schwer deuten kann, ebenso wie man sich selbst ein Phänomen ist, dem man oft mit einem fremdartigen Erstaunen gegenübersteht.«

10 (WASSER)

Berlin 1928

Wenn Friedrich Georg nach »Drittem Reich« und Zweitem Weltkrieg an die Berliner Jahre zurückdachte, kam ihm die Stadt wie »ein giftiger, scharfer Schmortopf« vor, »auf dessen Boden die Verzweifelten wunderliche Sprünge machten«. Wie lange war das her, Berlin noch unzerstört, doch es war ihm, als hätte er in den Gebäuden bereits die Ruinen erkannt, so wie auf Röntgenaufnahmen die Knochen sichtbar werden. Vor allem im Sommer, wenn die Lindenblüten dufteten und die Stadt verödete, träumte er damals von Ruinen. Die Caféhäuser kamen ihm vor wie phantastische Orte, an denen er von Schatten umgeben war. Beim Baden am Wannsee versengte die Sonne ihm die Haut, dass sie wie Feuer brannte, in Fetzen herunterhing und er eine Ahnung bekam von den Qualen des Herakles im Nessoshemd. Der Mann, der ihn auf der Treppe zur U-Bahn überholte, um sich vor den einfahrenden Zug zu werfen, wurde ihm zum Zeichen einer nervösen Untergangsstimmung, die er überall spürte. Wie Maschinenwesen saßen die Menschen im Kunstlicht der Untergrundbahn und starrten ins Leere. Sie waren Passanten, Arbeiter, Uniformierte, nichts als Funktionen ohne menschliche Qualität. Ein Zimmer im dritten Stock eines Mietshauses zu bewohnen war eine höchst abstrakte Angelegenheit. Kein Sauerstoff in dieser Stadt, so schien es ihm, stattdessen viel geistiger Wasserdampf. Und alles ins Luftleere getrieben.

»Auch wir strebten damals unter mancherlei Qualen ans Licht«, schrieb er an Ernst. Soviel er Berlin auch verdankte, es sei doch immer etwas Gezwungenes in seinen Bewegungen gewesen. Der Druck der Masse und ihrer Erregungen, die vereinzelten Existenzen, unruhigen Geister und politischen Desperados, die verzweifelt auf den großen Coup hofften – das alles habe ihn über die Maßen belastet und beängstigt. »Diese erzwungene Bewegung, diese Torsion des Willens war ja in allen Anstrengungen sichtbar, diktiert von der geschichtlichen Situation. Ich konnte mich dieser Torsion lange nicht entziehen,

doch empfand ich sie immer als lästig und irreführend.« So deutete er die Tatsache, dass er einst selbst zu den Desperados gehört hatte, die Druck erzeugten, um die windelweiche Demokratie zu zerstören, und die deren Untergang durchaus begrüßten.

Auch Ernst fiel es schwer, die Erinnerungen an all die verschiedenen Personen, Bünde, Meinungen und dämonischen Erscheinungen zu ordnen und zu überblicken. »Es wurde damals so manches Basilisken-Ei gelegt. Auch könnte man das Leben jener Zirkel als eine Art von Vorflora oder von Versuchen in der politischen Retorte betrachten.« Im Traum kehrte er immer wieder und über alle Kriegszerstörungen und die Teilung der Stadt hinweg in die Wohnung am Berliner Osthafen zurück. In dieser proletarischen Gegend südlich des Schlesischen Bahnhofs und nahe der Oberbaumbrücke war er mitten im Geschehen. Beim Gang durch die Straßen des Viertels meinte er einen Überblick über all die Kräfte zu gewinnen, die »im Webstuhl eines modernen Staates scheinbar regellos hin und her schießen«. Jeder einzelne dieser Gänge schien ihm lohnender als ein ganzes in einer Provinzstadt verbrachtes Jahr, und er sah es später als einen Fehler an, vom Osten erst in die Dortmunder Straße in Moabit und dann ins beschauliche Steglitz gezogen zu sein, auch wenn da der Botanische Garten in Reichweite lag. Im Traum trat er durch die Tür des Hauses in der Stralauer Allee, sogar die Hausnummer 17 konnte er erkennen. Er stieg die ausgetretene Treppe hinauf bis zum Seerosenfenster, durch das er über den Hafen mit den Krananlagen und die Wasserfläche der Spree blickte. Im Flur stand Gretha, die seinen Schritt gehört hatte und ihn fragte, wo er so lange geblieben sei. Irgendwann wohnen die Toten da, wo man einst gelebt hat. Er kehrte zurück und wusste, dass er sich im Grunde nicht verändert hatte. Am Tisch saßen die Zecher von einst und hoben über die Zeiten hinweg das Glas auf ihr eigenes Wohl.

Die Nähe des Flusses hatte er schon gesucht, bevor er hier eingezogen war, und hatte das auch Fritz erzählt, dessen Element doch das Wasser war. »An den Dämmen und Grachten, an denen sich die Lichter im Spreewasser spiegeln, fühle ich mich immer erquickt. Besonders im Osten, wo der Strom sich mächtig erweitert, betrachte ich oft mit einem Gefühl der Kühlung den Spiegel, über den die Hochbahnen hinwegbrausen. Mit dem Wasser dringt das Elementare in diesen künstlichen Raum, und zugleich verspüren wir eine tiefere Verwandtschaft, die fast im Unendlichen liegt, wie mit den Fischen, die dort unten über den kühlen Gründen stehn, oder mit dem Schilf, das die Ufer begrenzt. Hier liegt meine Kraft, die ich an die Ordnungen ausleihe und die mir unter allen Umständen verbleibt. Wie ein Stück Eisen, zu welcher Form es immer verarbeitet sei, rein als Eisen in seinen Atomen mit sich identisch bleibt und den Wechsel der Stile in einem zeitloseren Sinne überdauert, so fühle ich mich mit meiner Wildheit identisch, und wenn das große Zauberwerk in Schutt und Asche versinkt, will ich immer noch imstande sein, als Räuber auf und davon zu ziehen.«

1928 bezog die junge Familie die Wohnung in der Stralauer Allee – im zweiten Berliner Jahr, in dem auch Fritz endlich aus Leipzig folgte. Fritz quälte sich wieder einmal damit, zu einer Entscheidung zu finden und die Einsamkeit abzuschütteln, in die ihn Ernsts Wegzug zurückgeworfen hatte. Berlin bedeutete für ihn den endgültigen Abschied von der Juristerei und die Entscheidung für ein Leben als Schriftsteller ohne bürgerliche Sicherheiten. Er schrieb kämpferische Essays und Gedichte über den Krieg, über Blumen und Jahreszeiten, aber eigentlich hatte er keine Ahnung, wohin es ihn treiben würde. Er fühle sich immer noch als »Keim in der Hülle«, sinnierte er an seinem neunundzwanzigsten Geburtstag. »Wenn man in der Anlage ein wenig breit aufwächst, so müssen wohl dreißig oder fünfunddreißig Jahre vergehen, ehe man über sich zur Besinnung kommt. Man nährt sich im Schlafe, und so glaube ich, dass die beiden stillen letzten Jahre, die ich in Leipzig wie im Mutterleib verbracht habe, mich gewaltig förderten.« Die ewige Notwendigkeit, Geld zu verdienen, bedrückte ihn, weil sie sich nicht abschütteln ließ. Die Aufstockung seiner Rente von 85,25 auf 108,75 Reichsmark änderte daran nichts. (Zum Vergleich: Ein gelernter Arbeiter verdiente zwischen 150 und 190 Reichsmark, die durchschnittliche Witwenrente betrug 24,80 Reichsmark.) Von häuslichen Zuwendungen abhängig zu sein, war ihm ein wenig unangenehm, doch seine Gedichte brachten nichts ein. Die Studien byzantinischer und mittelalterlicher Mystik und der Geschichte des Pietismus, in die er sich versenkte, waren auch nicht gerade erwerbstauglich. Umso entschiedener steigerte er sich in seinen nationalistischen Vernichtungswahn hinein und verwandelte sich auf dem Papier in einen schäumenden Hassprediger, der den Menschen am liebsten »ein Gift zu fressen geben« würde, »um ihnen die demokratischen Würmer abzutreiben«. Seine Phantasie eines wehrhaften Staates enthielt all die Härte, an der es ihm mangelte. Da gab es keine Zweifel mehr, keine lähmende Melancholie, nichts Unentschiedenes. »Opposition kann es in einem nationalistischen Staat so wenig wie in einem lebendigen Körper geben; hier arbeitet alles mit einer Dynamik«, schrieb er, um sich an solchen auch aus medizinisch-naturwissenschaftlicher Sicht haltlosen Sätzen zu kräftigen. Die Analogie von Staat und Körper besaß eine lange philosophiegeschichtliche Tradition und ließ sich zurückverfolgen bis zu Thomas Hobbes' *Leviathan* oder zu Platons *Politeia*. In den Jahren nach dem Ersten Weltkrieg verschob sich jedoch der Akzent immer stärker hin zur »Volksgesundheit« und zu dynamisch-vitalistischen Bildern von Blut und Kraft und Reinheit. Fritz war nicht allein damit, wenn er so redete. Diese Metaphern waren über die Maßen gebräuchlich – sie blieben aber: Metaphern. Erst die Nationalsozialisten nahmen sie wörtlich und begründeten damit ihre antisemitische, rassistische Erblehre.

Fritz glaubte an die Dynamis, an eine Urkraft des Lebens, die die Wissenschaft ebenso wenig erklären konnte wie andere wundersame Dinge. So ließ er sich auch vom Fall der Therese Neumann aus Konnersreuth faszinieren. Von Blindheit und Lähmung wundersam geheilt, umgeben von heiligen Insignien, lag sie mit heftig blutenden Wundmalen in ihrem Bett, aß und trank nichts und unterhielt sich mit Jesus auf Aramäisch. Der Vater, mit dem er in Leisnig darüber stritt, hatte für diesen Zauber nur abwehrende Gesten übrig: »So viele Millionen Lichtjahre, und der Himmel ist immer noch nicht gefunden«, pflegte er zu sagen. Die Balken seines positivistischen Gedankengebäudes waren nicht ins Wanken zu bringen. Doch Fritz ließ sich vom Wunder begeistern. Die Kraft des Glaubens vermochte Berge zu versetzen und einen Himmel ins Nichts zu zimmern. »Der Glaube spottet allen Gesetzen der Mechanik«, schrieb er an Ernst. »Ich bin fest davon überzeugt, dass er die Schwerkraft aufzuheben vermag. Die Elevationen sind Tatsachen. Das Wunder gehört einer anderen Welt an als der, in der man heute mit solchem Hochmut lebt.« Auch sein eigenes Dasein kam ihm wunderbar vor, »als fließe alles Leben in einem Raum ein, der schon vorhanden ist«. Als wäre es nur geträumt. Als stünde es längst fest und wiederhole sich nur. »Es ist mir deshalb auch zweifelhaft geworden, ob jene träumerischen Ahnungen, in denen man mit dem Bewusstsein das schon Erlebte durchdringt, ganz auf Vergangenheit beruhen. Dagegen spricht ja auch, dass die Zeit nur eine Form der Anschauung ist. Mag dem sein, wie ihm ist, das Leben ist sehr wunderbar, das ist eine Gewissheit, die ich schon als kleiner Junge in hohem Maße gehabt habe.« Ernst schrieb zurück: »Was kann denn selbstverständlicher als das Wunderbare sein?«

Wunder waren die Substanz, aus der das Leben zehrte. Selbstverständlich waren sie nicht. Blieben sie aus, herrschten Intrige, Falschheit, Neid und Niedertracht. Den Frontsoldatenbund »Stahlhelm« mit seiner Zeitschrift »Standarte« hielt Ernst inzwischen für die »verlottertste Brüderschaft und Biedermeiergesellschaft, die Deutschland je gesehen hat«. Die Herausgeberschaft des vom verbotenen Wiking-Bund unterwanderten »Arminius« legte er nieder, weil dort hinter seinem Rücken agitiert wurde, doch schrieb er weiter für das völkische Blatt. Die grundsätzlichen Zweifel von Fritz, der es unfruchtbar fand, immer neue kleine Zeitschriften aufzuziehen, um dann doch nur in deren Sumpf herumzuwaten, teilte er nicht. Den Einwand, dass all diese Zeitschriften mit ihrer recht überschaubaren Abonnentenzahl kaum zur Kenntnis genommen worden seien, brachte er erst Jahrzehnte später, im Rückblick, vor, als er die Bedeutung dieser Lebensphase herunterspielen wollte. »Jede gewaltsame actio und reactio ist zu begrüßen«, schrieb Fritz, lechzend nach irgendeiner Gewalttat, fuhr dann aber doch nur mit der Mama zur Kur nach Oberschlema und litt unter Kopfschmerzen, während Ernst mit Roßbach und Werner Laß, den beiden Reichsführern, zum Treffen der Schilljugend in deren mecklenburgische »Führerschule« reiste.

Arno Deutelmoser, Student und Mitglied der Freischar Schill, später im freikirchlichen Widerstand um Friedrich Hielscher aktiv, hielt in seinem Tagebuch den Eindruck fest, den Ernst Jünger bei ihm hinterließ: »Ich kann mir vorstellen, dass er im nächsten Augenblick aufspringt und mit etwas näselnder, aber scharfer Leutnantsstimme eine Kompanie mit sich ins schlimmste Feuer reißt. Er kann in den Tod vorangehen! Etwas Grausames liegt manchmal um seinen Mund, wenn er vom Krieg spricht. Er kommt mir vor wie ein schöner Panther, der schnurrend in der Sonne liegt und sich im Käfig wohlig streckt und doch nur auf den Augenblick wartet, wo die Gitterstäbe fallen und er seinem Todfeind ins Genick springen kann. Das Eigenartigste sind seine Augen – groß und leuchtend und mit einem Glanz, der fast fieberisch aus einer anderen Welt zu kommen scheint. Damit kann man freilich mehr und tiefer sehen als gewöhnliche Sterbliche. Ich schaue nur und entdecke immer wieder Neues an ihm und gewinne ihn von Herzen gern. Auch wir scheinen ihm zu gefallen: zum Abschied schenkte er uns sein neues Buch ›Feuer und Blut‹, mit der Widmung ›Und dennoch!‹.«

Und dann fand Fritz durch Ernsts Vermittlung doch eine Stelle als Hilfsredakteur der Zeitschrift »Widerstand« von Ernst Niekisch, der Bolschewismus und Nationalismus zu einer sozialrevolutionären Ideologie verschmelzen wollte. Das Russisch-Autokratische lag ihnen allemal näher als das Westlich-Demokratische mit den Idealen der Französischen Revolution. Widerstand galt es zu leisten gegen die Republik, gegen das Diktat von Versailles, gegen das Bürgertum und gegen die kapitalistische Ökonomie. Der marxistisch geschulte Nationalrevolutionär Niekisch, der einst die Münchner Räteregierung unterstützt und dafür eine Festungshaft verbüßt hatte, gehörte zum pittoresken Freundeskreis der Jünger-Brüder. Dazu zählten auch der Maler Rudolf Schlichter und seine Frau Speedy, der ins Religiös-Erweckerische tendierende Nationalist Friedrich Hielscher mit seinem »Reichshund« getauften Spaniel, der als einer der Rathenau-Attentäter eben aus dem Gefängnis entlassene Ernst von Salomon, der von links und der Freundschaft mit Bertolt Brecht nach rechts in die Goebbels-Nähe umgeschwenkte Arnolt Bronnen, der 1933 zu den Nationalsozialisten überlaufende Philosoph Alfred Baeumler und der nationalistische Kriegsautor Franz Schauwecker. Sie verbrachten die Nächte gern in der Wohnung am Osthafen, sangen, tanzten, stritten und lärmten und bohrten mit Fahnenstangen Löcher in die Decke. Sie stiegen aufs Dach, um Mondschein in die Gläser sickern zu lassen, und zerschlugen die Flaschen am Kamin. Viele der Gerüchte, die um diese Zusammenkünfte kreisten, waren Legenden, wie Gretha später in ihren Erinnerungen richtigstellte. So hieß es beispielsweise, Ernst pflege den Briefkasten grundsätzlich nur mit Pistolenschüssen zu öffnen. Doch er selbst tat viel dazu, solche Legenden in Umlauf zu halten, wenn er von durchzechten Nächten berichtete, die bis sechs Uhr dauerten, oder von einem Mädchen, das Hielscher die Brille zerbrach, nachdem dieser ihr das Gesicht mit Senf bestrichen hatte. Fritz kam, sooft er konnte, blieb gern auch über Nacht, betrachtete die hell erleuchteten Schiffe, die vor dem Fenster vorüberglitten, benutzte die Badewanne und las Geschichten von Puschkin oder die Romane von Dostojewski. Von einem Abend, bei dem Fritz fehlte, berichtete Ernst dem Bruder anschließend ausführlich. Mit Bronnen, Kriegskamerad Kius, genannt »Oschi«, und Ernst von Salomon besuchte er einen dubiosen Hauptmann in Halensee. Der hatte in Russland gekämpft, war geflohen, ein echter Draufgänger, der über seinem Bett den einladenden Spruch anbrachte: »Ich wollte, die Frauen glichen den Sternen, die spät erscheinen und sich früh entfernen.« Man betrat ein »ungeheures Wohnzimmer«, schrieb Ernst weiter, »dessen Meublement aus einem großen Tisch und einigen Stühlen bestand. Die Wände waren mit Plakaten und Reklamebildern behängt, deren Aufgabe die von Pistolenscheiben ist. Wir hoben dann auch gleich ein munteres Zechen und Pistolenschießen an, das so lange dauerte, bis Bark dem Hauswirt durch das Fenster hindurch einen Spatzen vor der Nase wegpfefferte. Wegen der darauf folgenden Auseinandersetzung wurde nur noch gezecht. Der Einfachheit halber flogen die leeren Flaschen durch das Fenster hinaus. Gegen Mitternacht strich der Hauswirt wieder im Garten umher, und ein fürchterliches Geschrei verkündete, dass er getroffen war. Nun sollte die Polizei geholt werden, und wir zogen uns in die benachbarte Kneipe zurück. Hier ist nun Oschi gänzlich verunglückt; er vandalierte die Aborte und wurde, nachdem er dort lange verschanzt war, durch das Personal mit Besen und Scheuerlappen ausgetrieben.«

An solche Erzählungen fügen sich nahtlos die Erinnerungen der Besucher in der Stralauer Allee. Besonders prägnant ist die Schilderung Ernst von Salomons aus seiner Autobiographie *Der Fragebogen*, wo Ernst Jünger wie eine von Wilhelm Busch gezeichnete Figur erscheint. »Im Hause lärmten Kinder, und es roch nach Kohl. Das Zimmer war nicht sehr hell, mit Büchern vollgestopft, mit Masken und seltsamen, holzgeschnitzten Figuren geschmückt, auf dem Schreibtisch stand ein Mikroskop, indes Käfersammlungen und Einweckgläser voll merkwürdigen Geschlings irgendwelcher fahlgrüner Substanzen auf den Regalen standen. Ernst Jünger war in einen Schlafrock gehüllt, auf dem Kopf trug er ein buntes Käppchen, an den Füßen Filzpantoffeln, und er rauchte aus einem langen Weichselrohr mit porzellanenem Kopf.« Für den Bauernaufstand und die Bombenattentate in Kiel (an denen Salomons Bruder beteiligt war) ließ er sich nicht begeistern. Jünger habe darauf nur erwidert, es sei verwunderlich, von ihm zu erwarten, er breche über derlei »nächtliche Feuerwerkerei« in Laute des Entzückens aus. Salomon begriff rasch, was an Jünger so faszinierte: die Doppeleigenschaft als Krieger und als Naturforscher. »Dieser Mann, inmitten der Stahlgewitter zum Bewusstsein der Welt erwacht und durch seine virtuelle Kraft des Geistes befähigt, sich über sie zu erheben, gelangte sehr bald dahin, das Schlachtfeld, auf dem er selber leiblich agierte, zu betrachten wie etwa ein Flieger, dem sich aus großer Höhe der blutige Vorgang wie ein sinnloses Gekrabbel von winzigen Pünktchen darstellen mochte, von mikroskopisch kleinen Lebewesen, die sich zu Kolonnen formierten, nach allen Seiten strebten und wenig Notiz von denen nahmen, die durch irgendwelche höhere Gewalten bewegungslos am Platze blieben.« Das trifft schon deshalb ziemlich genau, weil Ernst bereits als Infanterist im Ersten Weltkrieg eine Neigung entwickelt hatte, zu den Fliegern zu wechseln, und dann im Jahr 1926 in Staaken tatsächlich eine Pilotenausbildung absolvierte. Er konnte fliegen, machte aber zeitlebens nie den Autoführerschein. Er wollte nicht ins Verkehrsgewimmel. Er wollte drüber weg.

Ganz anders die Beschreibung Ernst Jüngers, die Niekisch hinterließ, nachdem er mit ihm Kaffee getrunken und politische Gespräche geführt hatte:»ein nicht großer Mann, schlank, straffe Haltung, schmales, scharf geschnittenes Gesicht, gemessenes Benehmen, sehr überlegte Sprechweise, schnarrende, offiziersmäßige Stimme. Er macht den Eindruck äußerster Gepflegtheit und Selbstzügelung. Seine Sätze tragen etwas von geschliffenen Aphorismen an sich.« Und über Friedrich Georg schrieb Niekisch:»Seine Geistigkeit hatte etwas Antik-Helles; er sah die Dinge klar, ohne mystische Vernebelung.« Übereinstimmend wird Friedrich Georg von allen Beteiligten als der mildere, wärmere, zugänglichere Charakter geschildert – ein Eindruck, der zu seinen Schriften dieser Jahre nicht recht passt. Hielscher sah die Brüder geradezu gegensätzlich, rühmte bei Ernst »das Gefunkel seines Bilderwerks« und bei Friedrich Georg »die Helle des Wesens und des Wortes«: »Die Wege zu Ernst Jünger gehen auf und nieder und sind heiß und kalt; er zieht an und stößt ab. Beider Antlitz steht voller Furchen. Aber die Ernst Jüngers gleichen den Stufen eines Portals, die gerne und willig, zugleich abweisend und hineinführend, der Würde des Palastes dienen, die Furchen Friedrich Georg Jüngers jedoch denen eines Ackers, der immer bereit ist, umgepflügt zu werden, zu empfangen, zu tragen und zu geben. Niemals habe ich bei Friedrich Georg Jünger etwas anderes gefunden als die sich gleich bleibende Freundlichkeit eines zarten und aufmerksamen Gemütes, die jedermann sein Recht gibt und das gute Wort und den Einklang der Dinge liebt.«

Das Majestätische und das Bäuerliche, das Kultivierte und das Natürliche, das Formbewusste und das Organische, das Männliche und das Weibliche: Lassen die Brüder sich in solchen Gegensätzen fassen? Sie selbst sahen sich nicht so, sondern empfanden vielmehr den Gleichklang ihres Erlebens. Sie blickten doppelt auf die Welt, nicht im Widerspruch zueinander, sondern gewissermaßen räumlich, in einer stereoskopischen Existenz, so wie sie in der Kindheit nebeneinander im Gleichtakt in einem Buch gelesen hatten. Die Perspektive mochte dabei eine andere gewesen sein, die Zielrichtung war dieselbe. Ernst prägte im *Abenteuerlichen Herzen* den Begriff der »stereoskopischen Sinnlichkeit«. Bei einem Besuch der Korallenfische im Zoo-Aquarium bewunderte er ein Tier, das tief dunkelrot gefärbt und mit samtigen schwarzen Binden gestreift war. Aber noch wundersamer war die Art, in der er es wahrnahm. Es schien ihm, als würde er die Farbe mit den Augen ertasten, so wie die Fingerspitzen über einen Kissenbezug streichen. Die Haut des Tieres nahm das Zittern des Fleisches auf und war vom Leben durchleuchtet, als wäre es nur ein Zeichen, das auf etwas anderes verwies. Die Farbe besaß Materialität, hatte Geruch und Klang, und all das konnte er *sehen*. Auch Fritz kannte diese Eigenart des Bruders, wenn er dessen Sehen als eine doppelte Bewegung bezeichnete, die »zugleich in die Wurzel und in die Krone« ging.

Die Wirkung der Stereoskopie, schrieb Ernst im *Abenteuerlichen Herzen*, besteht darin, die Dinge im Doppelgriff wie mit einer inneren Zange anzufassen. Der Zugriff verfeinert sich dadurch. Jeder einzelne Sinn gewinnt an Körperlichkeit, an Tiefe, an Transzendenz. Erkenntnis muss ein räumlicher, dreidimensionaler Vorgang sein, der seine Gegenstände wie eine Stimmgabel an den Enden in Schwingung versetzt. Ein dünnes Häutchen – und direkt darunter das kochende, pulsierende Blut. »Zwei Augenpaare sind uns gegeben, ein körperliches und ein geistiges. Mit ihnen beiden schauen wir die Physiognomie der Welt erst recht, die wie das menschliche Gesicht ihre Form einem Totenschädel, ihre Prägung einem hieroglyphischen Stempel verdankt. Es gibt an dieser Tafel keine Speise, in der nicht ein Körnchen vom Gewürz der Ewigkeit enthalten ist.« Dass das *Abenteuerliche Herz* in zwei stark differierenden Fassungen 1929 und 1938 erschien, ist selbst schon ein Beispiel der Stereoskopie. Da lässt sich wie in einer filmischen Überblendung nachvollziehen, welche Worte einander überlagern, welche Absätze verschwinden oder ihre Färbung verändern, wie ja das ganze Werk Ernst Jüngers in seinen Überarbeitungen und Schichtungen eine räumliche Dimension in der Zeit gewinnt. Der stereoskopische Blick aber, wie er ihn pries, ergab sich zunächst aus der brüderlichen Doppelexistenz, aus dem fortgesetzten Gespräch beim Gleichklang der Interessen und bei unterschiedlichen Temperaturen der Wahrnehmung. Einheit in der Differenz: Das ist etwas anderes als Widerspruch und dialektische Synthese.

Von Friedrich Hielscher stammt dieser Bericht über eine Nacht in der Stralauer Allee: »Der Freiherr von Goltz war auf seinem Ohrenbackensessel eingeschlafen. Ernst und Friedrich Georg Jünger stritten sich aufgekratzt über die rechte Rangordnung der Räusche, und ihre Schwester braute mit Gretha Jünger einen starken Kaffee. Es war urgemütlich, bis der Ofen nachließ, weil nichts mehr zum Heizen da war. Da sah sich Ernst Jünger wie ein Feldherr in der Runde um, sagte halb fragend mit fröhlichem Unterton in der singenden Stimme: ›Wir sind doch Feinde der bürgerlichen Ordnung, nicht wahr?‹, und trat, ehe sich Zustimmung oder Widerspruch erheben konnte, das Vertiko ein, dessen Holz in den Ofen gesteckt wurde. Da die Sparren aber oft zu lang waren, wurde seine Tür einfach nicht geschlossen, so dass man vor dem offenen Feuer saß. Kerzen wurden angezündet, ich kauerte mich vor die Glut, Jüngers Schwester hatte sich auf die Sesselkante neben ihren Bruder Friedrich Georg gesetzt und ihm den Arm um die Schultern gelegt, Gretha sah uns freundlich zu: ›Na, das passt euch alten Feuerfritzen wohl?‹, und Ernst Jünger sprach über das Verhältnis der Anarchie zum Chaos, das in den Zerstörungen der Flamme, in der Fruchtbarkeit der Asche des im Herbste verbrannten Holzes und in den Gedichten und Feuersprüchen der Entflammten zu beobachten sei.« Ob es sich nun wirklich so oder so ähnlich zugetragen hat, darüber stritten sich später die Beteiligten. Gretha behauptete, einen Vertiko habe man nie besessen. Hielscher darauf: Es könne auch eine Kommode gewesen sein. Gretha meinte, es habe sich um Stühle und Möbel aus dem Keller gehandelt. Schließlich Ernst, salomonisch: »Meine Frau hat Details der damaligen Jahre anders in Erinnerung. Aber was tut's? Seitdem ich Schilderungen historischer Ereignisse gelesen habe, die ich aus der Nähe erlebt hatte, frage ich mich mit Pilatus: ›Was ist Wahrheit?‹, und ich habe es immer als Vorteil für die Realität betrachtet, dass es vier Evangelien gibt und nicht ein einziges.«

Was für Ernst das Stereoskopische, wurde für Fritz die Wiederholung. Er vervielfachte sein Erleben im Zyklus der Jahre, um dem Wiederkehrenden immer neue Ansichten abzugewinnen. Als Wiederholung der unglücklich endenden Liebe zu Buri durchlebte er die Freundschaft mit Luise, die ihm aus Leipzig nach Berlin folgte. Sie trafen sich an Straßenkreuzungen, an U-Bahnhöfen, unter öffentlichen Uhren, und es schien ihm jedes Mal wie ein Wunder, wenn aus der Masse der Passanten und dem Strom der Zeit ihr vertrautes Gesicht auftauchte. Im Licht eines Caféhauses sah er den feinen Flaum auf ihrem Nacken, ihre glänzenden Wimpern, die durchscheinende Zartheit ihrer Ohrläppchen, und er fürchtete schon den Moment, in dem sie wieder in der Menschenmenge verschwinden würde. Sie trug ein wassergrünes Samtkleid, das er gerne berührte, und wenn sie ihn in seinem Zimmer in einer altmodischen Charlottenburger Pension besuchte und diesen Ort merkwürdig fand, musste er ihr zustimmen. Es gab keine Verbindung zwischen ihm und dieser Welt, zwischen innen und außen; er gehörte nicht hierher und bewegte sich zwischen fremden Möbeln, als wäre nicht Luise, sondern er selbst hier zu Gast. Sie sahen sich immer seltener. Wenn er ihr Postkarten schrieb aus Sizilien, wo er mit Ernst ein paar Wochen verbrachte, oder aus Karlsbad oder aus Leisnig oder aus München, wo er die Schwester besuchte, erhielt er keine Antwort mehr. Im Traum wähnte er Luise in Paris, wo er sie über die Place de la Concorde gehen sah, »ich weiß nicht wohin spazieren«. Er schrieb ihr davon, fast schon ein Abschied: »Ich roch die Luft der Stadt, den eigentümlichen Dunst der Straßen, der sich gar nicht beschreiben lässt. Nun, vielleicht bist Du wirklich dort, mitgezogen von fremden Sympathien, im Gefolge einer spaßhaften Neigung, deren jüngste Geschichte ich nicht kenne.«

Ähnlich verlief es mit einer Beate, die er anhimmelte und bald wieder aus den Augen verlor. Ein kleiner Nachtspaziergang, vergebliches Liebesbemühen, ein zerrissener Brief, eine schlaflose Nacht und ein paar Zeilen, die ihr von dieser Beunruhigung Mitteilung machten: Das ist alles, was davon blieb. »Es war zu viel Phosphor in meinem Kopf und so lag ich bis an den Morgen wach. Niemand anders als Sie, liebe Hirschkuh, ist schuld daran. Als ich Sie gestern verlassen hatte und unter den kahlen Platanen des Wartburgplatzes entlangmarschierte, wünschte ich mir lebhafter als je, zaubern zu können. Aber Sie zaubern viel besser als ich, beatissima. Lassen Sie von sich hören und mehr, lassen Sie sich sehen. Ich habe große Lust, Sie in Ihrem Zimmer aufzusuchen, um Sie aus den Klauen Ihrer Schul- und Geselligkeitsverpflichtungen herauszureißen.«

Ob Beate sich noch einmal sehen ließ, ist nicht überliefert. Sie ist eine Randfigur, wie so viele, die Frauen zumal, denen gegenüber Friedrich Georg doch sehr konventionell empfand. Als wäre er die Figur aus einem Chaplin-Film, mietete er ein Zimmer bei einer Blumenhändlerin, die »sehr sanfte Augen« hatte und ihm jeden Tag frische Blumen auf den Tisch stellte. Dabei wollte er doch wie Ernst unkonventionell und alles andere als bürgerlich sein. Im Kreis ihrer Männerfreunde ließ sich die proklamierte Wildheit glaubhafter darstellen, aber sie konnten nicht verleugnen, aus einer durch und durch bürgerlichen Familie zu stammen. Das Abenteuer der Existenz, so wie sie es in Rehburg als Kinder begonnen hatten, war ja eingebettet in die Sicherheit des Wohlstands. Jeder Aufbruch ins Unbekannte setzte die Heimat voraus, in die sich zurückkehren ließ, und daran hatte sich nichts geändert.

Für Fritz war Berlin so ein Abenteuer. Als er mit Ernst nach Grünau fuhr, wo sie durch die Wälder wanderten, sah er einen Schwan in grauer Luft über die Häuser fliegen, und der Anblick berührte ihn so, dass er meinte, die Stadt sofort verlassen zu müssen. Er blieb ein Gast mit ständig wechselnden Quartieren. Zwischendurch siedelte er immer wieder zu Ernst über. Auch sein Freundeskreis war weniger sein eigener als der von Ernst, als dessen Bruder er dort aufgenommen wurde. Der Gelegenheitsjournalist Edmund Schultz, mit dem er häufig durch die Straßen zog, hatte Ernst in der U-Bahn angesprochen und sich als dessen Leser vorgestellt. Am Blick habe er ihn erkannt. Schultz, Sohn eines Textilfabrikanten aus Alexandrow bei Lodz, erwies sich als Hobbyastrologe, vor allem jedoch als brauchbarer Schachspieler, Dauerdebattierer und Frauenverführer. Zu dritt unternahmen sie Ausflüge ins Umland, fuhren zum Lehnitzsee, saßen auf Terrassen und blickten über Schilfgürtel und schwarze Kiefern auf den roten Abglanz des Sonnenunterganges im Wasser. Dann zitierten sie lachend den preußischen Offizier, der bei solcher Gelegenheit ausrief: »Kolossaler Abendfriede!« Oder sie fuhren mit Bronnen zum Döllnsee in der Schorfheide, wo sie den Tag mit Baden und Pistolenschießen verbrachten.

Bronnen versuchte immer wieder, Ernst und Friedrich Georg mit Goebbels zusammenzubringen, und lud zu diesem Zweck zu Diskussionsrunden ein – jedoch erfolglos, denn die Abende verliefen, wie er später zu Protokoll gab, »in einer Atmosphäre eisigster Ablehnung. Vor allem Ernst Jünger verstand es, Goebbels vor unser aller Augen so einschrumpfen zu lassen, dass schon damals der Ausdruck ›Schrumpfgermane‹ geprägt wurde.« Bei einer Rede von Goebbels in Spandau wurde Ernst Jünger als prominenter Gast gut sichtbar in der ersten Reihe plaziert, verließ die Veranstaltung jedoch ebenso gut sichtbar vorzeitig. Als Schriftsteller scheint Goebbels eine Konkurrenz zu Jünger empfunden zu haben. Seiner Geliebten, Bronnens russischer Ehefrau Olga, soll er im Bett aus seinem Roman *Michael* vorgelesen haben, um ihr zu beweisen, dass er besser sei als Jüngers *Abenteuerliches Herz* – was Olga wiederum Ernst Jünger erzählte.

Olga Bronnen wurde »die Herrin der weißen Mäuse« genannt, nachdem es ihr gelungen war, zur Uraufführung der Verfilmung von Erich

Maria Remarques Antikriegsroman *Im Westen nichts Neues* Mäuse in den Mozartsaal am Nollendorfplatz hineinzuschmuggeln und dort laufen zu lassen, um dadurch eine Panik auszulösen. Den Rest besorgte Goebbels' SA. Ernst hielt sich bei dieser Aktion zurück; er wollte nur als unbeteiligter Zuschauer dabei gewesen sein. Er hatte sich auch keine Reaktion auf Remarques Roman entlocken lassen, als das Buch im Frühjahr 1929 in den Feuilletons debattiert wurde. Das mag damit zu tun haben, dass Remarque sich durchaus respektvoll über die *Stahlgewitter* geäußert und deren »wohltuende Sachlichkeit« hervorgehoben hatte. So blieb es Fritz überlassen, sich mit Remarques Roman und dem »deutschfeindlichen Film« auseinanderzusetzen. Da bewährte sich die brüderliche Kampfgemeinschaft.

Zusammen mit Edmund Schultz publizierte Friedrich Georg 1931 den Bild-Text-Band *Das Gesicht der Demokratie*, eine Generalabrechnung mit der demokratischen Staatsform im Allgemeinen und der Weimarer Republik im Besonderen. Es war ja nun auch nicht allzu schwer, in der Zeit der Weltwirtschaftskrise, der Massenarbeitslosigkeit und politischer Verunsicherung, in der die Regierungen sich schneller ablösten, als sie neu gewählt werden konnten, Material zusammenzustellen, das Armut, Korruption und Sittenverfall dokumentierte, und zu behaupten, das sei die natürliche Folge von Liberalismus und Parlamentarismus und verlorenem Krieg. John Heartfield und Kurt Tucholsky hatten auf Seiten der Linken, Schauwecker für die Rechte ähnliche Techniken gewählt; Fotos waren Kampfmittel in der Propagandaschlacht. Während im Parlament Nationalsozialisten und Kommunisten erstarkten und die demokratischen Prozesse behinderten, wo sie nur konnten, lehnte Friedrich Georg den fortgesetzten »Wahlunfug« kategorisch ab. Liberalismus war ein schwächliches Ausweichen vor notwendigen, harten Entscheidungen, und das traf auch auf den Pazifismus zu, für den Remarque stand. »Im Westen nichts Neues«, schrieb er dazu, »drückte am reinsten den Geist der Niederlage aus. Ein Privatmann ohne Staatsgesinnung und ohne nationales Empfinden verurteilte den Krieg, weil er rauh und rücksichtslos in das höchst private Behagen seiner bürgerlichen Jugend einbrach und ihm Pflichten auferlegte, die er nicht freiwillig, sondern gezwungen und widerwillig verrichtete. Ein solches Buch, das nicht die heroischen

Kämpfe der deutschen Heere darstellte, sondern sich in schwächlichen Klagen gegen den Krieg erging, erfreute nicht nur die Kriegsgegner, es lieferte zugleich Waffen für die Verfechter der Tributpolitik, die es als homerisches Kunstwerk erklärten und gegen die Vorkämpfer des politischen Freiheitskampfes ausspielten.«

Edmund Schultz war auch dabei, als Fritz und Ernst, zusammen mit Arnolt Bronnen, Alexander Mitscherlich, der in diesen Jahren ebenfalls zum Jünger-Kreis gehörte, und dem Rundfunkredakteur Veit Rosskopf – einem Veteranen des Hitlerputsches von 1923 –, im Oktober 1930 im Beethovensaal saßen, um eine Rede von Thomas Mann zu stören. Goebbels hatte zwanzig SA-Leute geschickt, die in geliehenen Smokings steckten und den Auftrag hatten, sich »nur geistig« zu betätigen, johlend, rufend, pfeifend, aber ausnahmsweise einmal nicht als Schläger. Anlass für Manns »Appell an die Vernunft« war das Ergebnis der Reichstagswahl im September, bei der die NSDAP ihren Stimmenanteil von 2,6 auf 18,3 Prozent erhöht hatte. Thomas Mann, im Jahr zuvor mit dem Nobelpreis ausgezeichnet, analysierte klug die Stimmung, die den rasanten Aufschwung der Nazis ermöglichte. Friedrich Georg las demonstrativ eine Zeitung, Arnolt Bronnen feixte mit blitzendem Monokel im Saal herum und rief so lange dazwischen, bis er im Tumult hinauskomplimentiert und vorübergehend festgenommen wurde. Dabei hätte es durchaus Übereinstimmungen zwischen ihnen und Mann geben können, etwa da, wo Thomas Mann den Versailler Vertrag als Ursache der wirtschaftlichen und psychologischen Misere der Deutschen benannte. Den Siegermächten, die doch im Krieg vorgeblich zur Verteidigung der Demokratie angetreten waren, sei es eben nicht um deren Stärkung gegangen, sondern vielmehr darum, den Feind dauerhaft niederzuhalten. Das war der Kardinalfehler ihrer Politik, und so sahen es die Jünger-Brüder ja auch. Doch Thomas Mann wollte die Demokratie retten, indem er für ein breites Bündnis zwischen bürgerlichen Parteien und Sozialdemokratie warb. Das eben wollten Fritz und Ernst verhindern und nahmen es dafür auch hin, gemeinsame Sache mit der SA zu machen – auch wenn Ernst wieder und wieder behauptete, aus purer Neugier und gewissermaßen nur als Zeuge anwesend gewesen zu sein. Laut Mitscherlich, der sich später sehr dafür schämte, auf der falschen

Seite gestanden zu haben, wurde die Aktion jedoch im Jünger-Kreis ausgeheckt. Thomas Mann gelang es immerhin, seine Rede, die unter dem Titel »Deutsche Ansprache« berühmt werden sollte, allen Zwischenrufen zum Trotz zu Ende zu bringen.

Friedrich Georg hatte sich schon 1928 in einem Artikel polemisch mit Mann befasst, weil der den deutschen Nationalismus im Vergleich zum französischen als dumpf und geistlos bezeichnete, und Mann hatte dieses »prächtige kleine Donnerwetter, das ein junger Dynamitar und fascistischer ›Revolutionär‹ da auf mich herniederprasseln lässt«, sogar zur Kenntnis genommen. Als »jungenhafte Temperamentsäußerung« war ihm die Polemik nicht einmal unsympathisch gewesen, für erschreckend hielt er jedoch den »absoluten Mangel an Verantwortungsgefühl«, die »rein dynamistische Romantik« und die »Verherrlichung der Katastrophe um ihrer selbst willen«, die sich darin aussprachen. Mann hielt diese Haltung für »reine Belletristik«, für das Dokument der geistigen Verfasstheit einer »pseudopolitischen Jugend« – und unterschätzte womöglich die Ernsthaftigkeit, mit der diese Jugend ihre Fiktionen in die Tat umzusetzen versuchte. Den Namen Friedrich Georg Jünger merkte er sich nicht, erinnerte sich deshalb auch nicht daran, als dieser Name ihm 1934, im Züricher Exil, erneut begegnete. »Las in klassizistischen Gedichten eines F. G. Jünger, die Bermann geschickt hatte«, notierte er im Tagebuch unter dem Datum des 30. November 1934. »Darin ein Stück ›Der Mohn‹, von fabelhafter Aggressivität gegen die Machthaber, das ich, als die Meinen vom Theater zurückgekehrt waren, ihnen beim Abendessen zu allgemeinem Erstaunen vorlas.« Allerdings musste man die in Hexameter gegossenen Formeln einer ins Zeitlose verdünnten Massen- und Herrschaftsverachtung auch zu finden und zu lesen wissen, um die aktuell brauchbare Aggressivität auch nur zu ahnen in Versen, die so klangen: »Mohnsaft, du stillst uns den Schmerz. Wer lehrt uns das Nied're vergessen? / Schärfer als Feuer und Stahl kränkt uns das Niedere doch. / Wirft es zur Herrschaft sich auf, befiehlt es, so fliehen die Musen. / Ach, die Lieblichen sind schnell in die Ferne entfloh'n.« Es ist leicht zu verstehen, dass Thomas Mann sich da wiederfinden konnte.

Im Briefwechsel und in Fritz' Tagebuch gibt es keine Hinweise auf die kämpferischen Ereignisse des Jahres 1930. Für die Nachwelt sind dort nur unverfängliche Begebenheiten festgehalten, als hätte es an Stelle des politischen Aktivismus nichts als bürgerlichen Bildungswillen gegeben. »27.8. Mit Ernst in einer Bilderausstellung, in die wir gingen, um den verlorenen Sohn von Hieronymus Bosch zu sehen, der hier zum Verkauf aussteht. Einen Sohn, der schon weiße Haare hat und nicht mehr zurückkehren wird. Ein erstaunliches Bild. – 9.10. Im Pergamonmuseum, wo wir den Altar betrachteten.« Oder sie besuchten die blühende Hamamelis im Botanischen Garten. Ein Gespräch zwischen Ernst, Carl Schmitt und dem Soziologen Werner Sombart im Frühjahr 1932 gibt Friedrich Georg so wieder, als hätte man nicht auch über andere Themen gesprochen. – Ernst: Gibt es eine Soziologie des Termitenstaates? Sombart: Nein, denn die Tiere gehören nicht in die Soziologie. Schmitt: Gibt es eine Soziologie der Engel? Sombart: Man weiß zu wenig von ihnen.

11 (WASSER)

Orebić 1932

In jeder guten Geschichte kommt ein großer Fisch vor, sagte Ernst, als sie auf dem Bahnhof in Mestre einen riesigen, feucht glänzenden Fisch betrachteten. Mehr noch als an diesem Anblick freute er sich an der Sentenz, die ihm dazu eingefallen war. Fritz hielt den Fisch für ein günstiges Vorzeichen. Die Reise würde gelingen. In Venedig bestiegen sie einen Dampfer, der sie nach Orebić auf der Halbinsel Sabbioncello, gegenüber der Insel Korčula brachte. Sie waren heiter gestimmt, als rückten sie in ein Kinderland, ein Märchenland ein. Das Mittelmeer ließ einen Hauch von Afrika spüren, Wüstenwinde und die Anziehungskraft des dunklen Kontinents. Kaum hatten sie den Brenner überquert, war es Fritz leichter zumute im weiteren, helleren Licht, in dem sich die bedrängenden deutschen Verhältnisse und alle Verdrießlichkeiten auflösten. Ernst kam es so vor, als fiele ihm ein Stein von der Brust: das Gewicht seiner Lebensuhr. Im Süden verminderte sich die Geschwindigkeit. Die Verbrennung des Lebensstoffs durch die Zeit nahm ab. Die vorwärtsdrängende Geschichte wurde unsichtbar.

Als wollte er den Lauf der Zeit besichtigen oder sie als Trug entlarven oder ihre Gesamtmerkwürdigkeit begreifen, war Fritz kurz zuvor nach Rehburg gefahren, beunruhigt durch einen Traum, in dem es ihm nicht gelungen war, den Zug dort zu verlassen, und später sah er sich im Gebüsch auf dem Mühlenberg herumirren. Deshalb wollte er sehen, was seinen Erinnerungen noch entsprach. Allein ging er auf das Elternhaus unter den großen Eichen zu, das einen vernachlässigten Eindruck auf ihn machte. Der Obstgarten, bei dessen Pflanzung er mitgeholfen hatte, war verwildert. Nichts würde einem Fremden Hinweise darauf geben, wer hier einmal gelebt hatte. Von den sechs großen Buchen auf dem Weg nach Bad Rehburg standen nur noch vier, doch die Initialen, die Ernst vor zwanzig Jahren eingraviert hatte, waren noch zu sehen.

Die südlichen Tage verbrachten sie in einer kleinen Bucht, die hinter abbrechenden Felsen verborgen war. Im Bademantel begaben sie sich von ihrer Pension durch struppige Macchia dorthin. Ernst zog mit raschem Griff immer wieder kleine Schlangen aus dem Gebüsch, die sich widerspenstig in seiner Faust ringelten, wenn er sie Fritz hinhielt. Gegenseitig rieben sie sich von Kopf bis Fuß mit Olivenöl ein und warfen mit kleinen Steinen auf steinerne Zielscheiben, die sie zuvor aufgebaut hatten. Ernst war es wichtig, dass Fritz die Beweglichkeit seiner Schulter trainierte, in der immer noch die Kugel von Langemarck steckte. Sie beobachteten die Smaragdeidechsen, die über die heißen Felsen huschten, und manchmal mit ungläubigem Erstaunen die weit draußen zwischen den Inseln auftauchenden Delphine. Wenn sie hinausschwammen, tauchte Ernst ab, um von dem klaren Meerwasser zu trinken, ein Mittel, das Gesundheit und hohes Alter versprach. Warum erregt die Berührung des nackten Körpers mit dem Wasser eine unerschöpfliche Lust?, fragte Fritz und gab selbst die Antwort: Weil der Überfluss des Meeres dir sofort zugutekommt, wenn du in ihm untertauchst. Im Wasser ist der Verzehr lebhafter, der Zugriff der Feinde im trägen Element leichter, bemerkte Ernst. Nur gut gepanzerte Krebse und Schnecken wagten sich tagsüber heraus. Fritz studierte die rhythmischen Bewegungen der Quallen, die aus nichts als Wasser und Licht zu bestehen schienen und sich an Land rasch in Schleim, in einen feuchten Fleck, in Nichts auflösten. Sein Gedicht »An das Licht«, das er Ernst widmete, muss aus diesen Tagen am Meer hervorgegangen sein: »Trefflicher schien uns nichts als nackt im Lichte zu ruhen, / Stärkender nichts als die Flut, da sie uns kühlend umfing. / Denkst Du der Bucht noch, die dunkle Meerstrandföhren umstanden? / Heller Zikadengesang schallte vom harzigen Ast.« Nichts schien in dieser Umgebung selbstverständlicher als die Seejungfrau, die Ernst beim Baden belauschte, bis ihr silberner Leib, erschreckt, in den glitzernden Fluten verschwand: »Seit wann ist uns das Glück dieser Einblicke bekannt, während deren wir den Gang der Zeit anhalten möchten und vor denen unser Sinn wie eine angeschlagene Saite erklingt?«

Dalmatien war ihre gemeinsame Entdeckung und war doch bereits die Wiederholung ihrer Reise nach Sizilien, zwei Jahre zuvor, deren Erinnerungsbilder sich nun in die hiesige Küstenlandschaft schoben.

Das früher Erlebte war als etwas nach innen Gewendetes gegenwärtig, so dass ihnen die jetzige Reise wie eine Rückkehr erschien. Ein erweitertes Italien hatten sie erwartet, fanden aber eine ganz anders karge, massive Felskulisse vor. Den »kroatischen Typus« hatte Ernst sich als schnauzbärtigen Barbaren vorgestellt, doch was sie vorfanden, war ein »freundliches, fleißiges und kultiviertes Völklein«, ein »angenehmer und gut gewachsener Menschenschlag«. Sein Blick auf ein Volk oder einen »Typus« orientierte sich nicht am Rassegedanken der Nazis, sondern an kulturellen, geographischen und historischen Bedingungen. Er nahm das Besondere wahr und erfreute sich am Rückständigen. Dass Herren noch Herren waren und Knechte Knechte, das sahen beide, Fritz und Ernst, als Vorzug an und genossen es, in eine patriarchale, archaische Welt einzutauchen. Aber auch sie war nicht unveränderlich. Das alte Österreich mit seinem Vielvölkergemisch war noch spürbar, »wie ein Fossil, aus dessen erhaltenen Knochen man den Aufbau einer andersartigen Welt errät – einer Welt, die hinter, aber vielleicht auch schon wieder jenseits der Moderne liegt«.

Sizilien hatte Ernst erobert, als er im Jahr 1929 mit Gretha, Hugo Fischer und dessen Frau ein paar Wochen in Mondello verbrachte. Der Ziegenpfad oberhalb der Küste am Fuß des Monte Gallo, der Arbeitsplatz, den er sich in einem verfallenen Haus einrichtete, aus dem schon ein Feigenbaum wuchs, die langen, schwarzen Nattern in den Terrassenbeeten, die Geckos, die auf den Mauern in der Sonne dösten, ja selbst der runde, geheimnisvolle Mond überm Monte Pellegrino, all das war lange da und längst erkundet, als im Jahr darauf Fritz mit der Mutter und den Geschwistern Hanna und Hans dort eintraf und nun mit Ernst zusammen dessen Wege nachging. Auf welche der beiden Reisen Ernsts *Sizilischer Brief an den Mann im Mond* zurückgeht, ist unklar, spielt aber auch keine Rolle. Das felsige Tal, über dem der Vollmond stand, war ja immer noch dasselbe, und der Mann im Mond blickte herab wie eh und je. Alles exakte Wissen über lunare Felsenlandschaften, astronomische Topographie und die Illusionen von Raum und Zeit änderte daran nichts; die kindliche Phantasie ließ sich nicht beirren. Beide Ansichten, die phantastische und die wissenschaftliche – oder wie Ernst es formulierte: die beiden verschiedenen »Masken« des Seins –, waren unzertrennlich ineinander verschmolzen. Das war seine sizilische Epiphanie, sein stereoskopisches Erlebnis: »Denn zum ersten Male löste sich hier ein quälender Zwiespalt auf, den ich, Urenkel eines idealistischen, Enkel eines romantischen und Sohn eines materialistischen Geschlechts, bislang für unlösbar gehalten hatte. Das geschah nicht etwa so, dass sich ein Entweder-oder in ein Sowohl-als-auch verwandelte. Nein, das Wirkliche ist ebenso zauberhaft, wie das Zauberhafte wirklich ist.«

Auch von den Seeigeln, die sie mit dem Messer halbierten, um die Ovarien mit einem Tropfen Zitrone und einem Stück Weißbrot zum Frühstück zu verzehren, hatte Ernst bereits im Jahr zuvor gekostet: eine leichte Substanz, fast nur eine Idee von Materie. Da die Stacheln lästig sind, ist es jedoch eine mühsame Mahlzeit, die, wie Ernst notierte, »einen rüstigen Sklaven voraussetzt«. Ein junger Sizilianer übernahm diesen Dienst und wurde als Antinoos in ihre mythische Landschaft aufgenommen. Fritz dichtete im allerhöchsten Ton: »Den Pfad am Meer, der über die Felsen führt, / Mannshoch von grüner Wolfsmilch umwuchertes / Gestein beging ich. Unten rauschte / Laut des Tyrrhenischen Meeres Woge. // Ihr hohen Säulen, Trümmer vergangner Zeit! / Ihr Tempel, von der stachligen Feige Wuchs / Umgrünt! Ach, immer noch umflutet / Goldene Helle das Haus Apollons.«

Mit den Idyllen Theokrits im Kopf erkundete Fritz die Hänge Siziliens und belauschte die Gesänge der Ziegenhirten, als gehörten sie nicht der heutigen Welt, sondern der Dichtung der Antike an. Wo es noch Knaben gab, die Flöten aus Rohr schnitzten, war die technische Welt mit ihren Rüstungen und Zurüstungen fern. Die Kastelle, die sich an der Küste entlangzogen, waren zu Ruinen zerfallen, wurden von Opuntien, Aloe und wilden Feigen überwuchert und sanken zurück in den Grund. Der Kalkstein verwandelte sich in Marmor. Fritz wollte wissen, was Breccien und Pseudobreccien sind, was Muschel- und Lumachellmarmor auszeichnet, woher die schwarze, die rote oder die purpurne Färbung kommt. Was er sich anlas an Wissen über Marmor, Kalk und Klippen, gab er an Ernst weiter. Jedes Belehren befriedigte und vergnügte ihn. Er neigte zur Pedanterie in Bildungsfragen – eine Eigenschaft, die bei Autodidakten häufiger anzutreffen ist. Doch Ernst sah weniger auf die Beschaffenheit der Marmorklippen als auf ihr Verhältnis zur Zeit und die Geologie der Seele. Stein stellt im Körper der Erde das Knochengerüst dar. Von Steinen umgeben atmete er die lange Dauer größerer Kreisläufe, in denen der Augenblick verflog.

Auch die Kapuzinergruft in Palermo gab Auskunft über Dauer und Vergänglichkeit. Die Toten lagen schlafend in offenen Särgen und trugen das Haar offen, wie frisch gekämmt. Mönche in ihren Kutten standen aufgereiht an der Wand wie versunken ins Gebet. Männer trugen rote Bärte, und Frauen in Atlaskleidern hielten ihre eigene Fotografie vor der Brust als Erinnerung an ihr vergangenes Leben, wenn an den Wochenenden die Familienangehörigen zu den Toten hinabstiegen zum Nachmittagsbesuch. Ernst war schon im Vorjahr mit Gretha dort unten gewesen und kehrte dann mit Fritz zurück, den die ausgedörrten und verkrümmten Körper an Stockfisch erinnerten. Auf dem Fischmarkt in Orebić kam ihm dieser Anblick nun wieder in den Sinn. Die Fischer Korčulas brachten ihre Beute am Abend in großen Körben an Land, Ernst beugte sich geradezu gierig über die noch zitternden Leiber, die sich in ihrem Silberglanz aneinanderschmiegten. »Es fehlte wohl kein Ton der sichtbaren Skala«, schrieb er, »aber alle waren auf einen geheimnisvollen Schlüssel der Tiefe gestimmt. Der wunderbare Schmelz dieser in der Anstrengung des Todes oszillierenden Lichter erinnerte an die geisterhaften Farben, die man in den elektrischen Röhren der Physiker erblickt.«

Den Abend verbrachten sie auf der von Weinreben überwachsenen Terrasse und sahen zu, wie Insekten gegen die Lampen schlugen, zu Boden fielen und dort von einer Kröte gefressen und wie die Seidenfingergeckos, die von den Wänden stürzten, zur Beute einer Katze wurden. Sie tranken roten Wein aus irdenen Krügen, der in ihren Gläsern leuchtete wie Feuer. Der Opolo speichert die Kraft der Sonne, der Erde und des dunklen Lichts. So ist es in *Dalmatinische Nacht* nachzulesen, einer 1949 erschienenen Erzählung von Friedrich Georg Jünger, die auf Erinnerungen an die gemeinsame Reise beruht. Das Gegenüber des Erzählers ist darin jedoch nicht der Bruder, sondern ein dionysisch anmutender Weinbauer nebst Faun und Mänade, der seinen Gast während einer durchzechten Nacht zum Bleiben überreden möchte. Das Gelage endet im Rausch, mit Gesang, Tanz und einem Bad im Meer: »Das macht der Opolo.« Bis die im Mondlicht durchsichtige Nacht sich zurückzieht und die Dämmerung beginnt. »Die Luft, das Meer, die Inseln kamen in rötlichem Schein wieder. Überall blühte der rote Oleander. Und die Bienen flogen summend aus dem Mauerwerk ins Land hinaus.«

IV. GÄRTEN

12 (FEUER)

Berlin 1933

Ernst saß bei einer Tasse Kaffee in seiner Steglitzer Wohnung, als Fritz eintrat und meldete: Der Reichstag brennt. Er war am Morgen des 28. Februar Unter den Linden entlanggegangen, hatte dort die Rauchsäule aufsteigen sehen und war trotz der Absperrungen in die Nähe des Gebäudes gelangt, das ihm nie viel bedeutet hatte. Jetzt verwandelte es sich in eine Ruine, aus der noch immer Flammen schlugen. Seltsam, dass die goldene Kuppel darüber unversehrt zu schweben schien. Der Reichstag war ihm der Inbegriff verlogener Monumentalität, ein architektonischer Leichnam des 19. Jahrhunderts, und um das Parlament war es nicht schade. Er fragte sich jedoch, wer den Brand gelegt hatte, und registrierte das ängstliche Schweigen der Passanten.

Immer wenn er Ernst besuchte, nahm er das Kaleidoskop zur Hand, das der kleine Ernstel zu Weihnachten geschenkt bekommen hatte. Wenn er konzentriert hineinschaute, sah das so aus, als blickte er durch ein Fernrohr, mit dem sich die Dinge schärfer fassen ließen. Aus bunten Scherben entstanden immer neue symmetrische Muster, faszinierende Ordnungen kristalliner Struktur, ein endloses Spiel der Offenbarungen. Sie erinnerten sich dann an das Kaleidoskop, mit dem sie sich in ihrer Kindheit stundenlang die Zeit vertrieben hatten. Der Reichstagsbrand wirkte wie die Implosion eines Himmelskörpers. Trümmer flogen ins All hinaus, die Kräfteverhältnisse veränderten sich. Die Menschen, die ihre Kreise zogen und damit den Kosmos der Gesellschaft bildeten, würden nun auf andere Umlaufbahnen einschwenken. Planeten sind Opportunisten, die nach dem Gleichgewicht suchen. »Die Sache geht keine sechs Wochen gut«, sagte Fritz in gründlicher Verkennung der Lage und drehte das Kaleidoskop vor dem Auge. Gemeinsam war ihnen ein Gefühl der Unwirklichkeit, als erlebten sie eine Theaterinszenierung: »Offensichtlich traten wir aus dem historischen Raum in einen unberechenbaren, phantastischen hinaus.« Auch damit lagen sie falsch, weil es unmöglich ist, den historischen Raum zu verlassen. Doch das sollte ab jetzt ihre Position sein: Distanz. Oder, wie Ernst es im Sommer 1933 formulierte: »Ich halte nach wie vor die größte Zurückhaltung für das Richtigste.«

Dabei hatten sie jahrelang die Aktion herbeigesehnt und die Zerstörungen herbeigeschrieben, die sich jetzt von ihren Absichten ablösten. Sie waren sich vorgekommen wie im Zwischenakt eines Theaterstückes, wenn man ungeduldig auf den Fortgang der Vorstellung wartet, während sich hinter dem geschlossenen Vorhang polternd und rumpelnd der Umbau fürs Finale vollzieht. Jetzt ging der Vorhang wieder auf. Ernst hatte in seinem Essay *Die totale Mobilmachung* aus dem Jahr 1930 nicht nur eine Diagnose gestellt, sondern die Entwicklungsrichtung angegeben. Das Begreifen und das Begrüßen der Situation waren ein und dieselbe Denkbewegung. Der Weltkrieg, so konnte man dort lesen, ging genau deshalb verloren, weil es der alten monarchistischen Gesellschaft nicht gelungen war, alle Gesellschaftsbereiche bis in die Tiefe zu durchdringen, zu funktionalisieren und mobilzumachen, weil die technische Zurüstung nicht weit genug ging und nicht alle Menschen erfasste. Die westlichen Demokratien, besonders die USA, aber auch die bolschewistische Sowjetunion entfachten im Bewusstsein ihrer eigenen Fortschrittlichkeit und des niemanden auslassenden Fünfjahresplans eine gründlichere Mobilisierungskraft. Sie verstanden es besser, die sich entfaltende Dynamik des Arbeitszeitalters für ihre Zwecke nutzbar zu machen.

Die Kräfte einer entfesselten Technik, um die es dabei ging, hatte Ernst in einer gewaltigen Szene im *Abenteuerlichen Herzen* zum Vorschein gebracht. Bei einem nächtlichen Spaziergang durch das östliche Berlin geht sein Blick durch ein vergittertes Kellerfenster in einen Maschinenraum, in dem »ohne jede menschliche Wartung ein ungeheures Schwungrad um die Achse pfiff«. Der Betrachter spürt dabei dasselbe, »was man hinter dem Triebwerk des Flugzeuges empfindet, wenn die Faust den Gashebel nach vorn stößt und das schreckliche Gebrüll der Kraft, die der Erde entfliehen will, sich erhebt oder wenn man im nächtlichen D-Zug sich durch die zyklopische Landschaft des Ruhrgebietes stürzt, während die glühenden Flammenhaufen der Hochöfen das Dunkel zerreißen und inmitten der rasenden Bewegung dem Gemüte kein Atom mehr möglich scheint, das nicht *in Arbeit* ist«.

Eine Wut liegt in dieser reinen Kraft und die Ankündigung einer großen Gefahr, so dass zu wünschen ist, die gebundene Energie möge noch nicht so bald hervorbrechen. Und doch gilt ihr alle Hoffnung: »Denn sie als die sicherste Zerstörerin der Idylle, der Landschaften alten Stils, der Gemütlichkeit und der historischen Biedermeierei wird diese Aufgabe umso gründlicher erfüllen, je später sie sich von einer neuen Welt der Werte auffangen und in sie einbauen lässt.«

Dass Goebbels ein Jahrzehnt später die »totale Mobilmachung« zum »totalen Krieg« steigerte, entsprach nicht Jüngers Intention – aber doch den vorausgeahnten und beschworenen Möglichkeiten. Im *Arbeiter* – seiner wohl umstrittensten und bedrohlichsten Schrift, die im Spätsommer 1932 erschien – leistete er Vorarbeit, indem er die bürgerliche Moral als große Lüge abräumte, den Bürger als Typus des 19. Jahrhunderts in der Rumpelkammer entsorgte und stattdessen den soldatischen Mann und die militärische Organisation ins Zentrum seiner stählernen Staatsvision rückte, so wie es ihm der Weltkrieg eingebrannt hatte. Zweckmäßigkeit galt mehr als fragwürdige Wahrheiten, Befehl und Gehorsam mehr als innere Zerrissenheit. Die marschierenden Massen, die strömenden Arbeiterheere bekamen eine Gestalt, aber kein Gesicht. Der Einzelne hatte sich einzuordnen in die objektiven Gegebenheiten.

Der Arbeiter, von Ernst als »kleine Kampfmaschine« bezeichnet, ist ein faschistischer, aber kein nationalsozialistischer Gesellschaftsentwurf. Die Gefühle und Ängste, die den Text prägen, lagen in der Luft und waren etwa in Fritz Langs Film »Metropolis« zu eindrucksvollen Bildern geworden. Der soldatische »Typus«, der prometheische Mensch der Zukunft, den Jünger als »Arbeiter« bezeichnet, ist keine rassisch definierte Gestalt. Der völkische Gedanke einer biologisch definierten Überlegenheit war ihm fremd. Das Hauptkennzeichen eines Nationalisten, so hatte er 1929 geschrieben, bestehe keineswegs darin, »dass er schon zum Frühstück drei Juden verspeist – der Antisemitismus ist für ihn keine Fragestellung wesentlicher Art«. Zu seinen Freunden gehörte der jüdisch-rumänische Historiker Valeriu Marcu, der auf dem Umweg über den Kommunismus zum Kreis der Nationalrevolutionäre um Bronnen gestoßen war. Mit ihm kam Ernst in der Entstehungszeit des *Arbeiter* häufig zusammen. Im Frühjahr 1933 bot er ihm an, dass er jederzeit bei ihm wohnen könne, wenn er »als Jude Schwierigkeiten« bekäme. Marcu zog es jedoch vor, ins Exil zu gehen. 1934 schickte er aus Nizza sein neues Buch *Die Vertreibung der Juden aus Spanien.* Ernst las es fasziniert und ließ Fritz wissen: »Der wesentliche Gedanke liegt darin, dass in Zeiten der Verfolgung die jüdische Orthodoxie ihre Kraftquellen offenbart. Die Juden sind und bleiben eine der sonderbarsten Erscheinungen auf dieser höchst sonderbaren Welt.«

Ebenso wenig ist die Gestalt des »Arbeiters« als Vertreter eines klassenbewussten Proletariats angelegt, denn dann wäre er nur der traurige Gegenpol des zum Untergang verurteilten Bürgertums. Ob man mit oder ohne Stehkragen auftritt, ist nicht entscheidend, wenn es darum geht, alle individuellen Züge zugunsten eines totalitären Systems aufzulösen. Entscheidend ist der Stahlhelm auf dem Kopf. Auch Parteien sind als Ausdruck der überlebten bürgerlichen Ordnung nichts als Fossilien einer versunkenen Epoche. Weil das zweifellos auch für die NSDAP gilt, durfte Jünger auch in diesem Punkt nicht mit deren Zustimmung rechnen. Im »Völkischen Beobachter« wurde *Der Arbeiter* folglich entschieden abgelehnt. Als störend musste dort auch Jüngers globale Perspektive empfunden werden, sein Ehrgeiz, die Entfesselung der technischen Produktivkräfte eben nicht im kleindeutschen Rahmen völkischer Romantiker, sondern als Weltgeschichte zu betrachten. In seinem planetarischen Blick schrumpfen nationale Belange auf Ameisenformat zusammen. Hinter der Erscheinungswelt sucht er als Metaphysiker nach verborgenen Kräften, die sich auch die Technik bloß zum Instrument ihres Gestaltungswillens gemacht haben. Die Technik – und dieser Begriff umfasst die industrielle Organisation sämtlicher Gesellschaftsbereiche bis hin zu Freizeit, Sport und Kultur – ist deshalb, wie alles, was Jünger betrachtet, als Symbol für etwas anderes, Höheres zu verstehen, das sich darin ausdrückt. Geschichte ist für ihn eine vulkanische Kraft, nichts Menschengemachtes. Für die ganz und gar materialistisch orientierten, metaphysisch uninspirierten Nazipropagandisten war das eine befremdliche Haltung.

Geschichte symbolisch aufzufassen hat Ernst Jünger bei Oswald Spengler gelernt. Der Symbolismus ist das Eingangstor zur Metaphysik. Metaphysik ist die Farbenlehre der Blinden, und er wollte der Seher sein, der ihnen die Farben beschrieb. Erscheinungen als bloße Zeichen zu begreifen, heißt auch, ihnen die materielle Kraft zu nehmen. Sie sind dann nicht an sich wichtig, sondern nur, weil sie auf etwas Bedeutendes verweisen. Der Krieg ist dadurch zwar nicht weniger schrecklich. Aber er ist doch akzeptabler, wenn in ihm eine Idee oder zumindest eine historische Notwendigkeit zum Ausdruck kommt. Dann ist auch der Tod nur ein Zeichen, das Sterben ein Hinweis, dem nachzugehen wäre. Die Opferbereitschaft junger Rekruten, die bei Langemarck massenhaft in den Tod stürmten, konnte Jünger so als Ereignis von »geistesgeschichtlicher Bedeutung« werten, als eine Vernichtung, bei der mehr zugrunde ging als nur das Leben der Einzelnen. Auf die Einzelnen mit all ihren Ängsten und Irrtümern kam es nicht an. Erst das zum Opfertod verklärte Sterben gab diesen Existenzen einen Sinn. »Empfindungen des Herzens und die Systeme des Geistes sind widerlegbar«, schrieb er kühl und fügte martialisch hinzu: »während ein Gegenstand unwiderlegbar ist – und ein solcher Gegenstand ist das Maschinengewehr«.

Fritz reagierte auf den *Arbeiter* mit Zustimmung und Bewunderung, deutete jedoch an, dass man von da aus weiterdenken müsse. »Dein Buch kam gestern hier an, und subditis calcaribus machte ich mich darüber her und verschlang es mit allen seinen Eingeweiden und Testikeln«, schrieb er aus Leisnig, wo er wieder einmal den Sommer über bei den Eltern logierte und die Tage mit Baden und Spazierengehen verbrachte. »Es gehört in die Reihe der deutenden, prognostizierenden und visierenden Schriften. Täuscht mich nicht alles, so wird es Streit hervorrufen, da ein Zugriff auf die Machtverhältnisse darin steckt. Es ist gefechtsmäßig wachsam und durchdringend. Der Eindruck, dass Du neues Land und festen Boden gewonnen hast, verstärkt sich im Lauf der Darstellung. Insbesondere dann, wenn man eine Analyse des Zusammenbruches gelesen hat wie den ›Untergang des Abendlandes‹ oder eine Schrift von so eingestanden kläglicher Hilflosigkeit wie Jaspers' ›Geistige Situation der Zeit‹. Schon jetzt sehe ich, dass Du mit diesem Buche, das nicht abschließenden, sondern anschneidenden Charakter hat, nicht Halt machen wirst; die Kritik der Betroffenen wird dazu beitragen. Die schärfste Kritik wird von Seiten des Christentums kommen.« Dass ihn die von Ernst beschriebene Entwicklung aber auch beunruhigte, stärker als den Bruder, geht aus einer Notiz im Tagebuch dieser Wochen hervor: »Der gewaltsame Zug, den das Denken aufweist, nimmt zu. Der Durst nach Rache wächst. Die Theorien nackter Gewaltanwendung mehren sich. Niemand darf mehr darauf zählen, dass er im Bette sterben wird. Der Rüstungsvorgang dominiert. Es gibt nur noch einen Weg der Flucht, den Tod, der alles aufnehmen wird, was ihm zuströmt.«

Die Machtübernahme der Nationalsozialisten und die beginnenden Verfolgungen, Verhaftungen und Ermordungen politischer Gegner stellten für die Brüder keine Zäsur dar, sondern waren der Vollzug von etwas Erwartetem: Mit dem Sieg der Nazis erfüllte sich die Demokratie und trat in das letzte Stadium ihrer Selbstvernichtung ein. So sahen sie das. Fritz erinnerte sich an gemeinsame Stadtspaziergänge im Herbst 1932, bei denen Ernst tief in Gedanken versunken vor sich hin murmelte. »Dann tauchte er aus dem Selbstgespräch hervor und sagte unvermittelt: ›Es wird eine neue Völkerwanderung geben.‹ ›Wohin?‹, fragte ich. ›In den Tod.‹ Vielleicht hatte ihn der Anblick der Menschenmassen, welche die Straße hinauf und hinunter drängten, darauf gebracht.«

Die drohende Katastrophe, die mit dem menetekelhaften Reichstagsbrand Symbolkraft erhielt, war im Geschichtsverständnis der Brüder unvermeidlich und wohl auch notwendig, auch wenn es ihnen missfiel. Für Widerstand waren sie ebenso wenig geeignet wie fürs Parteigängertum. »Es scheint mir, dass der Weltkrieg uns nur auf einer Seite geröstet hat – es fehlten da noch entscheidende Aspekte, wie etwa die Aussicht auf Folterung«, schrieb Ernst ein Jahr später an Fritz, als wäre er der heilige Laurentius, der den kommenden Qualen auf dem Grillrost mit froher Erwartung entgegenblickt. Und weiter: »Oft kommt es mir vor, als ob in unserer Zeit, in der man immer seltener auf wahre Proportionen stößt, sich in der Entwertung der Menschenmassen ein sinnvoller Akt verbirgt – wir nähern uns vielleicht Jahren, in denen die Zerstörung so gewaltig wird, dass der Weltgeist gewissermaßen bereits das Futter für sie niedermäht.« Folterszenen mit Menschenleibern, die an Fleischerhaken hingen, hatte er schon im *Abenteuerlichen Herzen* vorausschauend in düster-lüsterne Alpträume verwandelt. Fritz schrieb: »Ich glaube, wir werden in den nächsten zehn Jahren, vorausgesetzt dass wir sie überstehen, vieles lernen. An

Stoff der Erfahrung ist kein Mangel. Indessen sind nicht die Erfahrungen wichtig, sondern das, was sie zu machen befähigt. Neue Einsichten werfen ihre Schatten voraus. Doch denke ich dabei nicht zuerst an die politischen Zustände, denen wir entgegengehen, an diesen wird manches bitter Niedrige sein. Es gibt Vorformen, wie es Vorworte gibt, Stadien des Wachstums. Die Erkenntnis dieses Sachverhalts gehört zu den Grundbedingungen des historischen Wissens. Was uns nötig ist, sind Waffen und Werkzeuge. Ich hoffe, die ganze Armatur liegt wie die Rüstung des Achilles fertig in der Schmiede. Damit sei dieser – vielleicht nur Dir verständliche – Brief beendet.« So begaben sie sich in Wartestellung wie Friedrich Barbarossa mit seinen Mannen im Inneren des Kyffhäuser, in eine exklusive Position in der Hoffnung auf bessere Zeiten. Der Dichter als der große Einzelne stand jenseits der Massen. Und sie waren ja immerhin zu zweit.

Merkwürdig wie Begegnungen auf einem fremden Planeten müssen zu dieser Zeit die Empfänge in der russischen Botschaft gewesen sein, zu denen jedes Jahr am 7. November, dem Tag der Revolution, geladen wurde. Große Kristallschüsseln bargen Unmengen an Kaviar, dazu gab es Forellen in Aspik, roten Krimwein und Kannen voller Wodka, der auch den Verleger Ernst Rowohlt als einen der Gründer der »Gesellschaft der Freunde der Sowjetunion« anlockte. Auch Niekisch gehörte zu den Eingeladenen. Offiziere der Roten Armee lehnten an der Wand und beobachteten die Gäste, die um eine Lenin-Büste herumstanden: Diplomaten, Professoren, Geschäftsleute, Künstler. Ernst von Salomon schildert, wie Ernst Jünger »die wilde Völkerschar lange und nachdenklich musterte, bis er in seinem niedersächsisch schleppenden Tonfall in den Ruf ausbrach: ›In der Tat, hier sind Lemuren am Werk! Wahre Untermenschengesichter – besonders der lange da drüben mit der Kette um den Hals!‹ – ›Pscht‹, sagte ich, ›das ist doch Sahm, der Berliner Oberbürgermeister!‹« Fritz unterhielt sich unterdessen mit einem Korrespondenten der »Prawda«, einem »schweinsäugigen Gesellen, der im Sattel einer zweckmäßigen und platten Ideologie die Hauptstädte des Abendlandes durchreitet«.

Freunde und Bekannte rückten 1933 in ein neues, schärferes Licht, und nur wenige, mit denen die Brüder in den Jahren zuvor Umgang pflegten, überstanden die kritische Sichtung. »Albrecht Erich Günther hat eine seiner üblichen Nächte bei mir verbracht«, berichtete Ernst. »Er macht einen noch dämonischeren Eindruck als sonst. Wenn man ihm gegenübersitzt, hat man oft den Eindruck, dass einer der Wasserspeier von Notre-Dame Spiritus verspritzt. Überhaupt beobachte ich, dass die geheimen Züge fast aller Bekannten in zunehmendem Maße plastischer werden.« Schon nach dem Erscheinen des *Arbeiters* hatte er die Erfahrung gemacht, »dass sich die Menschen bei der Begegnung mit mir in ihrer Haltung festigen – der Christ wird christlicher, der Atheist atheistischer. Wie nennt man in der Chemie ein Reagens, das solche Wirkungen erzeugt?«

Eines der ersten Opfer der Nazidiktatur war der Anarchist Erich Mühsam, der, wie Ernst sich 1945 erinnerte, »eine kindliche Neigung zu mir gefasst hatte – einer der besten und gutmütigsten Menschen, denen ich begegnet bin«. Er hatte ihn eines Abends bei Niekisch kennengelernt, der als Nationalbolschewist und erklärter Gegner der Nazis nun ebenfalls in höchster Gefahr schwebte. Die Bekanntschaft mit beiden war möglicherweise auch der Grund, dass Ernst Besuch von zwei Polizisten erhielt, die ohne weitere Erklärungen damit begannen, seine Wohnung zu durchsuchen – vielleicht um verdächtige Briefe zu finden. Er reichte ihnen die Mappe »H – M«, wo sie beim Blättern noch vor Mühsam auf die Namen Heß und Hitler stießen und daraufhin ihr Unternehmen abbrachen. Gretha berichtet in ihren Erinnerungen davon, dass sie am nächsten Tag unerschrocken zur Polizeistelle in Steglitz gegangen sei, um sich zu beschweren. Das Erlebnis bewog Ernst dazu, Briefwechsel, Gedichte und Tagebücher, die ihn belasten könnten, in die Mülltonne zu werfen – eine Aktion, die er später bereute, weil vieles, was ihm wichtig gewesen wäre, dabei verlorenging. Steglitz wurde ihm zuwider. Der staatliche Übergriff in seine Privatsphäre deprimierte ihn zutiefst, als wäre man gewaltsam in ihn eingedrungen. Berlin war ein ungünstiger Aufenthaltsort, und er beschloss, die Stadt zu verlassen. Im Dezember 1933 – Gretha organisierte den Umzug – übersiedelten sie nach Goslar.

Die Anregung zu diesem Schritt kam von Rudolf Schlichter, der sich nach Rottenburg zurückzog. Ernst war nun der Ansicht, dass das Leben in den großen Städten, wie er es seit 1918 bevorzugt hatte, seinen Neigungen im Grunde nie entsprochen habe. In Goslar wollte er Skifahren lernen, an einer Schrift über Vokale arbeiten und sich seinen Insektenvergnügungen widmen. Im Reich der Käfer war die Ordnung herstellbar, nach der er sich in der Gesellschaft vergeblich sehnte. Er zweifelte nicht daran, dass Insekten im Vergleich mit den Menschen die sinnreicheren Geschöpfe sind. »Dass ich, der ich außer Ehrungen wenig zu befürchten hatte, in dieser Schicksalsstunde aufs Land zog, war vermutlich richtig – ob es recht war, darüber kann man verschiedener Meinung sein. Schließlich ging es um mehr als ein Für und Wider in Parteifragen«, schrieb er dreieinhalb Jahrzehnte später. Seine Distanz zu den neuen Machthabern demonstrierte er, als er per Beschluss in die preußische Dichterakademie aufgenommen werden sollte. Gottfried Benn hatte dort als Nachfolger des ins Exil gedrängten Heinrich Mann die kommissarische Leitung übernommen und versuchte, die verbliebenen Mitglieder per Fragebogen auf Regimetreue einzuschwören. Völkische Autoren wie Hans Grimm, Hanns Johst und Werner Beumelburg gaben nun den Ton an und schoben bald auch den verirrten Gottfried Benn ins Abseits. Am 8. Juni las Fritz in der Zeitung, »dass man dich durch einen Ukas der sogenannten Dichterakademie einverleibt hat« – eine Nachricht, die ihm nicht gefiel, die er aber richtig einzuschätzen wusste: »Gleichzeitig wurde bekannt gegeben, dass die bisher preußische Akademie in ein Reichsinstitut umgewandelt wird. Gebessert wird dadurch nichts, verschlimmert auch nichts, das Institut bleibt ein Wechselbalg. Solche Ehrungen sind heute politische Pressionsakte.«

Im November, als die Zuwahlen dann erfolgten, gab Ernst eine geradezu mustergültige Erklärung ab, die sich durch Mut und subtile Verachtung auszeichnet: »Ich beehre mich, Ihnen mitzuteilen, dass ich die Wahl in die Deutsche Akademie der Dichtung nicht annehmen kann. Die Eigenart meiner Arbeit liegt in ihrem wesentlich soldatischen Charakter, den ich durch akademische Bindungen nicht beeinträchtigen will. Im Besondern fühle ich mich verpflichtet, meine Anschauungen über das Verhältnis von Rüstung und Kultur, die ich im 59. Kapitel meines Werkes über den Arbeiter niedergelegt habe, auch in meiner persönlichen Haltung zum Ausdruck zu bringen. Ich bitte Sie daher, meine Ablehnung als ein Opfer aufzufassen, das mir meine Teilnahme an der deutschen Mobilmachung auferlegt, in deren

Dienst ich seit 1914 tätig bin. Mit der Versicherung, dass ich bereits in der Tatsache, dass Sie an mich gedacht haben, eine hohe Auszeichnung erblicke, Ihr sehr ergebener Ernst Jünger.« Goebbels' Ministerium sorgte dafür, dass in der Presse über Jüngers Absage nicht berichtet wurde. Auch seine Beschwerde an die Redaktion des »Völkischen Beobachters«, der ungefragt und ohne Quellenangabe ein Stück aus dem *Abenteuerlichen Herzen* abgedruckt hatte, wurde nicht öffentlich. Jünger wollte auch hier den Eindruck vermeiden, als Teil der nationalsozialistischen Öffentlichkeit wahrgenommen zu werden. »Mein Bestreben läuft nicht darauf hinaus, in der Presse möglichst oft genannt zu werden«, erklärte er, »sondern darauf, dass über die Art meiner politischen Substanz auch nicht die Spur einer Unklarheit entsteht.« Eine Abschrift des Briefes schickte er an Fritz, gewissermaßen als Muster für weitere Schreiben dieser Art. Auch die Mitarbeit an einer Anthologie über Oswald Spengler und Anfragen vom Rundfunk lehnte er ab. »Ich werde«, kündigte er an, »im Laufe des Sommers die Methoden der Defensive ausarbeiten.«

Dazu gehörte auch die gründliche Revision seiner Bücher. Er nahm sie sich nacheinander vor, um sie, wo nötig, zu überarbeiten. *In Stahlgewittern* verkaufte sich besser denn je und wurde nun erst zu einem Bestseller. Für die vierzehnte Auflage von 1934 hatte Jünger jedoch das nationalistische Pathos, das in der fünften Auflage von 1924 ins Buch geraten war, wieder zurückgenommen, um nicht mit den Nationalsozialisten verwechselt zu werden. Er betrachtete das, wie er Fritz erklärte, als einen Vorgang der Verdeutlichung und vor allem der sprachlichen Präzisierung, nicht als ideologische Retusche: »Gestern habe ich die Bearbeitung des ›Wäldchen 125‹ abgeschlossen, ich darf damit zufrieden sein. Ich habe auf diese Weise den ersten Teil des Jahres dazu genutzt, meine Autorschaft nach rückwärts auszubauen, damit kein Satz hinter mir bleibt, dem ich nicht zustimmen kann. Es handelt sich dabei im Grunde um eine Herausschälung des Kernes, der mir immer deutlich war, den sichtbar zu machen aber meine Mittel inzwischen gewachsen sind. Als ich aus dem Kriege zurückkam, fand ich eine Reihe von Worten vor, die man zunächst auf Treu und Glauben übernehmen musste, deren zweifelhafter Charakter mich jedoch immer stärker beunruhigte. Nicht zuletzt hat die Pöbelherrschaft, die sich auch der Sprache bemächtigt, jene Vorliebe für alles Schlechte, Billige, Abgestandene und Künstlich-Gesteigerte, mir Sinn und Verantwortung geschärft.«

Wie sehr er nun auf eine reine, von Geschichtsmüll und Politphraseologie gereinigte Sprache setzte, verdeutlichte auch der Aufsatz »Lob der Vokale«, der in dem Sammelband *Blätter und Steine* von 1934 enthalten ist – zwischen der stahlharten »Totalen Mobilmachung«, der Schrift »Über den Schmerz« und dem träumerischen »Sizilischen Brief an den Mann im Mond«. Da ist die ganze Spannweite seiner Autorschaft enthalten, nicht als Widerspruch, sondern als stereoskopische Gleichzeitigkeit. Zum kalten Blick des distanzierten Betrachters gehört immer auch das überhitzte Pathos des Sinnsuchers. Der Träumer, der Surrealist, der Metaphysiker ist keine vom Krieger und heroischen Realisten ablösbare Figur. Das eine bedingt das andere; auch Krieg ist für Jünger eine Form der Metaphysik. Nur so ist es zu erklären, dass er, allen Bedenken aus Goebbels' Propagandaministerium zum Trotz, unbehelligt weiter publizieren konnte. Auch der in Goslar entstehende autobiographisch geprägte Roman *Afrikanische Spiele*, der die jugendliche Flucht in die Fremdenlegion thematisiert, ist beides zugleich. In seiner militärisch gestimmten Abenteuerlust und kolonialen Afrikasehnsucht passt er perfekt in die Aufbruchsstimmung der hoch gestimmten Epoche – und huldigt doch dem ganz und gar unziemlichen Einzelgängertum, dem Davonlaufen, der Unzugehörigkeit.

Fritz teilte die Strategien der Distanzierung. Für Ernsts Musterbrief hatte er gleichwohl weniger Verwendung, ganz einfach deshalb, weil er weniger gefragt war. Er fing ja eben erst an, sich als Dichter bemerkbar zu machen, und wenn man ihn kannte, dann vor allem als den Bruder des berühmten Kriegsschriftstellers. Nach einem vergeblichen Anlauf als Dramatiker publizierte er im November 1934 seinen ersten Lyrikband – jenseits der nationalistischen Pamphlete der zwanziger Jahre das eigentliche literarische Debüt. Die *Gedichte*, so der schlichte Titel, erschienen in Niekischs Widerstand-Verlag und standen damit am äußersten Rand des gerade noch Geduldeten. Im Dezember 1934 wurde Niekischs Zeitschrift verboten, 1937 der ganze Verlag, und Niekisch wurde verhaftet. Ernst hatte vergeblich versucht, ihn zu überreden, sich rechtzeitig ins Ausland abzusetzen. Die *Gedichte* enthielten kriegsverklärende Hexameter – so auch die Verse über die Rettung durch den Bruder bei Langemarck. Daneben stand der Ernst gewidmete dalmatinische Gesang »An das Licht«, aber auch das Thomas Mann so beeindruckende, trotzig verächtliche »Der Mohn«. Die marmorne Starre dieser Texte im strengen antiken Versmaß wies Zeit und Moden, Massen und Gegenwart demonstrativ ab. Die Gedichte waren in ihrer Mehrzahl in den Jahren vor 1933 entstanden, ließen sich nun aber als Generalabsage an jede Beteiligung auch gegen die neuen Machtverhältnisse wenden. Die Behörden erkannten darin jedoch keine Bedrohung, so dass 1935 und 1936 neue Auflagen erschienen, »Der Mohn« inklusive.

Ernst, wie immer der erste Leser, sah das anders. Wenn er von seinen Gängen durch den herbstlichen Harly-Wald heimkehrte, tauchte er in Fritz' Gedichte ein und genoss die Worte vom »bitteren Moor«. In der Zeit des »üblen Spukes und des Betruges«, in der man sich befinde, »wird der Gedanke rein dadurch gefährlich, dass er richtig ist«, meinte er. »Ein logischer Gedanke, ein reines Metron, eine edle Tat, ja selbst die Nichtbeteiligung am Niedrigen – das sind heute Dinge, die sich erheben wie drohende Waffen, die umso schärfer wirken, je weniger man sie auf die Zeit bezieht.« So konnten also auch diese Gedichte zu Waffen werden, wenn auch nur für einen Leser wie Ernst, dem selbst hier noch die Kritik zu explizit, zu offensichtlich, zu teilhaberisch erschien. »In diesem Sinne gleicht ein Gedicht wie ›Der Mohn‹ dem Punkte, an dem die Feindschaft auch dem trüben Auge sichtbar wird. Weit wirklicher ist diese Feindschaft im ›Gesang des Prometheus‹ oder im ›Tod des Orpheus‹ – hier ist sie so groß, dass der Niedere sie nicht einmal zu ahnen vermag; sie gleicht einem Gerichte, das jenseits der Wolken über ihn abgehalten wird.« Das war der Platz, den Ernst für angemessen hielt.

Fritz wohnte in der Rosenstraße in Berlin-Mitte, in der mit maritimen Erinnerungsstücken vollgestopften Wohnung eines Weltreisenden, der sich nach Teneriffa abgesetzt hatte. Hier befand er sich mitten in der Stadt und mitten im Geschehen und konnte sich doch einbilden, weit weg zu sein, auf Entdeckungsreise auf einem Segelschiff. Auch der Bruder Hans, der am Physikalischen Institut mit Helium, Krypton, flüssiger Luft und Quecksilber experimentierte, Spektralaufnahmen machte, endlose Messreihen erstellte und sich in die Erforschung der Primzahlen vergrübelte, wohnte hier und tröstete Fritz ein wenig über den Wegzug von Ernst hinweg. Hans, ein massiger und etwas phlegmatischer Mensch, begleitete ihn in den Botanischen Garten, wo Winterling und japanische Hamamelis aufblühten. Andauernde Aufmärsche auf den Straßen und Versammlungen auf den Plätzen zwangen sie zu weiten Umwegen und erinnerten Fritz an die Novembertage des Jahres 1918. Der politische Klatsch, das verbreitete Mitläufertum und Freunde, die wie Schultz oder Bronnen nur noch mit Intrigen zu tun hatten, in die sie verwickelt wurden, widerten ihn an. Die Antrittsrede »Wider den undeutschen Geist«, die der Freund und alte Wandergefährte Alfred Baeumler als Professor an der Universität hielt, beschämte Fritz in ihrer denunziatorischen Plumpheit. Da sprach kein Philosoph, sondern ein Agitator, und das war jetzt nicht mehr seine Sache. Studenten marschierten in Abordnungen hinter der Hakenkreuzfahne ein und saßen in SA-Uniform im überfüllten Hörsaal. Anschließend zogen sie zum Opernplatz, um zur Tat zu schreiten und den deutschen Geist zu säubern, indem sie Bücher ins Feuer warfen.

»Ein Kannibale ist mir erfreulicher als ein Neger im Frack, der einer Methodistengemeinde angehört«, schrieb Fritz nach Goslar. »Ich kann das Rohe und Ungefüge ertragen und will mich aller Einwände gegen unbehauene Naturen enthalten, aber ein Amalgam von Rohheit und Fertigkeit ist mir zuwider. Wo Fanatismus und Halbbildung zusammen regieren, dort wird alles eng, finster und schief. Man sieht weder Himmel noch Erde vor den schmutzigen Mythen, in denen sich das Selbstbewusstsein des Kleinbürgers abspiegelt. Das Ganze ist ein System von Täuschungen. Der Appell an das Blut, an das Volk, an die Rasse geht aus dem Bewusstsein des Mankos hervor. Die Sehnsucht nach Reinheit des Blutes lebt immer nur in den schlechten Mischungen und unglücklichen Kreuzungen. Alle Rassen-Theorien sind Demokratismus übelster Sorte.« So klang seine Kritik im Jargon der Zeit: eine Kritik des Rassismus, die doch selbst nicht ganz frei ist von modischen Zucht- und Rassevorstellungen. Eine Klage über die Primitivität des Nationalsozialismus, die darin aber auf merkwürdige Weise nicht die Zerstörung der Demokratie, sondern deren Erfüllung in letzter Konsequenz erkennt. Das Ideal der Gleichheit führe zwangsläufig zur Nivellierung – bis hin zur Einförmigkeit des Hitler-Grußes, führte er in einem seiner letzten Aufsätze in Niekischs »Widerstand« aus.

Fritz litt weniger an den gewaltsamen politischen Verhältnissen als am rohen Stil und Geschmacklosigkeiten des herrschenden Pöbels, der weder Griechisch noch Lateinisch konnte. »Wie sehr leidet unsere Sprache jetzt schon und was für ekle Wörter werden in sie eingeschleppt. Was wird das für eine Rasse geben, wenn der Grünkramwarenhändler in Begriffen, wenn dieses ganze rabiate Kleinbürgertum zu züchten anfängt! Dieses Geschlecht von Siedlern und Laubenkolonisten, das doch nur auf ein soziales Idyll aus ist.« Ernst, der sich mit den Kirchenvätern befasste, behauptete, das Wort »deutsch« kaum noch ertragen zu können, und antwortete mit einer Sure aus dem Koran: »O ihr Ungläubigen, ich verehre nicht, was ihr verehrt, und ihr verehret nicht, was ich verehre. Ihr werdet nicht verehren, was ich verehre, und ich werde nicht verehren, was ihr verehrt.«

Ohne Ernst fühlte Fritz sich wie erloschen. Er arbeitete an neuen Gedichten, hatte Ärger mit dem Finanzamt und träumte eines Nachts davon, er wäre mit dem Zug in Zürich angekommen. Durch einen Bogengang sah er eine Wasserfläche und stand, als er hindurchging, am See, der wie blankes Silber in der Sonne glänzte. Er blieb nur deshalb in Berlin, weil Ernst ihn ermunterte, auf verlorenem Posten auszuharren und die Veränderungen aufmerksam zu registrieren. Und: weil er nicht wusste, wohin. Die Dinge wiederholten sich. In der Nationalgalerie stieß er auf das Bild, das Rudolf Schlichter von Ernst gemalt hatte – welch seltsamer Gruß und wie eigentümlich, dass es dort immer noch hing. Doch seine Berliner Zeit war vorbei. Er vergrub sich, sooft es ging, bei den Eltern in Leisnig. Er war fünfunddreißig Jahre alt, ohne Position und nahezu ohne Einkommen. In Goslar richteten Ernst und Gretha ein Zimmer für ihn ein, aber er zögerte, ihnen zu folgen. Er brauchte den Bruder mehr als der ihn. Das schmerzte. Ernst hatte zudem Familie; im März 1934 brachte Gretha den zweiten Sohn Alexander zur Welt, ein Ereignis, das Ernst dem anstehenden Patenonkel Carl Schmitt so beschrieb: »Meine Frau ist schon wieder munter; ich werde noch durch die Geburts-Dämonen geplagt, als da sind wasserkochende Hebammen, Schwiegermütter und mancherlei geschäftige Besucherinnen. Die südamerikanische Sitte, dass die Väter sich nach einer Geburt in die Hängematte legen, erscheint mir sehr vorteilhaft.«

Fritz aber war ohne Ernst allein. Daran konnte auch der gutmütige Hans nichts ändern. »Niemand war da, der mir dieses Gespräch hätte ersetzen können, das nicht nur die gemeinsamen Erinnerungen umfasste, sondern auch das Entstehen, den Gang aller Erfahrung und Wahrnehmung, die wir machten und austauschten«, schreibt er in seiner Autobiographie in den fünfziger Jahren. »Das Gespräch war fortlaufend und zusammenhängend; hätten wir darüber Buch geführt, so wäre der Zug aller Neigung von einer frühen Zeit an im Spiegel darin gewesen. Bei ihm durfte ich sicher sein, dass das Gespräch niemals ein Vorwand war, dass nichts Fertiges darin steckte, dass es immer die Bewegung enthielt, in der er begriffen war. Diese Bewegung trieb uns oft durch die ganze Stadt zueinander. Jetzt endeten die Gänge, die wir in der Stadt, die Wanderungen, die wir in ihre Umgebung machten. Nie waren diese Gänge ohne Fund; der Gang begleitete das Gespräch, das Gespräch den Gang.«

Wie diese Gespräche abliefen, die oft nur aus skizzenhaften Andeutungen bestanden, auch davon gab er ein Beispiel. »Der Satz‹, sagte ich ihm, ›darf kein Ergebnis sein, mit dem du Schluss machst. Tust du es, wird er stumpf und klanglos. Die Bewegung in ihm muss fortdauern.‹ ›Das ist nur zu erreichen‹, antwortete er, ›wenn er für das Ohr wiederkehrt und eine Figur wird, die sich in ihm erhält.‹ – ›Es reicht also nicht hin, mit Sätzen zu argumentieren, wir müssen in ihnen auch atmen können. Ein guter Satz ist voller Duft.‹ Er antwortete mir nicht, blieb stehen, beugte sich zu den Büschen der blühenden Besenginster, die am Weg standen, und fächelte den Duft mit der Hand zu sich her. ›Leguminosen‹, sagte er. ›Das ist eine Welt. Wer darin sein könnte.‹«

In Goslar hatte Ernst mehr Besuch als Fritz in Berlin und mehr, als ihm lieb war. Ernst Niekisch erhielt die Gelegenheit, hier zweimal konspirative Treffen abzuhalten, als es bereits Mut erforderte, den Kontakt mit ihm aufrechtzuerhalten. Häufiger aber kam Carl Schmitt, zum NSDAP-Mitglied geworden, von Göring in den Preußischen Staatsrat berufen und zum »Kronjuristen des Dritten Reiches« aufgestiegen. Ausgerüstet mit erlesenen Weinen war er ein gerngesehener Gast. Nur

Fritz mochte ihn nicht leiden; eigene Besuche wurden ihm verleidet, wenn er bei Ernst auf Carl Schmitt traf:»Die Zukunft hat keine Spalte, so winzig sie auch sein mag, durch die er sich nicht mit der Glätte eines Aals hindurchwinden wird.« Andere waren allenfalls lästig, und es mag sein, dass Fritz die eigene Isoliertheit als Vorteil betrachtete, wenn er Ernsts Berichte las:»Von Leuten, die Du kennst, hat mich vorgestern Hans Schwarz aufgesucht – leider muss ich sagen, dass sich die Besuche von gleichgültigen Menschen mehren, die mir früher einmal über den Weg gelaufen sind. Er fuhr wie diese ganze Garnitur in einem neuen Auto vor, machte einen arrivierten Eindruck und ist Chefredakteur des ›Angriff‹ oder sonst was Gutes. Die Kerle sind von den schlechten und billigen Ideen durch und durch zerfressen wie von einem Krebsgeschwür, und unter ihrer Aufgeblasenheit verbirgt sich der Ekel sowohl vor dem Dreck, den sie reden und schreiben, als auch vor den Lesern, für die dieser Dreck geschrieben wird. Hier helfen nur noch Temperaturen von über fünftausend Grad.«

Ernst musste aber auch ertragen, dass unter Freunden und Bekannten gemunkelt wurde, er habe sich auf totes Gleis begeben, habe nichts mehr zu sagen, sei künstlerisch erledigt. Er tröstete sich mit der Erkenntnis, dass die Leute einem nichts schwerer verzeihen als ihre eigene Erbärmlichkeit und hielt sich an den Kirchenvater Cassian, der die Disziplin der Eremiten in den syrischen und ägyptischen Wüsten schilderte. Aus der Abgeschiedenheit des Sommerurlaubs auf Sylt konnte er auch die Nachricht von der Erschießung des Stabschefs der SA, Ernst Röhm, und der gesamten SA-Führung – Carl Schmitt hielt diese Morde für einen legitimen Akt der Staatsnotwehr – mit demonstrativer Gelassenheit kommentieren, als spiele das alles in einer ganz anderen Welt:»Was sagst Du dazu, dass die Leute dazu übergehen, sich gegenseitig totzuschießen? Der Akt war brüsker, als ich erwartet hatte. Die Opfer gehören einem Typus an, der im Verlaufe jeder Revolution vernichtet wird – dieses Schicksal hätten sie vor einem Jahr wohl kaum erträumt. Die nächste Folge wird sein, dass Hitler sich stärker auf die Reichswehr stützen muss. Auf jeden Fall ist der akute Verlauf besser als der schleichende.«

In Leisnig war die Brandung der Berliner Ereignisse stärker zu spüren. Fritz war merklich erschüttert:»Fast alle Menschen, die ich beobachtete, waren wie gelähmt. Der Schrecken beraubte sie sofort der Denkfähigkeit, und der Schrecken war es auch, der sie gleich darauf dem mörderischen Vorgang Beifall zollen ließ. Der Spaziergänger, der den bunten Kopf einer Natter für eine Blume gehalten hat, schrickt vor der auffahrenden Schlange nicht schneller zurück als das Volk vor der gesetzlosen Hinrichtung der Freunde und Leibwächter. Jetzt dunsten in allen Köpfen trübe, finstere Ahnungen. Ich müsste mich sehr täuschen, wenn nicht noch eine andere, gründlichere Musterung des Bestandes im Gange ist.«

13 (WASSER)

Überlingen 1937

In Radolfzell sah Fritz zum ersten Mal den See. In Konstanz blieb er über Nacht, um am nächsten Morgen den Dampfer nach Überlingen zu nehmen. Er wollte bei Tag, im Licht ankommen. Es war der 16. April 1937. Gretha und Ernst hatten zwischen Überlingen und Nussdorf ein Landhaus gemietet, zwanzig Minuten außerhalb der Stadt, weiß gestrichen mit hölzernen Fensterläden und einem großen, über die ganze Front reichenden Balkon. Weil es in der Weinbergstraße und schräg über dem Spitalweinberg lag, hatte Gretha es »Weinberghaus« getauft. Der Blick ging nach Süden, ins Offene, ins Helle. Vom Fenster seines Zimmers konnte Fritz das Ufer des Bodanrück und die Insel Mainau sehen, dahinter die Schweiz und den Gipfel des Säntis und davor, ihm zu Füßen, die glänzende, weite Fläche des Sees. Ein leichtes, kostbares Freiheitsgefühl breitete sich in ihm aus, als lasse sich das mit der Luft einatmen, als tauche er, vom Blick aus dem Fenster nackt gemacht, ins Wasser ein und spüre die Kühle auf der Haut. Ernst begleitete ihn bei ersten Spaziergängen durch die Stadt, zur Gletschermühle, zum Hödinger Tobel, zur Klosterkirche Birnau und ins Hinterland, wo sie im Gehölz einen Wendehals rufen hörten. Es war – da hatte Ernst nicht zu viel versprochen – eine rechte Landschaft für Vogelsteller. Auch der Garten wartete schon; winzig sehe der Garten aus, hatte Ernst angekündigt, wie groß er wirklich ist, zeige sich erst beim Umgraben.

Gretha war alles andere als begeistert gewesen, als Ernst ihr seine Umzugspläne offenbarte. Nicht nur, weil sie sich nach einem geeigneten Haus umsehen und neben der Verantwortung für Ernstel und den kleinen Alexander alles organisieren musste, während er sich für zwei Monate auf atlantische Fahrt begab. Sie fühlte sich in Goslar wohl und verstand Ernsts permanenten Veränderungsdrang nicht. Man müsse gelegentlich die Menschen wechseln, hatte er an Niekisch geschrieben: »Sie gleichen Garnituren, die allzu bald abgetragen sind.«

Jetzt war, unangenehme Osterüberraschung, Niekisch verhaftet worden; 1939 wurde er zu einer langjährigen Zuchthausstrafe verurteilt und kam erst 1945, fast erblindet, wieder frei. Niekisch entschied sich dann für das sozialistische Deutschland, aus dem die DDR werden sollte, blieb aber auch dort ein Außenseiter. Seine Verhaftung im Frühjahr 1937 schockierte vor allem Fritz, wie einem Brief an Niekisch vom März 1946 zu entnehmen ist: »Als Sie damals verhaftet wurden, war ich nicht mehr in Berlin. Diese Verhaftung überraschte mich, denn ich hielt Sie nicht für unmittelbar bedroht, hoffte im Anfang auch noch, dass man Sie wieder entlassen würde. Die Methoden der Diffamierung und Vernichtung des politischen Gegners wurden damals ja noch geprobt. Mein Bruder Ernst dachte darüber anders und behielt Recht, denn alle Schritte, die zu Ihrer Befreiung unternommen wurden, erwiesen sich bald als ganz vergebens.«

Goslar lag immer noch zu dicht an Berlin, und es kamen zu viele Besucher vorbei, die Ernst nicht mehr sehen wollte. Weg mit allen falschen Bekanntschaften, weg mit ihnen und hinab ins Wasser des Vergessens. Er sehnte sich nach Ruhe und Ungestörtheit und war fest entschlossen, das politische Gespräch nun völlig zu vermeiden, weil es doch immer nur in Peinlichkeiten entglitt. »Wer durchaus Motion nötig hat, soll kämpfen gehen, das ist anständiger«, schrieb er an Fritz und fand es begrüßenswert, »dass es schon Punkte gibt, an denen die Flamme durchzuschlagen beginnt wie jetzt in Spanien«. Krieg sorgte für klare Verhältnisse, so sah er das nach wie vor. Das war besser als das aufgehetzte Gespräch, die pöbelhafte Gier der Massen, der Exzess der niederen Instinkte, die nur darauf warteten, hervorbrechen zu dürfen.

Als er im Winter 1935 den Freund Rudolf Schlichter in Rottenburg besuchte, hatte er Stuttgart und Tübingen kennen und schätzen gelernt und Fritz gegenüber sogar ein wenig geschwärmt vom Reichtum und von der fruchtbaren Üppigkeit der Region. Die hohen Häuser in Stuttgart, die Weinberge, die tief in die Stadt hineingriffen, und der Dialekt, der etwas Inniges spüren ließ, zogen ihn an. Wenn ihr schon in den Süden zieht, hatte Fritz daraufhin angeregt, warum dann nicht gleich an die milden, herrlichen Ufer des Bodensees? Hier wohnte ein angenehmer, freundlicher Menschenschlag, und dass es sich um einen anderen Boden handelte, spürte Ernst auch daran, dass ihn abends Weindurst befiel. Überlingen kannte er von einem Besuch bei dem Religions- und Kulturphilosophen Leopold Ziegler, dessen *Gestaltwandel der Götter* er gelesen hatte und mit dem er über die Gestalt des Arbeiters diskutierte.

Als Gretha das Haus gefunden hatte, war sofort klar gewesen, dass auch Fritz hier ein Zimmer bekommen würde, eine »kleine Zelle«, wie Ernst ihm versprach. Fritz benötigte nicht mehr als einen Tisch, zwei Stühle, ein Bett, einen Schrank und eine Kommode. An Besitz lag ihm nichts. Ernsts ersten Brief aus Überlingen zierte das aufgeklebte Blatt einer Raute, Ruta graveolens, die an den Rändern des Gartens gedieh. Kein Wunder, schrieb Fritz in seiner lehrerhaften Art zurück, komme dieses Gewächs im Freien doch immer nur als Flüchtling aus den Gärten vor. Dass die Weinraute Schutz vor Geistern und Teufeln aller Art und vor dem bösen Blick verspricht, konnte ihnen nur recht sein. »Rautenklause« nannten sie das Haus unter sich, und so sollte dann auch das Refugium der beiden in klösterlicher Abgeschiedenheit lebenden Brüder im Roman *Auf den Marmorklippen* heißen.

Dass Feuchtigkeit die Hauswände hochkroch und unterm Dach, der Raute im Garten zum Trotz, ein Poltergeist sein Unwesen trieb, der sich erst verzog, als Gretha mit einem Holzpantoffel nach ihm warf, waren Kleinigkeiten, die den Frieden nicht störten. In ihren Erinnerungen schreibt Gretha vom sommerlichen Zusammenleben mit den »beiden Hausvätern« als friedlichem Terzett. Die Wochen vergingen mit heiteren Tischgesprächen, Wald- und Strandspaziergängen, Baden im See und abendlichen Bowlen im Garten. Oder sie saßen im »Hecht«, wo sie die rote Nase des Wirtes bewunderten, der allerlei Schneckengerichte zuzubereiten wusste. Ernst widmete sich seinen subtilen Jagden, Fritz assistierte ihm, beschäftigte sich mit den Rosen und dachte dabei an Robert, den Rehburger Gärtner, zurück. Hier am See hatte er endlich einmal das Gefühl, ein Zuhause gefunden zu haben, nachdem er die Jahre zuvor zwischen Leisnig, Goslar, München und dem absurden Berliner Zimmer, das nun Hans alleine bewohnte, wie auf der Schnur gezogen hin und her gewandert war. Endlich blieb die Stadt zurück, die nach dem ganzen »Olympimpim«, dem »olympischen Weltklimbim und Riesenpropagandazimt« noch unerträglicher geworden war. Zustände der Teilnahmslosigkeit hatte er dort als Glück zu begreifen gelernt und vermutet, dass die Toten ein ähnliches Glück empfinden. Und jetzt: der See, das Licht, die Vögel, die Blumen, der Wein. Das war das Leben. Das war Zugehörigkeit. Das war fast schon das Mittelmeer. Eine blühende Idylle als Enklave am Rande Deutschlands und am Rand der Geschichte.

Die alte Stadt Überlingen schien der Moderne und der Industrialisierung zu trotzen; der See war ja so etwas wie ein Garant der Zeitlosigkeit. Als politischer Zufluchtsort eignete die Region sich auch deshalb, weil die Schweiz nah war und der Fluchtweg übers Wasser immer offenstand. So versammelte sich dort in der Provinz eine durchaus bunte literarische Gesellschaft. Die Avantgarde siedelte inmitten der festen Tradition, Anarchisten inmitten bürgerlicher Behaglichkeit. Das Hinterzimmer des Buchhändlers Paul Mezger entwickelte sich zu einem Treffpunkt oppositioneller Geister. Auch Ernst und Fritz freundeten sich bald mit ihm an. Über das Haus des aus dem Baltikum stammenden Schriftstellers Bruno Goetz und die Versammlungen, die dort stattfanden, soll der NSDAP-Kreisleiter einmal gesagt haben, man müsse nur einen Zaun drum herum ziehen, und fertig wäre das KZ.

Aus dem Trio wurde bald ein Quintett, als die Brüder zwei Schwestern kennenlernten, die, wie es Fritz schien, einem uralten Töpfergeschlecht hätten entstammen können. Wechselweise machten sie ihnen den Hof, besuchten sie in ihrem Elternhaus am See und feierten dort ihren Geburtstag, und dann stand Fritz auf dem Balkon, betrachtete den Wasserspiegel und sah ihre Gesichter vor sich, »so heiter und warm wie das Licht, das über der Landschaft liegt«. Sie nannten die Schwestern, höchstes Kompliment, »die beiden Hexen«. Sie fuhren mit ihnen zum Winzerfest nach Hagnau, scharfer Trestergeruch lag in der Luft, die Schwestern steckten sich Weinlaub ins Haar und verwandelten sich für Fritz in schwäbische Bacchantinnen, noch ehe sie einen Schluck getrunken hatten. Sie waren dunkel, sonnengebräunt, fröhlich und respektlos. Die Jüngere, Anna, genannt Enner, »angenehm kindlich, so gar nichts Verkrampftes, Intellektuelles«, wie Gretha schrieb, die Ältere, Citta, von Fritz zeitlebens hartnäckig mit Z und nur einem t geschrieben, weil ihm das so besser gefiel, von geradezu

»überschäumendem Temperament«. Die Jüngere, so Gretha weiter, »liebte das Krawättchen« von Ernst, die Ältere »den Herrn Fritzi«.

Tatsächlich waren die Schwestern weder Töchter eines Töpfers noch mythische Wesen, sondern entstammten der Überlinger Familie Weickhardt. Der Vater war selbständiger Architekt, seit er aus der Baufirma der Schwiegereltern in Radolfzell ausgeschieden war. Die Bauaufträge gingen jedoch seit der großen Wirtschaftskrise Ende der zwanziger Jahre massiv zurück, die Familie lebte deshalb hauptsächlich vom Kunstgewerbegeschäft am See, das seine Frau führte, und von Rücklagen. Der Besitz an Häusern und Grund war schon völlig aufgebraucht.

Wenn sie sich zum Baden verabredeten, kam Citta mit dem Boot, Enner mit dem Rad. Citta ruderte mit Fritz am Uferröhricht entlang oder auf den See hinaus. Dann trug sie einen grünen Badeanzug und eine Kette perlmuttfarbener Muscheln, die sie auch nicht ablegte, wenn sie ins Wasser sprang. Enner begleitete Ernst und Fritz zum Pilzesuchen in die Wälder. Sie brachte, wie Fritz im Tagebuch festhielt, »ihren Rucksack mit, trug einen Rock, der bis zu den Knien reicht, und ein spitzes, grünes Hütchen. Sie lebt durchaus sans gêne, im Vollgefühl des körperlichen Behagens, in dem sie ihre Freiheit erst recht genießt.« Die Schwestern waren es auch, von denen die beiden kühlen Norddeutschen in die Überlinger Fastnacht eingeweiht wurden, deren Umtriebe sich über mehrere Tage erstrecken. Da waren die Hexen ganz in ihrem Element, und die närrischen Männer liefen ihnen hinterher. Gretha sah in der Morgenfrühe »zwei flatternde Dominos am Weinberg entlang den heimatlichen Penaten zustreben, nicht immer festen Schrittes und sehr darauf bedacht, nach wenigen Stunden der Ruhe wieder die Maske anzulegen und sich in den Festestrubel zu stürzen.«

Es war der Sommer der Liebe und der Leichtigkeit und einer rauschhaften Produktivität. »Wenn wir Leib an Leib uns schmiegten, / Wenn wir in der Büsche Laub / Uns im roten Lichte wiegten, / Eins war da des andern Raub.« Nie zuvor schrieb Fritz so viele Gedichte, sie kamen ganz von selbst, und endlich verzichtete er auch auf die bleierne Form. Die Verse sollten zu tanzen beginnen und das Leben feiern, so wie es an den Hängen über dem See gedieh. *Der Taurus* lautete der Titel des 1937 erschienenen Lyrikbandes. »Meine alte Haut hab' ich zerrissen / An den Stachelecken, / Meine alte Haut ist abgeschlissen / An den Jahresecken«, dichtete er und nannte es »Abschiedslied«: »Heute streift ich an dem Dornenhange / Meine Haut herunter. / Klug geworden bin ich wie die Schlange, / Biegsam, boshaft, munter.« Er gehörte nun einer unbeschwerten Gesellschaft an und schleuderte seine Verachtung wie einst Zeus seine Blitze vom Olymp hinab in die nationalsozialistischen Niederungen: »Lasst die abgegriffnen Leiern / Selbst im Lied sich preisen. / Besser ist, du fliehst die Feiern, / Fliehst die hohen Weisen. // Ruhm nicht bringt es, eure Schlachten / Mitzuschlagen. / Eure Siege sind verächtlich / Wie die Niederlagen.« Das war deutlich gesprochen und durchaus mutig, entsprach aber auch dem Selbstgefühl einer bestimmten Unberührbarkeit. Ihm, dem Bruder von Ernst, würde schon nichts passieren.

Doch bald kam die Unruhe zurück, denn um sesshaft zu werden, waren sie noch zu jung. Im Sommer reiste Ernst auf Einladung von Joseph Breitbach nach Paris, wo er André Gide, Julien Green, Julien Gracq, Jean Schlumberger und die Exilantin Annette Kolb kennenlernte. Im Schwarzwald besuchte er den Entomologen und Neurologen Oskar Vogt, der ihm seine Mylabriden und eine Sammlung präparierter Gehirne zeigte. Ernst hielt das Gehirn des Dichters Hermann Sudermann in den Händen, dachte dabei an Gottfried Benn und fragte sich, wo nun wohl die Gedanken geblieben waren, die sich einst darin geregt hatten. Im Herbst besuchte er Alfred Kubin, den Maler des Zerfalls, im oberösterreichischen Zwickledt, in einem Haus, in dem die Tische von Würmern zernagt wurden und die Spiegel blind geworden waren. »Kubin bewegt sich in den Vorhöfen, von denen die Residenz des Königs Tod umgeben ist, und dazu gehört doch letzten Endes die ganze Welt«, erstattete er dem Bruder Bericht. »Er kennt den Genuss, den das Leben gerade unter dem Aspekt des Vergänglichen gewährt. Und er ist mit der Morbidezza der Dinge vertraut, die ja alle bestimmt sind, früher oder später Triumphstücke des Todes zu sein. Ich dachte an das bruegelsche Bild vom Babylonischen Turm, an dem hier mit Macht und hohen Plänen gearbeitet wird, während er dort bereits, ohne dass jemand darauf achtet, zerbröckelt und zerfällt. Insofern Kubin das weiß, weiß er mehr, als man in unserer so planmäßigen Zeit begreift und wohl auch vertragen kann.«

Das waren Regionen, in denen auch er selbst sich bewegte und die er in der Neufassung des *Abenteuerlichen Herzens* erkunden wollte. Es ging ihm dabei »um die vollkommene Präsenz und Einheit des Geistes bei Tag und bei Nacht, im Wachen und im Traum, in allen Grenzen und Entfernungen, in allen Zuständen der Illusion und der Materie«. So erklärte er Fritz dieses Buch, der nach der ersten Lektüre einige Einwände gegen einzelne Stücke vorbrachte, wenn sie ihm zu viel Polemik enthielten oder zu viel an christlichem Inferno. Ernst erwiderte: »Ich möchte die Prosa in einer neuen Potenz handhaben und sie bis an die Grenzen der Zauberei vortreiben. In diesem Überlinger Jahr habe ich wieder eine gute Entfernung zurückgelegt und glaube in Bezirke vorgedrungen zu sein, die vor mir noch keiner gesehen hat. Ich werde jetzt behutsamer weiterschreiten, weniger aus Gründen der Sicherheit als aus solchen der Perfektion.« Ernstel, der Salemschüler geworden war, sollte ihm in der Profession der Zauberei folgen. Zu Weihnachten bekam der Sohn erst einmal einen Zauberkasten geschenkt.

Fritz beobachtete im Herbst den Zug der Eichelhäher, die von Osten nach Westen flogen, nicht im Schwarm, sondern einzeln. Einer folgte dem andern nach Lust und Laune. Über Weihnachten fuhr er nach Leisnig, dann weiter zu Dr. Schranz nach Siedlinghausen im Sauerland. Schranz war ein Landarzt, der nach dem frühen Tod seiner Frau einen Kreis von Künstlern und Kunstinteressierten um sich geschaffen hatte, in dem Carl Schmitt ebenso verkehrte wie der katholische Schriftsteller Konrad Weiß, wo Hausmusik und eine Mineraliensammlung ebenso gepflegt wurden wie das gute Gespräch und wo zu Fritz' besonderer Freude ein mit Halbedelsteinen gefülltes Kaleidoskop herumgereicht wurde. Wenn Dr. Schranz Hausbesuche bei Patienten machte, begleitete er ihn auf seinen Fahrten über die Dörfer bis hinüber zum Kahlen Asten. Unterwegs trafen sie nichts als ein Rudel Hirsche, und die Menschen, die in den engen Tälern lebten, kamen Fritz vor wie versiegelte Flaschen. Das Christentum steckte ihnen wie ein Pfahl im Leibe. Regenwetter, Nebel, Krähenschwärme; er blieb fünf Wochen und sehnte sich an den See. Doch kaum zurück, brach er mit Ernst schon wieder auf, nach Rhodos, zum Wiedersehen mit dem Mittelmeer, zu Tamarisken, Felsen und rotem Wein, und vielleicht brachte Ernst von dort das Gefühl mit, dass die Zeit am Bodensee bald zu Ende gehe. Wer aus Rhodos kommt, weiß den Bodensee nicht mehr zu schätzen.

Zu den seltener gewordenen Besuchern im Weinberghaus gehörte Rudolf Schlichter. Er malte, während einige seiner Bilder in der Münchner Ausstellung »Entartete Kunst« zu sehen waren, ein neues Porträt Ernst Jüngers mit nacktem Oberkörper vor einer dramatischen Felskulisse. Der Blick geht, ohne einen Gegenstand zu fixieren, in die Ferne oder nach innen. Fast kann man diesen Augen, deren Bindehaut sich tatsächlich leicht rötete, ihre Empfindlichkeit ansehen. Ein toter Ast im Hintergrund scheint als bizarres Insekt direkt aus der Schulter herauszuwachsen und von dort die Felswand zu erklimmen. Ernst war dieses Gemälde ein wenig peinlich, und er bat darum, den nackten Leib mit einem Mantel gnädig zu verhüllen, schwarz, mit rotem Futter, dann könne man dem Bild den Titel *Auf den Marmorklippen* geben, und er würde gewiss einen Käufer dafür finden.

Wie ein Komet, der Unheil ankündigt, tauchte eines Nachts Heinrich von Trott zu Solz mit ein paar Begleitern bei ihnen auf, der jüngere Bruder des nach dem 20. Juli 1944 hingerichteten Adam von Trott zu Solz. Mit abgeblendeten Lichtern näherte sich sein Wagen auf dem Weg durch die Weinberge dem Haus. Ernst, der schon schlafen gegangen war, hörte das anschwellende Motorbrummen, bat Fritz, die etwas unheimlichen nächtlichen Besucher zu empfangen, und zog sich wieder zurück. Durch die Zimmerwand hörte er die Stimmen, ohne dem Gespräch folgen zu können. Er nahm die wachsende Erregung wahr, bis er schließlich im Schlafmantel hinüberging und sich in die nun stillere Runde setzte. Es war nicht entscheidend, worüber da gesprochen wurde, und er vergaß es rasch wieder. In Erinnerung behielt er nur, wie Fritz, als die Gäste gegangen waren, zu ihm sagte: »Du, die wollen den Hitler umbringen.« Aus diesem Erlebnis wurde in den *Marmorklippen* der nächtliche Besuch Sunmyras bei den Brüdern in der Rautenklause, eines finster entschlossenen Mannes, der gewillt ist, den Oberförster zu ermorden, stattdessen aber selbst den Kopf verliert.

Ein paar Tage später folgten sie gemeinsam einer Einladung des Fürsten Sturdza zum Gangfischessen nach Ermatingen auf der anderen Seite des Bodensees. Zum Fisch wurde reichlich getrunken, so viel, dass Ernst in der Nacht in tranceartige Zustände geriet. Vom Traum auf einen Bergkamm emporgehoben, sah er, wie die schönen Städte am Ufer des Bodensees brannten und wie sich die Flammen im Wasser spiegelten. Das war das Schlussbild der *Marmorklippen*. So jedenfalls stellte er es im Rückblick dar, um die traumvisionäre Herkunft der *Marmorklippen* zu beweisen. Den Untergang der deutschen Städte im Feuer sah er schon vor dem Krieg voraus, so wie er auch schon die Hinrichtungsstätten der Konzentrationslager erahnte und sie mit seiner »Schinderhütte« beschrieb, in der eine an Dr. Mengele erinnernde Figur den Ermordeten die Haut abzog. Alles war da als Bild; er musste es nur wahrnehmen und aufschreiben.

Vielleicht musste Ernst die Landschaft verlassen, in der sein Roman angesiedelt war, um ihn schreiben zu können, die sonnenverwöhnte Große Marina, halb Bodensee, halb Mittelmeer. Wie sonst hätte er mit den Sätzen beginnen können: »Ihr alle kennt die wilde Schwermut, die uns bei der Erinnerung an Zeiten des Glücks ergreift. Wie unwiderruflich sind sie doch dahin, und unbarmherziger sind wir von ihnen getrennt als durch alle Entfernungen.« Vielleicht zog er deshalb so überstürzt zurück in den Norden, in die Nähe Hannovers, wo Gretha in dem kleinen Dorf Kirchhorst unbesehen ein altes Pfarrhaus mit vierzehn Zimmern mietete. Fritz ging mit und ließ Citta erst einmal zurück. Auch in Kirchhorst erhielt er sein Stübchen. Der Abschied vom See und von der Geliebten wurde ihm dadurch erleichtert, dass er in eine Moorregion und in die Nähe Rehburgs zurückkehrte.

Den See aber vermisste er, und als sie am 1. März 1939 aus Überlingen abreisten, schrieb er in sein Tagebuch: »Tag des Abschiedes. Zita und Enner waren an der Bahn, als ich mit Ernst abfuhr. In Lindau sah ich den letzten Zipfel des Sees, und auf der Fahrt durch das Allgäu beschäftigten mich die beiden Jahre, die ich an seinen Ufern verbrachte. Mir wurde deutlich, dass mit ihnen ein neuer Abschnitt in meinem Leben begann. Ein Vorgefühl baldiger Rückkehr und Wiederkehr war in mir, zugleich aber das Gefühl, das uns jeder Abschied gibt, ein Gefühl des Todes.« Während Gretha das Haus renovieren ließ, in dem der Putz von den Wänden rieselte, warteten sie in Leisnig darauf, bis alles fertig wäre und sie ihnen das Signal zum Kommen gäbe. Sie gingen an der Mulde entlang und schauten den Elstern zu, wie sie Reisig

Die Mutter Karoline Jünger, geb. Lampl (1873–1950), der Vater Ernst Georg Jünger (1868–1943)

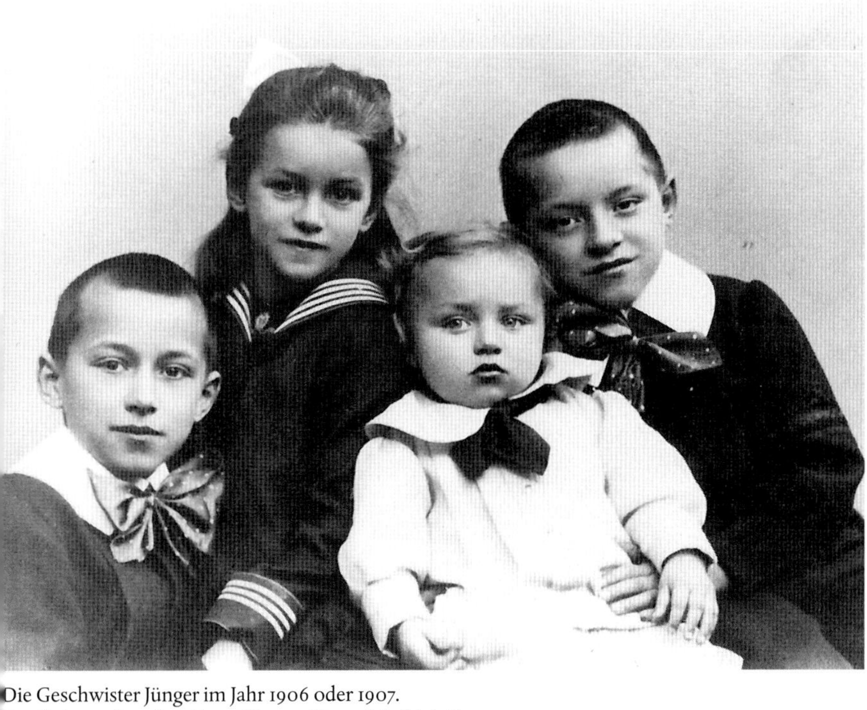

Die Geschwister Jünger im Jahr 1906 oder 1907.
Von links nach rechts: Ernst, Hanna, Hans, Friedrich Georg

Comic Strip »Jagderlebnisse«, Fritz Jünger 1914. Von oben nach unten:
Jagderlebnisse
Auszug nach Afrika.
Meer
Hirsch Jagd
Negerkampf
Alp Gemsen
Vogeljagd
Amerika
Kampf mit Indianer
Prairiebrand
Die Jagd auf den grauen Bären
Fritz Jünger 1914

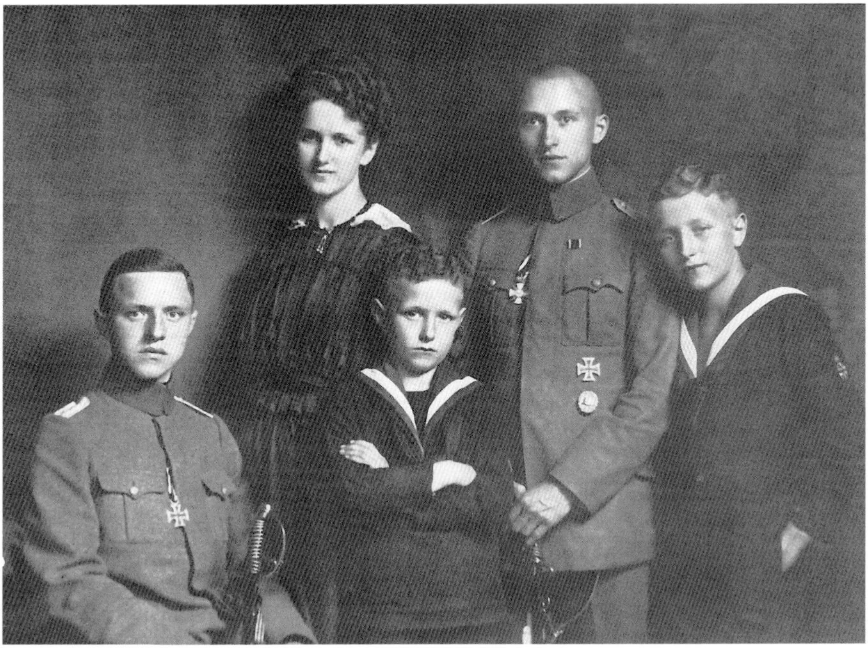

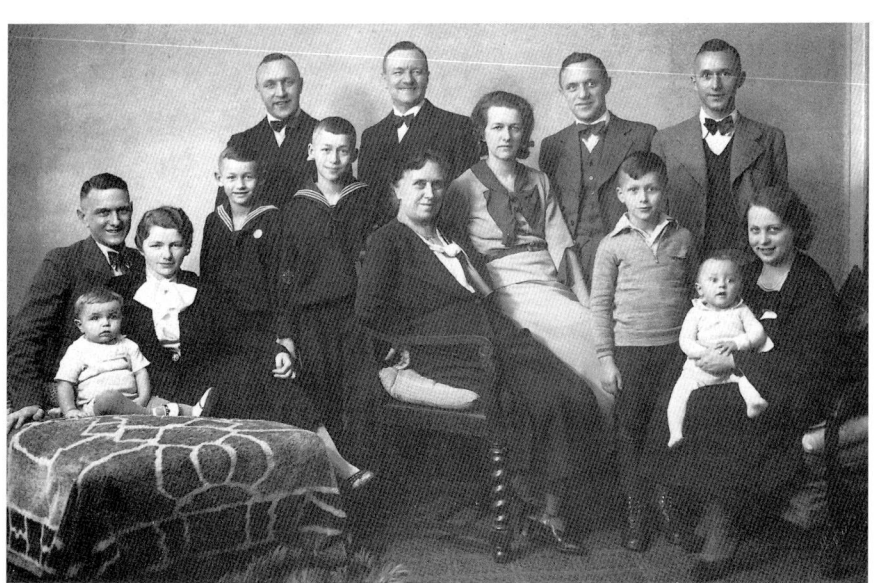

Die Geschwister Jünger um 1916/17 während des Ersten Weltkriegs.
Von links nach rechts: Friedrich Georg, Hanna, Wolfgang, Ernst, Hans

Familie Jünger, Weihnachten 1934

Wolfgang Jünger
Liane Jünger geb. Dröge
Hans Jünger
Dr. Ernst Jünger I
Dr. Fritz Jünger
Ernst Jünger II
Werner Deventer
Hanna Deventer geb. Jünger
Ernst Jünger III
Greta Jünger geb. v. Jeinsen
Wolfgang Jünger II
Kurt Deventer
Karolina Jünger geb. Lampe
Alexander Jünger

Citta Weickhardt,
Friedrich Georgs spätere Ehefrau,
in den 30er Jahren

A. Paul Weber: »Die Schachspieler«. Ernst und Friedrich Georg Jünger, 1935

Gretha Jünger, geb. von Jeinsen
(1906 – 1960) zur Zeit der Eheschließung mit Ernst Jünger im Jahr 1925

Die Brüder beim Baden am Bodensee, Überlingen 1952

Das »Weinberghaus« bei Überlingen, 1937
Die Oberförsterei in Wilflingen, Ernst Jüngers Wohnsitz von 1951 bis zu seinem Tod im Jahr 1998

Am Schreibtisch. Friedrich Georg im Arbeitszimmer in Überlingen, 1957;
Ernst in Wilflingen, 90er Jahre.

Im Überlinger Garten, 70. Geburtstag von Friedrich Georg Jünger

für ihre Nester herbeischafften. Zaubervögel. Und der Fluss murmelte leise und so rastlos wie die eigenen Erinnerungen.

In Kirchhorst – Ernst kam im März, Fritz einen Monat später – versuchten sie, den eingespielten Modus des Zusammenlebens mit Waldgängen und Ausflügen mit dem Rad fortzusetzen, wobei Fritz eine Sattelfeder brach und sie den Schmied in Burgdorf aufsuchen mussten. Ihre Gespräche kreisten um Sprache und Bilder, Begriffe und Stil. Oder es ging um Bruegel und um Boschs »Verlorenen Sohn«. Einmal fuhren sie mit dem Schwager im Auto bis nach Rehburg hinüber. Dort schlichen sie um das Elternhaus herum und sahen zum Giebelfenster hinauf, wo sie unterm Dach ihre Zimmer gehabt hatten, bis der Weltkrieg allem ein Ende gemacht hatte. Dass ein neuer Krieg unmittelbar bevorstand, muss ihnen klar gewesen sein. Der Krieg hatte für sie ja nie aufgehört. Sie zählten die Kriegsjahre weiter und waren nun im fünfundzwanzigsten angelangt. Die Zeit lief unerbittlich ab und drängte sie zur Eile. Ernst schrieb an den *Marmorklippen*, Fritz an den *Illusionen der Technik*, seiner großen, skeptischen Antwort auf Ernsts Utopie des *Arbeiters*. In zwei möglichst entfernten Räumen des Hauses klapperten ihre Schreibmaschinen, sie schrieben im Gleichtakt, so wie sie nebeneinander zu lesen gelernt hatten, sahen sich oft erst gegen Mittag zum Essen und schafften es, fristgerecht fertig zu werden, bevor der Krieg begann: Fritz mit einer ersten Fassung im Juli, Ernst am 12. August, exakt vierzehn Tage bevor er den Einberufungsbefehl erhielt und knapp drei Wochen bevor am 1. September, an Fritz' 41. Geburtstag, Hitler mit dem Angriff auf Polen den Krieg begann. Da blieb gerade noch Zeit, in einem Café in Burgdorf die Figuren durchzusprechen, und Fritz sagte: »Das verbieten sie dir entweder sofort oder nie.« Angeblich, so geht die Sage, habe Hitler selbst dafür gesorgt, dass Ernst Jünger unbehelligt blieb. Angeblich – so will es Gretha Jünger vom NSKK-Führer Adolf Hühnlein erfahren haben, mit dem sie aus früheren Zeiten bekannt war – versuchte Goebbels bei einer Tafelrunde Hitler klarzumachen, dass mit den *Marmorklippen* nun »genug Heu drunten« sei und endlich gegen Jünger vorgegangen werden müsse. Hitler habe das mit der Bemerkung abgelehnt: Lasst mir den in Ruhe, der hat große Verdienste.

Stattdessen wurde Ernst zum Hauptmann befördert. In der neuen

Uniform kam er noch ein paarmal zu Stippvisiten nach Kirchhorst und beeindruckte damit nicht nur Ernstel, sondern auch Gretha:»sein Gesicht tief gebräunt, so überaus schlank in der Uniform und ganz verändert«. Einmal stand er mitten in der Nacht mit Stahlhelm und in voller Kriegsmontur an ihrem Bett; sie erwachte von einem Geräusch und vom Geruch nach Leder und gewichsten Kanonenstiefeln. Das roch nach Soldaten, und sie roch das gern. Fritz, der wegen seiner Verletzung keine Einberufung erhielt, hatte alle Kriegsbegeisterung verloren. Er vermisste das so abrupt abgerissene Gespräch mit Ernst, und als er ein paar Wochen später noch einmal allein das Café in Burgdorf aufsuchte und erfuhr, dass das schöne Mädchen, das sie bedient hatte, an Magengeschwüren erkrankt war, wäre er fast in Tränen ausgebrochen. Nichts blieb, wie es war. Er las die Tagebücher von André Gide und die Briefe des Erasmus, wo er am Rand Abdrücke von Ernsts Daumennagel fand, mit denen der Bruder bestimmte Stellen herausgehoben hatte. Im Dorf wurde es still. Der Verkehr auf der Straße ließ nach. Nachts herrschte Verdunkelungspflicht. Eine Flugplatzattrappe wurde zur Verwirrung feindlicher Flieger angelegt. Die Kraniche flogen in großen Zügen südwärts. Im Garten reiften Trauben, Nüsse und Äpfel so verschwenderisch, als wüssten sie, dass es jetzt darauf ankäme, Vorräte anzulegen.

Das Eingreifen Russlands in den Krieg schockierte Fritz, der, hierin ein Schüler von Niekisch, zwar die Partnerschaft von Bolschewismus und deutschem Nationalismus propagiert, dabei aber nicht an eine Teilung Polens als Teilung der Beute gedacht hatte.»Wir befinden uns mitten im Maehlstrom«, schrieb er an Ernst, den er irgendwo am Westwall vermutete. Die gleichnamige Erzählung von Edgar Allan Poe gehörte zu ihrer gemeinsamen, kostbarsten Lesefracht. Die Geschichte vom Strudel, der alles verschlingt, der die Schiffe in die Tiefe reißt und nur dem eine Überlebenschance bietet, der bereit ist, alles Schwere loszulassen, beschrieb nun ihre eigene historische Lage.»Die elementare Kraft des Vorgangs ist ungeheuer groß«, schrieb er,»so groß, dass die handelnden Figuren in ihm nur als kleine, schäbige Instrumente auftreten, als subalterne Maschinisten, die nichts in der Hand halten. Der Krieg« wird lange dauern, in jedem Falle muss man damit rechnen und sich darauf einrichten. Mag er ausgehen, wie er will, aus den Folgen werden wir nicht mehr herauskommen.« So wie die Menschen miteinander umgingen, selbst hier im Dorf, wo keiner dem anderen traute, wo man Angst haben musste vor Denunziation und Bespitzelung, wo alle Beziehungen vergiftet waren und jeder zum Teufel des anderen wurde, fragte er sich, »wie all der Unrat, der sich aufgehäuft hat, wieder fortzuschaffen ist«. Dass aber der Krieg letztlich eine reinigende Funktion habe – an diesem Glauben wollte er nicht rütteln und hätte das Ernst gegenüber auch nicht zugegeben. So schrieb er ihm: »Es ist ein müßiges Unterfangen, Dinge, die für die Zerstörung reif sind, in ihrem Bestande erhalten zu wollen. Nach wie vor habe ich aber das feste Vertrauen, dass alle Zerstörung im Dienste eines Ordnungsvorgangs steht.«

Im Oktober kam Citta nach Kirchhorst. Das Standesamt setzte die Eheschließung auf den 2. Dezember 1939 fest. Mag sein, dass die Entscheidung, jetzt zu heiraten, auch dem Bedürfnis geschuldet war, in unsicheren Zeiten wenigstens im Privaten Sicherheit zu schaffen. Viele Soldaten heirateten noch rasch, bevor sie an die Front mussten. Doch Fritz war kein Soldat. Zur Hochzeitsfeier reiste Hans aus Berlin an, der den vergeblich herbeigewünschten Ernst als Trauzeugen vertrat. Die Schwägerin Anna und ein paar Freunde versammelten sich um den mit Tannengrün geschmückten Tisch, bis, wie Gretha berichtet, kurz nach Mitternacht Hans die zierliche Braut nach oben trug und sie zu Fritz ins Brautbett legte. Die kleine Gesellschaft folgte mit brennenden Kerzen. »Krieg zwischen Russland und Finnland«, notierte Fritz am Ende dieses Tages.

14 (FEUER, WASSER, ERDE, LUFT)

Wilflingen 1996

Darüber zu sprechen, öffentlich gar, hätte die Dimension des Ereignisses verfehlt. Gott ist nur im Gleichnis zu fassen. Das Universum ist ein Gleichnis. Es ist uns in den Grundfesten vertraut. Der Garten ist ein Gleichnis, das Gras und der Wind. Licht und Schatten sind Gleichnisse wie Leben und Tod, Ordnung und Chaos, und flüchtig ist alles, was durch Worte gefasst werden kann. Worte sind Echos, Atemhauch auf Spiegelglas. Worte sind Fassungen, sie sind die dünne, transparente Haut der Dinge. Er wollte die Fassung bewahren, im Leben und im Tod, im Anfang und im Ende, denn Anfang und Ende sind hier und jetzt, so wie es immer ist. So dachte er, so sprach er mit sich selbst und schrieb es hin. Wenn sein Hörgerät rauschte, denn er hörte schlecht seit einiger Zeit, dann war das, als ob er die Elementarteilchen belauschte. Es war notwendig zu wissen, was die Erde will. Das Moos in den Mauerfugen, der Sand in der Wüste, Wolken, Wellen, Flammen, Schnee – das alles war des Studiums wert.

Am 26. September 1996 empfing er in der Wilflinger Kirche Sankt Johannes Nepomuk nach katholischem Ritus die Sakramente der Firmung und der Eucharistie. »Niemand tritt ein, der nicht durch die Erde geweiht wurde, sei er durch Wasser, durch Feuer oder durch Asche an seiner Stirn berührt.« Annäherungen, Ahnungen. Wenn er gefragt wurde, sagte er, er sei konvertiert, weil er so begraben werden wolle wie alle hier, also nach katholischem Ritus. Er wollte der Erde und den Menschen näher sein. Auch Liselotte erklärte er die Sache so. Und es stimmte ja auch. In dieser Gegend musste man einfach katholisch werden: Diese schwingende Harmonie von Erde und Himmel, wie sie die oberschwäbische Landschaft hervorbrachte, und diese Dörfer, die zuverlässig von Kirchturmspitzen gekrönt wurden. Dass er nun der Kirche seiner Mutter angehörte, war eine Heimkehr, nicht so sehr in den Glauben als in den Brauch. Denn der Glaube ist immer schon da, er braucht nur eine Fassung, in der er erscheint. Christ zu sein, so hatte er noch kurz vor dem Hundertsten behauptet, sei »nicht nötig«, ja, er sei, ganz wie sein Vater,»unfähig dazu, einer positiven Konfession oder Religion anzugehören«. Er besaß einen Sinn für das Heilige und für die kosmischen Ursprünge. Doch wenn alles Wandel war, Bewegung und Wiederkehr, wozu brauchte es dann die Auferstehung? Vergänglich wie alle Tempel ist auch die katholische Kirche. Ihre stolzen Kathedralen sind provisorische Zeltunterkünfte auf dem Gang durch die Zeit. Als die drei alten Glocken der Wilflinger Kirche, ausgeschlagen von jahrhundertelangem Gebrauch, zur Restauration heruntergeholt und weggebracht wurden, stand er mit Liselotte dabei und beobachtete die Zeremonie der Verabschiedung. Tief eingeprägt hatte sich ihm der Tod eines Nachbarn im Dorf. Der Pfarrer segnete die Leiche am Hoftor aus, legte Weihrauch auf glühende Kohlen, sprengte Weihwasser und schlug das Kreuz. Als der Sarg zum Friedhof hinübergefahren wurde, jagten die Schwalben schreiend darüber hinweg und streiften ihn fast mit den Flügeln. Die Erde im offenen Grab war rotbraun und ließ die Gebeine der Vorfahren als dunkle Reste erkennen. »Asche zu Asche, Staub zu Staub.«

Zu den Gedichten, die ihn durch die Jahrzehnte begleiteten, gehörte das Kirchenlied von Johann Timotheus Hermes:»Ich hab von ferne / Herr, Deinen Thron erblickt / Und hätte gerne / Mein Herz vorausgeschickt / Und hätte gern mein müdes Leben / Schöpfer der Geister, Dir hingegeben.« Obwohl er, gänzlich unmusikalisch, eigentlich nicht singen konnte, hatte er es oft und gern gesungen, wenn er allein durch den Wald gestreift war oder morgens beim Rasieren im Bad. Als Gebet für seinen Konversionsgottesdienst wählte er Psalm 73 aus, der in seinem Leben eine so bedeutende Rolle spielte. Rudolf Schlichter hatte ihn im Dezember 1939 erstmals darauf hingewiesen. Als Datum der ersten Lektüre des Psalms ist in seiner Bibel der 7. Februar 1940 vermerkt, so wie er im Lauf seiner mehrfachen Bibellektüre neben den gelesenen Abschnitt stets das Datum notierte. Am 11. März 1950 las er den 73. Psalm wieder; neben Vers 26 – »Wenn mir gleich Leib und Seele verschmachtet, so bist du doch, Gott, allezeit meines Herzens Trost und mein Teil. Denn siehe, die von dir weichen, werden umkommen; du bringest um, alle die von dir abfallen« – ist der 24. März 1945 festgehalten. Psalm 73 handelt von Anfechtung und

Zweifeln Asaphs: Warum straft Gott die Gottlosen nicht, sondern lässt es ihnen auch noch gut gehen? »Sie sind nicht in Unglück wie andere Leute und werden nicht wie andere Menschen geplagt. Ihre Person brüstet sich wie ein fetter Wanst; sie tun, was sie nur gedenken. Sie achten alles für nichts und reden übel davon und reden und lästern hoch her. Was sie reden, das muss vom Himmel herab geredet sein; was sie sagen, das muss gelten auf Erden. Darum fällt ihnen der Pöbel zu und laufen ihnen zu mit Haufen wie Wasser und sprechen: ›Was sollte Gott nach jenen fragen? Was sollte der Höchste ihrer achten?‹ Siehe, das sind die Gottlosen; die sind glücklich in der Welt und werden reich.«

Es war nicht schwer, diese Verse im Jahr 1940 auf die Nationalsozialisten zu beziehen, die auf dem Höhepunkt ihrer Macht standen, alles für nichts erachteten und denen der Pöbel hinterherlief. Wie einen Kassiber schmuggelte er den Psalm in sein Tagebuch vom Vormarsch in Frankreich, das 1942 unter dem Titel *Gärten und Straßen* erschien. Um ihn hervorzuheben, stellte er ihn an einen ganz besonderen Tag, den 29. März 1940, den er am Westwall, am Rhein verbrachte: »Am Morgen dieses 45. Geburtstages schien die Sonne sehr schön im lichten Pappelhain. Wie immer kam Rehm als Erster in die Hütte, gratulierte und stellte Blumen und Orangen auf den Tisch. Dann zog ich mich an und las am offenen Fenster den 73sten Psalm.« So unscheinbar diese Nennung auch war, sie fiel doch auf. Der sich brüstende Fettwanst – das war doch Göring. Und der da sein Maul bis zum Himmel aufriss – das konnte nur Goebbels sein. Ein Jahr brauchte die Zensurbehörde, um dahinterzukommen, machte dann aber die Neuauflage von der Tilgung des Hinweises auf Psalm 73 abhängig. Er weigerte sich und nahm in Kauf, dass das Buch innerhalb der Grenzen des Deutschen Reiches nicht wieder erschien.

Der Sprecher des Psalms überwindet seine Zweifel, findet zurück zu Gott und setzt all seine Zuversicht auf ihn. »Wenn ich nur dich habe, so frage ich nichts nach Himmel und Erde.« An Schlichter schrieb Ernst schon im Februar 1940: »Der 73. Psalm steht in der Tat gleich einem Monument aus Erz im Wandel der Zeit.« Und Fritz teilte ihm nach der Lektüre der *Gärten und Straßen* mit: »Psalm 73, der von Dir zitiert wird, schlug ich nach; diesen Gesang Asaphs hören die Frevler nicht gern. Aber der Psalm ist gut, ein Resultat reifer Erfahrung; auch zeigt er, dass alles wiederkehrt.«

»Die großen Abschnitte der Geschichte beginnen mit einer neuen Religion und jene im Leben des Einzelnen mit einem neuen Gebet«, hatte Ernst am Beginn seines Alterstagebuchs *Siebzig verweht*, vor über dreißig Jahren, geschrieben. Denn die Gebete sind flüchtig, nur die Verehrung ist beständig, so beständig wie das Leben selbst. »Die Wesen und Dinge verehren durch Existenz. Wenn die Sonne aufgeht, begrüßt sie das Konzert der Tiere aus den Wäldern; die Blüten wenden sich ihr zu. Selbst das Gestein beginnt zu atmen; es dehnt sich aus.« Sein Glaubensbekenntnis entnahm er nicht der katholischen Liturgie, es reifte in ihm heran, und es gab keinen Grund, jetzt etwas daran zu ändern. Er existierte, er verehrte. Am 1. August 1991 hatte er es aufgeschrieben, dann noch einmal in einer leicht überarbeiteten Fassung am 2. Mai 1992. Er nannte es »Annäherung« – sein Begriff für Transzendenz, der das Göttliche ebenso umfasste wie seine Drogenerfahrungen:

Ich klopfe an, ich klopfe an, ich klopfe an.
Im Namen des Vaters, des Sohnes,
Des Heiligen Geistes und der Erde
Und des Wassers
Mit dem Herrn über dem Wasser. Dank
Zwerge, Zwerge, Zwerge
Waage, Waage, Waage
Sterne, Sterne, Sterne
Waage, Waage, Waage
Sinai
Sonne, Sonne, Sonne
Amen Dank

Wenn Gedanken zu klingen beginnen, verlassen die Worte die Sphäre konkreter Bedeutung. Die Verse waren weniger zu sprechen, als zu summen oder zu erlauschen. Sie gehörten nicht der Sprache an, sondern der Musik. Sie trugen das Christentum und das mosaische Gesetz des Alten Testaments in sich, wie sie auch namenlose Naturgeister und die Elemente selbst aufnahmen. In ihnen wirkte Franz von Assisi die Elemente aufrufender »Sonnengang« ebenso nach wie Herders »Abschied des Einsiedlers«, ein Gedicht, das er ganz besonders schätzte, weil es für sein Empfinden über die Religionen hinausführte: »Erde, du meine Mutter, und du mein Vater, der Lufthauch / Und du, Feuer, mein Freund, du mein Verwandter, der Strom, / Und mein Bruder, der Himmel, ich sag euch allen mit Ehrfurcht / Freundlichen Dank. Mit euch hab' ich hienieden gelebt, / Und geh jetzt zur anderen Welt, euch gerne verlassend; / Lebt wohl, Bruder und Freund, Vater und Mutter, lebt wohl.« Er übernahm Herders Beschwörung der Elemente der Natur und erhöhte sie noch in seinem Gebet. Die Wortreihen stellten eine kosmische Ordnung dar, so wie auch die in Reih und Glied geordneten Käfer seiner Sammlung Cluster bildeten. Die einzelnen Elemente befanden sich in einem Gleichgewicht. In den Religionen manifestierte sich ebenso wie in der Physik und in allen Naturwissenschaften der Glaube, dass alles miteinander zusammenhängt. Religionen sind Kunstwerke, mehr oder weniger gelungen. Auf einer alten Karteikarte, die auf den 21. November 1934 datiert war, hatte er eine erste, schematische Ordnung skizziert. »Wasser«, »Luft«, »Feuer« und »Erde« hatte er auf die vier Ecken der Karte verteilt. Zwischen Wasser und Luft schrieb er »Schaum« und verband die Worte mit Strichen. Zwischen Luft und Feuer schrieb er »Glast«, zwischen Feuer und Erde »Magma«, zwischen Erde und Wasser »Sumpf«. Er hätte auch die Diagonalen ziehen können, um zwischen Erde und Luft den Staub, zwischen Feuer und Wasser den Dampf zu setzen.

Die Karte markierte einen Übergang, den vom »Elementaren« zu den Elementen und damit den Weg aus der Geschichte und der Politik heraus und zurück in die Natur. Das Elementare war ein diffuser Feuersturm, sublimiertes Kriegserlebnis, ein Flammenwerfer, den er auf die Welt der Bürger und ihrer Institutionen richten wollte. Dann erst, so hatte er sich 1929 in einen Rausch hineingeschrieben, »wenn dies alles, dieses Schauspiel der im Leeren kreisenden Kreise, hinweggefegt ist, wird sich *das* entfalten können, was noch an Natur, an Elementarem, an echter Wildheit, an Ursprache, an Fähigkeit zu wirklicher Zeugung mit Blut und Samen in uns steckt«. Im *Arbeiter* ist der Zerstörung als »Einbruch elementarer Mächte in den bürgerlichen

Raum« ein eigenes Kapitel gewidmet. Mit Carl Schmitt hatte er dann immer wieder über die Bedeutung der Elemente gesprochen; Feuer, hatte Schmitt behauptet, sei dem Nihilismus zuzuordnen. Nihilistisch sei auch der Drang, die Toten in Krematorien zu verbrennen. Doch aus der Asche entstehe der Vogel Phönix, also das Element der Luft. Seltsam, hatte Schmitt hinzugefügt, dass es Land-, Luft- und Wasserheere gibt, aber kein Feuerheer. Was könnte das sein neben Wehrmacht, Luftwaffe und Marine? »Luft ist, homöopathisch gesprochen, Meer in höherer Potenz«, hatte Ernst erwidert und damit die Verwandtschaft von Luftwaffe und Marine begründen wollen. »Die Orientierung in der Luft ist nautischer Art. Auch der abstrakte Raum fordert aeronautischen Sinn. Die Erde wird dann in toto Land, wird Insel im Äthermeer. Beim Feuer müssen wir unterscheiden zwischen kosmischem und Erdfeuer, das magmatisch ist. Mit der Raumfahrt wird die Verwendung des kosmischen Feuers als Waffe beginnen; es ist weitaus gefährlicher als das tellurische der Explosionswaffen, ist reine strahlende Kraft.«

Alles ließ sich aus den Elementen ableiten. Aus ihnen und ihren unermesslichen Kräften ging die Erdgeschichte hervor, die Evolution, die Tiere und die Pflanzen. Alle Lebewesen erhielten dadurch, dass sie einem der vier Elemente angehörten, ihre besondere Ausrüstung. Die Luft gab Flügel, das Wasser Flossen, die Erde klammernde und schreitende Organe, das Feuer die bunten Farben und strahlende Schilder. In jedem Einzelnen wirkte diese Kraft von innen heraus, und wer die Körper und Physiognomien zu lesen verstand, konnte ihre Geschichte rekonstruieren. Dazu fiel ihm Friedrich Georgs »Geleitspruch« ein, der ihm seit 1941 als Glücksbringer diente: »Was sind Talismane, Amulette? / Hoffe nicht, dass Dich ein Fremdes rette. // Was an Dir ist von den Salamandern / Wird die Flamme unverletzt durchwandern. // Feuer hebt Dich, und Du wirst nicht bangen, / Nicht vor Skorpionen, nicht vor Schlangen. // Heil, wie Du auf diese Welt gekommen, / Unzerstörbar wirst Du fortgenommen.«

Und nun war er also katholisch geworden. Was das wohl zu bedeuten hatte.

15 (LUFT)

Überlingen 1942

Eines Nachts träumte Fritz, sein Haar sei weiß geworden, so weiß wie das des noch gar nicht sehr alten Erzählers von Edgar Allan Poe, der den Mahlstrom überlebte. Er wunderte sich darüber, trat vor den Spiegel und fuhr mit der Hand über den Kopf. Da flog das Weiße wie ein Flaum davon. Der Traum stimmte ihn heiter, lächelnd wachte er auf. Das Zimmer, in dem er schrieb, war zur »Federstube« geworden. Zunächst lagen nur einzelne Vogelfedern herum, die er von seinen Spaziergängen mitbrachte, weil er merkte, welche Freude Citta daran fand. Dann begann Citta damit, die Federn in Rahmen hinter Glas zu stecken, wo sie sich auf weißem Untergrund wie Kunstwerke ausnahmen. Eine bunte Papageienfeder, die Ernst aus dem Pariser Jardin des Plantes schickte, kombinierte sie mit der Schwungfeder eines Goldfasans, der Flügelfeder eines Perlhuhns und einer schwarz-blau gebänderten Eichelhäherfeder. In den nächsten Rahmen kam eine der Blaurackenfedern, die Fritz in Rhodos gefunden hatte, und daneben die Feder eines der selten gewordenen Birkhühner aus dem Kirchhorster Moor. Doch damit nicht genug. Tannenkränze, Blumenstöcke und Vasen mit hohem Sumpfgras, das Citta vom Dingelsdorfer Seeufer herbeischaffte, verwandelten den Raum in eine duftende Landschaft; die äußere Natur kehrte ins Innere des Hauses ein. Eigentlich fehlten darin nur noch die Kraniche, die Reiher und die Möwen.

Citta wusste, was zu tun war, damit Friedrich Georg, den sie lieber Georg als Fritz nannte, aus der depressiven Stimmung des Frühjahrs 1942 herausfände und im Haus an der Überlinger Seepromenade heimisch würde. Citta hatte das Haus mit der »Bunten Stube« von ihrer Mutter geerbt, die im vorigen Oktober gestorben und bei Sturm und Regen auf dem Überlinger Friedhof beerdigt worden war. Die »Bunte Stube« wurde zur einzigen verlässlichen Einnahmequelle der Familie, das Haus zu ihrem dauerhaften Wohnsitz bis zum Lebensende. Ihre Seeuferklause. Sie lebten von dem, was Citta am Souvenirbedürfnis der Feriengäste verdiente. Fritz trug mit seinen Schriften und seiner Weltkriegspension nur wenig zum Unterhalt bei – ein paar hundert Mark, die er Monat für Monat als seinen Anteil am Haushaltsgeld Citta überreichte.

Etwas in ihm sei auf erbarmungslose Weise zugrunde gegangen, schrieb er im März 1942 nach Paris, wo Ernst im Führungsstab der Wehrmacht unter Generaloberst Hans Speidel diente. Er fühle sich so, als ob in ihm etwas weggeätzt werde, einschließlich der Erinnerungen. Ein Druck lastete auf ihm, das Vorgefühl kommenden Unheils, gegen das er nichts ausrichten konnte. Beim Einschlafen dachte er daran, wie gut es wäre, nicht wieder aufzuwachen. »Vielleicht«, schrieb er, »passe ich mich auf diese Weise dem Status an, in dem wir uns befinden und dem wir entgegensteuern. Die Schwungfedern werden ausgerupft. Das mag heilsam sein, wenn auch ohne Trost.« Die Menschen, die sich belauerten und misstrauten und dabei immer stumpfer wurden, ekelten ihn an. Nachdem alle Ideen und Anschauungen verdampft waren, blieb nur noch die pure Mechanik ihrer Handlungen übrig. Er hielt sich lieber an die Tiere, die Vögel und die Pflanzen im Garten, aber auch sie waren gezeichnet. Der Zug der Kraniche erinnerte jetzt an Fliegergeschwader. Das Geschrei der Käuzchen wurde vom nächtlichen Lärm der Flakgeschütze übertönt. Am See gab es keinen Fisch mehr zu kaufen, keine Erdbeeren, keinen einzigen Salatkopf, weil alles beschlagnahmt wurde.

Noch von Kirchhorst aus, wo er bis ins zweite Kriegsjahr die Stellung gehalten hatte, als wäre es seine wichtigste Aufgabe, diesen Ort für Ernst in Schuss zu halten, hatte er die Vogelsammlung im hannoverschen Provinzialmuseum besucht, die ganz nach den Leitlinien des Darwinismus angeordnet war. Das Ergebnis schien ihm kurios. Die ganze Fülle der Arten und die Vielfalt der Formen dienten nur dazu, Stück für Stück ein schablonenhaftes Denken zu beweisen. Die Vorstellung, dass prächtige Vögel mit prächtigem Gefieder entstanden, weil sie günstige Bedingungen für Prächtigkeit vorfanden, kam ihm platt und plump vor. Die Schnäbel wurden dicker oder dünner, die Hälse länger oder kürzer, je nach Bedarf und je nach Milieu: War das nicht ein mindestens ebenso wunderlicher Glaube wie der christliche Schöpfungsgedanke? Alle Entstehungsprozesse auf pure Zweckmäßigkeit zu reduzieren, hieß, dem Leben die Seele auszutreiben und auf mechanische Weise den Begriff des Fortschritts auf die Natur zu übertragen, wo er noch viel weniger zu suchen hatte als in der Geschichte. Fritz' zyklisches Denken konnte in einer linearen Entwicklungslehre nicht aufgehen. In Ernsts Bibliothek hatte er ein Buch über den schwedischen Botaniker Carl von Linné gefunden, dessen System der Pflanzenklassifizierung ihn so beschäftigte, dass er seine Gedanken auch Ernst mitteilte:»Mir scheint, dass alle puren Entwicklungstheorien sich selbst widerlegen müssen, durch die Überspannung und Aushöhlung des Entwicklungsbegriffes, der das nicht leisten kann, was man ihm abverlangt. Daher das Gummiartige der Anpassungsbegriffe, die alles und damit nichts erklären und bei denen zwischen Anpassung und Verwandlung gar nicht mehr unterschieden werden kann. Das protoplasmatische Wesen dieser Theorien, in denen die ganze Art zerfließt, war mir von jeher widrig. Sie arbeiten mit Plastilin.« Wie Goethe auf seiner Suche nach der Urpflanze suchte Fritz nach dem Wesen der Natur und jeder einzelnen Art. Eine Idee kam in jedem Wesen zum Ausdruck, und vielleicht waren Schönheit, Farbenpracht und Vielfalt der Formen nichts anderes als eine Ahnung davon, als die wechselnde Kostümierung des Immergleichen. Metaphysik ist Farbenlehre für Blinde.

Den Kirchhorster Garten hatte Fritz, so lange er sich darum kümmerte, allmählich in einen Kriegsgarten verwandelt. Die Nutzpflanzen waren auf dem Vormarsch. Erbsen, Bohnen, Lauch, Mangold, Zwiebeln, Möhren, Schwarzwurzeln, Kresse, Rettich, Mais und dicke Bohnen drängten Dahlien, Rosen und Wicken zurück. Alles, was essbar war, war gut; Zweckmäßigkeit siegte auch hier. Dass Gartenarbeit keine friedliche Tätigkeit ist, dass sie geradezu kriegerische Dimensionen annehmen kann, hatte Fritz schon in dem Gedicht»Der Garten« beschrieben: Wie ein Diktator herrscht dort der Gärtner in seinem Reich und stellt die edlen Gewächse unter seinen Schutz. Ständig hat er sich fremder Eindringlinge zu erwehren, die durch die Zäune und über die Gräben hinweg vorrücken. Wolfsmilch und Lattich und anderes rüstige Bettelvolk nähert sich bewehrt und bestachelt den Beeten. Fliegende Samen, an denen Kletten wie Fallschirmspringer haften, erobern den fruchtbaren Boden, und in der Tiefe, an den Wurzeln, nagen und wühlen die Engerlinge. Die Wildnis führt Krieg gegen die zivilisierte Blumenwelt, und sie würde triumphieren, sobald der Gärtner auch nur einen Moment zögerte, alles Niedere mit Stumpf und Stiel und roher Gewalt auszureißen und zu vernichten.

Nach dem schnellen Sieg über Frankreich und dem Waffenstillstand im Juni 1940 war Ernst noch einmal für ein halbes Jahr zurückgekehrt. Fritz erfuhr von ihm Dinge, die nicht in den Zeitungen standen und die er zunächst gar nicht glauben wollte: Geisteskranke und Behinderte wurden in Deutschland systematisch umgebracht. Sie galten als unnütze Esser, als Geschwüre im gesunden Volkskörper. Dieser sich in aller Stille vollziehende Massenmord war ein weiteres Beispiel für eine fehlgeleitete Rationalität, die in Barbarei umschlug. »Raskolnikow tötete eine alte Wucherin, weil er sie für nutzlos hielt, aus rationalen Erwägungen also«, notierte Fritz am 20. November 1940 im Tagebuch. »Auf diesem Wege ist schwer ein Halt zu finden. Wenn rationale Erwägungen den Ausschlag geben, warum soll man dann nicht die alten Leute töten, warum nicht die pensionierten Beamten? Warum soll man die Toten nicht zu Seife verkochen, da das Nutzen bringt?« In der Perspektive seiner umfassenden Technikkritik erschienen ihm die Schergen des Massenmordes wie Mechaniker, die dem kindlichen Glauben anhingen, man könne dem Wahnsinn beikommen, indem man die Wahnsinnigen tötet. »Aber die Nägel, die ich abschneide, wachsen von innen her nach. Ich kann die Geisteskrankheiten nicht beseitigen, denn sie produzieren sich unablässig von neuem im Menschen; sie gehören zu ihm, wie der Verstand zu ihm gehört. Früher hegte man vor diesen Kranken Scheu, man sah in ihnen geheiligte Wesen.«

Nicht in Kirchhorst, sondern bei den Eltern in Leisnig erhielt Fritz kurz vor Weihnachten 1940 Besuch von zwei Beamten der Gestapo. Sie durchwühlten sein Schlafzimmer und nahmen ihn mit zum Verhör auf die Wache. Es ging vor allem um seine Beziehung zu Niekisch, der in Berlin im Zuchthaus saß. So wie er es im Tagebuch schildert, nahm er das Ereignis weniger als Bedrohung denn als Skurrilität wahr. »Der Beamte, der das Protokoll führte, war so unfähig, dass ich ihm das Protokoll diktieren musste. Auch fehlten ihm alle Kenntnisse des Zweckes und Zieles dieser Untersuchung; er führte seinen Auftrag mangelhaft aus. Endlich fehlte ihm jeder Begriff von Ironie. ›Es ist möglich‹, sagte er, ›ein Gedicht so abzufassen, dass etwas darin steht, das eine ganz andere Bedeutung hat.‹ ›Das ist doch wohl nicht möglich‹, antwortete ich. ›Doch, doch‹, sagte er mit Nachdruck. Er trat drohend auf. Ich musste das Protokoll unterzeichnen, meinen Pass abliefern und mich verpflichten, je ein Stück meiner Bücher an die Staatspolizeistelle in Leipzig einzusenden. Auch wurde mir Schweigepflicht unter der Androhung von Zwangsmaßnahmen geboten.« Er konnte die Leute, die sich da an ihm zu schaffen machten, nicht ganz ernst nehmen, weil sie nicht sein Niveau besaßen. Vielleicht unterschätzte er deshalb die Gefahr. Vielleicht hatte er aber auch ganz recht in der Annahme, dass der Schutz, den Ernst genoss, auch für ihn gelten würde. Gemeinsam befanden sie sich in Gegnerschaft zu Hitler, aber, wie Ernst das im Rückblick formulierte: nicht auf der politischen Ebene. Sie befanden sich in einer anderen Dimension. Deshalb hielten sie sich auch für unerreichbar, und sie hatten das Glück, dass diese Illusion nicht zerstört wurde.

Auch Ernst hatte in Kirchhorst eine Haussuchung wegen Niekisch zu erdulden; die Gestapo machte ihre Arbeit. Das blieb ihm trotz der mutmaßlichen Protektion durch Hitler nicht erspart. Einer der beiden Polizisten zeigte ihm ein ganzes Bündel seiner Briefe an Niekisch vor, um zu demonstrieren, dass alles Leugnen vergeblich wäre. Er begriff, dass Verstecke und auch seine Hauptmannsuniform nichts nutzten, und verbrannte daraufhin Niekischs Briefe, gefährliche Bücher und ein Tagebuch aus dem Jahr 1933 im Garten.

Die *Illusionen der Technik* waren – abgesehen von einem Vorabdruck in der Zeitschrift »Corona« – noch nicht erschienen, und es war ungewiss, ob sie überhaupt erscheinen würden. Es war riskant, Gedanken zu entwickeln, die den technischen Fortschritt in Frage stellten und die alles erfassende »totale Mobilmachung« als Raubbau an der Natur mit verheerenden Konsequenzen auffassten. Mit diesem Buch ließ sich kein Krieg führen. Friedrich Georg fügte Ernsts Visionen aus dem *Arbeiter*, der die »totale Mobilmachung« in einem absoluten Staat noch herbeigeschrieben hatte, etwas Entscheidendes hinzu: den ökologischen Aspekt. Das macht die *Illusionen* oder, wie der Titel später lautete, *Die Perfektion der Technik* zu einem erstaunlich hellsichtigen

Buch, das im Lauf der Jahrzehnte an Aktualität noch gewinnen sollte – bis hin zu Überlegungen zu alternativer Landwirtschaft, zur Ablehnung der Atomenergie und der umfassenden Kritik des Fortschrittsbegriffs. Erstaunlich daran ist nicht nur, dass dieses urgrüne Manifest vor und während des Zweiten Weltkrieges entstand, sondern mehr noch, dass von der »totalen Mobilmachung« zur totalen Technikkritik nur ein Wechsel der Vorzeichen erforderlich war.

Die Perfektion der Technik steht in einer Reihe mit der *Dialektik der Aufklärung* von Adorno und Horkheimer, mit der *Antiquiertheit des Menschen* von Günther Anders oder der *Kritik der ökonomischen Vernunft* von André Gorz – und geht ihnen voraus. Doch im Unterschied zu diesen spielten Friedrich Georg Jüngers Überlegungen in der entstehenden grün-alternativen Bewegung der Bundesrepublik keine Rolle – vielleicht deshalb, weil er in seiner zwar durchaus marxistisch inspirierten Kapitalismuskritik der damals hoch gehandelten Klassenfrage keine Bedeutung beimaß. Ausbeutung der Natur bleibt auch unter der Herrschaft der Arbeiterklasse Ausbeutung der Natur, solange Technik und technische Rationalität dominieren. Dabei hätte es durchaus Übereinstimmungen zwischen rechten und linken Positionen gegeben: der antibürgerliche Affekt, der Antiamerikanismus, die antikapitalistische Grundhaltung. Doch ideologische Grenzziehungen waren in den Jahren um und nach 1968 wichtiger als die Suche nach Bündnissen über das eigene Lager hinaus.

Sich auf Friedrich Georg Jünger und seine *Perfektion der Technik* zu beziehen, hätte darüber hinaus bedeutet, die Wurzeln der ökologischen Bewegung im Konservatismus der Nachkriegszeit aufzufinden, ja von dort aus auf Ernst Jüngers *Arbeiter* und die nationalistische Bewegung der zwanziger Jahre zurückzublicken. Es hätte bedeutet, ungemütliche Entwicklungslinien zu entdecken. So wurde dieses Buch übersehen oder übergangen – bis heute. Es ist konservativ in einem verzweifelten Sinne: Nur Rückzug, Passivität, Geschichtsferne sind sinnvoll; alles Handeln würde die Lage dagegen verschlimmern. Die Sturm-und-Drang-Zeit der revolutionären Tat lag für Friedrich Georg Jünger in den zwanziger Jahren und war längst erledigt. Jetzt hatte er die Position des unbeteiligten Beobachters bezogen, die auch sein Bruder für sich beanspruchte. Damit konnte in den Jahren nach 1968 eine Gesellschaft aber nichts anfangen, die sich eben erst als politisch handelnd zu begreifen begann und die Emanzipation und »mehr Demokratie« wagen wollte. Die Entwicklung ist gleichermaßen über die *Perfektion der Technik* hinweggegangen und dahinter zurückgefallen. Die umfassende Ablehnung der Technik bietet einem Zeitalter, das hochkomplexe technische Antworten auf die globalen ökologischen Probleme sucht, keine Lösungsansätze. Die fortgesetzte technische Perfektionierung ist zur Überlebensfrage geworden, Naturschutz zu einem Resultat technischer Lösungen – auch wenn dieser Glaube womöglich erneut auf Illusionen beruht.

Ernst reagierte zunächst eher verhalten auf die Schrift, die er in einer ersten Fassung 1940 in Stellung am Westwall las. Er begriff sehr wohl, dass Fritz damit Einspruch gegen den *Arbeiter* erhob, sah beide Bücher aber als Komplementärstücke an, als zusammengehörende Teile eines Ganzen, das nur der stereoskopische Blick angemessen erfassen konnte. In seinem Tagebuch ist dazu drei Jahre später die Bemerkung zu finden: »Mein ›Arbeiter‹ und Friedrich Georgs ›Illusionen der Technik‹ gleichen dem Positiv und Negativ eines Lichtbildes – die Gleichzeitigkeit der Verfahren deutet auf eine neue Qualität, während der enge Geist nur den Widerspruch darin erblicken wird.« Eine Woche darauf folgt der Satz: »Das zeigt, dass wir doch wahre Brüder sind, im Geist noch ungetrennt.« So wollte auch Fritz die Relation verstanden wissen. Er schrieb an Ernst: »Die Bemerkung über die ›Illusionen‹ hat eine gewisse Richtigkeit. Ihr Verhältnis zum ›Arbeiter‹ muss aber mit mehr Akkuratesse festgestellt werden, denn dieser ist die Prämisse, da er ja den Vorgang ins Licht rückte und seine Gesetzlichkeit hervorhob. Seitdem arbeitet die Erfahrung in diesen Gehäusen. Was mich frappierte, war die Erkenntnis, dass der ganze Bereich der Technik immer mehr den Charakter brutaler Ausbeutung annimmt. Der Vorwurf, den die Sozialisten dem Kapital machten, ist nun ganz universal gültig und trifft auch den Arbeiter und jeden Menschen, der innerhalb der technischen Organisation lebt und sie bejaht, also uns alle. Dieses im Kern lieblose Verhältnis gegen unsere Mutter Erde, das nur auf Zwang aufgebaut ist, war es auch, das mich zuerst beunruhigte.«

Was Ernst daran faszinierte, war die maximale Unzeitgemäßheit, die Friedrich Georg damit erreichte. Auf dem Höhepunkt der »totalen

Mobilmachung« stellte er die Technik als deren »Form und Kleid« in Frage und damit auch den Krieg selbst, als äußersten Akt der Zerstörung und letzte Konsequenz der technischen Rationalität. Bei diesem Gedanken, der sich zwingend aus der Technikkritik ergab, konnte ihm nicht ganz wohl sein, auch wenn er diesen zweiten Krieg als Besatzungsoffizier in Frankreich sehr viel distanzierter, befremdeter erlebte als den ersten. Bei einer Übung lenkte ihn die Entdeckung eines prächtigen Stierkäfers so sehr ab, dass er den Einsatz verpasste. Die Meldung vom Beginn des Krieges mit Russland habe er aufgenommen, »als wenn man so'n Butterbrot isst«, wie mein Großvater, der Knabenlehrer, zu sagen pflegte«, schrieb er im Juni 1941 an den bei den Machthabern längst in Ungnade gefallenen Freund Carl Schmitt. Und weiter: »Es scheint mir überhaupt, als ob ich rapide aus dem Historischen heraustrete, Schopenhauer hatte doch recht, wenn er dieses Element einem ständig rotierenden Kaleidoskope mit einer geringen Zahl von Figuren verglich.« Das ging irgendwann so weit, dass er vergaß, ob Japan jetzt eigentlich zu den Bündnispartnern oder zu den Kriegsgegnern gehörte.

Und so versuchte er, Fritz in seiner Technikkritik von der konkreten Gegenwart stärker auf die allgemeinere Natur- und Geschichtsbetrachtung zu lenken: Die Minen müssten gegen den historischen Prozess als solchen gelegt werden. Fritz wollte dem nicht widersprechen, zumal Ernst damit offene Türen einrannte: »Ich kann eine Lokomotive nicht dadurch aufhalten, dass ich einen Finger auf die Schienen lege. Doch gebe ich Dir zu bedenken, dass das Polemische in dieser Schrift nicht ihre Bestimmung ist, dass die Wirkung, die sie beabsichtigt, in der Erkenntnis der Gesetzmäßigkeit des Vorgangs liegt. Die Polemik richtet sich gegen die Illusionen, die sich mit dem technischen Fortschritt verbinden und die mit ihm nichts zu schaffen haben, denn sie entspringen einem falsch orientierten Glücksbedürfnis.«

Im März 1940 meldete Fritz, dass das Buch nicht gedruckt werde. Er sei damit ganz einverstanden, er müsse sich ja nicht mit Gewalt Flöhe in den Pelz setzen. Doch er arbeitete in den folgenden Jahren weiter daran, fügte zusätzliche Kapitel ein. Parallel dazu entstand das Buch über die griechischen Mythen, zunächst der Abschnitt über Apollon, Pan und Dionysos, dann das Kapitel über die Titanen. Als Ernst im

Juli 1942 darin las, war er zutiefst beeindruckt: Der Bruder bewegte sich im Mythischen wie der Fisch im Wasser, weil es ihm gelang, das unendlich Ferne als Gegenwart zu zeigen. »Denn die mythische Welt bildet die unzerstörbare Unterlage der Zeiten, und von jedem Acker der Zeit lässt sie sich anschürfen wie die Ader aus lauterem Erz.« So schrieb er voller Bewunderung nach Überlingen, und noch im hohen Alter gab er an, dass *Griechische Mythen* für ihn das beste, bewegendste Buch Friedrich Georgs geblieben sei. Aus diesen Regionen wuchs die Kritik der Moderne, die auch Ernst sich mehr und mehr zu eigen machte. Dem Fortschritt setzte Fritz sein zyklisches Zeitgefühl entgegen. Alles kehrte wieder, verändert, verwandelt, aber doch immerdar. Und Ernst hielt sich in seinem Geschichtsverständnis an den physikalischen Satz von der Erhaltung der Energien. Zunahme von Kräften an einer Stelle bedeutete ihre Abnahme an einer anderen. Schon deshalb konnte es keinen Fortschritt geben. Der herrschende Fortschrittsglaube war nichts anderes als der umgetaufte Weltgeist aus Hegels Geschichtsphilosophie. Der Fortschritt war selbst historisch geworden, mit einem Anfang und einem Ende in der Zeit. Eine Idee des 19. Jahrhunderts.

1942 wagte die Hanseatische Verlagsanstalt dann doch die Veröffentlichung der Technikschrift, aber die Druckbogen und das Manuskript der zweiten Fassung gingen beim britischen Bombenangriff auf Hamburg am 27. Juli in Flammen auf. Die bereits verschickten Druckfahnen wurden so zu Kostbarkeiten, und Fritz bat Ernst, sein Exemplar in Paris sorgsam zu hüten. »Du siehst, dass man mit diesen Mächten nicht ungefährdet anbindet«, schrieb Ernst zurück. Fritz hatte die Technik herausgefordert, und die schlug nun zurück. Sein Exemplar ruhe hier im »Coffre Fort«, versicherte er, bezweifelte aber, dass es Orte gab, die sicher genug wären. »Doch gibt es Dinge, die mächtiger sind als Panzer, so liegt bereits in der einsamen Niederschrift eine mächtige Emanation. Picasso sagte mir neulich, dass er seine Bilder, ohne sie jemandem zu zeigen, verpacken und versiegeln könnte, und doch würde ihre Ausstrahlung magische Wirkung hervorrufen.« Dieser Gedanke, der die Entstehung von Kunst höher schätzt als ihre Verbreitung, war ein Trost in gefährdeter Zeit. Er entsprach aber auch dem elitären Selbstverständnis der Brüder und ihren metaphysischen

Grundbedürfnissen. Kunst wirkt wie Atomenergie oder wie das Röntgenauge: Sie sendet Strahlungen aus, die wirken, auch wenn sie nicht wahrgenommen werden können. Also gab er seinen Tagebüchern den Titel *Strahlungen*. Fritz stimmte zu, auch wenn er die Bilder Picassos nicht kannte. Bilder, Sätze, Dichtungen haben eine unmittelbare Kraft, schon wenn sie nur gedacht werden. Publikation und Vervielfältigung waren dagegen etwas Sekundäres, bloß Technisches: »Auch die in die Erde vergrabenen Statuen üben ihre Macht, und wenn die Zeit gekommen ist, beginnt man nach ihnen zu graben.«

Dennoch war Ernst in Sorge um seine Manuskripte in Kirchhorst, um Tausende von Briefen und die Tagebücher, die dort ungesichert lagen und bei einem Bombentreffer unwiederbringlich verloren wären. »Die Publikation ist zugleich ein konservierender Akt – daher gebe ich jetzt die Briefe, die ich aus Norwegen an Dich richtete, zum Drucke frei; ihre Veröffentlichung erfolgt im Rahmen unserer in Norwegen stehenden Armee. Gern gäbe ich allen meinen Briefen auf diese Weise ein wenig irdenen Stoff zum Überdauern, denn sie schildern Schritt um Schritt meine Erziehung, meine Geschichte, meine Vorlieben und Freundschaften. Erst nach unserem Tode werden wir erfahren, was für Autoren wir gewesen sind. Davon ist jede Arbeit nur Spiegelbild.« *Myrdun* nannte er die Buchausgabe der Briefe, die er 1935 an Fritz geschrieben hatte.

1943 übernahm Vittorio Klostermann das Manuskript der *Technik*. Vernichtet wurden unterdessen die Druckfahnen des neuen Gedichtbandes *Der Westwind*, der bei einem Bombenangriff auf Frankfurt mitsamt der Druckerei »in roten Staub aufging«. Und als die erste Auflage der *Perfektion der Technik* im November 1944 in Freiburg bereits fertig ausgedruckt war, wurde auch diese Auflage bei einem Bombenangriff zerstört. So erschien das Buch schließlich erst im März 1946.

16 (ERDE)

Leisnig 1943

Sie hatten sich lange nicht gesehen, länger als je zuvor in ihrem Leben. Der Krieg riss sie auseinander, wie er alles auseinanderriss, und erst der Tod des Vaters führte sie wieder zusammen. Als der Vater am 9. Januar 1943 starb, war Fritz schon in Leisnig. Hanna, die über Weihnachten bei den Eltern blieb, wie normalerweise auch Fritz, hatte ihn rechtzeitig herbeigerufen. Die Brüder Hans und Wolfgang kamen kurz darauf, als der Vater schon nicht mehr lebte, und drei Tage später traf Ernst ein, der aus dem Kaukasus anreiste, wohin er im November abkommandiert worden war, um die Lage im Osten zu inspizieren.

Die Zahl ihrer Briefe hatte stark zugenommen, doch nur in den Träumen fanden sie zueinander. Fritz träumte einmal, er sei mit Ernst auf Madeira, und von da an wiederholten sich die Szenen, in denen er mit ihm verschiedene Inseln durchstreifte und über das Meer blickte. Ernst träumte, mit Fritz auf einer Felsklippe am Wüstenrand zu stehen, wo sie mit Steinchen nach etwas warfen, das nicht größer war als ein Schneckenhaus, lapislazbliblau und hochexplosiv. Merkwürdig kam es ihm vor, den Bruder »im Traum so oft in physikalischen Bereichen« zu treffen, »während im Wachen unsere Gespräche musisch sind«. Einmal führte er ihn durch Paris und zeigte ihm die Orte, an denen er sich bewegte. Und wenn Fritz aus Überlingen schrieb, wie gut ihm die Arbeit vorangehe und dass er eine neue Sammlung von Gedichten abgeschlossen und im Leisniger Garten zwei Wurzelsterne des Eremurus eingepflanzt habe, waren das Nachrichten, die ihn vielfach beglückten und die bewiesen, dass es Bereiche des Lebens gab, die der totale Krieg noch nicht erfasst hatte; und darauf kam es jetzt an. Dann notierte er in seinem Tagebuch: »Zuweilen in heiteren Stunden fühle ich dem Schicksal gegenüber nicht nur die Dankbarkeit eines Menschen, der ein gutes Los gezogen hat, sondern auch ein Erstaunen darüber, dass mir außerdem noch eine Prämie in gleicher Höhe zugefallen ist, durch unsere Bruderschaft.«

Als ihn in Woroschilowsk das Telegramm mit der Nachricht »Vater schwer erkrankt« erreichte, hatte Ernst das Glück gehabt, den Platz hinter dem Piloten in einem »Fieseler Storch« zu ergattern. Die Zugstrecke nach Rostow war bereits unterbrochen. Tief über Felder und Dörfer hinweg flog die Maschine zwischen ziehenden Gänsen. Wolken von Meisen und Finken glitzerten unter ihm, Raubvögel drehten ab, und er erinnerte sich daran, wie der Vater einst in Rehburg laut darüber nachgedacht hatte, dass eines Tages fliegende Menschen so wenig erstaunlich wären wie fliegende Kraniche, und er sich Menschen vorgestellt hatte, die wie Flugsaurier durch die Lüfte schwirrten. Als er in Leisnig eintraf, berichtete Fritz vom Sterben des Vaters, den er Anfang Dezember, bei seinem letzten Besuch, noch recht vergnügt angetroffen und mit einem Händedruck verlassen habe. Am Tag nach Weihnachten stand Papa nicht mehr auf, Mama und Hanna fanden ihn krank im Bett, der Zustand verschlechterte sich, eine Lungenentzündung kam hinzu, am 4. Januar brachten sie ihn ins Krankenhaus, er sagte noch: »Jetzt müsst ihr eben sehen, wie ihr allein zurechtkommt.«

Fritz fand ihn bei klarem Bewusstsein vor, doch abgemagert, mühsam atmend und schon ganz verändert, abgesondert, für sich und mit der Sorge um seine Erkrankung beschäftigt. Es war das erste Mal, dass Fritz ihn krank und schwach sah. Der Vater hatte Leiden und Hilfsbedürftigkeit immer gehasst. Jetzt sagten die Ärzte, dass es keine Rettung mehr gebe. Im Haus, wo er fehlte, erinnerte alles an ihn. Fritz litt bei Tisch unter dem Anblick des Stuhles, auf dem Papa ihm so viele Jahre gegenübergesessen hatte. Am Tag vor seinem Tod schenkte Papa seinen Besuchern am Krankenbett keine Aufmerksamkeit mehr. Er konnte Getränke nur noch löffelweise zu sich nehmen, flüsterte das Wort »Wasser« und bekam einen starren Blick, der schon mehr nach innen gerichtet war. Niemand sprach. Der Anblick seines Sterbens war schwer, sagte Fritz, und doch wolle er diese Erfahrung nicht missen. Den Tag über sei er dann mit verschiedenen lästigen Dingen beschäftigt gewesen. In der Nacht wachte er auf, weil ihm so war, als hätte Papa etwas zu ihm gesagt. Am nächsten Morgen kam aus dem Krankenhaus die Nachricht, dass der Vater um halb ein Uhr gestorben sei.

Auch Ernst hatte Erstaunliches zu berichten. Im Wagen, der ihn zum Flugplatz in Armawir brachte, sah er in der ersten Morgenstunde vom dunklen Himmel herab die Augen des Vaters strahlen, »groß und in tieferem, lebendigerem Blau als je zuvor – die Augen, die ihm im Grunde zugehörig sind. Nun sah ich sie voll Liebe auf mir ruhen.« So jedenfalls ist es in den *Kaukasischen Aufzeichnungen* nachzulesen: Das Auge sieht den Himmel offen. Die Vision ereignete sich, wie er nun erfuhr, exakt in der Todesstunde, und als ob dies noch nicht wunderbar genug wäre, entdeckte er beim Zurückblättern im Pariser Tagebuch genau ein Jahr zuvor den Eintrag: »Um fünf Uhr aufgewacht. Ich hatte geträumt, dass mein Vater gestorben sei.« Bei aller Skepsis, und auch wenn man weiß, wie stark er seine Tagebücher für die Veröffentlichung bearbeitete: Entscheidend ist, dass er selbst an die Wahrhaftigkeit dieser Erscheinungen glaubte, an denen auch Fritz nicht zweifelte. Sie gehörten in den Bereich der »Vorschau«, wie auch das Bild der brennenden Städte aus den *Marmorklippen* eine »Vorschau« gewesen war. Ernst erklärte sich diesen Zustand, der keinem Traum, sondern einem Wachschlaf ähnelte, als Zeitsprung, als Erleben von etwas, das noch in der Zukunft liegt, so dass das Ereignis, wenn es dann wirklich eintritt, sich zu wiederholen scheint. Das war also keine Prophetie, denn der Prophet blickt in die Zukunft, ohne seinen Platz in der Gegenwart zu verlassen. Der Vorschauer aber ist für einen winzigen Moment im Zukünftigen anwesend. Mehr als durch das Schlüsselloch zu spähen ist ihm dort jedoch nicht vergönnt, und der Blick fällt bloß auf Nebensächliches wie ein umgeworfenes Tintenfass, das, wenn wir es dann wirklich sehen, ein Déjà-vu-Gefühl in uns auslöst. Als er in seinem Alterswerk *Die Schere* Ende der achtziger Jahre darüber schrieb, fand er den schönen Vergleich mit den Lachsen, die quer über den Ozean zu ihren Laichplätzen zurückkehren: »ein von Heimweh beflügeltes Vorauseilen in die Zukunft, das untrüglich zum Ursprung zurückfindet«. So bewegen auch wir uns durch die Zeit.

Ernst schlief im Zimmer des Vaters, umgeben von dessen Büchern, dem verwaisten Schachspiel, Fernrohren und allerlei physikalischen Apparaturen. Der Tod des Vaters in seinem fünfundsiebzigsten Lebensjahr war, so empfand es Gretha, dessen letzter Liebesdienst am Sohn, denn damit holte er Ernst aus der kaukasischen Ausrottungswirklichkeit zurück. Fritz hatte sich große Sorgen um den Bruder gemacht. Der Osten war ihm nicht zugeordnet, in diesem Raum war er ungeschützt. Nun standen sie in schneidender Kälte vor dem im offenen Sarg aufgebahrten Körper des Vaters in der Leichenhalle und berührten seine eiskalte Hand, auf die, so Ernst, »wie um sie aufzutauen, eine Träne fiel. Was hat das ungeheure Schweigen zu bedeuten, das um die Toten webt?«

Der Vater lag da im schwarzen Rock, in voller Würde, das Gesicht mit der alten Säbelnarbe noch frisch und rosig. Doch schon verwandelte ihn der Tod, nahm ihm die Härten und die Fehler und fügte ihm so etwas wie eine Vollendung hinzu. Vergeblich hatten sie im Frühjahr 1932 versucht, ihn vom Eintritt in die NSDAP abzuhalten. Doch er wollte »die Burschen lieber schulen, als sich von ihnen schulen zu lassen«, und vertrat die Maxime, dass es besser sei, das Heft in der Hand zu halten, als sich schneiden zu lassen. So hatte er es auch 1918 gehalten, als er in Rehburg im Vorstand des Arbeiter- und Soldatenrates saß. Wieder einmal empfand Ernst die ungeheure Überlegenheit der Toten, die, davon war er fest überzeugt, eine absolute Wendung zur Genialität vollziehen, wie sie den Lebenden nur in Ausnahmemomenten möglich ist. Selbst die Wunderlichkeiten des Vaters kamen ihnen nun liebenswert vor. So hatte er im Hause stets den weißen Apothekerkittel getragen, und wenn er in der Morgendämmerung zur Post gegangen war, um Briefe zu holen, hatte er den weißen Kittel direkt übers Nachthemd gezogen. Darunter steckten die nackten Füße in Sandalen, auch bei Regenwetter oder Schnee. Bis zuletzt hatte er sich mit seinem geliebten Schachspiel, mit griechischer und ägyptischer Geschichte und mit einem Buch über Hieroglyphen beschäftigt. Er hat mehr Sachkenntnis als Menschenkenntnis gehabt, meinte Fritz. Ein reiner Positivist und Materialist, der über seinen Atheismus nie hinauskam, sagte Ernst, und sie hatten das Gefühl, sich mit ihm vom 19. Jahrhundert zu verabschieden, das sie früher verspottet hatten und von dem Ernst nun ein ums andere Mal bekundete, man werde sich noch die Finger danach lecken. Er behauptete ja auch, schon lange keine Bücher mehr zu lesen, die nach 1870 erschienen sind.

Den Toten so feierlich aufgebahrt und bestattet zu sehen – Fritz hatte einen schön umwachsenen Grabplatz auf dem Leisniger Friedhof ausgesucht, wo er im Frühling noch spazieren gegangen war – kam Ernst neben all den grässlichen Eindrücken, die er vom Kaukasus mitbrachte, erstaunlich vor: Wie viel Aufmerksamkeit erfuhr hier ein einzelner Toter, während dort die Leichen achtlos im Dreck versanken. Die Grausamkeiten, die Exzesse purer Gewalt und die drückende Niedergeschlagenheit, die ihm dort im »Vorhof der Hölle« begegnet waren, waren, wie er an Fritz geschrieben hatte, »recht dazu geeignet, sich die Reste bürgerlicher Empfindsamkeit abzugewöhnen. Der Einblick in das Reich des Schmerzes ist außerordentlich. Du weißt, dass dieses Thema mich schon lange lockte als einer der Hauptschlüssel unserer Zeit. So kann ich hier vielleicht am fruchtbarsten, wenngleich auch selbst nicht schmerzlos, meine Lehr- und Wanderjahre abschließen.« Diese Lehr- und Wanderjahre führten nicht mehr, wie zur Zeit von Goethes *Wilhelm Meister*, in die Welt des Theaters und der Kunst und in bürgerliche Behaglichkeit hinein, sondern in den Vernichtungskrieg und in die Barbarei. Es war eine Reise ins Totenreich.

Das kaukasische Inferno glich einem Gemälde von Hieronymus Bosch, wo aus zertrümmerten Gebäuden dumpfe Gesichter hervorlugten. Im Schlamm der Straße lag ein totes Pferd, dessen Fleisch auf der oberen Seite abgeschnitten war, so dass die gefrorenen Gedärme und die farbigen Organe leuchteten wie im Querschnitt aus einem anatomischen Atlas. Partisanenverbände wurden im Wald umstellt und niedergemacht wie Wolfsrudel. Das erinnerte eher an Zoologie als an geregeltes Kriegshandwerk. Das Einkesseln, Aushungern, Aufreiben war die vorherrschende Strategie. In Stalingrad, so wurde ihm von einem Offizier berichtet, lebten die Insassen eines zusammen mit den Deutschen eingeschlossenen Gefangenenlagers zunächst von Pferdefleisch, dann kannibalisch, bevor sie verhungerten. Den deutschen Soldaten erging es nicht besser, und Ernst fiel es schwer, das massenhafte Sterben, das ein elendes Verrecken war, immer noch, wie im Ersten Weltkrieg, als Opfertod mit Sinn und Bedeutung auszustatten. Wenn er Sätze schrieb wie diesen: »Die Kessel verlässt man geätzt, mit Narben – vielleicht mit Stigmen künftiger Herrlichkeit« – dann musste der Kitsch ersetzen, worauf er so stolz war: den nüchtern beobachtenden Blick, die kühle Unbestechlichkeit der Wahrnehmung. Die ungerührte Präzision seiner Kriegsberichte war stets die

Kehrseite einer überhitzten Sinnsuche. Beide Motive gehörten zusammen, da sie nur miteinander funktionierten. Wo der Sinn verloren ging, kam ihm auch die Fähigkeit abhanden, die grauenhafte Wirklichkeit zu ertragen und zu beschreiben, so dass er in den Kitsch abglitt. Von »künftiger Herrlichkeit« kündete im kaukasischen Schlamm nun wahrlich nichts. Bei der Silvesterfeier des Generalstabs war ihm von »ungeheuerlichen Schandtaten« des Sicherheitsdienstes nach der Eroberung von Kiew berichtet worden, Dinge, die er nun auch Fritz erzählte. Es gebe Gerüchte von Giftgastunneln, in die Züge voller Juden einfahren. Sicher sei, dass »Ausmordungen« in größtem Umfang stattfänden. Das alte Rittertum war tot; jetzt wurde der Krieg von Technikern geführt, und der Mensch sah seinesgleichen als Ungeziefer an. Das Leiden war so gewaltig, dass es jeglichen Heroismus ausschloss.

In einem Traum in Woroschilowsk sah Ernst ein Auto, dessen Haube einen kleinen Rüsselkäfer, den Nussbohrer, als Kühlerfigur trug. Das Bild erinnerte an die Lastwagen der Wehrmacht in Frankreich, deren Kühlerhauben von den verwegen hinterm Steuer hockenden Fahrern mit Teddybären, Schaufensterpuppen mit wehendem Haar oder mit menschlichen Totenschädeln geschmückt worden waren. Das Bild des im Licht funkelnden, beinahe durchsichtigen Kühler-Käfers machte deutlich, wie tief er in diesen Krieg involviert war. Der Käfer war sein Herrschaftszeichen. Er gehörte also dazu. Auch wenn er nur beobachten wollte, war er ein Teil des Geschehens.

Ernst verschwieg dem Bruder auch nicht den Ekel, den Uniformen, Schulterstücke, Waffen, Orden und der so geliebte Glanz all dieser Dinge in ihm auslösten. In Paris hatte er sich zum ersten Mal seiner Uniform geschämt, als ihm im März 1942 auf der Straße drei Mädchen mit Judenstern entgegenkamen. Er ging nach Hause und zog sich um. Wenn er an der Spitze seiner Kompanie über die Pariser Avenuen ritt, den Stahlhelm auf dem Kopf, den Säbel in der Hand, stellte er noch den stolzen, siegreichen Soldaten alten Schlages dar, der nicht im Dienst Hitlers und der Nazis, sondern eines militärischen Geistes unterwegs war und der es nicht verstehen konnte, wenn die Zivilbevölkerung ihm feindlich begegnete. Erstaunt registrierte er die hasserfüllten Blicke einer schönen, jungen Verkäuferin, als er in seiner Uniform eine Buchhandlung betrat. Auch wenn in den Klauen des Adlers auf seiner Brust und an der Mütze das Hakenkreuz prangte, wollte er sich nicht als Repräsentanten einer Tyrannei sehen, sondern als gut gerüsteten Gastfreund, der sich an Gesprächen, Begegnungen, Kultur und Geschichte erfreute wie nur je ein Reisender.

Fritz erzählte, wie er im Dezember in Siedlinghausen Dr. Schranz auf seinen Fahrten über die Dörfer begleitet und mit ihm auch zwei Gefangenenlager besucht hatte, ein russisches und ein jugoslawisches. Gefangenenlager gehörten zur Normalität des Krieges. Die Russen wurden in einem Steinbruch, die Jugoslawen in der Landwirtschaft eingesetzt. Das erschien ihm ganz natürlich so. Man sah Gefangene all der unterworfenen Völkermassen in Kolonnen an den Straßen entlangmarschieren, schweigend und fremdartig, und nur selten wagte es jemand, ihnen ein Stück Brot zuzustecken. Während einer Zugfahrt hatte er einmal die ebenmäßige Schönheit einer jungen Schwäbin bewundert, als ihm eine Gruppe polnischer Arbeiterinnen auffiel, deren Anblick ihn so beunruhigte, dass er auch Ernst davon erzählen musste. »Sie waren so koboldhaft und unheimlich hässlich, dass sie Furcht einjagen konnten«, hatte er ihm geschrieben. »Auch merkte ich sofort, dass diese Hässlichkeit nicht sowohl individuell, als Verwachsung und Missbildung war, wie sie an Völkern hervortritt und deutlich wird. Denn was bei uns hässlich ist, ist es in anderer Art. Wenn Du ein einziges solches Wesen siehst, könnte es Dich belustigen, umgibt Dich aber eine ganze Schar, so ergreift Dich ein Missbehagen, als ob Dämonen Dich plagten. Denn dann merkst Du, dass hier nicht der Zufall spielt, sondern ein Gesetz samt seinen Ausartungen.«

Das Bedrohliche, das Fremde rückte näher, so wie auch die Bombenangriffe allmählich näher kamen und das rassistische Vokabular das Denken infiltrierte. Noch hatte der Krieg Überlingen nicht erreicht. Als im Juli 1942 die Seeuferklause erzitterte, handelte es sich nicht um Bomben, sondern um ein Erdbeben, als ob vulkanische Kräfte das aus der Luft drohende Unheil ankündigten. Es knisterte in den Wänden, in der Decke von Enners Schlafzimmer entstand ein langer Riss. Fritz versuchte, den gewohnten Rhythmus des Jahres beizubehalten, so weit es möglich war. Dass die Fastnacht ausfiel, war schlimm genug, denn wenn dem Jahr die Feste fehlen, verliert die Zeit ihren Rhythmus. Im März ging er in den Wald, um nachzuschauen, ob der Seidelbast schon blühe. Im April säte er im Garten Bohnenkraut, Dill, Kerbel, Borretsch und pflanzte Raute, Salbei, Lavendel, Rittersporn, Mohn und Nelken. Im Mai unternahm er die üblichen Reisen zu Freunden, zur Familie, zum Verleger Vittorio Klostermann in Frankfurt, las Aristoteles und Byron und pflegte das Gefühl, »hors du monde« zu sein, »enthoben der Fiktion eines Lebens- und Arbeitsplans, freischwebend und meiner Bestimmung treu, ein Gast dieser Erde zu sein«. Im Juni ruderte er mit Citta auf den See hinaus, und sie nahmen vom Boot aus das erste Bad des Jahres im kalten, köstlichen Wasser. In seinem Tagebuch hielt er gerade die kleinen, unbedeutenden Dinge fest, einen Falken, der am Wegesrand eine Drossel schlug, die Blüte der Sonnenblumen und die Wespenschwärme, die an seinem Geburtstag am 1. September, mit dem das vierte Kriegsjahr begann, genäschig durch die offenen Fenster eindrangen. »Die Vermutung befestigt sich«, notierte er an diesem Tag, »dass dieser Krieg länger dauern wird als der vorige. Nachmittags ruderte ich mit Zita auf den See und badete in dem ein wenig bewegten Wasser. Manches Gute wird mir hier zuteil. Abends las ich in den Büchern der Könige. Leben Davids und Leben Salomons.«

Mitte Oktober kam Martin Heidegger aus Meßkirch herüber zu einem kurzen Besuch. Es war ihre erste Begegnung. Dem Tagebuch ist nur der Hinweis zu entnehmen, dass das Gespräch sich um den Zustand der Universitäten, die exakte Naturwissenschaft und den Fortgang des Krieges drehte und dass Heidegger bemerkte, wie viel Mühe es ihm mache, sich aus der Reflexion herauszureflektieren. Anfang November trat Friedrich Georg zusammen mit Klostermann den Gegenbesuch bei Heidegger in Freiburg an, wo er dessen tannengetäfeltes Arbeitszimmer und einige rare Bücher bewundern durfte, Heideggers Frau und den verwundeten Sohn kennenlernte und zum Abschied ein Exemplar von *Sein und Zeit* erhielt. Die Lektüre fand er jedoch »schwierig«. Als am 9. November die Landung der Engländer und Amerikaner in Nordafrika gemeldet wurde, las er Tolstois *Krieg und Frieden*, und so, als historisches Panorama, nahm er auch die gegenwärtigen Kriegsereignisse wahr. Als er von der Zerstörung des Mainzer Doms hörte, schrieb er an Ernst: »Die alten Wahrzeichen werden gleichsam nebenbei in Trümmer gelegt; man könnte denken, dass die Menschen nicht mehr verdienten, in ihrem Besitz zu sein. Sie können nicht mehr geschützt werden und verschwinden. Und auch die Städte, die ein Werk der technischen Organisation sind, sind nicht mehr zu schützen. Die Kehrseite der technischen Organisation ist die technische Zerstörung.« Aber war es denn schade um die Kirchen, wenn die Menschen sowieso zu keiner Andacht mehr fähig waren? Um in diesen Zeiten kein Zeitgenosse sein zu müssen, begab er sich in die Rolle des Kommentators, der die Ereignisse aus der Distanz beurteilt, ohne an ihnen teilzuhaben. Die Selbstinszenierung als einer, der die Dinge durchschaut und der sich damit aus der Masse der Leidenden heraushebt, gab ihm ein wenig Sicherheit. Also schrieb er: »Dieser Krieg ist so sinnvoll und so wohlbegründet wie jeder andere, insofern er in genauer Entsprechung zu den Menschen steht, die ihn führen. Man muss nur über so viel Witz verfügen, um diese Entsprechungen aufzufinden.«

Was er jenseits von Propaganda, zensierten Nachrichten und Gerüchten wusste, wusste er von Ernst oder von Besuchern aus Militärkreisen, die ihm Grüße von Ernst bestellten. Ernst hatte ihm auch das Manuskript von *Gärten und Straßen* geschickt. Daher kannte er dessen Wege durch das »Foyer des Todes« in Frankreich und konnte das Entsetzen nachvollziehen, das den Bruder beim Anblick von Leichenfeldern ergriff. Am Tag nach der Beerdigung des Vaters, bei mildem Frost und Schneefall, stapften sie durch den Wald, und Ernst erzählte von Paris, dieser Stadt, zu der er ein Verhältnis besitze wie zu einer Frau, einer Stadt, die sich »auf weibliche Art« erhalten habe, indem sie keinen Widerstand leistete. Dass er als Hauptmann den größten Teil des Krieges in Pariser Hotels verbringen würde, hätte er sich nicht träumen lassen. Aber, so fügte er hinzu, er fühle sich dort weniger sicher als während der Materialschlachten in Flandern.

Von der Erlaubnis, Zivil zu tragen, machte er häufig Gebrauch. Er genoss es, im Salon der amerikanischen Millionärin Florence Gould französische Schriftsteller wie Montherlant, Jouhandeau, Cocteau oder Léautaud kennenzulernen und sich mit ihnen anzufreunden. Er las Rivarol, Théodore de Banville, die von ihm hoch geschätzten Tagebücher der Brüder Goncourt, *L'Opium* von Cocteau und immer wieder den faszinierenden, antideutschen katholischen Wüterich Léon Bloy.

Als eine Art Kulturattaché in eigener Sache fühlte er sich wohler denn als Repräsentant der Militärverwaltung. Für ihn diente dieser Krieg der Annäherung zwischen Deutschland und Frankreich. Er selbst war der Maßstab, wenn er die Besatzung als fruchtbare Zeit wahrnahm und von »Berührungen freundschaftlicher, geistiger oder auch erotischer Art« sprach, »die wie ein Gewebe von Fäden haften« und die auch nach dem Krieg Bestand haben würden. Ein nachmittäglicher Besuch in Picassos Atelier bestärkte ihn in diesem Gefühl. »Wir beide, wie wir hier zusammensitzen, würden den Frieden an diesem Nachmittag aushandeln. Am Abend könnten die Menschen die Lichter anzünden«, habe Picasso zu ihm gesagt.

Die Annäherung an die Stadt war ein durchaus erotischer und kein politischer Prozess; Begegnungen mit Frauen prägten die Pariser Jahre. Mit einer hübschen Kontoristin aus einem Warenhaus besuchte er ein Kino und berührte dort ihre Brust, während vorne auf der Leinwand deutsche Panzer durch den Sand Nordafrikas rollten. Einer »südlichen Modistin« kaufte er einen Hut, nicht größer als ein Kolibrinest, in dem eine grüne Feder steckte, und besuchte sie in ihrer Dachkammer, die ihn an den Schnürboden eines Theaters erinnerte und deren Schlafzimmer durch das Bett ganz ausgefüllt war. Er lernte die kaukasische Schriftstellerin Umm-El-Banine Assadoulaeff kennen, Banine, die ihn verehrte und liebte und mit der er zeitlebens befreundet blieb, ebenso wie mit der aus Deutschland stammenden Kinderärztin Sophie Ravoux, die in seinem Tagebuch als »Doctoresse«, »Charmille«, »Madame Dancart« oder »Madame d'Armenoville« zu einer multiplen Persönlichkeit wurde, einer allgegenwärtigen Geliebten, die er 1942 fast täglich besuchte und die ihn auf seinen Gängen durch die Stadt und entlang des Seineufers begleitete. Sie entstammte einer deutsch-jüdischen Familie aus Magdeburg und war, von den Nazis als »Halbjüdin« klassifiziert, nach Paris emigriert, wo sie den Journalisten Paul Ravoux geheiratet hatte. Als einer, der auch publizistisch keinen Hehl aus seiner Gegnerschaft zum Nationalsozialismus machte, wurde Paul Ravoux im Mai 1943 verhaftet und im KZ Dachau interniert. Es freute Ernst, dass Sophie ihn um Unterstützung für ihren Mann bat. Er erkundigte sich immer wieder nach dessen Schicksal, konnte aber nur wenig für ihn tun. Ravoux überlebte die Haft; er starb 1957.

189

Ernst wohnte im Hotel Raphael am Arc de Triomphe, seine Dienststelle, die Abteilung I c für Feindaufklärung und Abwehr im Kommandostab der Wehrmacht, residierte im Hotel Majestic. Man lebte gut, mit Champagner und Austern, es fehlte an nichts. Er befand sich im Auge des Orkans, in unmittelbarer Nähe der Macht, aber er tat so, als gehöre er selbst gar nicht dazu. Im Machtkampf zwischen Militär, SS und Gestapo bewegte er sich auf gefährlichem Grund – zumal Oberst Speidel ihn gebeten hatte, den »Kampf um die Vorherrschaft in Frankreich zwischen Partei und Wehrmacht« zu erforschen. Außerdem war er mit einer Untersuchung zur »Geiselfrage« beschäftigt, in der es um die Differenzen des Militärbefehlshabers Otto von Stülpnagel mit der politischen Führung in Berlin ging, nämlich um die Frage, ob es ratsam sei, nach Anschlägen der Résistance Geiseln zu erschießen – oder vielmehr: wie viele. Die befohlenen Vergeltungsmaßnahmen provozierten aus Stülpnagels Sicht immer neue Anschläge, anstatt sie zu verhindern, waren also politisch abzulehnen. Jünger teilte diese Einschätzung. Um Moral ging es dabei nicht. Es war ein Ringen um die Anzahl der Erschießungen, kein Streit ums Prinzip. Doch Schriften wie diese lagerte Jünger in einem Panzerschrank, wohl wissend, dass das keine Sicherheit bot. Auch den Essay zur Friedensfrage, den er im Winter 1941/42 begann, deponierte er dort, ebenso wie die Briefe von Soldaten, die er als Briefzensor – seine eigentliche Aufgabe – aus dem Verkehr zog, weil die Absender sich um Kopf und Kragen schrieben. Er ließ ihnen eine Mitteilung zukommen, in Zukunft vorsichtiger zu sein.

Dass er zur Aufsicht bei der Hinrichtung eines wegen Fahnenflucht zum Tode verurteilten Soldaten befohlen wurde, nannte er »widrig«, war dabei aber stärker involviert, als die Position des neugierigen Beobachters, die er sich im Tagebuch zuschrieb, vermuten lässt. In seinem Taschenkalender notierte er, was er zu erledigen hatte: »Fahrer für LKW einteilen! LKW bestellen! Sarg kaufen! Übliche Größe!« So bereitete er die Versuchsanordnung vor, als die er die Erschießung betrachtete. Wie ein Wissenschaftler beim Experiment ließ er die Gerätschaften bereitstellen, um den Eintritt des Todes in einer intensiven Momentaufnahme darzustellen. Da war er dem Augenblick, der ihn mehr als alles im Leben interessierte, endlich einmal ganz nah. In den *Strahlungen* klingt das so: »Ich möchte fortblicken, zwinge mich aber, hinzusehen, und erfasse den Augenblick, in dem mit der Salve fünf kleine dunkle Löcher im Karton erscheinen, als schlügen Tautropfen darauf. Der Getroffene steht noch am Baum; in seinen Zügen drückt sich eine ungeheure Überraschung aus. Ich sehe den Mund sich öffnen und schließen, als wollte er Vokale formulieren und mit großer Mühe noch etwas aussprechen. Der Umstand hat etwas Verwirrendes, und wieder wird die Zeit sehr lang. Auch scheint es, dass der Mann jetzt sehr gefährlich wird. Endlich geben die Knie nach. Die Stricke werden gelöst, und nun erst überzieht die Totenblässe das Gesicht, jäh, als ob ein Eimer voll Kalkwasser sich darüber ergösse. Der Arzt tritt flüchtig hinzu und meldet: ›Der Mann ist tot.‹«

Die beginnenden Deportationen von Juden aus Paris – von Otto von Stülpnagel als Ersatz für die Geiselerschießungen forciert – nahm er mit stummem Entsetzen wahr. Er beobachtete, wie auf den Straßen Eltern von ihren Kindern getrennt wurden, hörte ihr Jammern und Klagen, registrierte das Leid und ermahnte sich, das Wissen darüber in jedem Augenblick zum Maßstab seines Handelns zu machen: Was wäre er sonst für ein Mensch, was für ein Offizier? Er streute gezielt Informationen, um auf undurchsichtigen Wegen die Résistance von der geplanten nächsten Deportation in Kenntnis zu setzen. Zu denen, deren Leben er dadurch rettete, gehörte auch der Schriftsteller Joseph Breitbach. Die Uniform, die er trug, verpflichte ihn dazu, Schutz zu gewähren, schrieb er ins Tagebuch. Dass diese Uniform in Paris die der Besatzer war, die des Feindes und eines Repräsentanten Hitlerdeutschlands, ging ihm nicht auf: Das Militär, dem er angehörte, war etwas anderes als Partei, SS und Gestapo; diesen Antagonismus erforschte er schließlich. Doch SS und Gestapo operierten in den Räumen, die von der Wehrmacht erobert und besetzt gehalten wurden. Und er kannte Berichte von Mordkommandos in Litauen und anderen östlichen Randgebieten, die Menschen zusammentrieben, um sie Massengräber ausheben zu lassen und sie dann von oben herab darin zu erschießen.

Ernst befand sich mitten im Geschehen, er steckte im Strudel des Mahlstroms und hatte seine beschwerende Rüstung nicht abgeworfen. Fritz betrachtete die Ereignisse vom noch unberührten Ufer des Bodensees aus. Unterschiedlicher konnte ihre Perspektive kaum sein. Aus weiter entfernten Punkten auf der Weltkarte der Geschichte konnten sie nicht zueinanderfinden, als sie sich nun in Leisnig wiedersahen. Und doch blieben ihre Empfindungen über alle Distanz hinweg im Einklang. Als Fritz im Frühjahr 1942 seine Depression durchlitt und dem Bruder darüber berichtete, erlebte auch Ernst in Paris einen »neuen Anfall von Traurigkeit. Das kommt wie Regen oder Schnee.« Da war es gerade die unendliche Entfernung von den ihm wichtigen Menschen wie Fritz, die ihn so einsam machte wie einen Stern im Universum. Dass sie, ohne sich abgesprochen zu haben, im Oktober zeitgleich den Propheten Jesaja lasen, war deshalb ein Zeichen. Keine Trennung konnte die Harmonie der Schwingungen, die zwischen ihnen bestand, stören.

Den Jesaja, der in kriegerischen Zeiten lebte, hielt Fritz für den dichterischsten aller Propheten. Seine apokalyptischen Bilder schienen die Weltkriegsgegenwart und sogar die Bombenwirklichkeit des Luftkriegs zu kennen: »Denn die Fenster in der Höhe sind aufgetan, und die Grundfesten der Erde beben. Es wird die Erde mit Krachen zerbersten und zerfallen.« Fritz zitierte Jesajas Drohung, dass Edoms Bäche »zu Pech werden und seine Erde zu Schwefel; ja sein Land wird zu brennendem Pech werden, das weder Jahr noch Tag verlöschen wird, sondern ewiglich wird Rauch von ihm aufgehen; und es wird für und für wüst sein, dass niemand dadurchgehen wird in Ewigkeit; sondern Rohrdommeln und Igel werden's innehaben, Nachteulen und Raben werden daselbst wohnen.« Das war immerhin eine tröstliche Perspektive. Ernst wies dagegen besonders auf das 59. Kapitel hin und darin auf den Satz: »Die Wahrheit ist dahin, und wer vom Bösen weicht, der muss jedermanns Raub sein.« Das Buch Jesaja bekräftigte für ihn den Triumph des Elementaren über die zerstörbare Welt; auf die Vernichtung folgten Erholung und Neuaufbau in göttlichem Geist. Den Ersten Weltkrieg hatten sie noch mit Homer bewältigt, im Zweiten griffen sie – höhere Dosis – zur Bibel. Als er Jesaja las, war er krank, lag im Bett, träumte von Ärzten, schlief schlecht, magerte ab und wurde, weil er nichts essen konnte, über eine Magensonde mit Nährstoffen versorgt. Während er im Zimmer herumging und Jesaja rezitierte, hing ihm ein Schlauch aus dem Mund, den der Stabsarzt ihm durch die Speiseröhre geschoben hatte.

Der Tod des Vaters markierte eine Zäsur – persönlich wie politisch.

Fritz' Tagebuch hält am 23. Januar 1943 fest: »In Afrika geht mit Tripolis der Rest von Libyen verloren«, und am 2. Februar: »Der Kampf um Stalingrad ist beendet, die sechste Armee der Umzingelung erlegen. Das gibt dem Krieg die entscheidende Wendung. Die Frage ist, wie es zu einem solchen Ausgang kommen konnte. Meine Gedanken in diesen Tagen sind trübe, ob ich sie nun auf Vergangenes oder Zukünftiges richte.« Noch in Leisnig begann er damit, Erinnerungen an den Vater aufzuschreiben, und kehrte darin nach Rehburg zurück, dem Paradies der Kindheit, aus dem er in eine düstere Welt vertrieben worden war. Doch die Erinnerungen waren keine gebrauchsfertig konservierten Präparate. Sie waren mit ihm gewachsen und veränderten sich ständig. Im Traum stand er mit Ernst und Papa im Rehburger Garten und bewunderte den neuen Anzug, den Papa trug. Auf dem Weg zur Post traf er am folgenden Tag Buri wieder, die er seit zehn Jahren nicht mehr gesehen hatte. Ihre Augen und ihr leises Lachen hatten sich nicht verändert, doch ihr Haar war grau geworden. Und Fritz entdeckte, dass wir nicht nur ein Leben zu verlieren haben, sondern viele. Denn jede Neigung hat ihr eigenes Leben. Und jedes Leben, das er führte, hieß unweigerlich, dass alle anderen ungelebt blieben.

Ernst fuhr nach Kirchhorst und hatte dort heftige Auseinandersetzungen mit Gretha zu bestehen, die ihn wegen seiner Liebe zu Sophie Ravoux zur Rede stellte und eine Entscheidung forderte. Um die Ehe zu retten, legte er im März in Paris Sophie die Trennung nahe. Als sie ihm an einer Seinebrücke den Abschiedsbrief überreichte, erinnerte er sich daran, wie er im Jahr zuvor an einer anderen Brücke »den Ring ins Wasser geschleudert« hatte. So steht es im Tagebuch unter dem Datum des 7. März 1943. In der später veröffentlichten Fassung und in der Werkausgabe ist diese Passage gestrichen, wie alles allzu Private. Unklar auch, um was für einen Ring es sich dabei handelte und ob es gar der Ehering war, den Ernst im Fluss versenkte. Die Freundschaft mit Sophie blieb bis ins hohe Alter bestehen. Er besuchte sie regelmäßig in Paris, wo sie 2001 im Alter von fünfundneunzig Jahren starb. Im Tagebuch notierte er im Mai 1943: »Es scheint viel leichter, zum mindesten für Frauen, von der Freundschaft in die Liebe einzutreten als umgekehrt. Das spürt man in Ehen, die als Freundschaft weiterlaufen – sie sind doch immer das Grab erloschener Mysterien.«

Im Traum erschien ihm der Vater, der den Besuch Hitlers erwartete. Ernst zog sich in entlegene Räume zurück, um ihm nicht begegnen zu müssen, und beobachtete von dort aus, wie der Führer mit seinem Gefolge auftrat und vom Vater zur Begrüßung umarmt wurde.

V. HÖHLEN

17 (FEUER)

Paris 1943/44

Ab jetzt ging es darum, die Dinge in Sicherheit zu bringen. Um zu überleben, musste man einen geeigneten Platz finden. Überlingen schien ein solcher Ort zu sein, und Ernst bereitete den Bruder schon einmal darauf vor, dass er eines Nachts unvermutet an dessen Tür klopfen könnte. Auch um die Mama in Leisnig und den Familienbesitz machte er sich Sorgen. Wäre es nicht besser, alles an den Bodensee zu schaffen, je nachdem, welche Richtung »der große Knochensturm« – wie er das nannte – nehmen würde? Aus Hannover wurden im Juli 1943 gewaltige Zerstörungen gemeldet; Oper, Schloss und Altstadt mit der Marienkirche waren getroffen, und als Ernst im Dezember Gelegenheit hatte, die Heimat zu besuchen, fand er von der Wohnung der Großmutter nur noch ein paar aufragende Mauerreste und vom Haus, in dem Fritz geboren wurde, nichts als einen Haufen Schutt. Die Ruinen sahen aus wie auf den Bildern von Alfred Kubin: »Dies blieb von den tausenden von bürgerlichen Nestern, in denen es seit dem Mittelalter stets warm und gemütlich war.« Im Jahr 1943 verloren die Brüder nach dem Vater auch die Vaterstadt. Ernst versuchte sich mit dem Gedanken zu trösten, dass auch Städte nur Träume wären. Insgeheim registrierte er in sich fast so etwas wie Freude über den Verlust, die er als »Vorgeschmack jener Freude« begriff, »die uns im letzten zeitlichen Verlust, in dem des Lebens, überraschen wird«.

Ihre Briefe nahmen apokalyptischen Charakter an. Aus Hamburg höre er Dinge, schrieb Ernst, »die ihresgleichen nicht in der Geschichte finden – überhaupt schieben sich jetzt in die Historie Bilder von elementar-mythologischem Charakter«. Menschen wurden dort vom Phosphorfeuer verzehrt, noch bevor sie sich von der Brücke herab ins Wasser stürzen konnten, so dass sich verkohlte Leichen am Brückengeländer aufhäuften. Fritz hatte erfahren, dass, von der Hitze der Brände getrieben, weißer und blauer Flieder im September noch einmal aufgeblüht waren. Monsignore Horion, ein katholischer Priester und großer Entomologe, hatte in Düsseldorf Haus und Habe und Käfersammlung verloren und war nach Überlingen gezogen. Fritz solle ihn einmal besuchen, bat Ernst, und stiftete damit eine Freundschaft, die die Jahrzehnte überdauerte. Horion berichtete von einem gelähmten Mann in seinem Haus, den man zu retten vergaß und der in der Hitze zu einem Bündel zusammenschrumpfte, das seine Frau wie ein Paket unterm Arm davontrug. Die Ausgebombten und die Flüchtlinge aus dem Osten verbreiteten die Bilder der Verwüstung und brachten die Spuren der Brände auch in entlegene Täler und ans Seeufer. Merkwürdig, notierte Fritz, dass der Mensch, der bei der kleinsten Unbill klagt, gegenüber massiven Zerstörungen und eschatologischen Bildern so schweigsam bleibt. Er erklärte das damit, dass die Vernichtung der Städte als ein Spiegelbild der menschlichen Seele aufzufassen sei. »Der Mensch träumt heute sehr tief von Zerstörung, auch dort, wo er konstruktiv zu sein wähnt, und solche Trümmerfelder muss man auch als Enthüllungen von Gemütszuständen werten.«

Auch das besetzte Paris wurde nun häufiger zum Ziel britischer Luftangriffe, und wieder erinnerten die in geringer Höhe im Licht schimmernden Fliegergeschwader Ernst an den Zug der Kraniche. Bei Alarm begab er sich vorzugsweise nicht in die Schutzkeller, sondern an einen Platz, von dem aus er gute Sicht auf das Geschehen hatte. Wenn er im Mai 1944 mit dem berühmten Glas Burgunder in der Hand, in dem Erdbeeren schwammen, auf dem Dach des Hotel Raphael stand, um die Bombenangriffe zu beobachten, und in sein Tagebuch schrieb: »Die Stadt mit ihren roten Türmen und Kuppeln lag in gewaltiger Schönheit, gleich einem Blütenkelche, der zu tödlicher Befruchtung überflogen wird«, und wenn er in der Werkausgabe Jahrzehnte später dann noch hinzufügte: »Alles war Schauspiel, war reine, von Schmerz bejahte und erhöhte Macht«, so berichtete er Fritz im April 1943, dass er gerade vor dem Spiegel gestanden habe, um seinen Schlips zu binden, als die Sache losging, »Sirenen, Abwehr und Bomben, alles zugleich. Eilig stürzte ich auf das flache Dach und sah bereits die hohen Rauchwolken am jenseitigen Rande des Bois aufsteigen, während am diesseitigen eine heiter promenierende Menge die milde Frühlingsluft genoss. Einige der Bomben zerstörten Fabriken, andere schlugen auf dem Rennplatz von Longchamp ein, wo die Zuschauer den ersten Start erwarteten. Auch eine Brücke wurde getroffen und dabei eine noch unbekannte Zahl von Passanten in die Seine geblasen, aus der man jetzt die Leichen fischt. Bis zum heutigen Tage werden über vierhundert Tote gezählt.« Im Brief ist die ästhetische Kälte der Tagebucheintragung noch nicht erreicht, aber doch schon die erhöhte Position bezogen. Wie ein Feldherr stand er dort oben, um den Überblick zu behaupten. Das Sterben spielte sich tief unter ihm ab. Er betrachtete es, wie man das Gewimmel in einem Ameisenhaufen betrachtet oder, so steht es am Tag vor der »Burgunderszene« im Tagebuch, »wie das Wesen von Fischen in einem Korallenriff oder von Insekten auf einer Wiese oder auch wie der Arzt den Kranken betrachten kann« – also, und das war ihm wichtig, jenseits von Moral und billigem Mitgefühl. Ernst von Salomon hatte er einmal mitgeteilt, er habe einen erhöhten Standort bezogen, um von dort aus zu beobachten, »wie sich die Wanzen gegenseitig auffressen«, und auf dessen Bemerkung, er habe sich schon immer auf einen anderen Stern zurückgezogen, erwidert: »Ja, auf einen relativ anständigen, auf den Mars oder die Venus, nicht auf den Saturn, der hat Nebelstreifen, und außerdem sitzt da schon der Spengler.« Im Pariser Tagebuch findet sich schon ein Jahr zuvor ziemlich unvermittelt der Satz: »Ich möchte ein Sternpilot sein.«

Seine Distanziertheit, die stoische Haltung und sein demonstrativer Ästhetizismus sind Ernst Jünger häufig zum Vorwurf gemacht worden. Die »Burgunderszene« wird stets zitiert, wenn es darum geht, seinen Zynismus, seine Ungerührtheit anzuprangern. Für ihn lag darin jedoch ein Akt der Selbstbehauptung. Er weigerte sich, die Spielregeln zu akzeptieren. Er wollte sich weder um die, die von oben Angst machten, kümmern noch um die, die unter ihm Angst hatten. Gewinsel und panisches Gerenne waren ihm zuwider. Er genoss es, auf dem Dach und ganz allein Aufstellung zu beziehen; er konnte sich ja nun nicht mehr, wie im Ersten Weltkrieg, heroisch in die Schlacht stürzen. In der Dämonensphäre, in der er sich wähnte, konnte nur der bestehen, der Haltung bewahrte. So wollte er gesehen werden. Deshalb mussten in der fürs Tagebuch ausgearbeiteten Szene dann auch Erdbeeren im Burgunder schwimmen, Erdbeeren als Früchte der

Erde und Symbol der Transzendenz. »Das war kein Zynismus«, sagte er noch als Hundertjähriger. »Das war eine ästhetische Verteidigung angesichts der Todesangst.« Er habe Bruderschaft getrunken mit dem Tod. Das hatte durchaus auch eine erotische Komponente. »Ich habe den Eindruck, dass diese Welt in einer besonderen Beziehung zur erotischen steht«, schrieb er an den Bruder, »wenn auch in entgegengesetzter, wie die Vernichtung zur Zeugung oder wie negative zur positiven Elektrizität.« Und wenn von einer neuen Wunderwaffe Hitlers namens »Höllenhund« gemunkelt wurde, erinnerte ihn das Geheimnisvolle, tabuhaft Raunende solcher Meldungen an die »Stimmung, die das Geschlechtliche umwebt«.

Die Atmosphäre des unaufhaltsamen Untergangs war der künstlerischen Produktivität jedenfalls durchaus zuträglich. Merkwürdig, schrieb Fritz aus Überlingen, dass gerade in diesen ganz grundlosen Jahren das Empfinden in ihm wachse, Grund unter die Füße zu bekommen. Ihm werde deutlich, dass er gar nicht so stark abhängig sei von den historischen und mechanischen Bedingungen, dass er, angenehm zu wissen, eben doch mehr sei als eine Ameise. Die Tage gewannen an Intensität. Ernst teilte mit, er sei stark in Arbeit, denn mit der Katastrophe wachse auch der geistige Stoff. Jetzt gelte es, die Früchte jahrzehntelanger Arbeit auszuwerten und zu bewahren; diese Ernte lasse sich nur gemeinsam einbringen. Und so beschwor und erneuerte er die Bruderschaft als schriftstellerisches und publizistisches Bündnis. Die Lektüre der »Titanen« aus Friedrich Georgs *Griechischen Mythen*, schrieb er im April 1943, »hat in mir die Überzeugung verstärkt, dass wir durch unsere Arbeit, die in ihrem Kern ja erst beginnt, bereits ein Kapital anhäuften, dessen Verwaltung großer Umsicht und auch unserer Übereinstimmung bedarf. Diese ist ja, Grund Blutes und Geistes, sicher, muss sich aber auch auf die Praxis ausdehnen. Wir gleichen Wanderern, die den Schatz Abdullahs mit sich führen durch eine Wüste, die von Tieren und Räubern bevölkert ist.« Im Tagebuch notierte er: »Zuweilen sah ich bei der Lektüre Friedrich Georg mit dem leichten Lächeln, mit dem er sich vorzubeugen pflegte, wenn wir auf unseren Gängen Blumen und Bilder betrachteten.« Und nach der für lange Zeit letzten Begegnung mit dem Bruder, im Juni 1943 in Kirchhorst, hielt er fest: »Bei Friedrich Georg hatte ich den Eindruck, dass er in das männliche Alter der Kunst eingetreten ist, in das volle Bewusstsein der ihm verliehenen Kraft.« Doch bei aller empfundenen Nähe drifteten sie in der Folgezeit immer weiter auseinander. Fritz konnte das öffentliche Leben und das Kriegsgeschehen – die Kämpfe in Russland, die Landung der Alliierten auf Sizilien, die Verhaftung Mussolinis – nur noch unter dem Aspekt der Abnutzung, des Verschleißes betrachten, als einen historischen Prozess, der sich am Horizont wie auf einer Kinoleinwand abspielte und der ihn möglichst wenig tangieren sollte. Auf dem Grund der Mythen, auf dem er sich bewegte, war auch der Krieg nur Wiederkehr, denn es gibt nichts Neues unter der Sonne. Er und Citta mieteten ein Häuschen in den Bergen bei Bludenz, mit weitem Blick über das Tal, wo sie auch den Jahreswechsel 1943/44 verbrachten. Die einzige Gewalt, die dort oben wirkte, war die des Winters. Das Vorarlberger Bauernhaus war aus Holz gebaut, wohl zweihundert Jahre alt und ein wenig vernachlässigt; die zwei warmen Stuben unten waren mit Holz getäfelt, während oben, wo das Dach aufsetzte, Wind und Schnee durch eine Lücke pfiffen. Sie nannten diesen Rückzugsort Silberdistelklause und rückten ihn damit in eine Reihe mit der Rautenklause und der Seeuferklause. Da wollte Ernst nicht nachstehen und adelte das alte Pfarrhaus in Kirchhorst zur Herbstklarwetterklause. Vielleicht richte er auch in Paris eine bleibende Klause unter den gotischen Dächern der Stadt ein, schrieb er im Februar 1944 und mahnte zugleich: »Wir dürfen diesen Titel aber nur durchaus würdigen Behausungen verleihen.« Ihre Würde erhielten die Klausen aber vor allem dadurch, dass einer von ihnen sie bewohnte.

Die Silberdistelklause hieß dann auch der Gedichtzyklus, der zu guten Teilen dort oben entstand und Licht und Luft der Bergwelt atmen sollte. Leichtigkeit, Heiterkeit strebte Fritz in diesen Versen an, die im monotonen Rhythmus der Trochäen vor sich hinklappern wie die Mühle am rauschenden Bach. Wenn Fritz – ganz wie Ernst – einen Standort weit oben bezog, so doch nicht, um als Feldherr das Schlachtgetümmel zu überblicken, sondern um völlig darüber hinwegzusehen. Der Dichter hatte über der Masse zu stehen, die Dichtung außerhalb des Geschehens, und so dichtete er programmatisch:»Soll er mit so groben Schlichen / Die Partei der Menge nehmen / Und sich ihrem lauten Beifall / Listig schmeichelnd anbequemen, // Müsste er sich erst erniedern / Wie der Mann, den man belachte, / Weil er, da er selbst sich preisgab, / Zeigte, dass er keinen achte. // Weil er nur um eine einz'ge / Stufe abwärts sich bewegte, / Kam's, dass ungemessnen Beifall / Er im ganzen Rund erregte.« Die Selbsterhöhung war seine Form des Abstandhaltens von den Machthabern und ihren literarischen Propagandisten. Auch wenn die nazistischen Festgesänge im Jahr 1944 längst von immer irrwitzigeren Durchhalteparolen abgelöst worden waren, reimte er im alten Ton weiter: »Soll der Dichter mit den anderen / Hinter der Posaune schleichen? / Oder soll er in den Hain der / Amsellieder still entweichen? // Dieses schien mir stets das Bessre. / Gilts den Festzug zu geleiten, / Muss man über alle Wiesen / Erst den grünen Teppich breiten.«

Ernst las und lobte im fernen Paris: »Feuer hat auch sein Gutes. Es verbrennt viel Plunder, und es schmilzt und läutert die reinen Metalle.« So sei Friedrich Georg nun »zum großen Stil vorgedrungen, auch zum Einfachen«. Ernst regte an, in Paris eine kleine, schmucke Ausgabe für Liebhaber zu drucken, und nahm die Sache auch gleich in Angriff. Ein halbes Jahr vor dem fluchtartigen Abzug der Deutschen aus der französischen Hauptstadt schien er sich dort auf Dauer einrichten zu wollen. Der Rückzug, den Friedrich Georg in der Lyrik betrieb, war für ihn allenfalls eine militärische Kategorie. Er fühlte sich davon nicht betroffen und glaubte so sehr an die eigene Unabhängigkeit als Intellektueller, dass er nicht daran zweifelte, einen Aufruf an »die Jugend Europas«, ja »die Jugend der Welt« richten zu können, obwohl er doch hätte wissen müssen, dass er als Hauptmann in Hitlers Wehrmacht in den Augen der Welt nicht gerade zum Apostel berufen sein würde. Mit dem Friedensaufruf legte er zugleich die Konzeption eines zukünftigen Europas und eines noch sehr fernen Weltstaates vor. Er empfand sich als Repräsentanten einer höheren Ordnung und eines besseren Menschseins. Das Hakenkreuz an seiner Uniform hatte für ihn keine Relevanz. Der erste Satz der Friedensschrift, an der er nach einigen früheren Vorarbeiten im Sommer 1943 ernsthaft zu schreiben begann, drückt dieses erstaunliche Selbstbewusstsein aus: »Wohl niemals zuvor war eine so große Verantwortung einer menschlichen Generation und ihren denkenden und führenden Geistern auferlegt wie jetzt, wo dieser Krieg sich seinem Ende entgegen-neigt.« Dass er sich ganz fraglos den führenden Geistern zurechnete, ist bei seinem elitären Selbstverständnis jedoch weniger erstaunlich als die Tatsache, dass er nun nicht mehr bloß als Beobachter sprach, sondern als einer, der Verantwortung übernehmen und politisch wir-ken wollte.

Der Kreis, in dem er verkehrte, die »Georgsrunde«, die sich auf Ein-ladung Speidels häufig zum Abendessen im Speisesaal des Hotels George V. traf, bestärkte ihn darin. Hier war man sich in der Sympa-thie für Frankreich als Kulturnation und der Ablehnung der National-sozialisten auf Basis eines aufgeklärten Konservatismus und liberalen Patriotismus einig. Man verstand sich als Botschafter eines besseren Deutschlands, als Kulturbotschafter, wie sich der als oberster Zensor für Literaturpolitik zuständige Romanist Gerhard Heller darstellte, der sich später rühmte, Werke von Camus, Sartre und Aragon genehmigt zu haben, dem aber auch antisemitische Ansichten nachgesagt wer-den. 1947 gehörte er unter französischer Patronage zu den Gründern der für die Bundesrepublik bedeutsamen Zeitschrift »Merkur«. Ernst Jünger bezeichnete ihn rückblickend als »Mittler«, als einen, der in Zei-ten politischen Unwetters »Kulturoasen« schafft, vergleichbar ökolo-gischen Nischen in der Natur. Eine ähnliche Figur war der Jurist Walter Bargatzky, der auf juristischer Ebene und mit wenig Erfolg die kultu-relle Ausplünderung Frankreichs zu verhindern suchte. Auch wenn er nicht zum engeren Kreis der Widerständler des »20. Juli« gehörte, wäre Bargatzky im Falle eines erfolgreichen Umsturzes als Ankläger gegen die Führung des Pariser Sicherheitsdienstes und der Gestapo vorge-sehen gewesen. Nach 1945 machte er politische Karriere als Staats-sekretär und wurde schließlich, nach seiner Pensionierung, Präsident des Deutschen Roten Kreuzes. Ende 1943 war er einer der Ersten, der Jüngers Friedensschrift zu lesen bekam.

Dieser »Aufruf« ist ein seltsamer Wechselbalg, der die widerspruchs-volle Position oppositioneller Repräsentanten der deutschen Wehr-macht verdeutlicht. Die eigene Zugehörigkeit und die Mitverantwor-tung für Massenmord und Kriegsverbrechen verschwanden zwischen einer rückwärtsgewandten, reaktionären Verklärung des Opfertodes und des Soldatentums, die noch aus dem Ersten Weltkrieg stammte und damals schon falsch gewesen war, und einer kühnen politischen Perspektive, die jenseits der Kriegszerstörungen ein neu zu gründendes, transnationales und demokratisches Europa entwarf. Die Großmetapher von »Saat« und »Frucht« diente Ernst Jünger nach bewährtem Muster dazu, dem Sterben der Einzelnen und der Vernichtung der Städte einen höheren Sinn einzuprägen. Jeder einzelne Tod sät in dieser Vorstellung »gutes Korn« in die Erde. Interpretiert als freudige Bereitschaft, für eine Sache zu sterben, ist der Opfertod ein Zeichen dafür, dass es Höheres, Verbindlicheres gibt als bloß das eigene Ich mit seinen Egoismen. Ja, auch die Völker bringen sich selbst als »Erdopfer« dar und reinigen sich im großen Feuer. Der Untergang ist die Bedingung der Neuschöpfung.

Krieg ist für Jünger nach wie vor etwas Fruchtbares. Millionen Tote können an dieser Sichtweise nichts ändern. Doch der Krieg muss konsequent bis zum bitteren Ende geführt werden. Nur dann bringt er einen tragfähigen Frieden hervor, nur dann gelingt der »Aufstieg vom Feuer in das Licht«. Die globale Tendenz des Krieges als Weltkrieg kündigt die neue historische Dimension an: den Weltfrieden. Aus der »totalen Mobilmachung« entwickelt Jünger den »Willen zum Grenzenlosen«. Die »Globalisierung« ist bei ihm schon 1943 als »Planetarisches« vorgedacht und vom Weltkrieg vorbereitet. Jetzt geht es darum, die Kräfte der »totalen Mobilmachung« ins Schöpferische zu wenden. Jünger ist immer noch der Utopist, der er im *Arbeiter* gewesen ist, der an die Produktivität der technischen Entwicklung glaubt und selbst die absolute Zerstörung noch als nutzbringend ansehen möchte. Von Friedrich Georg hat er jedoch die Einschränkung übernommen: Die Technik muss auf ihr Gebiet verwiesen werden, sie darf nicht die Maßstäbe vorgeben.

In seiner mythischen und eben nicht moralischen Perspektive gehören Täter und Opfer untrennbar zusammen. Gemeinsam vollstrecken sie in einer großen Anstrengung die historische Notwendigkeit. Da betritt durch die Hintertür sogar Hegels geschmähter Weltgeist das jüngersche Geschichtspanorama. Selbst die »Schädelstätten« und Krematorien haben als »Mahnmale dieses Krieges« ihren Sinn und ihre Bedeutung: Sie werden in Zukunft als Gegengift gegen den Hochmut wirken. Jünger benennt durchaus die deutschen Verbrechen. Er konnte die Deportationen aus Paris beobachten und wusste auch um den Völkermord an den Juden. Friedrich Hielscher, der ihn im Oktober 1943 in Paris besuchte, weihte ihn nicht nur in unausgegorene Attentatspläne auf Hitler ein, sondern berichtete von einer Reise durch Polen, wo es ihm gelungen war, das Getto von Lodz, das nun Litzmannstadt hieß, zu besuchen. Er berichtete von entsetzlichen Zuständen und bedrängender Enge, von Krematorien in der Nähe des Gettos, von Autos, in deren Inneres die tödlichen Abgase geleitet werden, von Eisenplatten, die mit Starkstrom geladen sind, um den Massenmord effektiver zu machen, als das mit Genickschüssen möglich ist. Der Gettovorsteher habe selbst die Leute auszuwählen, die in den Krematorien Dienst tun müssen. Diese Berichte müssen bei Ernst Jünger einen Erkenntnisblitz gezündet haben, so dass er notierte: »Dorthin also verschwinden die Massen von Juden, die man aus Europa zur ›Umsiedlung‹ verschickt.« Seiner Tagebucheintragung vom 16. Oktober 1943 ist das Entsetzen anzumerken, das die Schilderungen Hielschers in ihm auslösten. Sie schließt mit den Versen Friedrich Georgs: »Ruhm nicht bringt es, eure Schlachten / Mitzuschlagen. / Eure Siege sind verächtlich / Wie die Niederlagen.« Doch auch wenn er den »Chefnihilisten Heydrich« als einen der Verantwortlichen namentlich nannte, schien diese dämonische »Landschaft«, in der »höllische Meister und Knechte ihr Werk treiben«, schon nicht mehr ganz von dieser Welt.

An der Einzigartigkeit des Verbrechens ließ Ernst in der Friedensschrift keinen Zweifel. »Diese Mordhöhlen werden auf fernste Zeiten im Gedächtnis der Menschheit haften; sie sind die eigentlichen Mahnmale dieses Krieges, wie früher der Douaumont und Langemarck.« Das Verbrechen des organisierten Massenmordes war, wie es sich für Ernst darstellte, so ungeheuerlich, dass es »das menschliche Geschlecht berührt und keiner sich der Mitschuld entziehen kann«. Das bedeutete aber, dass er die Schuldfrage gewissermaßen vergesellschaftete. Die Schuld allgemein zu machen hieß doch, sie jenseits der persönlichen Verantwortung zu verankern. Gleichwohl plädierte er dafür, die Verantwortlichen vor Gericht zu stellen, um zwischen Soldaten und Henkern, Kämpfern und Mördern unterscheiden zu können, zwischen Soldaten, wie er einer war, und Hitlers Schergen. »Die Sühne gehört zu den Voraussetzungen des neuen Bundes; der Einigung geht Reinigung voraus.«Allerdings – und da wandte er sich gegen die alliierten Kriegsgerichte der unmittelbaren Nachkriegszeit, in der er die Friedensschrift ergänzte und überarbeitete –»dürfen weder Parteien noch Nationen über ihre Gegner zu Gericht sitzen. Der Kläger kann nicht zugleich der Richter sein.« Nur dann könne Recht und nicht die Rache wirken. Doch wie sollte das 1945 möglich sein? Welches Gericht auf welchem fernen Planeten wäre demnach zuständig? Ein unabhängiges, europäisches Gericht war einstweilen, wie die Konzeption eines geeinten Europas, nicht mehr als ein frommer Wunsch. Von einem Deutschen vorgebracht, war der Europagedanke so etwas wie die letzte Rettung und die sorgsam getarnte Bitte darum, in einer zivilen, demokratischen Großgemeinschaft aufgehen und darin gnädig verschwinden zu dürfen. All das, was Ernst Jünger in der Friedensschrift dazu ausführte, ist später zum Konsens in der Bundesrepublik Deutschland geworden, die sich stets als Schrittmacher der europäischen Einigung verstand: Einheit in der Vielfalt, Stärkung der Regionen und darin die Überwindung der Vorherrschaft des Nationalen. Auch seine Versöhnung von autoritärem Ordnungsstaat und liberaler Demokratie entspricht der späteren Wirklichkeit, wenn er Technik, Industrie, Wirtschaft, Verkehr, Handel und Verteidigung auf die autoritäre Seite schlug, Freiheit und Vielfalt dagegen für Sprache, Kultur, Sitten, Bildung, Kunst und Religion forderte. In diesen Grenzen konnte er sich mit der Perspektive der Demokratisierung anfreunden.

Der zentrale Gedanke Jüngers blieb jedoch unausgeführt und bezeichnet bis heute eine ideelle Leerstelle der Europäischen Gemeinschaft: Um den Nihilismus zu überwinden, reiche ein Vernunftvertrag nicht aus, wenn dabei der metaphysische Glaube fehle. Er wollte einer »neuen Theologie« den obersten Rang »als erste Wissenschaft« einräumen, »als Kenntnis der tiefsten Gründe und der höchsten Ordnung, nach der die Welt geschaffen ist«. Der Friedensvertrag, schrieb er, »muss zugleich in einer Synodalverfassung Frucht bringen«. Keine Erkenntnis ohne Offenbarung. Was ist Wissen ohne Glaube? Er dachte dabei selbstverständlich an ein christliches Europa, in dem mit dem Nationalismus auch das Schisma der Kirche zu überwinden wäre. Die Bibel hatte als Sammlung mythischer Muster in den Zeiten des Untergangs ihre Brauchbarkeit erwiesen. Im Mai 1944 schloss er seine Bibellektüre mit der Apokalypse des Johannes ab, die ihm ganz der Gegenwart zu entstammen schien, und begann gleich wieder von vorn. Die Friedensschrift in all ihrer Problematik ist so etwas wie die inoffizielle Verfassung des »20. Juli«. Speidel las den Text und soll ihn an Generalfeldmarschall Erwin Rommel weitergegeben haben, der seit November 1943 als Oberbefehlshaber in Frankreich den Auftrag hatte, die Verteidigung gegen die drohende amerikanische Invasion an der Atlantikküste zu organisieren. Speidel wollte ihn damit für die Sache der Verschwörer gewinnen. Rommel soll, so berichtete Speidel, dann auch geplant haben, die Schrift drucken und in Frankreich verbreiten zu lassen. Doch dazu kam es nicht mehr. Nach dem Scheitern des »20. Juli« zwang Hitler seinen Feldmarschall zum Selbstmord. Speidel wurde zwischenzeitlich festgenommen und verhört, Stülpnagel, der beim Versuch, sich zu erschießen, das Augenlicht verlor, gehängt.

Jünger blieb unbehelligt inmitten der überhitzten Atmosphäre des Verdachts im Hotel Majestic bis zum überstürzten Rückzug aus Frankreich nur wenige Wochen danach. Er wusste zwar von Umsturzplänen, war in das Attentat jedoch nicht konkret eingebunden und hatte sich ja auch dagegen ausgesprochen, gemäß seiner alten Position, dass »durch Attentate wenig geändert und vor allem nichts gebessert« werden würde. Das galt für einen Anschlag auf Hitler ebenso wie einst für die Ermordung Rathenaus. Vielleicht hielt er sich auch aus Vorsicht zurück, weil er die Erfolgsaussichten gering einschätzte. »Die Männer vom 20. Juli hatten alle ganz hohe Stirnen und wenig Kinn«, pflegte er in den Jahren nach Kriegsende zu bemerken. Wie hoch die Stirnen der Männer auf der Gegenseite waren, zeigte er dann zwischen Daumen und Zeigefinger an, um die Breite ihrer Nacken mit zwei weit auseinanderstehenden Händen anzudeuten: »Da wusste man schon im Voraus, wie das ausgehen musste.« Vor allem jedoch hielt er, wie in der Friedensschrift ausgeführt, die totale Niederlage des Nationalsozialismus für die Bedingung eines tragfähigen Friedens; ein Umsturz wäre da geradezu verhängnisvoll gewesen, auch wenn bei einem Erfolg und einem früheren Kriegsende womöglich viele Menschenleben gerettet und die Zerstörungen des letzten Kriegsjahres hätten verhindert werden können. Das aber sah er nicht als vorrangig an, wo er doch die »Opfer« als »Saat« verstand. Und nur so, als Zeichen, als

ein Selbstopfer der Besten, bekamen die Attentäter für ihn eine Bedeutung, weil sie, so steht es unter dem Datum des 22. Juli im Tagebuch,»inneren Raum schaffen und verhüten, dass die Nation als Ganzes, als Block in die entsetzlichen Tiefen des Schicksals fällt«.
Sein eigenes»Gegen- und vielleicht sogar Heilmittel gegen die Vernichtungsmächte« lag, wie er Fritz mitteilte, in der»subtilen Beschäftigung«. Wenn er den schönen Waldpfad von St. Cloud nach Versailles entlangschlendere, sammle er Käfer vom Wegesrand – so wie man Blumen am Abgrund pflückt oder die Konfiguration der Schaumtröpfchen beim Schiffsuntergang betrachtet. Als»Zeichen«,»Saat« und sinnvolles»Opfer« musste er dann auch den Tod des eigenen Sohnes hinnehmen wie eine Probe aufs Exempel. Die Entschlossenheit, mit der er auch diesem sinnlosen Tod einen Sinn unterlegte, macht ihn zu einem Nachfolger Abrahams, der Isaak auf dem Altar seines Gottes zu opfern gewillt war. Als die erschütternde Nachricht vom Tod des Sohnes ihn erreichte, schrieb der Vater, um die Fassung wiederzugewinnen, die erstaunlichen Sätze:»Der gute Junge. Von Kind auf war es sein Bestreben, es dem Vater nachzutun. Nun hat er es gleich beim ersten Male besser gemacht, ging so unendlich über ihn hinaus.« Es war ihm so, als ob der Sohn als Sendbote ins Totenreich vorausgegangen wäre, um dort die Seinen zu erwarten.

Im März 1943 war Ernstel, siebzehn Jahre alt, zunächst zur Flak nach Bremen einberufen worden, an Gelbsucht erkrankt und geschwächt aus dem Lazarett entlassen worden. Im Januar 1944 wurde er – nun auf Wangerooge als Marinehelfer eingesetzt – zusammen mit seinem Freund Wolf Jobst Siedler verhaftet. Den beiden wurde das Abhören von Feindsendern und»Zersetzung der Wehrkraft« vorgeworfen. Ein Spitzel, der sie belauscht hatte, behauptete, dass sie den Krieg für verloren hielten und gefordert hätten, Hitler müsse noch vor Beendigung des Krieges aufgehängt werden. Das Urteil – fünf Monate Jugendgefängnis – war bereits gesprochen, aber noch nicht rechtskräftig, auch die Todesstrafe war möglich, als Ernst im Februar in Paris von den Vorfällen erfuhr und seinen Einfluss geltend zu machen versuchte. Er reiste nach Berlin, um dort mit Großadmiral Dönitz zu sprechen und um ein mildes Urteil zu bitten. Im April besuchte er seinen Sohn im Gefängnis in Wilhelmshaven, wo er in Uniform, mit all seinen Orden und dem Pour le Mérite auf der Brust erschien. Ernstel wurde im Juni entlassen und kam schließlich zur »Frontbewährung« nach Italien. Im Oktober rückte er dort ein, beim letzten Besuch in Kirchhorst war er erschöpft, unterernährt und hatte Wunden an den Füßen. Am 29. November, unterwegs mit einem Spähtrupp, starb er bei Gefechten mit Partisanen an einem Kopfschuss, ausgerechnet im Marmorgebirge bei Carrara, als wollte er mit diesem Ort noch einmal die Verbundenheit mit dem Vater beweisen, der ihn sich als einsam Sterbenden vorstellte: »Inmitten dieser schroffen und blendend weißen Klippen hebt sich der Mensch auf große Entfernung ab.« Im Dezember trafen noch Briefe von Ernstel in Kirchhorst ein – Briefe eines Toten, die Neugier und Ungeduld erkennen ließen. Doch erst am 11. Januar 1945 kam die Todesmeldung – fast auf den Tag genau zwei Jahre nach dem Tod von Ernsts Vater. In der Bibliothek improvisierten sie mit dem Pfarrer eine Andacht, an der die Nachbarn und die im Haus einquartierten Flüchtlinge teilnahmen und wo der Schluss des 73. Psalms gelesen wurde. »Der Tod des Sohnes fügt eines der Daten, einen der Angel- und Wendepunkte in einem Leben ein. Die Dinge, die Gedanken, die Taten vorher und nachher unterscheiden sich«, notierte Ernst. Der Schmerz komme »wie ein Regen, der erst in seiner Masse abläuft, dann dringt er langsam ins Erdreich ein. Der Geist erfasst ihn nicht mit einem Mal. Wir traten nun auch in die wahre, die einzige Gemeinde dieses Krieges ein, in seine geheime Brüderschaft.«

Die Todesnachricht traf ihn unvorbereitet. Er hatte diesen Fall trotz eines seit Wochen andauernden Schweigens des Sohnes nicht für möglich gehalten. Vielleicht war dies das Schlimmste: Sein visionärer Sinn, seine Ahnungskraft, die Fähigkeit zur »Vorschau«, hatte versagt. Im Nachhinein versuchten sie, einen Traum Grethas, in dem ihr »ein Augenzahn gezogen« wurde, als Zeichen zu deuten. Ernst hatte am Todestag des Sohnes im Traum seinen Vater besucht. Da waren die beiden Säulen am Eingang des Hauses so eng zusammengewachsen, dass er sich nur mit Mühe hindurchzwängen konnte. Trostreicher war ein Traum, in dem er von vielen bunten Vögeln begleitet durch einen Wald ging und in einen U-Bahn-Schacht geriet. Unter seinem Mantel trug er links eine helle Taube und rechts eine dunkle Fledermaus. Die Tiere flogen von dort aus davon und kehrten zurück wie in ihr Nest.

Drei Wochen dauerte es, bis Ernsts Brief mit der traurigen Nachricht in Überlingen eintraf. »Zita stürzten gleich die Tränen heraus, sie liebte ihn und gedachte besonders der Tage in Kirchhorst, wo sie mit ihm durch Feld und Moor streifte«, schrieb Fritz an Gretha. »Mir ist schwer ums Herz. Ich mochte gestern an Ernst keinen Brief schreiben, ich sandte einige Worte, in denen ich selbst nach Trost suchte. Der Tod, der einen so jungen Menschen fortnimmt, hat etwas sehr Strenges und schafft eine Entfernung, welcher der Schmerz nicht beikommt. Du weißt, welchen Anteil ich an Ernstel nahm, wie ich von Anfang an ihn aufwachsen sah.« Er stieg den Weg zum Weinberghaus hinauf, den er mit Ernstel oft gegangen war, und suchte im Wald den Platz, an dem der Junge einst eine Burg gebaut hatte. Wenn er von den Wiesen auf den See hinabsah, sagte er sich: Das hat auch Ernstel mit seinen Augen gesehen. »Durch diese Gartenpforte ging er, den Baum dort hat er erklettert, auf dem Rasenfleck da gelegen.« Nun entdeckte Fritz in der Gestalt des Todes den Fremden wieder, der ihn in der Kindheit so erschreckt hatte, denn der Tod war »ein Fremder, mit dem wir uns innig vertraut machen müssen«. Sein Trauergedicht »Auf Ernstels Tod« sandte er nach Kirchhorst. Ernst schrieb es ab und fügte es in sein Tagebuch ein:

> Die Winde fragen nach dem Gespielen:
> »Wo bist du?« Und das Echo kehrt wieder.
> Der Frühling kommt nun, bald kommt der Frühling.
> »Wo bist du, Ernstel? Kommst du nicht wieder?«

> Der Harz will grünen. Und auf den Wiesen
> In dichten Hecken tönen die Lieder.
> Die Amsel ruft dich aus den Gebüschen:
> »Wo bist du, Ernstel? Kommst du nicht wieder?«

> Er ruht nun. Ach, ihr ruft ihn vergebens
> An kühlen Wassern und in den Hainen.
> Ihm ward ein früher Friede beschieden.
> Wir aber blieben, ihn zu beweinen.

18 (LUFT)

Wilflingen 1996

Um zehn Uhr, spätestens um elf, ging er zu Bett. Er brauchte viel Schlaf, mindestens neun Stunden. Schlaf ist die silberne Quelle, die die Lebenskräfte speist. Wer nicht genug schläft, wird keine hundert Jahre alt. Die Vorgänge der Nacht waren nicht weniger bedeutend als die des Tages. Der Schlaf ist eine Zeit der Bewährung, in der Entscheidungen getroffen werden, Vergessen geschenkt wird. Der Schlaf wandelt die Bilder, Worte, Gedanken, Erlebnisse des Tages durch Gärung in neue Substanzen um. Schlaf ist eine chemische Reaktion. Der Mensch erwacht in frischer Form und Formation. Zu Bett gehen hieß also nicht, untätig zu sein. Es bedeutete nur, den Arbeitsplatz zu wechseln. Bei Heraklit, der sich die Seele als einen Feuerstoff vorstellte, hatte er den Satz gefunden: »Die Schlafenden sind Tätige und Mitwirkende beim Geschehen der Welt.« Wer wusste schon mit Sicherheit zu sagen, ob nicht auch die Tage nur Träume sind? Er erinnerte sich an ein Gespräch mit der Geliebten Sophie Ravoux in Paris. Sie war es, die in seiner Art zu denken den Chemiker erkannte. Er schreite nicht wie ein Physiker von Ursache zu Ursache die Kausalkette ab, sondern bewege sich atomistisch, durch Umsatz kleinster Teilchen, durch Osmose und Filterung. Dieser molekulare Prozess war unaufhaltsam, bei Tag und bei Nacht. Erst recht in der Nacht hatte er das Gefühl, wie eine Sanduhr unentwegt tätig zu sein.

Das Schlafzimmer war sein Labor. Das Bett war schmal und schmucklos, eine spartanische Liege. Auf dem Wandbrett stand in Griffweite ein Wecker, den er jedoch, damit das mechanische Ticken ihn nicht störte, in der Styroporummantelung der Verpackung beließ. Das Bett war mit einem Blütenmuster in Grün und Orange bezogen, das sich in den Bezügen von Stuhl und Sessel und in den Vorhängen fortsetzte. So wucherten die Blumen aus der Horizontalen in die Vertikale hinüber, um ihm dabei behilflich zu sein, sich aufzurichten und in den Träumen davonzufliegen. Sanft hob das Blütenmeer ihn hinweg. Mit den Beinen voraus schwebte er anstrengungslos über Hecken und Zäune, oder er glitt, mit dem Gesicht zur Erde, dicht über den Boden belebter Straßen und Plätze. In dieser verkrampften Haltung, so hatte er im *Abenteuerlichen Herzen* verraten, taucht der Träumer »zuweilen wie ein Fisch vor einsamen Passanten auf, denen er in die entsetzten Gesichter starrt«. Der Traum der Vernunft gebiert Ungeheuer. Manchmal war er selbst das Ungeheuer. Andere tauchten aus der Tiefsee auf, in die er absank wie ein Anker. Aus der Abteilung »Seefahrt und Schiffsuntergänge« seiner Bibliothek besorgte er die nötige Anregung, Irenäus Eibl-Eibesfeldts *Im Reich der tausend Atolle*, die *Seestücke* von James Hamilton-Paterson, die ihm der Klett-Verlag geschickt hatte, oder *Aus der Tiefe des Weltmeeres* von Carl Chun, ein Werk mit reichen Illustrationen und ornamentalen Jugendstilverzierungen. Seltsam geformte Wesen in schillernden Farben zogen an ihm vorbei, vielarmige Kraken, bunte Fische mit riesigen Mäulern und flatternden Kiemen, oder der Loligo media, der Mittlere Kalmar, den er in seiner Studienzeit, als er im Zoologischen Institut Anton Dohrns in Neapel hospitierte, so gerne seziert hatte. Wie zart er im Sterben erblasste! Dieses muskulöse Tierchen, nicht Fisch und nicht Krebs, nicht Muschel und nicht Schnecke, durfte in Italien in keiner guten Fischsuppe fehlen. Es sah aus wie ein Torpedo oder ein Schirm mit zwei Griffen, der sich ins Unergründliche bohrt. Es gab auch fliegende Fische, die wie Schwalben durchs Fenster schossen, um die Decke des Schlafzimmers abzuweiden, als handle es sich um ein von Algen bewachsenes Aquarium. Die Grenze zwischen Wachen und Schlafen war ein vom Meer beleckter Küstensaum, überspült mit Muschelresten, erstarrten Seesternen, faulenden Algen und anderem Auswurf des Lebens.

Träume betrachtete er als Expeditionen in unbekannte Gefilde, Bergtouren, Wüstenwanderungen, Meeresüberquerungen. Er sammelte Träume wie Käfer und ging im Schlaf auf subtile Jagd. Jeder Traum, auch der schlimmste Alp, war besser als eine traumlose Nacht, denn im Traum wuchs ihm Erfahrung zu. Die Gestalten, die er sah, hielt er nicht bloß für Abdrücke seiner Phantasie, sondern für wirkliche Begegnungen. Den Kontakt mit ihnen brach er nicht etwa durchs Erwachen ab, sondern indem er in die leeren Räume des Schlafes zurückkehrte. Als »dritten Gang« bezeichnete er die Phase nach dem dritten Einschlafen gegen Morgen, das die intensivsten Erlebnisse brachte. Seit der Kindheit näherte sich ihm in besonderen Momenten immer wieder eine Frau, die er Dorothea nannte, schützende Göttin der Weiblichkeit, der Schönheit und der Weisheit. Sie nahm die Züge der Mutter, der Schwester, der Geliebten, der Gattin an und umfasste sie alle, Urbild und Ideal der Frau. Sie trat aus der Dämmerung der Genera hervor, so wie die zoologischen Genera als Urbilder der Spezies über jedem einzelnen Exemplar der Gattung schweben. Solche Begegnungen bewegten ihn stark. Fritz nannte diese Wesen »Genien«. Für ihn selbst waren sie Engel. Die Begegnung mit ihnen löste ein Zittern in ihm aus, als werde er von einer fremden Kraft an den Schultern gepackt. Er wünschte sich, das Gespräch mit ihnen zu beginnen, und glaubte, diesen Wunsch auch auf der Gegenseite zu erkennen. Doch Dorothea und alle, die ihr nachfolgten, blieben stumm. Sie zeigten allenfalls mit ihren Fingern auf Buchseiten, deren Schrift nicht zu erkennen war.

Nur Gretha blieb deutlich und sehr nah. An ihrem Todestag, nachdem er ihr Grab auf dem Friedhof besucht und eine Kerze vor ihrem Bild entzündet hatte, fand er sie nachts in seinem Bett liegend vor. In einem anderen Traum, den er im Traumbuch festhielt, wurde »die Tür zum Schlafzimmer aufgestoßen und zwei vitale Burschen traten ein. Sie boten mir Schnitten an, die mit rotem Kaviar belegt waren. Dann ging ich ins Bad. Dort stand einer der Zuber, in denen Wäsche eingeweicht wird. Zu meinem Entsetzen sah ich Gretha darin liegen; das Wasser reichte ihr über den Mund. Ich riss sie heraus, behandelte sie wie eine Ertrunkene, umarmte sie. Sie begann zu meiner unendlichen Freude zu atmen; ich sagte: ›Ich will dich wärmen, komm ins Bett.‹ Sie antwortete: ›Komm du zu mir. Dort ist auch der Sohn.‹«

Von Ernstel träumte er nie. Häufig dagegen von Schlangen. Sie lauerten bläulich zischend mit silbrig glänzenden Bäuchen im Gebüsch oder in verborgenen Erdhöhlen. Winzige, wie Wespen gestreifte Exemplare verwahrte er in einer Puderdose. Dass ihm ein paar davon entwischten und sich nur schwer wieder einfangen ließen, deutete er als »Hinweis auf die kleinen, mehr oder minder spürbaren Defekte, die sich mit schwindender Vitalität einstellen«. Schlangen verkörperten die Urkraft des Lebens. Mit der Erkenntnis von Gut und Böse empfing der Mensch auch die Sterblichkeit. Der Anblick von Schlangen erinnert an diesen Moment. Deshalb gelten sie auch als Symbole des Sexuellen, denn erst aus der Existenz des Todes ergibt sich naturgemäß der Zwang zur Fortpflanzung.

Auch wenn er wach und mit offenen Augen im Dunkeln lag, sah er Formen und Farben, aus denen sich bunte Gestalten bildeten. 1947 war es gewesen, dass er eine ganze Woche mit verbundenen Augen im Krankenhaus Göttingen verbrachte. Beim Holzhacken im Kirchhorster Garten hatte ein Haselzweig ihn im Auge getroffen und die Netzhaut verletzt. Die Sehkraft ließ in den folgenden Wochen nach, so dass er sich in die »Camera obscura« der Augenklinik begeben musste, während draußen im Garten die Früchte reiften. Fritz hatte ihm voller Sorge geschrieben und ihn daran erinnert, wie anfällig er immer schon für Bindehautentzündungen gewesen sei. Die Augen, unser wichtigstes Organ, gerötet und reizbar. Sieben Tage im Dunkeln waren weniger langweilig als befürchtet. Zuverlässig stellten sich die inneren Bilder ein. Physiognomien tauchten vor ihm auf, unzählige Gesichter, die ihn ansahen und sich veränderten wie die Bilder in einem Kaleidoskop. Er produzierte Träume. Er konnte sie an- und ausschalten wie einen Fernsehapparat. Und er empfing sie wie eine Offenbarung. Für ihn war das kein Unterschied. Träume waren real. In ihnen gab es keine Differenz zwischen Innen und Außen. Sie waren nichts als Bedeutung. Sie waren nicht zu deuten.

Mit der Bettdecke zog er den psychedelischen Blütenschmuck über sich und verschwand unter den Farben der Nacht. Der Schlaf nahm ihn auf. Er vertraute: »Andere träumen für uns mit. Sonst könnten wir nicht bestehen.«

19 (WASSER)

Überlingen 1945

Keine Nachricht, seit Monaten. Keine Besuche. Ungewissheit. Die Kraniche, die Kirchhorst überflogen, machten einen Bogen um Überlingen. An eine Reise war nach Kriegsende ebenso wenig zu denken wie in den Monaten zuvor, als Bomben auf Bahnhöfe und Brücken fielen und auf den Straßen die Fallschirmjäger landeten. Selbst Briefe kamen nicht mehr durch, seit Deutschland in Besatzungszonen aufgeteilt war. Rückfall ins Mittelalter. Isolierte Kleinstaaterei. Straßenräuber. Vergeblich träumte Fritz von einem überquellenden Briefkasten. Umso üppiger gediehen die Gerüchte: Ernst Jünger sei in den letzten Kriegswochen zum Opfer der Gestapo geworden. Oder: Ernst Jünger habe sich umgebracht. Das zu hören wirkte nicht gerade beruhigend, doch Fritz vertraute darauf, dass der Bruder lebe, ganz einfach deshalb, weil er nicht fehlen durfte.

Am 6. September 1945 saßen sie in ihren Schreibzimmern, Ernst in Kirchhorst unterm Dach, Fritz in Überlingen mit Blick auf den See, und schrieben einander, ohne es zu ahnen, über Kreuz. »Immer noch kein Zeichen von Dir, doch lasse ich von Zeit zu Zeit ein Zeichen ausgehen und hoffe, dass die Taube zurückkehren wird«, schrieb Fritz. »Von Mama immer noch keine Nachricht, ebenso wenig von Hanna und Wolfgang. Hans traf hier ein und lebt seit einigen Wochen hier. Das Haus ist überfüllt von Flüchtlingen«, schrieb Ernst. Immerhin stieß er in einer Zeitschrift auf ein Gedicht des Bruders, das er wie einen Gruß empfand, auch wenn es sich leider in Nachbarschaft »unqualifizierter Ausführungen, unter anderem des Psychologen C. G. Jung«, befand.

Wie bedrohlich die Situation in der Endphase des »Dritten Reiches« nach dem 20. Juli 1944 gewesen war, hatte auch Fritz erfahren, als er in den Wochen nach dem Attentat auf Hitler Besuch von zwei Gestapo-Beamten erhielt. Einer trat, wie üblich, als der Listige, Kluge auf, der andere als der brutale Schläger, der sich drohend im Hintergrund hielt. Sie behaupteten, es lägen Hinweise vor, dass er in seinem Haus den flüchtigen ehemaligen Leipziger Oberbürgermeister Carl Friedrich Goerdeler versteckt halte. Daran war nichts. Goerdeler, der in den Planungen der Widerständler für das Amt des Reichskanzlers vorgesehen war, wurde im August 1944 in Westpreußen verhaftet, weit weg vom Bodensee, und im Februar 1945 in Berlin-Plötzensee hingerichtet. Dass die Gestapo es aber für möglich hielt, den Gesuchten in der Seeuferklause zu finden, musste Fritz eine nachdrückliche Warnung sein.

Citta wurde kurz darauf als Rüstungsarbeiterin verpflichtet und hatte nun dreißig Stunden pro Woche in einer Fabrik abzuleisten, die Panzerteile herstellte. Fritz fürchtete, er könnte zu Schreibarbeiten in der Verwaltung eingezogen werden, dabei sei er doch völlig unfähig, auch nur eine Schreibmaschine ordentlich zu bedienen. Er musste nun aber den Haushalt übernehmen, was schlimm genug war. Und was würde aus der »Bunten Stube« werden? Im Überlinger Münster wurden der Altar des Jörg Zürn, die Apostel und andere alte Figuren entfernt und in Sicherheit gebracht. Wenn Fritz in den Wald spazierte, um dem Konzert der Singdrosseln zu lauschen, hörte er den Lärm von Explosionen. Zwangsarbeiter trieben Stollen in die Felsen, um Schutzräume zu schaffen. Nach der Zerstörung von Friedrichshafen mit den Zeppelinwerken, den Maybach-Motorenwerken und der Zahnradfabrik im April 1944 sollte die Rüstungsproduktion in solchen unterirdischen Anlagen fortgesetzt werden. Zum Bau der Stollen wurden Häftlinge aus dem KZ Dachau eingesetzt, für die in Überlingen-Aufkirch ein neues Außenlager entstand. Fritz konnte die Bauarbeiten an der Straße nach Nesselwang beobachten. Er sah elektrisch geladenen Stacheldraht, Posten mit Maschinengewehren und die Gefangenen in ihren gestreiften Anzügen. Der Anblick setzte ihm zu, »betrübte« ihn, doch die Reaktion, die er im Tagebuch festhielt, ist seltsam unangemessen. Ganz so, als befinde er sich am Stacheldraht eines KZ immer noch in der Sphäre des Rechts, dachte er an seinen Leipziger Strafrechtsprofessor zurück, mit dem er einst das Zuchthaus in Waldheim besuchte hatte. Damals verblüffte ihn die Wahrnehmung, »dass das Leben der Beamten im Zuchthaus so sehr dem der Gefangenen glich. Ich sah, dass der Gefangene seinen Wärter fängt.« Aber was ist davon zu halten, dass ihm das jetzt wieder einfiel? Galt diese Beobachtung auch für die Beziehung zwischen Wachposten und KZ-Häftlingen? Oder gerade nicht mehr?

Die nächtliche Zerstörung Friedrichshafens erlebte er wie ein gewaltiges Naturschauspiel. Die Mama und Hanna waren ausgerechnet in diesen Tagen im April 1944 zu Besuch gekommen. Gemeinsam standen sie mit gepackten Koffern fluchtbereit im Hauseingang, während ein großer Teil der Bevölkerung in den Felshöhlen und Stollen Schutz suchte. Sie hörten das unerschütterliche Brummen der Fliegergeschwader und die entsetzlichen Pfeiftöne der fallenden Bomben. Der Nachthimmel leuchtete rot vom Feuerschein. Luftwellen rollten über den aufflammenden See, die Explosionen aus der Ferne erschütterten das Haus. Die Mama war ruhig und wirkte abwesend, in Gedanken versunken. Als Fritz sie zwei Tage später im Dampfer begleitete, der ruhig über den See glitt, sahen sie vom Wasser aus auf die rauchenden Trümmer der Stadt. In Lindau nahmen sie Abschied voneinander, ohne zu ahnen, dass sie sich nie mehr wiedersehen würden. Die Mutter kehrte nach Leisnig zurück. Dort wollte sie bleiben. Nach 1945 kam sie aus der sowjetischen Besatzungszone nicht mehr heraus.

Auch auf Überlingen fielen Bomben. Tote wurden geborgen. Die Brücke bei Langenargen wurde zerstört, der Bahnhof von Singen getroffen. Am Weihnachtstag des Jahres 1944 gab es fünfmal Alarm. Das leise Klirren der Fenster war stets das Zeichen drohender Gefahr. Er denke jetzt manchmal an die Puterhennen in Rehburg, schrieb er an Ernst, »die immer den Himmel visierten, wenn sie Küken ausführten, und klagende Warntöne ausstießen, wenn ein Raubvogel im Äther schwebte. Was die Raubvögel für die Tierwelt bedeuten, können wir jetzt nachfühlen.« Trotzdem versuchte er, seinen Alltag aufrechtzuerhalten, beobachtete die Vögel und die Pflanzen im Wald, sah einen schneeweißen Wanderfalken überm Fichtendickicht kreisen, sah im Februar nach dem Seidelbast und schrieb an seinen Erinnerungen an die Kindheitswelt, die immer stärker als Idylle jenseits der Zeiten und aller Zerstörung aufleuchtete: »Inmitten der Tiefe des Unheils drängt sich die Vergangenheit lieblich hervor.«

Er schrieb immer weiter, auch wenn nicht abzusehen war, ob diese Arbeit jemals irgendjemandem zugutekommen würde. Das war so ähnlich wie die Arbeit an den Stollen, die unsinnigerweise auch immer weiterging, obwohl der Krieg längst verloren und im März 1945 schon das Artilleriefeuer vom Rhein her zu hören war. Sirenengeheul und Motorengeräusche erschütterten Tag und Nacht die sonst so ruhige Landschaft. Erste französische Verbände tauchten auf, während Fritz im Wald nach Morcheln suchte und Waldmeister pflückte. Am 24. April notierte er im Tagebuch, das in diesen Wochen zu einer seltenen dokumentarischen Ausführlichkeit gelangt: »Vormittags stieg ich nach Aufkirch hinauf. Als ich am Konzentrationslager vorbeikam, hörte ich einen Mann sagen, dass er Auftrag habe, es zu vernichten. Gleich darauf schlugen Rauch und Flammen aus den Baracken empor. Ich betrachtete den Brand, der sich rasch ausdehnte und diese hässliche Zwingburg in Asche legte. Man hat die Insassen gestern abtransportiert.« Und einen Tag später: »Ich ging mit Enner am Vormittag wieder nach dem Spetzgarter Tobel, wo wir Morcheln suchten. Der Lärm rückte näher, und als die erste Granate über uns hinwegfuhr, gingen wir in die Höhle zurück. Gegen Mittag wurde es stiller. Am Nachmittag gegen halb sechs Uhr schossen die Franzosen einige Granaten in die Stadt. Drei Häuser brannten ab. Eine Stunde später wurde die Stadt übergeben. Die Franzosen rückten auf Kampfwagen in geringer Zahl ein. Als wir die Felsenhöhle verließen, hingen weiße Fahnen aus den Häusern. Wir waren noch nicht lange im Hause, als es klingelte. Ich begleitete Zita an die Tür und sah zwei Franzosen vor mir, Revolver in der Hand. Der größere präsentierte ein Huhn, das er gekocht haben wollte. Am Abend hatten wir vier Mann Einquartierung. Überall wurden die Tiere aus den Ställen geholt und geschlachtet. Einige Häuser brannten ab. Vorher und noch während des Einmarsches wurde viel Wein und Schnaps in den See geschüttet. Auch warf man Munition und Waffen, darunter viele Panzerfäuste, ins Wasser.« Auch Parteiakten wurden verbrannt oder ins Wasser geworfen. Es gab keine Zeitungen mehr und keine Nachrichten von außerhalb. Die Welt war zusammengeschrumpft auf das Geschehen in unmittelbarer Nachbarschaft und auf Gerüchte.

Fritz unterschied Franzosen, Marokkaner und Neger – ein Wort, das damals noch ohne alle Bedenken gebräuchlich war. Besonders faszinierten ihn die tätowierten »Kongoneger«, die überall in der Stadt auf erbeuteten Fahrrädern saßen und hochkonzentriert und »ernsthaft wie Kinder« Kreise und Schlangenlinien übten. Da nahm das Fremde Gestalt an, und Fritz versuchte sich damit anzufreunden. »Mir kommen sie nicht hässlich vor, doch erschrak die Bevölkerung sehr vor ihnen.« Das Haus an der Seepromenade wurde zur Kaffee- und Garküche, französische Soldaten aßen und tranken im Stehen, bis zu zwanzig Marokkaner bevölkerten die Küche, verhielten sich aber diszipliniert und höflich. Am 3. Mai hatten sich alle männlichen Einwohner Überlingens zwischen fünfzehn und fünfundfünfzig Jahren im Barackenlager Goldbach zu melden, wo sie interniert wurden. Plötzlich fand Fritz sich auf der anderen Seite des Stacheldrahtes wieder. Citta begleitete ihn dorthin, brachte am Abend Essen und eine Decke, zwei Nächte verbrachte er zusammen mit dreihundert dunstenden Männern in einer Baracke, dann durfte er wieder nach Hause gehen. Die Seeuferklause erhielt Einquartierung. Drei Marokkaner bezogen das Erdgeschoss und richteten dort ein Munitionslager ein, neben dem sie rauchten und schliefen. Die Handgranaten stapelten sie bis zur Decke, und es dauerte Wochen, ehe es Fritz gelang, einen französischen Offizier zum Abtransport der explosiven Güter zu bewegen.

Auf merkwürdige Weise fühlte er sich den Siegern überlegen. Er spüre nun, was es heißt, ein Vaterland zu haben, notierte er. Wenn er mit Franzosen sprach, mit Schweizern oder Amerikanern, kam es ihm so vor, als befänden sie sich in einer Camera obscura der Illusionen. Ihr Denken und ihre Begriffe waren unbrauchbar. Sie hatten keine Ahnung. Sie lebten in einer anderen Welt mit anderen Kategorien. »Sie müssen das Fallen noch lernen, den Gang durch die Zonen der Vernichtung«, schrieb er. »Sie kennen noch nicht den Schmerz, der ein Volk bis zur seelischen und leiblichen Vernichtung durchfährt.« Der tiefste Punkt seiner Hoffnungslosigkeit lag bereits hinter ihm, Stück für Stück hatte sie sich aus ihm zurückgezogen. Jetzt, in der Niederlage, war er fast schon gerettet.

Im Juni erhielt er Besuch von General Speidel, der ihm von den Monaten nach dem 20. Juli und seiner Flucht aus der Festungshaft in Küstrin erzählte und ihm vom Tod Rommels berichtete. Der Schriftsteller und Brandenburger Gutsbesitzer Martin von Katte, ein Freund aus den Berliner Jahren, suchte nach seiner Flucht aus dem Osten am

Bodensee Schutz und lebte für zwei Jahre bei Citta und Fritz. Man rückte enger zusammen. Der Sommer war heiß, Fritz badete wieder im See, doch es wollten ihm keine Gedichte mehr gelingen. »Schwermut, die kaum zu bezwingen war«, notierte er Anfang August. Dann die Meldungen vom Abwurf der Atombombe auf Hiroshima, die die Depressionen verstärkten. Das Fahrrad, das Ernstel gehört hatte, wurde ihm gestohlen. Und dann, am Nachmittag des 20. Oktober, stand plötzlich Ernst vor der Tür: »der hellste Punkt des Jahres«.

Zur Begrüßung gingen sie nach oben ins Arbeitszimmer, wo Ernst Homers *Odyssee* und daneben Fritz' Übersetzung auf dem Tisch liegen sah. Das war seine Beschäftigung für die Mittagspause, wenn er sich hinlegte und dabei jeden Tag ein paar Verse ins Deutsche übertrug. Sie erzählten sich, wie sie das Kriegsende erlebt hatten. Dass Goebbels die Presse im März 1945 noch angewiesen habe, seinen fünfzigsten Geburtstag zu ignorieren, nahm Ernst als Auszeichnung. Nach der Rückkehr aus Paris zur »Führerreserve« beurlaubt und aus der Armee entlassen, hatte er sich in Kirchhorst wieder mit der Arbeit an seinen Manuskripten und im Garten eingerichtet. In den letzten Kriegsmonaten war er zum Volkssturmführer ernannt worden, die Dorfbewohner sprachen ihn nach wie vor als »Herr Hauptmann« an. Im Haus gingen nun die letzten übriggebliebenen Unter- und Sonderführerchen ein und aus und stiegen bis zuletzt mit zackigem »Heil Hitler« die Treppe hinauf. Er versuchte, was nicht ohne Risiko war, die sinnlosen Endgefechte zu verhindern, und ließ Panzersperren öffnen, wenn die Alliierten auftauchten, war aber auch stolz darauf, dass in seinem Kommandobereich keine weißen Fahnen gehisst wurden. Das hätte er als unsoldatisch empfunden. Wieder einmal befand er sich auf dem von ihm so geschätzten »verlorenen Posten«, wo es kurz vor dem Ende still und feierlich wird. Da saß er auf einem Baumstumpf am Waldrand und beobachtete einen braunen Canthariden, der zitternd neben ihm landete, um ein unter der Rinde verborgenes Weibchen zu begatten. So ging alles weiter, so setzte das Leben sich fort, die Natur ließ sich in ihren Abläufen nicht stören.

Er erzählte Fritz, wie sie mit Hilfe der Dorfbewohner ihre Weinvorräte auf den Feldern vergruben, weil Gretha Besäufnisse der Sieger im Haus fürchtete. Gretha habe in diesen Monaten durch ihre stetige Verlässlichkeit bewiesen, dass er ihr den Namen »Perpetua« zu Recht verliehen hatte. Die Aktion endete mit lautem Gesang und einer Cognac-Feier. Nach dem Einmarsch der Amerikaner blickte er während einer Hausdurchsuchung wieder einmal – wie nach dem Ersten Weltkrieg – in die Mündung einer Pistole, so erzählte er weiter, als er in der Scheune unvermutet einem US-Soldaten gegenüberstand, während er eine Mistgabel in der Hand hielt, die er dann ganz behutsam abstellte. Das Haus war überfüllt; das Erdgeschoss requirierte die US Army, im ersten Stock siedelten Flüchtlinge, auch überlebende Juden aus dem Konzentrationslager Bergen-Belsen kamen ins Haus. Gretha schildert ihre Haltung gegenüber den Juden in ihren Erinnerungen sehr offen: »Bis zum Jahre des Heils, 1933, war ich ihnen nicht gewogen, ich liebte sie nicht; besonders nicht die Juden Berlins und des Kurfürstendamms. Als ihre Verfolgung einsetzte, der Massenmord, und alles vergossene Blut zur fürchterlichen Anklage gegen uns aufstand, lernte ich dann, wie man sich des deutschen Namens zu schämen hatte. Und so lernen wir weiter bis zum Ende unserer Tage, und das ist gut so.«

Gleichwohl hielt Ernst die Vergewaltigungen und Vertreibungen der Deutschen aus den Ostgebieten, von denen die Flüchtlinge berichteten, für »eine der größten Passionen, die jemals durchlitten worden sind«. Die Deutschen rückten damit in seinen Augen an die Seite der Juden: »Der Antigermanismus scheint wie der Antisemitismus zu den Grundstimmungen der Welt zu gehören; er bedarf keiner Begründung.« Er verzog sich nach Möglichkeit in sein Zimmer unterm Dach. »Von einer solchen Niederlage erholt man sich nicht wieder wie einst nach Jena oder nach Sedan«, schrieb er dort oben ins Tagebuch. »Man kann das Notwendige sehen, begreifen, wollen und sogar lieben und doch zugleich von ungeheurem Schmerz durchdrungen sein. Das muss man wissen, wenn man unsere Zeit und ihre Menschen erfassen will.«

Der Besuch in Überlingen war nur kurz. »Spaziergang mit Ernst nach dem Weinberghaus, dann in den Wald, vorbei an Köppelsbleek«, hielt Fritz das Geschehen des nächsten Tages fest. Gemeint war damit die alte Überlinger Abdeckerei, die der Folterstätte »Köppelsbleek« in den *Marmorklippen* zum Vorbild diente. »Er ist fünfzig Jahre alt, doch sehe ich an ihm noch das Gesicht des Fünfzehnjährigen, mit dem ich

221

die Rehburger Wälder, das Moor und die Schilfufer des Steinhuder Meeres durchstreifte. Ich frage mich manchmal, welch wunderbare Kraft ihn die ungeheuren Anstrengungen seines Lebens überstehen ließ. Das ist eine Frage, die sich physiologisch nicht beantworten lässt. Er regeneriert sich auf geistige Weise, heilt alle Verletzungen, indem er neue Gedanken entfaltet. Wir besuchten Horion. Am Nachmittag reiste er nach Offenburg weiter.« Bei Ernst liest sich der entsprechende Eintrag so: »Am Morgen stiegen wir auf den vertrauten Wegen zum Überlinger Weinberghaus empor, von dort zur Schinderhütte, die offen stand. Zum ersten Mal traten wir in sie ein. Wir sahen die Schlachtbank, die Haken an den Wänden, die Abfallgrube, die von Spiegeln trockenen Blutes umrandet war. In einem Nebenraume türmten sich Tausende von ausgebleichten Schädeln zur Decke auf. Ganz in der Nähe liegt ein kleines Moorstück, in dem vor sieben Jahren Ernstel als Knabe seine Spiele trieb.« Fritz zeigte ihm dort die Reste der Burg, die er nach Ernstels Tod aufgesucht hatte. »Wieder bedrückte mich das Geheimnis, das diesen Tod umgibt«, schrieb Ernst weiter. »Der Besuch am See konnte nur kurz sein; er war gewagt, vor allem der Unsicherheit wegen, die auf den Straßen herrscht. Im Garten gab Friedrich Georg mir noch eine Rautenstaude und Zwiebeln der großen Pardellilie, die er dort zieht. Dann nahm ich Abschied in der Hoffnung, dass nun der Bann gebrochen ist und dass wir uns recht bald im Norden wiedersehen.«

Doch Fritz wagte die Reise nicht, und so war es erneut der wagemutigere Ernst, der sich im Januar 1946 aufmachte. Es zog ihn auch deshalb in den Süden, weil er glaubte, dort bilde sich ein neues geistiges Zentrum heraus, mit Heidegger in Freiburg und den Freunden aus den Pariser Jahren, Carlo Schmid in Tübingen, Gerhard Heller in Baden-Baden und Hans Speidel in Freudenstadt. Die Umstände dieser zweiten Reise in einem geliehenen Fahrzeug und mit einer dubiosen Reisegruppe, zu der auch ein im Waffenhandel tätiger Bankier gehörte, waren jedoch so abenteuerlich und lebensgefährlich, dass er beschloss, sich das nicht noch einmal zuzumuten. Bei einem Unfall mit einem entgegenkommenden polnischen Lastwagen wurde ihr Fahrzeug völlig zerstört, er selbst wie durch ein Wunder gerettet. Er saß im Fond und las in einem Manuskript, das Fritz ihm mitgegeben hatte, als etwas Merkwürdiges geschah, wie er im Tagebuch festhielt: »Ich fühlte eine Art von Betäubung, während der Lebensgeist sich von mir trennte und hoch in die Lüfte stieg. Danach senkte er sich herunter und nahm wieder Besitz von mir. Ich hörte auf der Straße Schreie von Frauen, fühlte einen Aufschlag und sah, dass ich im Freien saß.« Gretha, so behauptete er später, habe im selben Augenblick am Fenster in Kirchhorst gestanden und habe zu Alexander gesagt: »Jetzt hat der Vater einen Unfall gehabt.« Im Wunderbaren fühlte er sich aufgehoben. Am nächsten Tag, in einem anderen Fahrzeug, dessen Kennzeichen folglich nicht mit ihren Papieren übereinstimmte, geriet die Gruppe in eine amerikanische Kontrolle, wurde für Schwarzhändler gehalten und mit erhobenen Händen an die Wand gestellt. Das hätte in der Erregung, der Angst, dem Geschrei und der Wut der Soldaten übel enden können, ging aber glimpflich aus. Doch solche Erlebnisse prägten das labile Empfinden, stärkten das Gefühl, wehrloses Objekt der Besatzungsmächte in einem zerstörten, zerrissenen Land zu sein. Wieder einmal war es der Prophet Jesaja, der die aktuellen Zustände beschrieb und ins Überzeitliche erhob: »Euer Land ist wüst, eure Städte sind mit Feuer verbrannt; Fremde verheeren eure Äcker vor euren Augen, und es ist wüst wie das, so durch Fremde verheert ist. Was noch übrig ist von der Tochter Zion, ist wie ein Häuslein im Weinberge, wie eine Nachthütte in den Kürbisgärten, wie eine verheerte Stadt.« So gab er dem Tagebuch, das von April 1945 bis Dezember 1948 reichte, später in der Werkausgabe den Titel *Die Hütte im Weinberg*. Da schwang auch noch die Erinnerung ans Überlinger Weinberghaus mit, an die Klause der Brüder in den *Marmorklippen* und die Korrespondenz mit Friedrich Georgs Gedichtzyklus *Das Weinberghaus*.

Ernst weigerte sich, den Entnazifizierungsfragebogen der Alliierten auszufüllen, dessen 131 Fragen dazu dienen sollten, überzeugte Nazis und Verantwortliche für die Verbrechen der NS-Zeit von »Mitläufern«, »Minderbelasteten« und »Entlasteten« zu unterscheiden. Das reichlich naive Vorgehen der Besatzungsmächte empfand er als illegitime Gesinnungsüberprüfung, als willkürlichen Herrschaftsakt, dem er sich nicht unterwerfen wollte. So wenig er sich einer Mitschuld bewusst war, so gewiss er kein Nazi gewesen war, so wenig wollte er sich aber nun als Widerstandskämpfer gerieren oder auch nur zu denen gehören, die jetzt, wo kein Risiko mehr damit verbunden war, die Nazis anklagten. Stolz, Trotz und die Sorge darum, dass Schuld wieder, wie in Versailles, aufgerechnet werden würde, verschmolzen in dieser Haltung. Diesen Eindruck bekam auch der amerikanische Kulturoffizier William Speyer zu spüren, der ihn zusammen mit einem amerikanischen Journalisten wenige Tage nach Kriegsende in Kirchhorst aufsuchte und den besonders die hohe, nahezu hysterische Stimme Ernst Jüngers faszinierte. So also sprach ein preußischer Dichter. Ernst hatte den Eindruck, die beiden seien unterwegs, um eine Art »geistige Bestandsaufnahme inmitten unseres Trümmerfeldes« vorzunehmen. Es waren seine ersten Gesprächspartner von außerhalb. Am Tag zuvor hatten sie das Konzentrationslager Buchenwald besucht und berichteten nun von den Ungeheuerlichkeiten, die sie dort gesehen hatten, so von einem Schild neben einem Ofen des Krematoriums mit der Aufschrift: »Hände waschen! In diesem Raum ist Reinlichkeit Pflicht.«

Dass er als »belastet« galt und als Wegbereiter des Nationalsozialismus mit einem Publikationsverbot belegt wurde, nahm Ernst hin und wollte sich einreden, auch darin eine Auszeichnung zu sehen. Genau so und fast mit denselben Worten, mit denen er sich 1933 im Brief an den »Völkischen Beobachter« jenseits der Öffentlichkeit positioniert hatte, äußerte er sich auch 1945: »Es kommt ja auch nicht darauf an, dass à tout prix Bücher von mir erscheinen, sondern darauf, dass nach wie vor an meiner Unabhängigkeit und an der autarken Beurteilung der Lage kein Zweifel möglich ist. Die aufeinanderfolgenden Regierungssysteme gleichen Netzen, denen kaum ein Fisch entgeht.« Dabei wartete er sehnlichst darauf, dass die Friedensschrift in Deutschland erscheinen könnte, wo ab 1946 eine in Amsterdam gedruckte Ausgabe zirkulierte. Ein Essay über »Sprache und Körperbau« sowie die Reisetagebücher *Aus der goldenen Muschel* und *Myrdun* – bereits 1943 als Wehrmachtsausgabe in Norwegen erschienen – lagen fertig vor, das *Pariser Tagebuch* bereitete er für die Publikation vor, eine Übersetzung der Maximen des französischen Royalisten Antoine de Rivarol war in Arbeit, und 1947 begann er mit dem großen Staatsroman *Heliopolis*, der die überstandene NS-Herrschaft in eine große, mythische Zukunftslandschaft verwandelte.

Zugleich war er damit beschäftigt, sein Archiv zu ordnen und Briefe abschreiben zu lassen; das mit Abstand wichtigste und umfangreichste Konvolut war der Briefwechsel mit dem Bruder. Die Durchsicht dieser Hinterlassenschaft, so ließ er Fritz wissen, hatte das Gute, dass »fast vergessene Details« wieder auftauchten und eine »Generallinie des Lebens« sichtbar wurde. Und sie gab ihm Gelegenheit, sich selbst ins Lot zu bringen gegenüber der verhängnisvollen deutschen Geschichte. »Ich habe den Eindruck«, schrieb er, »dass das Ereignis des Nationalsozialismus notwendig war – ich meine das in diesem Falle nicht historisch, sondern geistig, als starkes Substrat zur Klärung der eigenen Haltung, sowohl im Ideellen als auch im Moralischen. Sehr viele Irrwege wurden so zum Teil erspart, zum Teil auch abgekürzt, indem sie sich im Experiment verdeutlichten. Es scheint mir, dass wir ohne diese rapide und in sich logische Bildung des Totalen Staates noch unabsehbar in der Opposition zur liberalen Demokratie verharrt hätten – einer Opposition, die sich im Nichtigen vergeudete. Mit den neuen Männern und Methoden wurde das 19. Jahrhundert in seiner Gesamtheit hinfällig – zugleich trat das Elementare an uns heran. Das tritt in dem Briefwechsel sehr schön hervor.«

Die Stille, die das Publikationsverbot um ihn legte, nutzte er, um ungestört zu schreiben – den ungewissen Aussichten zum Trotz. Solange er nicht veröffentlichen durfte, schaffte er sich seine eigene, kleine Öffentlichkeit, indem er »Rundbriefe an die Freunde« verschickte und hoffte, dass diese sich weiterverbreiten würden. Mit stolzer Unbeugsamkeit und nicht ohne Dünkel beschrieb er darin seine Haltung: »Dabei will ich betonen, dass ich hinter meinem Opus als Ganzem stehe und nicht von Teilen abrücke. Das Verhältnis von Schriften wie etwa der ›Totalen Mobilmachung‹ oder ›Der Arbeiter‹ zu anderen wie ›Gärten und Straßen‹ oder ›Der Friede‹ gleicht dem von Altem und Neuem Testament – erst ihre Zuordnung schafft die Dimensionen, innerhalb deren ich begriffen werden will.« Sarkastisch fügte er hinzu: »Neugierig bin ich, ob es den vereinten Kräften, mich zum Kirchenvater des Dritten Reiches zu machen, gelingen wird.« Er lebte in ruhmlosen Zeiten, doch er dachte groß und weit darüber hinaus. Das Weltimperium, das er in der Friedensschrift anvisiert hatte, musste kommen, entweder auf politischem Wege oder mit neuer Gewalt. Speidel würde dann als eine der wenigen übriggebliebenen integren Figuren bedeutend sein. Und auch für sich selbst phantasierte er eine wichtige Rolle herbei. »Ich nehme an«, schrieb er an Fritz, »dass ich meine Zelte dann im deutschen Führungsstabe aufschlage.« Einstweilen übte er sich jedoch in Gleichmut. Auf dem Index zu stehen sei für ihn nicht ungewohnt. Dieser Zustand habe ja »mehr oder minder deutlich unter allen Regierungen« bestanden. Fritz antwortete mit einem kleinen historischen Exkurs, der beweisen sollte, dass der Index von heute schlimmer sei als mittelalterliche Verbote: »Der Unterschied ist, dass die alten indices librorum prohibitorum und librorum expurgandorum Bücher enthielten, die neuen aber Autoren. Diese Indizierung ist ein Boykott, der in jeder Zone nach Laune geübt wird, auch gegenüber Autoren, die dreißig Jahre und mehr tot sind. Vielleicht hat man auch Macchiavell und Nietzsche auf diese Weise geehrt. Ich habe über die Wirksamkeit solcher Mittel meine eigenen Gedanken.« In seinem Zorn übersah er jedoch, dass in früheren Jahrhunderten keineswegs nur einzelne Bücher verboten wurden und Autoren nicht nur auf den Index gerieten, sondern gleich leibhaftig verbrannt worden waren. Wenn er die Meinung vertrat, all das, was gegen Ernst vorgebracht werde, sei nichts als »ohnmächtiges Zeug«, dann steckte darin ein gehöriges Maß an Abwehr. Wenn er die Angreifer mit Säuen verglich, die ihre Schwarte am Eichbaum reiben, dann wurde das eigene elitäre Selbstverständnis gegen die Angriffe in Stellung gebracht, indem es alle Gegner zu niedrigen Neidern machte, die nicht ernst zu nehmen waren: »Du lässt sie ja mit jedem neuen Gedanken, den Du entfaltest, hinter Dir. In diesen Gedanken bist Du ganz ungreifbar und ganz unverletzlich, und die Angreifer wissen das auch, wie Du schon aus ihrer Gehässigkeit schließen kannst.«

Das Publikationsverbot hatte aber auch ernsthafte ökonomische Konsequenzen. Mit den Veröffentlichungsmöglichkeiten werden einem Schriftsteller die Einnahmequellen genommen. Die Hanseatische Verlagsanstalt wurde liquidiert, ausstehende Honorare eingefroren. Fritz stand dem Bruder in dieser Situation treu zur Seite und bot ihm vorsichtig, um ihn nicht zu kränken, im Frühjahr 1947 finanzielle Unterstützung an. Ernst lehnte ab; er zehre noch ganz gut vom Hausrat:

Pelzmäntel, goldene Uhren, die zweite Schreibmaschine, das Reserve-mikroskop, lauter Dinge, die sowieso »der Beweglichkeit abträglich« seien. »Mit Hilfe meines Hofjuden, Herrn Ehrenfried aus Belsen, ver-wandeln sie sich in Nahrhaftes«, ließ er Fritz mit bösem Zynismus wissen. »Sollte sich diese Sparte erschöpft haben und keine neuen Subsidien in Aussicht stehen, so denke ich an Dich. Das Leben wird primitiver, doch hat diese Schatten- insofern auch eine Lichtseite, als das Geld eine immer geringere Rolle spielt.« Einen Monat später war er dann doch so weit, auf das Angebot einzugehen.

Fritz, weniger im Scheinwerferlicht der Berühmtheit stehend, konnte schon ab 1946 veröffentlichen. Zuerst erschien nun endlich seine *Perfektion der Technik*, die kontrovers aufgenommen wurde, ge-folgt von einem Gedichtband mit dem zeitgemäßen Titel *Der West-wind*, was ja durchaus als Bekenntnis zu den Westmächten interpre-tierbar gewesen wäre. Das allerdings lag ihm fern. Vielmehr pflegte er geradezu demonstrativ den Gestus der Unzugehörigkeit, bot harm-lose Liebeslyrik und mythisierende Naturbetrachtungen, schwelgte in Wasser- und Vogelgleichnissen und kultivierte seine Existenz als abseitsstehender Dichter und Gärtner, der sich vor der Zudringlich-keit der Menschen und politischen Zumutungen in Sicherheit brin-gen muss. Angebote zur Mitarbeit und zu Mitgliedschaften – so in der Bayerischen Akademie der Schönen Künste – lehnte er ab, vielleicht auch aus Solidarität mit Ernst. Er wollte nicht teilhaben, solange der Bruder ausgeschlossen blieb. Eine Zeitschrift, die er unter dem Titel »Musische Blätter« konzipierte und im Verlag Vittorio Klostermann herausgeben wollte, kam nicht zustande; es fehlte die letzte Entschlos-senheit. Als Alfred Döblin ihn im April 1946 um Beiträge für seine Zeitschrift »Das goldene Tor« bat, lehnte er auch das ab – mit einer be-merkenswert schrulligen Begründung: »Der machinalen Existenzform von jeher abhold, verwende ich für die Festlegung meiner Autorschaft nur wenige Morgenstunden und pflege den großen Teil des Tages dem Nachdenken zu widmen. Spaziergänge, botanische Studien, Garten-arbeiten und andere manuelle Verrichtungen füllen den Tag gut aus, Lektüre und Gespräche kommen hinzu. Wenn ich nicht die Empfin-dung der vollen Muße habe, kann ich überhaupt nicht arbeiten (das klingt wie ein Paradoxon). Dann aber fürchte ich sehr die Zerstreuung, die mit der Arbeit an Zeitschriften verbunden ist, denn ich bin auf lange Sicht beschäftigt und muss mich konzentrieren.«

So botanisierte er vor sich hin, im Garten und im Geiste, wie ja auch all die wie Gras wachsenden Zeitschriften der Nachkriegsjahre eine Art geistiges Botanisieren waren: Jeder hegte da seinen eigenen kleinen Weltanschauungsschrebergarten, überzeugt von der einzigartigen Bedeutung seiner intellektuellen Existenz. »Ich lebe jetzt in meiner eigenen Zelle, in der ich auch stärkeren Honigduft wittere als anderswo«, schrieb er zu Weihnachten 1945 an Ernst. »Andere scheinen das auch zu wittern, daher muss ich gegen die bloßen Honigräuber, die Zeitdiebe und Raumverenger, strengere Wachen aufstellen. Was sich jetzt in der Öffentlichkeit regt, sind tote Parteiungen. Was in diesen Monaten hochgekommen ist, ist nicht aus eigener Kraft hochgekommen, sondern deshalb, weil nichts da war, weil jede Gegenwart fehlte. Die Art, in der die Kirchen sich in dieses Treiben mischen, gibt mir auch zu denken. Was ihnen jetzt zuläuft, sind aber keine Christen mehr, sondern Davongelaufene, die nach einem Unterschlupf suchen.« Vom »niederen Demos« hielt er nichts; die Demokratie hatte doch schon einmal ihre Untauglichkeit bewiesen. In der Bewegung der Massen sah er nichts als Gier, Gehässigkeit und Angst. Was sollte der Volkswille sein, wenn das Volk kein Volk mehr war? Was aber die Masse brauchte, wusste er genau: »den Dompteur, den Willensathlet und Willensbrecher, der mit der Peitsche ins Raubtierhaus geht«. Viel hatte sich demnach nicht geändert seit den zwanziger Jahren. Jedenfalls nicht die Aversionen Friedrich Georg Jüngers.

So verständlich der Impuls ist, mit all den opportunistischen Anbiedereien und verlogenen Neupositionierungen nichts zu tun haben zu wollen, war der Rückzug in die Gesellschaftsverachtung doch auch teuer erkauft, weil er seine Weltfremdheit noch verstärkte. Als Fritz Anfang 1946 »Über das Komische« nachdachte und schrieb, über komische Figuren, Lachen, Witz, Humor und Ironie, las er das Buch eines Zionisten und wunderte sich allen Ernstes darüber, dass die europäischen Juden »den Kontinent, der sie so lange beherbergt hat«, verlassen wollten, um nach Asien zurückzukehren. In Polen seien neue Pogrome ausgebrochen, schrieb er an Ernst, »aber auch aus Amerika, aus Russland, Deutschland und England wandern die Juden nach Palästina«. Nicht nur die Gleichstellung Deutschlands mit Amerika und England ist in diesem Punkt befremdlich. Staunenswerter wäre es doch gewesen, dass im Land der Erfinder und Organisatoren des industriellen Massenmordes überhaupt noch ein paar Juden überlebt hatten und dass einige von ihnen sogar beschlossen, in Deutschland zu bleiben. Friedrich Georg hatte den Holocaust in seinem ganzen Ausmaß und seiner Besonderheit offensichtlich noch nicht zur Kenntnis genommen. Oder es war vielmehr so, dass das Leiden des deutschen Volkes dessen Verfehlungen aufwog. Die erlittenen Misshandlungen, Plünderungen, Zerstörungen, Vertreibungen, der Hunger und die Kälte waren aktuell. Sie betrafen ihn. Darüber klagte er in Briefen und im Tagebuch. Was bedeutete dagegen die Anklage von Siegern, die selbst nicht gezögert hatten, die Atombombe zu zünden? So wurde die Schuldfrage überdeckt von neuen Schreckensmeldungen. Wenn er davon erfuhr, dass in Dänemark eine Viertelmillion deutscher Flüchtlinge in Konzentrationslagern festgehalten werde, »hinter Stacheldraht auf engstem Raum zusammengepfercht«, wenn er hörte, »dass Ostpreußen ein großes Grab geworden ist«, ging ihm das spürbar näher. So empfand nicht nur er, sondern die Mehrzahl im Lande. Als hätte es den deutschen Vernichtungskrieg zuvor nicht gegeben, sah er im Schicksal des besiegten Deutschland ein Zeichen zunehmender Verwirrung und Zerrüttung und schrieb dazu: »Man merkt, dass wir uns dem Jahr 2000 nähern. Die Frage ist, wohin die Welt eigentlich geht, wenn sie untergeht.« Da wetterleuchtete noch einmal Spenglers *Untergang des Abendlandes* am Horizont – und mit ihm die Gewissheit, dass »ja gar nichts untergehen kann«, weil alles wiederkehrt. Dieses tröstliche Ewigkeitsmodell hatte nun den zusätzlichen Vorzug, dass damit auch die deutschen Verbrechen im endlosen Auf- und Niedergang der Kulturen gnädig verschwanden.

Das wird auch deutlich in der ablehnenden Haltung gegenüber den Nürnberger Kriegsverbrecher-Prozessen, in der sich beide Brüder einig waren. Fritz war darin jedoch radikaler. Er wehrte sich grundsätzlich gegen die »Moralisierung der Geschichte und der Geschichtlichkeit«, die darin zum Ausdruck komme. Dann könne man ja auch die Kreuzzüge »als Muster eines von einer christlichen Verbrecher-Organisation geführten Angriffskrieges« sehen, schrieb er, ohne zu bemerken, dass man das sehr wohl könnte. Ernst stellte eher die Legitimität und die Stoßrichtung des Gerichtes in Frage: »Was ist zum Beispiel damit gewonnen, dass man den deutschen Generalstab zu den verbrecherischen Organisationen zählt? Das sind Partei-Urteile, die vor der Geschichte nicht bestehen können. Doch abgesehen davon sind solche Verallgemeinerungen sehr schädlich, da es ja vielmehr darauf ankommt, das Verbrecherische, das ja ohne Zweifel vorhanden war, rein auszuschneiden, zur Ausmerzung. Man muss es sichtbar machen und ausrotten, und zwar möglichst durch die deutsche Justiz.« Eine deutsche Justiz, die dazu in der Lage gewesen wäre, gab es aber 1946 nicht. Ernst verteidigte – teilweise wider besseres Wissen – die Legende von der guten Wehrmacht gegenüber der verbrecherischen Partei und der SS, eine Legende, die das Selbstverständnis der Bundesrepublik und der Bundeswehr lange Zeit prägen sollte – bis zur heftig umstrittenen Wehrmacht-Ausstellung in den neunziger Jahren, die endlich damit aufräumte. Doch für Ernst entsprach der Antagonismus von Wehrmacht und Partei seiner Erfahrung. Über diese Machtkonkurrenz hatte er in Paris geforscht. Und als seine Schriften innerhalb Nazideutschlands zuletzt nicht mehr erscheinen konnten, bot die Wehrmacht Publikationsmöglichkeiten im Ausland, die er zu nutzen verstand.

Fritz unterschied sich nicht von Ernst, wenn er durch die Nürnberger Prozesse »jede militärische Tüchtigkeit, jede militärische Tugend bis in den Grund hinein diffamiert« sah. Warum sollte der Deutsche dann noch für Europa kämpfen?, fragte er, »womit denn?«, und fügte mit Blick auf die Sowjetzone und die sich ankündigende Teilung Europas hinzu: »Dieser deutsche Soldat wird aber eines Tages so nötig sein wie Wasser und Brot.« Doch bevor er sich tiefer ins politische Feld verirrte, zog er sich gleich wieder zurück und machte klar, dass er damit nichts zu tun haben wollte. »Ich aber bin und bleibe ein Einzelner. Meine Aufgabe ist nicht, die Kombinationen des Tages zu verarbeiten. Mein Denken wird auch nicht durch die Erwägung bestimmt, dass den Russen die Zukunft gehört und das Abendland ein Kadaver ist. Ich lebe zur Zeit unter Siegern und wünsche mir nicht, einer von ihnen zu sein. Meine Zukunft gehört niemandem, sie gehört mir allein. Und mein Vaterland ist weder zu erobern noch zu unterwerfen. – Etwas Besseres. Hier ist Frühling, Tulpen, Hyazinthen, Narzissen blühen. Wir haben herrliche Tage und sonnen uns auf dem Balkon.« Der Frühling hatte eindeutig mehr Kraft als die Debatte über deutsche Schuld und die Ost-West-Kontroverse.

Gretha und Ernst wünschten sich nach dem Tod ihres ältesten Sohnes noch ein Kind, doch Grethas Schwangerschaft endete Anfang Mai 1946 mit einer Fehlgeburt. Sie habe, so meldete Ernst das betrübliche Ereignis, zu viel gearbeitet, was ihrem Zustand widersprach: »So gab es bei der großen Wäsche einen Knacks«, mit schlimmen Folgen. Dass es sich dabei um etwas Schicksalhaftes handelte, leitete er aus der Tatsache ab, dass das Unglück sich ausgerechnet am 30. April ereignete, »am gleichen Abend, an dem sich vor zwanzig Jahren in der Goseschänke zu Leipzig Ernstel mit den ersten Wehen ankündigte«. Das Kind, das nun nicht geboren wurde, wäre, so ist zu befürchten, als eine Art Reinkarnation des toten Sohnes betrachtet worden. So hatte Alexander den schweren Schatten seines toten Bruders allein zu tragen.

Auch Fritz und Citta wünschten sich schon lange ein Kind, waren aber kinderlos geblieben. Nun kam Nachwuchs auf unerwartete Weise zu ihnen. Cittas Schwester Anna hatte sich in einen französischen Offizier verliebt und war von ihm schwanger geworden. Weil sie das Kind diesen Umständen nicht aussetzen wollte, überließ sie es wenige Wochen nach der Geburt der Schwester. So kam der kleine Johannes zu Citta und Fritz und wuchs dort auf wie ein eigener Sohn. »Bekam ich inzwischen einen Neffen zur linken Hand?«, fragte Ernst aus Kirchhorst, nicht ohne zu verschweigen, dass ihm eine Nichte lieber gewesen wäre.

20 (LUFT)

Überlingen 1949

Vielleicht beginnt Normalität dann, wenn es normal ist, närrisch zu sein, wenn Regeln und Grenzen spielerisch übertreten werden und auch der Exzess an feste Rituale gebunden bleibt. In den Kriegsjahren fiel die Fastnacht aus. Als alles in die Brüche ging, gab es keinen Bedarf daran, die Mächte des Bösen zu locken, zur Schau zu stellen und auszutreiben, keinen Bedarf an all den Gestalten mit Teufelshörnern und Hexenmasken und Löwenhäuptern und Figuren in bunten Narrengewändern. Wenn der Wahnsinn herrscht, was soll der Narr dann noch ausrichten? Aber es blieb spürbar, dass etwas fehlte. Wenn Citta und Fritz im »Hecht« einkehrten und Schnecken aßen, dann überdauerte darin die Erinnerung an das traditionelle Schneckenessen am Aschermittwoch, zu dem die Gäste in Trauerkleidung erschienen, um der Toten des letzten Jahres zu gedenken, die kommenden Toten vorauszusagen und dem Wirt die leere Geldbörse vorzuzeigen.

Vorsichtig, spontanen Regungen folgend und wie zur Probe fing es nach dem Krieg wieder an. Noch gab es keine Umzüge, keinen Narrenbaum, nichts Offizielles, doch das Bedürfnis meldete sich so heftig wie ein Juckreiz, der befriedigt werden will. Am schmutzigen Donnerstag im Februar 1946 kramte Citta in ihrer Fastnachtskiste, kostümierte sich mit schwarzem Tellerhut, weißer Lockenperücke und Altweibermaske, zog eine lange, spitzenbesetzte Unterhose an und flog aus zum »Schnurren«. So heißt das in Überlingen, wenn die Frauen als alte Weiber von Haus zu Haus ziehen, um den Männern mal so richtig Bescheid zu sagen. Fritz, im örtlichen Brauchtum noch nicht so tief beheimatet, auch wenn er die ausgelassenen Tage liebte, blieb gefasster. Er sah Citta von ferne, wie sie im Pulk der Hänsele die Straße hinaufhüpfte, und als er am Abend nach Hause kam, fand er von ihr nur einen Zettel vor mit der Nachricht: »Im Ofenloch stehen Krapfen – zu denen mach Tee – dann röste Dir Hörnle. Horrig, horrig. Der Negerpilz. 7 Küsse. 3 Grüße.« Schließlich schlüpfte er selbst in ein Hänsele-

Kostüm und streifte unerkannt durch die Stadt. Citta ging mit der Laterne herum und behauptete, ihren Mann zu suchen. Sie schwärmte ein und aus, in Häusern, Wirtschaften, Behörden. Fritz folgte ihr auf die Polizeiwache, wo sie nachfragte, ob man ihren Mann eingesperrt hätte. Das Vertraute wurde fremd, das Fremde vertraut. »Kennst mi itte?«, riefen die Maskierten, die ihm auf der Straße begegneten, und wenn er als Fuhrmann oder mit einem langen dünnen Schnurrbart unter der Nase ausging, dann rief er es auch selbst: »Kennst mi itte?«

Im Jahr darauf lag er erkältet im Bett, träumte von Narrenzünften und Weinbergen und der verkehrten Welt, als Citta mit einer Schar maskierter Weiber in sein Zimmer stürmte. Auf dem Kopf trugen sie Vogelkäfige, in denen ein bunter Vogel saß. Sie sangen und lärmten, steh auf, Mann, hab dich nicht so, und waren schon wieder weg. In der folgenden Nacht tanzte Fritz mit einer Zigeunerin, zog mit Monsignore Horion von Haus zu Haus, bis der, weil er am nächsten Morgen die Messe zu lesen hatte, um Mitternacht sein Glas umdrehte. Als Fritz in der Frühe bei strengem Frost den Berg hinab nach Hause ging, krähte der erste Hahn. Aber das alles war nur die Hälfte wert, weil Ernst fehlte, und Ernst gehörte dazu, seit sie 1938 mit Citta und Anna ihre erste alemannische Fasnet gefeiert hatten.

Ernst hatte an den Beginn der *Marmorklippen* ein Kapitel gestellt, in dem die Brüder sich in Narrenkittel hüllten, deren »eingefetzter Stoff wie Vogelfedern leuchtete«. Dazu setzten sie die starren Schnabelmasken auf und sprangen, »die Arme wie Flügel schwingend«, hinab ins Städtchen zum Maskenzug, wo sie die lockenden Rufe der Frauen mit schrillen Vogelschreien beantworteten. Fritz rückte in sein Buch *Gespräche* von 1948 den Dialog zwischen einer Vogel- und einer Traubenmaske ein, den Balzgesang des flatterhaften, unbeständigen Vogels Phoenix nach der Wiedergeburt, beantwortet von der Traubenfrucht, die sich vor der bevorstehenden Verwandlung in Wein fürchtet. In Ernsts Erzählung verwandelten sie sich gemeinsam in Vögel – wenn auch nicht, wie der Kalif und der Großwesir im Märchen, in Störche und ohne dazu »Mutabor« zu sprechen. Unter den möglichen Federinnungen schlossen sie sich den Schwarzspechten an und saugten den Wein mit Halmen durch die Nüstern ihrer Schnabelmasken. Überall, bis zum Morgengrauen, ertönten Vogelrufe. Frauen, die vorm Spechts-

gelächter nicht erschraken, ließen sich von den weiten, schwarzen Flü-
gelärmeln umfassen, bis sie wieder davonrannten und riefen:»Fliagt
a Vegele übers Feld, gib mr au a Fasnetsgeld!« Bei Friedrich Georg
wurde die Fasnet zu Gesang. Im Zyklus *Das Weinberghaus* aus dem Jahr
1947, der sich, nach der in den Bergen angesiedelten *Silberdistelklause*,
der Bodenseelandschaft und dem Wasser annäherte, fasste er sie in
einfache Verse:»Meine Narrheit sprießt so kräftig / Dass ich ihr nicht
länger wehre. / Einverstanden bin ich, dass man / Alles aus dem Grund
verkehre.«

Auch 1948 war Ernst nicht dabei, als in der Seeuferklause gefeiert
wurde. Citta und Anna schmückten die unteren Räume aus, die Tür
zum Garten und zur Promenade blieb offen. Die Gäste kamen mit
hölzernen Masken und bunten Larven. Fritz trug den Domino, den er
sich zehn Jahre zuvor hatte machen lassen. Citta mischte sich als Ve-
nezianerin zwischen Tataren, Türken, Chinesen, und Fritz tanzte bis
fünf Uhr morgens mit Liselotte Lohrer, einer jungen Germanistin, die
das während des Krieges nach Überlingen ausgelagerte Cotta-Archiv
im Gallerturm betreute. Sie schätzte seine Gedichte sehr, schwärmte
ein wenig für ihn und hatte über Citta Zugang zum Haus gefunden.
Am nächsten Tag, als das Fest fortgesetzt wurde, trug Fritz ein Bauern-
kostüm und unterhielt sich bei einer Flasche Kirschwasser lange mit
ihr.»Sie war heiterer als in den letzten Jahren und begann aufzutauen«,
notierte er im Tagebuch. Beglückt registrierte er, dass die Frauen sich
ihm gegenüber veränderten, ihn mehr liebten.»Irgendetwas muss an
mir sichtbar geworden sein, das früher nicht sichtbar war.« Vielleicht
war es ja er selbst, der aufzutauen begann. An Ernst schrieb er:»Noch
immer bedaure ich, dass du die Fastnacht nicht hier warst, denn ein
sicherer Gewinn ist dir entschlüpft. Nie zuvor wurde mir so deutlich,
welche mächtigen Eisschollen sich im Menschen zu lösen vermögen.
Auch haben die Feste, die im unteren Stock der Seeuferklause stattfanden, Wunder gewirkt, da sie nicht nur die Schwermütigen heiter,
sondern auch die Gleichgültigen teilnehmend machten. Närrisch ist,
dass alle Narrheit im Jahre sich auf eine knappe Woche einschränkt
und der Pfropfen immer am gleichen Tage auffliegt, die Flasche am
gleichen Tage wieder verkorkt wird. Die Ernsthaftigkeit, die dann
angezogen wird, hat etwas zugleich Imaginäres und Komisches.« Ein

Buch über die Narrheit zu schreiben schwebe ihm vor, das Närrische des Weltlaufs wolle er nicht wieder aus den Augen verlieren.

Im Februar 1949 endlich kam Ernst, um auch wieder einmal ein wenig »Narrheit zu praktizieren«. Er hatte es nicht mehr weit, denn im Dezember 1948 war er aus Kirchhorst nach Ravensburg umgezogen, zurück in den Süden und in die Nähe des Bruders. In der französischen Besatzungszone erhoffte er sich bessere Publikationschancen als bei den Briten oder den Amerikanern, zumal die Währungsreform seine finanzielle Lage weiter angespannt hatte. Tatsächlich erhielt er im Januar 1949 die Erlaubnis, und so konnte nun endlich das Pariser Tagebuch unter dem Titel *Strahlungen* und wenig später der Roman *Heliopolis* erscheinen. Fritz hatte die Umzugsidee bei der Feier seines fünfzigsten Geburtstags am 1. September 1948 bestärkt, zu dem Ernst selbstverständlich angereist war. Mit fünfzig ist man in dem Alter, »in dem wir Früchte tragen oder zugrunde gehen müssen«, meinte Fritz mit dramatischem Pathos, und Ernst schrieb an seinen Adepten Gerhard Nebel, einen Schüler Heideggers: »Es ist eine große Sache, wenn ein Mensch, der absolut gelebt hat, fünfzig Jahre alt wird. Alles wetteifert heute, sie zur Strecke zu bringen, und daher sind solche Jahre doppelt zu rechnen wie Kriegsjahre. In meinem Bruder fand ich den Einzigen, der mir in bestimmten Stunden sagen konnte, was recht war, und daher muss ich ihm dankbar sein. Es ist vielleicht gut, dass wir jetzt Jahre getrennt lebten – das beugt der Inzucht vor. Doch hoffe ich sehr auf die südliche Residenz.«

Auch Speidel kam zur Feier des Fünfzigsten, Graf und Gräfin Podewils, und Ernst und Friedrich Georg nutzten die Gelegenheit, Heidegger einen gemeinsamen Besuch abzustatten. Sie sprachen dort auch über den Plan einer Zeitschrift mit dem Namen »Pallas«, die der Verleger Ernst Klett ermöglichen wollte und in der neben den Brüdern Jünger auch Heidegger als Herausgeber fungieren sollte. Fritz zögerte, weil er glaubte, nach dem Scheitern der »Musischen Blätter« doch noch irgendwie Klostermann verpflichtet zu sein. Heidegger fürchtete, das Projekt werde als »Politikum ersten Ranges« aufgefasst, und alle zusammen schreckten vor der Vorstellung zurück, das gemeinsame Auftreten könnte die Ressentiments gegen jeden Einzelnen verstärken.

Als Ernst die Umzugsidee mit Gretha besprach, beschlossen sie, nicht an den See, sondern in den Schwarzwald zu ziehen. Das wäre nahe genug bei Fritz und in der Nähe Heideggers. Direkt am See konnte er erfahrungsgemäß nicht gut arbeiten. Da würde er lieber nur hinfahren, um sich den Festen zu widmen, und Fritz könnte ihn oben in den Bergen besuchen. Aber dann fand Gretha eine Wohnung in Ravensburg, vier Zimmer im ersten Stock der Wilhelm-Hauff-Straße 18, die kaum Platz für alle Bücher und Käferschränke bot, doch mehr war im Land der Ausgebombten und der Flüchtlinge nicht zu haben. Wenigstens ließen die Räume sich besser heizen als das immer etwas feuchte Haus in Kirchhorst. Während des Umzugs harrte Ernst bei Fritz aus und wartete auf das Telegramm von Gretha, dass die Möbel stünden und dass er morgen kommen könne. Seither lebten die Brüder wieder in Reichweite zueinander und konnten sich jederzeit, auch stundenweise, besuchen.

Zu den wieder zahlreicheren Besuchern in Ravensburg gehörte die Publizistin Margret Boveri, die darüber, zum Missfallen der Gastgeber, in einem »Rundbrief an die Freunde« Bericht erstattete. Zunächst öffnete demnach Gretha »sehr lebhaft« und sprach »mit einer überlauten norddeutschen Stimme«. Dann kam Ernst, »überraschend klein und schmal, mit einer zwar leisen, aber für mein Ohr doch schnarrend preußischen Stimme«. Die Empfindung, die er auslöste, war die einer »konzentrierten Schärfe«, und dazu kam »das Fehlen irgendeiner Substanz, einer füllenden, ausgleichenden, so wie Salzheringe oder Sardellenpaste, man braucht viel Brot und Butter dazu, dann wird es ausgezeichnet, aber allein ist es nicht gut erträglich«. Sohn Alexander war auch zugegen und »saß den ganzen Nachmittag schweigend und mit unbewegtem Gesicht dabei. Die Frau gefällt mir ganz ausgezeichnet, ist in keiner Weise von ihm untergebuttert, hat sehr ihre eigene Meinung, die sie auch ihm gegenüber verficht, und stellt sozusagen die Butter und das Brot dar, die bei ihm fehlen. Es war nun sehr behaglich, eine Sache, die ich im Haus E. J. nie erwartet hätte.« Boveri fiel an Jünger ein »Hang zum Lehrhaft-Katalogisierenden« auf. Ihr schien, »ihm fehle gerade das, was er so oft apostrophiert: die desinvoltura«. Trotz der Verstimmung, die ihr respektloser Rundbrief auslöste, war der Besuch der Beginn einer haltbaren Freundschaft.

Auch der Schriftsteller Peter de Mendelssohn berichtete vom Besuch »im ersten Stock eines an einer staubigen, halbfertigen Straße gelegenen Siedlungshäuschens« und schrieb für die Zeitschrift »Der Monat« seine »Gegenstrahlungen«. Ernst Jünger war allein, heißt es da. »Es war ein drückend heißer Tag, doch waren die Fenster seines Arbeiterzimmers, wo wir während der mehr als dreistündigen Unterhaltung saßen, fest verschlossen. Unmengen von Fliegen taumelten, blöd von Hitze, darin herum, aber auch, als draußen ein erlösender Regenschauer niederging, wurden die Fenster nicht geöffnet. Dieser bewusste Nachdruck auf die ›Klausen-Atmosphäre‹ war mir allzu künstlich. Kopfschmerzen und Konzentration sind nicht dasselbe.«

An die Inhalte des Gesprächs konnte de Mendelssohn sich schon auf dem Weg zurück ins Hotel kaum mehr erinnern; es ging um *Heliopolis*. »Er schien sich ein wenig im Zweifel, ob sein eigenes Buch gelungen sei. Seine Frau, so meinte er, die von der Kälte der ›Marmorklippen‹ bereits befremdet gewesen, fände die ›Herzenskälte‹ des neuen Romans ›unerträglich‹.« De Mendelssohn registrierte eine enorme Anziehungskraft, die von Jünger ausging, den Nimbus des »heimlichen Königs des deutschen Geistesreiches«, der ihn als großes Raunen umgab, aber auch etwas knabenhaft Heiteres, das ihm gefiel. Und wie Boveri faszinierte und befremdete ihn die »überraschend hohe, scharfe und metallische Stimme, die in einem rapiden, fast schneidenden Kommandoton spricht«. Der starke Eindruck der Persönlichkeit wurde jedoch gestört durch eine »befremdliche Preziosität, die man auch gerade heraus Eitelkeit nennen mag«. Demonstrativ lag das Manuskript der *Marmorklippen* zur Betrachtung bereit, »ganze dreiundvierzig, von einer hauchdünnen, winzigen, spinnenartigen Schrift bedeckte Büttenblätter, und die schweren, goldgeprägten, prachtvoll gearbeiteten Lederkassetten, die er sich für diese Blätter in Paris bei Gruot eigens anfertigen ließ. Merkwürdig, wie die Eitelkeit hier die geistige Disziplin einfach überspielt.«

Der Schweizer Armin Mohler, der in Ravensburg als Sekretär eingestellt wurde, berichtet in seinen Erinnerungen an diese Zeit von exzessiven Trinkgelagen und fortgesetzter Feierlaune. Mohler, ein junger Mann mit kerniger rechter Gesinnung, hatte bei Karl Jaspers über die »konservative Revolution« promoviert und Jünger zu seinem Helden auserkoren. Er bewunderte vor allem die nationalistischen Schriften Jüngers aus den zwanziger Jahren und den *Arbeiter*, Positionen, die doch spätestens mit dem Friedensessay überwunden waren. Ernst hatte Mohler bei Fritz in Überlingen kennengelernt, doch Fritz blieb ihm gegenüber reserviert, und Citta misstraute ihm und hielt ihn für hinterhältig. Die Alkoholrunden gefielen Mohler, weil sie in der Boheme-Tradition der Berliner Jahre standen. Die Lust am Feiern entsprang aber auch und vor allem einem Lebensimpuls und einem Ablenkungsbedürfnis in der schweren Nachkriegszeit. Sie hatten überlebt. Sie waren noch einmal davongekommen. Und weil es noch nicht die entsprechenden öffentlichen Räume gab, fanden die Exzesse häufig im eigenen Wohnzimmer statt.

Rechtzeitig zum Narrenbaumsetzen am »schmotzigen Dunschtig« traf Ernst in Überlingen ein, als der Zug der Narren die Hofstatt erreichte, wo die Zimmerleute den Baum vor dem Rathaus aufrichteten. Vorneweg zog eine Schar kleiner Hänsele, »Narrensamen« genannt, im schwarz-bunten Häs. Am Abend schnurrte Citta mit den alten Weibern durch die Gastwirtschaften. Ernst trug einen persischen Mantel, Fritz verbarg sich in der Kapuze seines Dominos und tanzte im »Hecht« wieder mit Liselotte Lohrer. Sie interessierte sich mehr für ihn als für Ernst, der ihr unnahbar vorkam und an dessen *Arbeiter* sie keine guten Erinnerungen hatte. Gretha kam mit Alexander und brachte den aus der Kriegsgefangenschaft zurückgekehrten Edmund Schultz mit, den Kampfgefährten aus der Berliner Zeit. Fritz hatte ihn lange nicht gesehen. Er kam ihm seltsam mürbe, fahl, glücklos vor: »wie ein alternder Vogel, der auf unbefruchteten Eiern brütet«.

Die Fasnet – Wein, Weib und Gesang – war ein dionysischer Kult. Sie knüpfte an alte Traditionen an und enthielt all das Rauschhafte, das Elementare, das Antibürgerliche und Zerstörerische, das Fritz und Ernst zwanzig Jahre zuvor auf der politischen Ebene ganz ernsthaft gesucht hatten. Jetzt kehrte der damalige Wahn als Narretei wieder, als Spiel der Überschreitung und als pure Lust. »Wein und Narrheit – offenbar ists – / Sind zu aller Zeit das gleiche, / Und ein einziger Fürst regiert in / Diesem freiesten der Reiche«, dichtete Fritz im *Weinberghaus*. Und weiter: »Wahnsinn sagst du, ist das Treiben, / Wenn man nüchtern es betrachtet. / Das Gesetz ist aufgehoben, / Welches der Verstand beachtet. // Diese Masken sind Dämonen, / Die den Nüchternen erschrecken, / Wenn sie ihre ellenlangen / Nasen in die Lüfte recken. // Ohne Sinn ist dieser wilde / Lärm von Peitschen, Glöckchen, Schellen. / Geht doch alles durcheinander, / Dass mir Kopf und Ohren gellen.« Da sind noch die alten Affekte spürbar, nun aber ins Zivile gewendet. Und war es nicht eine Andeutung von Kritik und Läuterung, wenn er in einem Gedicht mit dem Titel »Selbstbildnis« schrieb: »Ich gleiche wohl dem Wein in alter Flasche, / Der milder wird in seinen reifen Jahren. / Doch trieb's das Feuer arg. Wie Flammen rasen, / Ich weiß es gut, ich hab's an mir erfahren.«

Die Hänsele beherrschten die Stadt, als hätten sie sich das Jahr über irgendwo verborgen, um nun endlich ihr Recht einzufordern. Mit lautem Knall ließen sie über ihren Köpfen die Karbatschen schnellen. Auf dem Kopf trugen sie schwarze Kappen mit Gesichtsmasken und einem langen Rüssel, der in einer roten Quaste endete und beim Tanz in Zuckungen zu geraten schien. Den Fuchsschwanz am Hinterkopf schwenkten sie als Zeichen für Verschlagenheit, List und Außenseitertum. Das Narrentreiben war aber auch ein Totentanz, der die Vergänglichkeit und Traurigkeit des Lebens mit grellem Gelächter und juchzenden Rufen überdeckte. Da öffneten sich die Türen zu verborgenen Regionen. Fritz träumte in einer dieser Nächte, dass er gestorben sei. »Der Tod war an eine Bedingung geknüpft, und als sie eintrat, starb ich. Der Zusammenhang riss ab, und ich fiel sehr tief. Als das Fallen aufhörte, erwachte ich – nicht aus dem Traum, der fortging, sondern zu neuem Leben.« Merkwürdigerweise hatte er überhaupt keine Angst gehabt. Noch merkwürdiger jedoch, dass, als er den Traum erzählte, auch andere von seinem Tod geträumt hatten: »Denn Liselotte hatte mich in einem roten Sarg gesehen und Schultz einen quälenden Traum über meinen Tod gehabt. Für einen Abergläubischen wären das starke Zeichen.« Am Vormittag ging er mit Ernst und Katte in den Wald. Der Seidelbast war dicht vor dem Aufblühen. Sie sprachen über die Geschichte vom Schatzsucher, der den Schatz finden wird, wenn er beim Graben nicht an den weißen Bären denkt. »Nie im Leben hatte er an den weißen Bären gedacht, jetzt kann er nicht mehr graben, ohne an ihn zu denken. Und niemals wird er den Schatz heben.«

Jahr für Jahr kehrten mit der Fasnet all die vergangenen Feste wieder. Das Immergleiche war nie gleich, und es enthielt alles Frühere und vielleicht auch das Künftige. So steckte in der närrischen Ausgelassenheit auch eine närrische Wehmut, mit der Fritz zu kämpfen hatte. Der Tanz war ein Versuch, die Zeit in der Bewegung zu bannen. Mal tanzte er mit einer Dreizehnjährigen, die ihm wie eine Weidenrute im Arm lag, mal mit einer Nachbarin, bei der er meinte, einen Küchenschrank zu umarmen, mal mit einer jungen Buchhändlerin, die herumhüpfte wie eine Haselmaus. Er verliebte sich ein wenig in sie und steckte ihr, als er sie wenig später in der Eisenbahn traf, eine Tafel Schokolade zu, wofür sie sich höflich mit einem Besuch und einem Strauß Bachnelken bedankte.

Mit den Jahren wuchs die Erfahrung. Damit war er in der Lage, gute und schlechte, gelungene und weniger gelungene Fastnachtsfeste voneinander zu unterscheiden wie ein Brauchtumsforscher. »Die Fasnet ist gut, wenn Stöße von Bewegung durch die Masken gehen«, notierte er 1954. »Je flüchtiger die Bewegung, desto besser ist alles. Ist eine Fülle flüchtiger Bewegung da, dann ist die Fasnet gut. Bei sehr starker Bewegung gehen Wachen und Traum ineinander. An dem Punkt, an dem die Fasnet stark ist, drängen die Masken zu. In Trupps kommen sie herein. Flaut die Fasnet ab, dann verlieren sich die Masken. Die guten Narren sind wortkarg und schlagfertig. Vor dem fünfzigsten Jahr ist kein Narr wirklich gut.« Er tanzte mit einem schlanken, dunkelhaarigen Mädchen, das sich eidechsenhaft bewegte. Sie gingen zusammen nach Hause, wechselten vor der Tür »tief wurzelnde Küsse«, bis die Tür sich öffnete und sie die Treppe hinaufgingen. Aber vielleicht war das schon ein Traum, und die Frau war ein Schatten von Buri, der Geliebten aus Leisnig. Wenn am Dienstag die Fastnacht mit großem Geheul begraben wurde, zog er sich mit Citta und den Freunden an den heimischen Kachelofen zurück. Nach einer guten Fasnet mussten noch am Aschermittwoch die Ohren klingen. Dann hatten die Sinne sich geschärft, die Dinge wurden transparenter. Gut war die Fasnet, »wenn das Maskenhafte in den Menschen noch sichtbar ist und ich unsicher bin, ob Masken oder Unmaskierte mir entgegenkommen«. Doch dieses Gefühl hielt nie lange an.

Auch die Wiederholung als Programm verlangt nach Abwechslung.

Die Neugier sucht die Varianten ab. Ernst, der 1950 nach Wilflingen umzog, sah sich die Umzüge im nahen Riedlingen und die »Verbrennung der Hex« auf dem Marktplatz an. Die hölzernen Masken mit den starren, grell bemalten Gesichtern faszinierten ihn. Und er erinnerte sich an den von Dämonen getriebenen Maskenschnitzer aus Hannover, der ähnliche schmerzverzerrte Züge dargestellt hatte. 1952 lud er zur »Persischen Nacht« in die Oberförsterei, die er verkleidet als Schlangenbeschwörer und Pascha bestritt. 1956 übernachteten Fritz und Citta in Riedlingen im Hotel, blieben aber die ganze Nacht auf den Beinen und mischten sich unter die umherschwärmenden Masken: »Trittst du in Riedlingens Tor hinein, / Schlingt dich der Rachen der Gole ein. / Doch wirst du unverdaut entlassen / In die Spitzhäuser und engen Gassen. / Die Stadt birst wie ein Zauber-Ei / Und heraus schlüpft die bunte Narretei.« Beim Narrensprung in Rottweil trafen sie Ernst 1959 ganz zufällig, ohne sich verabredet zu haben. Er stand in einem weißen Mandarinkittel in der Menge und schaute den Tänzern zu, so wie er zwei Jahrzehnte später in Liberia bei einem Häuptlingsfest den Tänzern zusehen würde, als er selbst zum Ehrenhäuptling eines Stammes ernannt wurde. Der stampfende Teufelstanz der maskierten Afrikaner ähnelte dem Narrensprung in Rottweil. Das Närrische, das Böse, die Magie verwandelten sich in die Energie wilder Ausgelassenheit. Die Brüder übernachteten im »Lamm«, und Fritz notierte: »Abendgang durch die Stadt. Es war kühl. Die hüpfende, tanzende Bewegung geht durch den Bronzeklang der Schellen. Die bunt bemalten Leinenkleider haben etwas Blumenhaftes, und es ist auch in den glatten, schönen Larven, die bartlos sind und lächeln. Ihr Lächeln hat etwas Rätselhaftes und Fremdes. Die bösen und traurigen Masken zeigen den ›Biss‹; sie blecken die Zähne. Reicher als Rottweil hatte keine andere Stadt das Maskenwesen durchgebildet.« Die Rottweiler kamen ihm ausgelassener vor als die Überlinger, die Mädchen noch schöner, die Verliebten noch verliebter. Ernst schrieb dazu in Liberia: »Man wird Mitwisser von Geheimnissen, die sich dem Wort entziehen. Das wirkt wie eine starke Droge, die sonst verschlossene Kammern öffnet, hier aber übertrug es sich auf rhythmische Art.«

Auf Rottweil folgte Elzach mit den »Schuddige«, zu denen Fritz ab 1962 immer wieder zurückkehrte. In Elzach traf er sogar noch echte

Maskenschnitzer. »Um halb sechs Uhr morgens krähte der erste Hahn. Um sechs – es war noch dunkel – riefen Rabenkrähen, Ringeltaube, Lachmöwe und Amsel. Ich fuhr mit Zita über Freiburg nach Elzach, um die Schuddige zu sehen. Die Schuddige sprangen zweimal, am Nachmittag und in der Nacht mit Fackeln. Sie tragen rote Fleckenkleider, einen mit Schneckenhäusern besetzten Strohhut, Masken mit Hakennase und aufgebogenem Kinn, haben Streckscheren in der Hand, mit denen sie ›fätzen‹, und an Lederriemen befestigte Schweinsblasen, mit denen sie schlagen. Nach den Klängen des Narrenmarsches hüpfen und springen sie auf schwere Weise. Sie brummen und knurren tief, gehen einzeln und nicht im Haufen.« Und so immer weiter: Rottweil, Elzach, Überlingen, Riedlingen, Elzach. Kaum ein Jahr ohne Fastnacht, auch wenn er dabei von Mal zu Mal müder wurde, auch wenn die Überraschung und die Neugier nachließen. Noch 1977, im Jahr seines Todes, war Fritz dabei und schrieb in äußerster Reduktion mit letzter Kraft ins Tagebuch: »Schmutziger Donnerstag. Ernst und Liselotte. Abends en compagnie im ›Ochsen‹.«

VI. WALD

21 (ERDE)

Wilflingen 1950

Es war, wie Gretha schrieb, ein glücklicher Zufall, der sie nach Wilflingen führte, oder vielmehr eine Fügung der Sterne, die sie leiteten. Sie hatten davon gehört, dass das stauffenbergsche Schloss leerstehe: eine in den beengten Ravensburger Verhältnissen verlockende Aussicht, zumal Gretha wegen ihres Asthmas das Klima nicht vertrug. Im Schloss wäre Platz genug, damit auch Armin Mohler mit seiner Frau direkt bei ihnen wohnen könnte. Begleitet von Alexander fuhr Ernst nach Wilflingen und klingelte an der Tür des alten Freiherrn Franz Schenk von Stauffenberg, eines Onkels des Attentäters aus einer Nebenlinie der Familie. Er war im Ersten Weltkrieg schwer verwundet worden und seither halbseitig gelähmt, so dass er nicht im weitläufigen Schloss mit den vielen Treppen, sondern in der gegenüberliegenden Oberförsterei residierte. Ob denn das Schloss zu mieten wäre?, fragte Ernst, nachdem er sich vorgestellt hatte. Der Freiherr, mit Jüngers Werken nicht unbedingt vertraut, gab ihm die Schlüssel, er solle sich mal umschauen, er selbst warte unterdessen hier auf ihn, das Gehen falle ihm schwer. Wenig später kehrte Ernst zurück. Das Schloss sage ihm durchaus zu, er nehme es, was es denn kosten solle. Die letzten Einquartierten zahlten symbolisch hundert Mark, sagte der Freiherr, und Ernst: Das zahle ich auch. Dabei blieb es. Die Erlaubnis, die umfangreiche Bibliothek des Schlosses zu nutzen, erwirkte er noch dazu. Außerdem bekam er mehrere Klafter Holz zum Heizen.

»Der Gebieter erhält eine Reihe von Zimmern ganz für sich, wo er ungestört von allen Halbgöttern und Göttinnen der Arbeit leben kann; ich selbst beziehe ein Turmgemach, ganz meinem altmodischen Hang zur Romantik angemessen«, teilte Gretha dem Freund Friedrich Hielscher mit, während Ernst in den Wochen vor dem Umzug ins südfranzösische Antibes reiste, um Banine, die Vertraute aus den Pariser Jahren, zu besuchen und, wie üblich, erst dann zurückzukehren, wenn der Möbelwagen abgefahren war. Der Einzug erfolgte am 15. Juli

1950, und noch am selben Tag beschrieb er Fritz das Schloss: »Des Abends schweben Fledermäuse in seinen Hallen umher. Es ist von ausgedehnten und einsamen Waldungen umgeben – ich ahnte gar nicht, dass die Franzosen noch so viele Bäume stehen ließen. Hoffentlich suchst Du mich bald einmal hier auf.« Ernst, Gretha und Alexander bezogen den zweiten Stock, Mohlers die erste Etage. Die Räume waren so groß, dass man darin Fahrrad fahren konnte. Drei Wochen später kamen Fritz und Citta, General Speidel mit Frau, der Pfarrer Gestrich, die Ärztin Dr. Margret Blersch, von der auch der Hinweis auf das leerstehende Schloss stammte, und andere Gäste zum Einweihungsfest. Fritz war beeindruckt: Ein Schloss zu mieten, das war ein Coup. Aber auch ein Schloss konnte, von Ernst bewohnt, zur Klause werden. »Schloss mit vier Rundtürmen, das im Dorf liegt, wohlerhalten, mit alten Öfen aus dem 16. Jahrhundert. Die Landschaft ist abgelegen, waldreich; der Blick geht auf den Bussen«, notierte Fritz im Tagebuch und bemerkte auch die klimatischen Vorzüge: »Das Land liegt höher, die Luft ist frischer als am See, ohne Schwüle. Nachmittags mit Ernst und Alexander in den Wäldern, in denen wir Parasolpilze sammelten. Sie stecken wie Paukenschlegel im Waldboden und duften stark nach Nüssen.« Er blieb mehrere Tage, träumte des Nachts von einem Plakat mit der Aufschrift »Versöhnung mit der Schlange – das Leben wird schöner« und erzählte bei Tisch, dass er manchmal nicht sicher sei, ob er immer noch träume oder schon aufgewacht sei.

Als er im November wiederkam, war der Schlossherr Franz von Stauffenberg gestorben und lag nun aufgebahrt zwischen Kerzen, Chrysanthemen und Fichtengrün in seiner Bibliothek. Hier würde knapp ein halbes Jahrhundert später auch Ernst aufgebahrt liegen, im Tod den Platz des Freiherrn einnehmend. Fritz übernachtete in Ernsts Schlafzimmer, wo er über sich an der Decke die Verwandlung des Aktaion bewunderte, eine Stuckarbeit des 18. Jahrhunderts. Aktaion wurde von der Jagdgöttin Artemis in einen Hirsch verwandelt, zur Strafe dafür, dass er sie nackt beim Bade beobachtet hatte. Er hatte bereits den Hirschkopf und das Hirschgeweih, und die Hunde, die ihn zerreißen würden, hetzten ihn schon. Beunruhigender aber waren Nachrichten, die aus dem hinter den Eisernen Vorhang gerückten Leisnig eintrafen. Der Mutter, die an Krebs erkrankt war, ging es sehr schlecht, sie hatte eine Bluttransfusion erhalten. Ihr Wunsch, noch einmal Fritz am Bodensee zu besuchen, ging nicht mehr in Erfüllung. Oder war es vielmehr der Wunsch von Fritz, dass sie kommen möge? Sie starb kurz vor Weihnachten, am 20. Dezember 1950. Wolfgang und Hans waren bei ihr; Fritz und Ernst war es nicht möglich, einen Interzonenpass zu erhalten und in die DDR einzureisen. »Wir könnten dort erst erscheinen, wenn Panzer vorhergegangen sind«, meinte Ernst. Hans berichtete von einem Schaufenster der »Vereinigung der Verfolgten des Naziregimes«, in dem Ernst neben den Bankiers Schacht und von Schröder und einigen Militärs als Kriegsverbrecher ausgestellt war. Dorthin zu reisen war nicht ratsam, und so fehlten sie bei der Beerdigung der Mutter. »Von ihr kam alles Gute für mich. Nun, da sie gegangen ist, ist Leere da«, schrieb Fritz und fuhr in den ersten Tagen des neuen Jahres Trost suchend zu Ernst. Sie stapften durch die verschneiten Wälder, beobachteten Bergfinken und silbergraue Reiher über der Schneelandschaft, und Ernst erzählte von der Reise nach Carrara, die er im November mit Gretha unternommen hatte, um Ernstels Grab aufzusuchen und zum Todestag zu schmücken. Zwei Jahre später würden sie den toten Sohn in die Heimat überführen lassen und ihn auf dem Wilflinger Friedhof beerdigen. Bei den Eltern sollte er liegen; hier, wo sie nun zu bleiben entschlossen waren, sollte seine letzte Ruhestätte sein.

Mit Hans und Wolfgang, die im Osten lebten, kam es zu hässlichen Auseinandersetzungen um die Aufteilung des Erbes, auch darüber musste gesprochen werden. Die Apotheke in Leisnig war entschädigungslos enteignet worden, für das Haus mussten trotzdem Hypotheken abbezahlt werden. Im Westen gab es Grundstücke in Kirchhorst und Rehburg, die nun verkauft werden sollten, denn das Geld war knapp. Aber es dauerte zwei Jahre, bis sie sich darauf einigten, dass die Brüder im Osten den dortigen Besitz bekamen, die Geschwister im Westen den hiesigen. Ernst begriff, »dass die Dinge im Osten doch viel schwieriger sind, als wir sie uns vorstellen«, und so wäre eine mögliche Aufwertung des dortigen Besitzes zu einem späteren Zeitpunkt ein gerechter Ausgleich. Im Übrigen schlug er vor, »dass wir den ärgerlichen Briefwechsel verbrennen, der in der Angelegenheit entstanden ist, und uns nicht mehr damit beschäftigen«.

Die Wilflinger Winterlandschaft fand Eingang in die schöne, kleine Erzählung »Die Eberjagd«, die nach einer Treibjagd in den Wäldern des Freiherrn entstand. Das Geschehen wird aus der Sicht des jungen Richard erzählt, der sich sehnlichst ein eigenes Gewehr erträumt, mit dem er wie mit einer Geliebten ins Grüne ziehen würde, der aber noch keines haben darf. Er steht im Abseits neben einem »Eleven«, der seine erste Jagd erlebt, doch genau zwischen ihnen sucht der Eber in wilder Flucht zu entkommen. Der Schreck der beiden ist größer als der des Tieres, und erst als es im Unterholz verschwunden ist, gibt der Eleve einen Schuss in diese Richtung ab. Das bringt ihm zunächst einen Rüffel ein, doch als sich herausstellt, dass er mitten ins Herz getroffen hat, wird er zum Helden des Tages, dessen Betretenheit sich in Stolz verwandelt und der nun plötzlich auch eine ganz andere Geschichte erzählt. Da begreift Richard, »dass Tatsachen die Umstände verändern, die zu ihnen führten – das rüttelte an seiner idealen Welt«. Diese Erkenntnis ist das eigentliche Ziel der Erzählung, eine Initiation, die durch das Jagdgeschehen bloß ausgelöst wird. Die Erzählung markiert eine Wandlung Ernst Jüngers: Die Waffe ist kein Kriegsinstrument mehr, sondern ein Gegenstand ziviler Nutzung. Aus dem Soldaten ist der Waldgänger geworden, aus dem Schlachtfeld der Wald. Das Terrain ist abgesteckt, das er in der Schrift *Der Waldgang* auslotete.

Der Wald, den er mit Fritz durchstreifte, war nicht einfach nur Wald, sondern – wie könnte es bei ihm anders sein – ein Großsymbol. Während Fritz darin eher den in Jahrtausenden gewachsenen Naturraum sah, in den der Mensch störend und zerstörend eingriff – er las gerade Felix Hornsteins Geschichte des Waldes, *Wald und Mensch* –, erhob Ernst ihn in eine existentielle Dimension des Erlebens. Für ihn war der Wald Freiheitsraum, Rückzugsort, Gegenwelt zur machtbestimmten Gesellschaft. »Im Waldgang betrachten wir die Freiheit des Einzelnen in dieser Welt«, schrieb er, wohl wissend, wie schwierig es war, ein »Einzelner« zu sein. Der Wald war das Gegenprogramm zur *Totalen Mobilmachung*. Jetzt ging es nicht mehr, wie nach dem Ersten Weltkrieg, darum, die Produktivkräfte noch in den hintersten Winkeln der Gesellschaft zu entfesseln, sondern darum, sich zu entziehen und einen Ort außerhalb, jenseits der Geschichte zu finden. Jetzt ging es nicht mehr darum, ein schlagkräftiges Kollektiv zu schmieden, sondern darum, Individuum zu sein. Der Ort der Freiheit, wie er ihn sich vorstellte, war ein »ganz anderer als bloße Opposition, ein anderer auch, als ihn die Flucht gewähren kann«. Diesen Ort nannte er »Wald«, und aus dem Waldgänger wurde bald der »Anarch«, der sich »durch keine Übermacht das Gesetz vorschreiben lässt«, weil er nach seinen eigenen Gesetzen lebt. Nicht zu verwechseln ist diese Figur – oder vielmehr, in Jüngers Terminus, diese »Gestalt« – mit dem Anarchisten, der durch seinen Widerstand innerhalb der Gesellschaft definiert ist, so wie der Atheist auf Gott bezogen bleibt. Der Anarchist folgt Absichten, plant Attentate. Der Anarch steht außerhalb, durch kein Dagegensein, keine Teilnahme, keine Ideologie gebunden. Als »Gestalt« löst er den Soldaten und den Arbeiter ab. Er ist ein Einzelgänger, ein meditierender Denker, ein distanzierter Beobachter und hat insofern das schwerere Los zu tragen. In der Stadt wollte Ernst einst wild und räuberisch sein. Der Wald machte ihn friedlicher.

Der Wald, so schrieb er weiter, ist heimlich und unheimlich. Er ist Schutzraum und Ort der Bedrohung. »In diesem Sinne ist der Wald das große Todeshaus, der Sitz vernichtender Gefahr.« Der Waldgang war auch eine Konfrontation mit dem Tod. Die deutschen Volksmärchen, von Hänsel und Gretel bis zum Rotkäppchen, handelten davon. Und auch in den *Marmorklippen* hauste der Oberförster mit seinen Schergen im Wald, wo auch die Schinderhütte lag. »Der Waldgang führt hart an den Tod heran, ja, wenn es sein muss, durch ihn hindurch.« Also war der Wald ein Ort der Bewährung, wo der Einzelne sich mit seinen Krisen abzufinden hatte, »in denen weder Gesetz noch Sitte standhalten«. Der Wald war Sprache, war Dichtung, war Religion, und als Ernst 1965 auf einer Ostasienreise einen japanischen Tempelhain besuchte, kam ihm diese Art, den Göttern nahezukommen, richtiger vor als der Bau steinerner Kathedralen. »Der Baum ist Bruder, Heimat ist der Wald«, notierte er dort.

Im August 1951 schloss er das Manuskript *Der Waldgang* ab und schickte es an den Verleger Vittorio Klostermann. Da war der erneute Umzug vom Schloss in die Oberförsterei bereits überstanden, die nach dem Tod des alten Freiherrn zum endgültigen Domizil wurde. Im Schloss hielt dessen Sohn Friedrich Schenk zu Stauffenberg mit seiner Familie Einzug. Ernst war zunächst ein wenig gekränkt durch die Herabstufung, hatte er sich doch selbst schon als Freiherrn und das Schloss als durchaus adäquat empfunden. Dabei war die Oberförsterei genau richtig, nicht zu groß und nicht zu klein, sie besaß einen schönen Garten mit einer nützlichen Mauer drum herum. Hier musste ein Waldgänger wohnen. Die Miete blieb dauerhaft bei den fast nur symbolisch aufzufassenden hundert Mark. Im Arbeitszimmer hing nun Alfred Kubins düsteres Bild »Begegnung im Wald«, direkt über den beiden Stahlhelmen aus dem Ersten Weltkrieg. Das Bild zeigte einen Mann im Umhang, der sich inmitten des Dickichts einem schwarzen, hockenden Vogel gegenübersieht, der fast so groß ist wie er selbst und ihm seinen gefährlich gebogenen Schnabel zuwendet.

»Das Buch stellt eine Wendemarke auf meinem Wege dar und wird wohl wieder lebhafte Polemik auslösen«, schrieb Ernst an Fritz. Die Rolle des Außenseiters, des großen Unverstandenen, gefiel ihm gut, und sie passte zum Programm des Waldgängers. Mehr noch: Sie passte perfekt in die Stimmung der Zeit. Je stärker die Dichter ihre Unzugehörigkeit betonten, umso mehr entsprachen sie dem deutschen Nachkriegsbedürfnis, aus der Geschichte auszutreten. Man feierte die Freiheit edler Geister, und wo die Freiheit endete, bewegte man sich auf planetarischen, schicksalhaften Bahnen. Die Dichter mussten die Außenseiter geben, damit man sich an ihnen tröstete und sah, dass es möglich wäre, mit dem, was war, nichts zu tun zu haben. Vergangenheit – und mit ihr die deutsche Schuld – blieben außen vor. Das Außerhalb war in den fünfziger Jahren ein begehrter Ort. Es war gerade dieses kultivierte Selbstbild der Isolation und der Ächtung – von Fritz ebenso gepflegt wie von Ernst –, das ihnen Anerkennung brachte.

Ernst hatte 1949 ein widersprüchliches Comeback erlebt. Die Tagebücher *Strahlungen* waren ein großer Erfolg. Der in Marmor gemeißelte Staats- und Zukunftsroman *Heliopolis* stieß dagegen überwiegend auf Ablehnung – obwohl auch hier der Held, Kommandant Lucius, am Ende in den Weltraum entkommt und sich also auf die denkbar radikalste Weise den gesellschaftlichen Kämpfen entzieht. Für den »Spiegel« nahm Herausgeber Rudolf Augstein das Erscheinen beider Bücher zum Anlass für einen Besuch in Wilflingen und Überlingen. Ein Foto, das dort entstand, zeigt die Brüder nebeneinander vor dem Haus beim Sprengen des Gartens; der Wasserstrahl animierte die Blattmacher zur

Bildunterschrift »Strahlungen«. Solch despektierliche Ironie konnten weder Ernst noch Fritz besonders witzig finden. Aus derartigem Material speiste sich ihre Missbilligung von Journalisten und Medienleuten.

Als »Inversion der Utopie« hatte Ernst *Heliopolis* in einem Brief an Carl Schmitt bezeichnet, »das heißt, der technisch perfekte Zustand wird historisch betrachtet und beschrieben, als läge er in der Vergangenheit. Das gibt eigenartige Perspektiven ab.« Tatsächlich handelte es sich aber auch um eine Spiegelung der NS-Vergangenheit in eine mythisch überhöhte Zukunft, in der Lucius im Kreise des Militärs agierte wie einst Ernst Jünger im Pariser Führungsstab und wo die Minderheit der verfolgten Parsen für die Juden stand. In der öffentlichen Resonanz überwog der Eindruck des Befremdlichen. Die strenge, militärische Rangordnungsgesellschaft fügte sich nicht in den Geschmack und die Bedürfnisse der Zeit. Jüngers Schwächen als Erzähler traten allzu deutlich hervor, als dass sie ihm von der Kritik nicht vorgehalten worden wären: sein Hang zur Symbolisierung, sein Unvermögen, das Reflexive zurückzudrängen und sich dem Fluss des Geschehens anzuvertrauen, die Typisierung der Figuren, die immer etwas leblos wirken, das Disparate der Handlung. Schmitt bezeichnete das Buch gehässig als »Meisterwerk restloser Verwertung jedes Einfalls«, behielt dieses Urteil aber für sich. »Der Roman muss bereits sichtbare Freiheit aufzeigen – sei es im Hinweis auf neue Räume oder auf neue Formen, in denen die Existenz zu führen ist«, hatte Ernst gegenüber Fritz sein hohes Ziel formuliert und ergänzt: »In keinem Fall darf der Autor sich beschränken, ihn rein als Spiegel der Gesellschaft zu konstruieren, wenn er Verantwortung besitzt. Freilich muss er dazu aus der Demokratie heraustreten.« Doch ebendas war das Problem: Wie ließ sich eine militärische Welt wie die in *Heliopolis* entworfene Stadt auf den gesellschaftlichen Alltag rückbeziehen? Was half die Konstruktion einer zukünftigen Militärdiktatur, wo doch gerade die Demokratie etabliert werden sollte?

Für Fritz dürfte es nicht schwer gewesen sein, in der liebevoll gezeichneten Figur des Gärtners Ortner sich selbst zu erkennen: So wie Ortner teilte auch er seine Stunden zwischen Schreibtisch und Garten auf und sah die Gartenarbeit als Ergänzung und Gegengewicht zur

Autorenarbeit. Ortners Garten lag wie sein eigener am Südhang und blühte und gedieh als Ort der Erholung. Und wenn Ernst schrieb: »Der Garten spiegelte die kraftvolle Ruhe eines Geistes, der nicht mehr des Neuen, sondern der Wiederholung bedürftig war«, dann charakterisierte er damit Fritz. »Ortner schätzte die Pläne der Weltverbesserer nicht. Die Zukunft liege im erfüllten Augenblick, die Welt im engsten Kreis. Zeig mir, wie du mit deiner Magd, mit deiner Frau, mit deinen Kindern, mit deiner Katze lebst, und ich erlasse dir die Theorie.« Schließlich war dieser Figur auch das eingeschobene Kapitel »Ortners Erzählung« zuzuschreiben, eine in der Tradition der Romantik, des Peter Schlemihl und des Kohlen-Munk stehende Geschichte vom Pakt mit dem Teufel, die zur Erkenntnis führt, dass aller Reichtum der Erde und alle Lust die Seele nicht aufwiegen können. »Ortners Erzählung« ist der Höhepunkt des Romans.

Tatsächlich wandelte Fritz sich mehr und mehr zum Erzähler. Es waren die Jahre seiner größten Produktivität und seine erfolgreichste Zeit. Endlich etablierte er sich als Schriftsteller, der er vor 1933 noch nicht war und danach nicht sein konnte. Jetzt, im Adenauerland, passte er mit seiner konservativen Grundausrichtung gut hinein. Der *Perfektion der Technik* ließ er 1949 einen zweiten Teil, *Maschine und Eigentum*, folgen. Parallel dazu erschien ein großer Essay über Nietzsche, seinen Gewährsmann in Sachen der ewigen Wiederkehr und des Dionysisch-Rauschhaften. Er publizierte neue Gedichte nebst einer etwas lehrerhaften Schrift über *Rhythmus und Sprache im deutschen Gedicht*. Endlich war auch der so sehnsuchtsvolle autobiographische Kindheitsroman *Grüne Zweige* fertig, die Rückversicherung seiner Herkunft und des Untergrundes seines Schreibens, ohne den er nicht existieren konnte. Und es erschienen in rascher Folge zwei Bände mit Erzählungen. Der erste griff mit der Titelgeschichte »Dalmatinische Nacht« auf die Erlebnisse der Reise nach Kroatien zurück, die er 1932 mit Ernst unternommen hatte, so dass auch hier wieder die Gemeinschaft mit Ernst am Anfang steht. Erzählungen wie »Laura«, die von der scheuen Liebe zu einer fremdländischen Hilfsarbeitertochter handelt, wie »Beluga« über die Grausamkeit des Walfangs im hohen Norden oder »Die Pfauen« über die letzten Lebensstunden eines sehr alten Mannes im Garten eines Schlosses, das in der Stunde seines Todes von Soldaten besetzt wird und abbrennt, sind wohl das Beste, was Friedrich Georg Jünger geschrieben hat. Auch wenn er sich selbst vor allem als Lyriker sah, sind die stimmungsreichen, gefühlsintensiven Erzählungen haltbarer, weil das, was daran altmodisch wirkt, nicht ins Biedere, sondern eher ins Zeitlose umschlägt. Er fand Leser, gewann Zustimmung, erhielt Preise, angefangen mit dem 1950 zum ersten Mal vergebenen Literaturpreis der Bayerischen Akademie der Schönen Künste, und das, obwohl er zuvor – ebenso wie Ernst – die Mitgliedschaft in der Akademie abgelehnt hatte. Es folgten weitere Auszeichnungen, vom Bodensee-Literaturpreis 1955 bis zur Ehrendoktorwürde der philosophischen Fakultät der Universität Freiburg zum 60. Geburtstag im Jahr 1958 und zum Bundesverdienstkreuz, das ihm der damalige baden-württembergische Ministerpräsident Kurt Georg Kiesinger 1963 überreichte.

Der bequeme Ort des selbsternannten Außenseitertums war damit nur noch schwer aufrechtzuerhalten. Er tat aber so, als wäre es ein Akt der Gnade gegenüber den Menschen und ihrem Verehrungsbedürfnis, wenn er den Preis ihnen zuliebe annähme. »Wunderlich war, dass Heidegger mir als Erster zu dem Literaturpreis gratulierte«, schrieb er 1950 an Ernst und raunte, als verrate er ihm nun ein großes Geheimnis: »Solche Preise haben ja – ich sage Dir das im Vertrauen – immer etwas Zweischneidiges. Dieser nun war mir zugeteilt, bevor ich davon erfuhr, und die Akademie handelte dabei unvoreingenommen, da sie mir meine Weigerung, Mitglied zu werden, nicht ankreidete. Da nun die Verleihung mich an nichts bindet, wäre es wohl unhöflich oder auch übermütig gewesen, den Preis nachträglich abzulehnen. Ich habe ihn daher auch angenommen.« Ganz ähnlich stilisierte sich auch Ernst, als er 1956 den Bremer Rudolf-Alexander-Schröder-Preis entgegennahm: Nun sei es auch mit seiner »Virginität in diesen Dingen« vorbei. »Der Druck wurde allmählich zu stark.« Und als ihn die Wilflinger 1960 zum Ehrenbürger erklärten, ließ er auch das gnädig geschehen und schrieb an Fritz: »Ehrungen im vorgerückten Alter haben das Gute, dass sie nicht so lange dauern und wohl auch ihrer Natur nach weniger unsicher sind. Die deutschen Autoren, für die ich eine mehr oder minder lebhafte Sympathie gehabt habe, wie Spengler, Blüher, Benn, Grimm, sind dahingefahren, nachdem sie widrige Beschimpfungen erfahren hatten. Damit muss man sich abfinden.«

Während Fritz 1953 an einem Symposion an der Münchner Akademie zum Thema »Die Künste im technischen Zeitalter« teilnahm und dort neben Heidegger einen Vortrag hielt – Ernst war als Zuhörer gekommen –, lehnte er ein paar Jahre später die Einladung zu einem Doppelvortrag mit Ernst ab, obwohl der gemeinsame Freund Clemens Graf Podewils als Generalsekretär der Akademie die Einladung ausgesprochen hatte. Fritz' Begründung ist bezeichnend, da sie ein Licht auf das Verhältnis der Brüder wirft. Es sei ja nicht nur so, dass er keine Freude an solchen Veranstaltungen habe und jede Vorlesung ihn Überwindung koste, schrieb er an Podewils. »Die Frage ›Warum zwei?‹ wird die Leute beschäftigen, und der Eindruck einer Schaustellung oder eines Wettbewerbs wird nicht zu vermeiden sein. In einem solchen aber befinden sich weder Ernst noch ich; jeder hat seinen Bereich und seine Aufgaben, die den anderen nicht einengen. Kritiker und Leser sind freilich, wie die Erfahrung lehrt, taktlos und beginnen gleich mit dem Heben und Senken, an dem nichts Erspießliches ist. Das Trennen und Spalten ist leichter als das Auffinden des Gemeinsamen. Nimm mir daher nicht übel, dass ich ablehne.« Ernst meinte dazu nur: »Clemens ödet mich an mit seiner Akademie. Leeres Stroh wird da gedroschen. Meine Akademie ist der Wald, ist die Klippe, die Macchia. Dort wächst mein Lorbeer, nicht in den Treibhäusern.«

Zu den Gemeinsamkeiten gehörte auch die Nähe zu Heidegger. Bei Ernst beschränkte sie sich mehr auf das Werk und die Auseinandersetzung im Text. Heidegger hatte den *Arbeiter* hoch geschätzt und darüber in den dreißiger Jahren Seminare in Freiburg gehalten; Ernst hatte für die Festschrift zu Heideggers Geburtstag 1950 den Essay »Über die Linie« beigesteuert – eine grundsätzliche Auseinandersetzung mit dem Nihilismus, die den *Waldgang* vorbereitete. Bei Fritz war es eine persönliche Freundschaft, geprägt durch wiederholte Besuche und Gegenbesuche in der Hütte bei Todtnauberg, wo Heidegger versuchte, sich in einen Schwarzwaldbauern zu verwandeln, indem er Zipfelmütze, Kniehosen und lange Strümpfe trug. Fritz begegnete ihm aber auch im Kreis der Gräfin Sophie Dorothee von Podewils, der er regelmäßig Besuche auf ihrem Gut auf dem Pfänder oder in ihrem Schloss im bayerischen Hirschberg abstattete. Sie war eine Verehrerin seiner Dichtung und schrieb eine kleine Broschüre über ihn, in der sie seine Stimme mit der eines Vogels verglich, der »über Frühlingsgärten wie über den Trümmern der Zerstörung zeitlos jubelt«. Am 7. Juni 1950, so ist dem Tagebuch zu entnehmen, fuhr Fritz »mit der Prinzessin, Heidegger und seiner Frau nach Weilheim. Von dort mit der Kutsche nach Hirschberg. Der Tag war sehr heiß. Bad im See und Picknick am Ufer. Abends saßen wir bei Kerzenlicht im Freien, am Garten über dem See. Mondlose, dunkle, warme Nacht. Heidegger las einen Abschnitt seiner Arbeit über die Technik vor, in der er sie als Gestell bezeichnet. Er schloss mit der Frage: ›Was ist das Gestell?‹ Er liebt, sich durch Fragen und Einwürfe selbst zu unterbrechen.« Auch am nächsten Morgen wurde im nahen See gebadet. Heidegger, so vermerkte es Fritz, lagerte unter einem Wacholder. »Er redete mir zu, meine Ausführungen über Vers und Satz, über die ich am Vorabend gesprochen hatte, zu veröffentlichen.«

Ganz ähnlich ging es auch im nächsten Jahr zu; wieder traf man sich zu Vorträgen, sommerlichen Badevergnügungen und zum Pilzesammeln im Wald. Als Heidegger eintraf, begegnete Fritz ihm auf der Treppe und nahm erstaunt zur Kenntnis, dass der Philosoph ihm seinen Arm um die Schulter legte. »Er schien gut gestimmt zu sein«, hielt Fritz fest. »Mir geht manchmal nach, dass in ihm Angst ist, dass seine ganze Sammlung eben hinreicht, die Angst zu vertreiben.« Beim Vortrag über Schelling bemerkte er, dass Heideggers Manuskript und auch der Text, aus dem er zitierte, mit Hunderten von Notizen übersät war. »Alles ist gründlich durchgearbeitet; ich habe selten eine so sorgfältig durchdachte Vorlesung gehört.« Anschließend spielten sie Zimmerkegeln, Heidegger entwickelte dabei enormes Geschick. »Er spielt ernsthaft, will gewinnen und hüpft lebhaft umher.« Er sei, so notierte Fritz ein paar Jahre später nach einem Besuch in Feldkirch, »der einzige lebende Denker, der mich beschäftigt. Er denkt langsam, umkreist das Gedachte, prägt es durch Wiederholung ein. Das Denken ist kein Resultat. Es ist nichts Fertiges, sondern unser Anliegen, das nicht endet. Mittags kam Ernst. Blauer dunstiger Tag. Gänge am Berg und Gespräche.«

22 (WASSER)

Villasimius 1955

Am Dorfausgang auf einem Stoppelacker sahen sie den Schweine-
hirten stehen, reglos, als ob er schon seit Ewigkeiten so stünde. Er
stützte sich auf einen Stab und hielt den Kopf zur Erde gesenkt. Er
stand da wie ein Baum oder ein Strunk. Seine Kleidung schien aus
Rinde geschnitzt und verwitterte in Sonne und Wind. Wenn er nicht
ab und zu einen seltsamen Grunzton ausgestoßen hätte, bei dem die
Tiere ihre Köpfe hoben – jedes Schwein sprach er in einer anderen
Tonart an –, dann hätte man ihn für einen Teil der Landschaft halten können. Helle, dunkle und gescheckte Schweine umringten ihn,
sie waren muskulös und hatten pralle, zuversichtliche Bäuche. Das
am Spieß gebratene Jungschwein ist ein sardischer Leckerbissen. Der
Schweinehirt war ein Wächter der Zeit.

Ernst hatte die Reise geplant und vorbereitet; er war schon im Jahr
zuvor ein erstes Mal hierher gekommen, hatte Freundschaften geschlossen, das Quartier ausfindig gemacht, seine Initialen vom Steinmetz in den Fels schlagen lassen und die Jahreszahl eigenhändig in
eine fette Opuntie geritzt: 1954. Er hatte sich gefragt, ob er die Zeichen wiederfinden würde und in welcher Stimmung er dann wäre.
Was ist schöner: die erste Entdeckung oder die Wiederkehr? Nun war
Fritz seiner im Befehlston vorgebrachten Aufforderung gefolgt – »Im
nächsten Frühling fährst du mit mir nach Villasimius. Da nehmen
wir Sonne auf Vorrat ein« –, und so war die Reise beides zugleich:
Wiederkehr und Entdeckung. Sie knüpften damit an das Muster an,
das sie 1929 und 1930 in Sizilien erprobt hatten. Ernst ging voran und
erkundete das Gelände, Fritz folgte nach. Dalmatien 1932 und Rhodos
1938 hatten sie gleich gemeinsam angesteuert. Nun war es wieder wie
zu Beginn, und wie damals reiste Fritz zuvor nach Hannover und
nach Rehburg und dann noch zu den beiden alten Schwestern nach
Detmold, als müsse er, bevor er ins Ungewisse aufbrach, sich seiner
Herkunft vergewissern und überprüfen, was sich dort verändert hat.

Wenn er reiste, dann kreiste er in festgelegten Bahnen wie ein Planet und wiederholte den Rundkurs des Altvertrauten. So wollte er, was im Leben nur Durchgangsstation war, doch noch als Heimat befestigen. Nun nahmen sie das sardische Villasimius ins gemeinsame Programm auf und kehrten wieder, Jahr für Jahr, manchmal sogar im Frühling und im Herbst. »Das Mittelmeer ist eine große Heimat, ein altes Zuhaus. Ich merke das stärker bei jedem Besuch. Ob es im Kosmos auch Mittelmeere gibt?«, fragte Ernst. Sie lernten Italienisch, um sich besser mit den Einheimischen unterhalten zu können. Fritz schrieb spielerisch in der Fremdsprache einen Brief an Ernst, der noch nicht so weit war, sich aber vornahm, eines Tages Ariost im Original zu lesen. Die Briefe an ihren sardischen Gastgeber musste unterdessen aber immer noch Citta schreiben, die am besten Italienisch konnte, obwohl sie gar nicht mitfuhr.

Verglichen mit Sizilien war Sardinien ein Nebenschauplatz, angesiedelt am Rand der Ereignisse und des europäischen Bewusstseins. Geschichte drängte sich hier nicht auf, die Insel lag in tiefem, epochalem Schlaf. Ebendas war es, was Ernst anzog. Märkte und Friedhöfe betrachtete er als die »phantasmagorischen Paläste der Zeit«. Es gab die turmartigen Nuraghen der frühgeschichtlichen Inselbewohner und die seewärts gerichteten Sarazenentürme, die an vorgelagerte Inselvergangenheiten erinnerten: verlorene Posten früherer Jahrtausende. Aber es war keine Abfolge, keine Entwicklung daraus abzuleiten; sie standen in der Landschaft als Zeugen für etwas, das es einmal gab und jetzt nicht mehr. Die Mauern hatten sich erhalten, aber nicht die Bedeutungen. »Sie sind«, schrieb Ernst, »zu Burgen geworden, in denen der Dämon der Landschaft residiert. Dem antwortet der Geist mit einer besonderen Wachsamkeit. Die hohlen Türme visieren nun wie leere Augenhöhlen andere Ziele und andere Gefahren an.« Der Schönheit war Schrecken unterlegt, so wie Höhe und Schwindel zusammengehören. Wie Licht und Schatten in der Natur wechseln Heiterkeit und Angst in den Menschen.

Das Alte und das Neue waren gleichermaßen gegenwärtig; es handelte sich dabei nur um zwei Qualitäten der Dinge, um ihr Erscheinen in der Zeit. Inseln verschwinden im Meer, andere tauchen auf. So hat es schon Sindbad der Seefahrer erlebt, als der große Fisch, dessen

Rücken er für festes Land hielt, unter ihm wegtauchte. Auch Wälder welken dahin oder werden vom Menschen gefällt. Die Zitrone war von den Arabern, die Apfelsine von den Portugiesen eingeführt worden. Die Opuntie, die heckenartig die sardische Landschaft prägt, hat es hier die längste Zeit nicht gegeben. Der Urzustand war eine Imagination und ein Sehnsuchtspunkt. Auch das Alte war einmal neu. Was bedeutet es also, konservativ zu sein? Nichts ließ sich konservieren, noch nicht einmal der Fels, der in der Mittagshitze glühte. Und doch war die karge Insel so etwas Ähnliches wie der Wald, in dem man verschwinden konnte, um ein Einzelner zu sein. Der Wald und das Meer gehörten zusammen. Fischer und Jäger waren Brüder, die verschiedene Elemente bevorzugten.

Deshalb schmerzte es, dass der unvermeidliche Fortschritt Einzug hielt und die Inselwelt veränderte. Der Esel, der widerspenstig im Kreis trottete, um eine klappernde Wasserpumpe in Bewegung zu setzen, würde bald erlöst und durch einen Motor ersetzt werden. Für den Esel hieß das, dass er dann wohl geschlachtet wird. Im Albergo, wo Ernst im Jahr zuvor noch bei Kerzenlicht speiste, beleuchteten nun Neonröhren den Raum. Es kam ihm so vor, als hätte ein Magier das Haus mit dem Entzauberungsstab berührt, so dass er schlecht gelaunt notierte: »Ich sah die Risse in den Wänden und in den Gesichtern die niedere Struktur.« Dabei waren ihm die Menschen in ihrer Unberührtheit so würdevoll und stolz erschienen. Jetzt hatten sie Kühlschränke, so dass der Fisch nicht mehr fangfrisch verzehrt werden musste. Weil er sich hielt, fielen die Feste aus. Im Lauf der Jahre waren immer mehr Verluste zu verzeichnen. An einem Lieblingsplatz entstand ein Luxushotel. Der Fluss wurde aufgestaut und trocknete aus. Aus Hirten wurden Fahrer: »Obwohl viel weniger heiter, scheinen sie sich doch wohler zu fühlen, denn sie teilen nicht unser Heimweh nach den Zeiten, in denen das elektrische Licht fehlte.«

Es war nicht so, dass Ernst den Menschen die technischen Erleichterungen missgönnte. Er brachte Armbanduhren aus Zürich mit, um sie zu verschenken, auch wenn es ihm seltsam vorkam, sie am Handgelenk des Steinmetzen oder eines Fischers zu sehen, die doch in ganz anderen Rhythmen lebten, kaum berührt von der Geschichte. Ein Bauer, der ihnen auf der Straße begegnete und sie als Deutsche erkannte, erinnerte sich schon nicht mehr an den Namen Adolf Hitlers. Wer war das doch gleich, der deutsche Anführer im Zweiten Weltkrieg? Vielleicht hieß konservativ sein, sich nach einer Zeit zu sehnen, die es nie gegeben hat. Oder vielmehr nach einem Ort, der jenseits der Zeit mit ihrem Veränderungsdrang lag. Aber dieser Ort blieb verschlossen. Auch in Sardinien vibrierte er nur als ferne Ahnung wie ein Hitzeflirren über dem Land. Ernst wollte die Transzendenz greifen. Darum pries er das Ursprüngliche. Er wollte eintauchen in die Zeitlosigkeit. Das war seine Methode, um alt zu werden. Denn was ist das Alter dann noch? Ewigkeit als Begriff steht außerhalb von Zeit und Dauer, hatte Fritz einmal gesagt. »Sie ist vom Augenblick nicht zu unterscheiden, der in der Zeit keinen Platz einnimmt, so wenig wie der Punkt im Raum.« Und Fritz hatte an den Mönch von Heisterbach erinnert, der nicht glauben wollte, dass hundert Jahre wie ein Tag sind. »Der Mönch konnte sich also auch nicht vorstellen, dass sich mit dem Begriff der Ewigkeit keine Dauer verbinden kann. Für ihn blieb sie eine Linie in der Zeit, die sich im Dunkel verliert. Diese Linie biege ich in der Vorstellung zum Kreise.« Das war die Methode von Fritz.

Ernst war ein paar Tage früher angekommen und holte Fritz vom Autobus ab. Im blauen Sommeranzug, mit blau-weißen Schuhen, gebräuntem Gesicht und silbergrauem Haar stand er an der Haltestelle, und als sie nebeneinander durch das Städtchen gingen, kam es Fritz so vor, als ob ihn jeder kannte und grüßte. Ernst führte ihn bei der Familie Farci in der Via Umberto ein, wo er zwei Zimmer gemietet hatte. Valentino Farci hatte er im Jahr zuvor kennen und schätzen gelernt, ein stattlicher Mann mit dem Gebaren eines großen Herrn. Sie waren über ihre Kriegserlebnisse ins Gespräch gekommen, hatten ihre Verletzungen und ihre Einsatzorte aufgezählt, Farci war im Ersten Weltkrieg in Mazedonien durch einen Gewehrschuss verwundet worden, den Zweiten hatte er als Kavallerist absolviert, und immer noch zeigte er sich gern zu Pferd, mit umgehängter Flinte, »das Bild des Sarden aus der guten alten Zeit«, falls es die gute alte Zeit wirklich gab. Er war ein Steinmetz, der als Patriarch im Kreis der Familie lebte: mit Frau und Sohn, zwei unverheirateten und einer verheirateten Tochter mit sechs Kindern, die zusammen mit ihrem Mann einen kleinen Kaufladen führte. Im Innenhof des Hauses wuchsen Wein, Rosen, Kakteen, ein Götterbaum, Robinien und Oleander. Zu Fritz' besonderer Freude gab es auch einen Taubenschlag und Schwalbennester unterm Dach. Zudem besaß Valentino Farci einen prachtvollen Garten mit Mandelbäumen, deren Früchte er für seine Gäste pflückte und mit einem Stein aufklopfte. Ernst kam sich vor »wie im Garten Eden«, und Fritz behauptete, das Leben ihres Hauswirts münde so sehr in den Garten, dass man auch in seinem Gesicht ausruhen könne.

Die Menschen waren, so schien es ihnen, ein Teil der Landschaft. Sie verrichteten ihre Tätigkeiten mit derselben Geschicklichkeit und Unbeirrtheit, mit der die Skarabäen im Sand ihre Kugeln formten und mit den zangenförmigen Hinterbeinen vor sich herrollten. Wenn die Frauen stolz und aufrecht und ohne die beiden Fremden zu beachten zum Brunnen gingen, balancierten sie die Amphoren freihändig auf dem Kopf und kamen ihnen vor wie biblische Gestalten. Die Krüge, die sie benutzten, waren Sinnbilder der Vollkommenheit. Diese Formen hatten sich so sehr bewährt, dass sie seit Ewigkeiten nicht mehr verändert werden mussten. »Im Krug«, notierte Ernst, »begegnen sich die beiden großen Elemente des Wassers und der Erde; sie grenzen sich durch ihn ab.«

Nattern verschwanden so »lautlos wie Ahnungen« in der Hecke, wenn Fritz und Ernst durch die Macchia streiften und über Granitklippen kletterten. Dort besuchten sie den Steinhauer Mandarino und dessen Gehilfen, die halbnackt in der prallen Sonne saßen und Türpfosten hämmerten. Fritz bewunderte diese Lichtmenschen geradezu andächtig, die Muskeln, die gebräunte Haut, die dichten schwarzen Haarbüschel in den Achseln. Ernst überreichte diesem Olympier eine Armbanduhr und Geld für Wein, und Mandarino versprach, ihnen eine wunderbare zuppa di pesce zu kochen. Das war das höchste der Gefühle: irgendwo am Strand zu sitzen und eine einheimische Fischsuppe serviert zu bekommen als Gastmahl der Natur. So nahmen sie den Geschmack der Insel und ihrer Geschichte auf, sogen ihn mit der Landschaft ein, atmeten ihn mit dem Wind und maßen die Zeit mit den Wellen des Meeres.

Sie schrieben wenig in diesen Wochen und lasen fast nichts. Die Atmosphäre taugte nicht für Arbeit. Meer und Luft und Fels hatten eine erotische Kraft, die sich unmittelbar in den Träumen mitteilte.

Mal lag Fritz neben einer Geliebten, die seine Berührungen unbewegt entgegennahm, dann traf er ein »böses Mädchen, das die Polster zerschneidet, wenn es ein fremdes Haus verlässt«. Auf seine Frage »Woher hast du das Messer?« antwortete sie: »Brauche ich nicht. Ich nehme die Krallen«, und zeigte ihm ihre Nägel aus Eisen. Ernst träumte unermüdlich von Schlangen, von lebenden und von toten, und er merkte sich den Ort, an dem sie eine riesige Eidechsennatter fanden. Fritz streifte das metallisch schimmernde Tier fast mit dem Fuß, ohne es zu bemerken.

Farci organisierte ein Fischerboot, das sie zur Insel Serpentara brachte, die man weiter draußen liegen sah. Ernst hatte sie schon im Vorjahr mit »jenem Fernweh betrachtet, das einsame Meeresinseln in uns aufwecken. Das Heimweh gilt dem irdischen, das Fernweh dem kosmischen Vaterland.« Es gab dort nichts als Klippen, Möwen, Kaninchen und ein verlassenes maurisches Schloss, das durch einen englischen Bombentreffer im Krieg endgültig zur Ruine geworden war. Die Brüder stiegen zum Grat empor, während die anderen, die mitgekommen waren, Farcis Sohn Gigi und der Fischer Salvatore, zur Kaninchen- und Möwenjagd aufbrachen. Sie raubten die Jungvögel, die noch nicht flügge waren, aus den Nestern und nahmen sie lebend mit. Man musste sie noch ein paar Wochen füttern, bevor man sie schlachtete, damit der tranige Fischgeschmack nachließ. Unterdessen bereitete Farci die Fischsuppe vor. Den Wein tranken sie aus Korbflaschen, die etwas urtümlich Rustikales verkörperten. Ein gutes Jahrzehnt später wurden diese Flaschen in Deutschland zur Großmode, weil sie so schöne Kerzenständer abgaben. Fritz und Ernst tranken je ein Viertel zur Mittagszeit, was angenehm schläfrig machte, und drei Viertel zur Nacht. Ein Land ohne Wein kam nicht in Frage. In seinem Reisebericht *Serpentara*, der zwei Jahre später erschien, gab Ernst dem Ausflug ein ergreifendes Ende. »Wir saßen nach dem bunten und prall gefüllten Tage schweigend im Boot, das am Granitbruch vorüberfuhr. Die jungen Möwen hüpften unbeholfen unter den Ruderbänken hervor. Es war die Stunde, um die ihre Mütter kamen und sie mit weichen Flügeln zudeckten. Nun fühlten sie sich einsam, so einsam, dass sie die Gesellschaft ihrer Fänger suchten, an deren Füße sie sich schmiegten. Der Mond ging über dem Sarazenenturme auf.« Es war derselbe Mond, der auch über Sizilien geleuchtet hatte. Oder kehrt auch der Mond immer wieder verwandelt zurück?

»Vergiss nicht, nach Sardinien auch dein Glas mitzunehmen. Es ist besser, wenn wir doppelt bewaffnet sind, denn ich glaube, dass wir mancherlei Vögel aufspüren werden«, schrieb Ernst vor der Reise im September 1956. Die Vögel und ihre Stimmen würden immer da sein und waren immer schon da. Fritz hatte noch sein altes Fernglas aus Armeebeständen, das ihm einst als Soldat ausgehändigt worden war. Er hütete es wie einen Schatz, auch wenn es schon fast in seine Einzelteile zerfiel. Die Zeit verging, und nicht nur die Insel veränderte sich mit jeder Rückkehr. Gewohnheiten stellten sich ein und damit gelegentlich auch die Langeweile. Wenn sie in Cagliari wieder das italienische Restaurant und den Fischmarkt besuchten, verglichen sie das Erleben unvermeidlich mit dem der Vorjahre. Ein zweiter Ausflug nach Serpentara war eben doch nur die Wiederholung des ersten. Villasimius setzte Jahresringe an, die miteinander verschmolzen und aus denen nur noch besonders markante Erlebnisse herausragten.

Im Frühling 1957 trat Ernst am flachen Strand auf einen schlafenden Rochen, der ihm acht schmerzhafte Stiche zufügte. Tagelang lag er fiebernd im Bett, litt mehr, als er bei seinen Kriegsverletzungen je gelitten hatte, und fand nicht einmal mehr die Kraft, das Tagebuch verlässlich zu führen. »Das Lager, auf das mich der Rochen geworfen hatte, war furchtbar für mich, und seine Impfung auch«, schrieb er noch Monate später an Fritz. Das ganze Jahr war von dieser Begegnung geprägt. Er wolle dem Untier aber nicht nachstellen wie Captain Ahab dem Moby Dick, sondern seine Rache dem Neptun opfern. Doch immer, wenn er jetzt ins Wasser steige, werde er »einen leichten Schauder spüren wie jemand, der eine besondere Weihe empfangen hat«. Der Ort, an dem das Unglück sich ereignete, hieß von da an »der Rochenstrand«.

Im Herbst 1957 begleitete sie Ernst Klett, der im Albergo untergebracht wurde. Mit der gemeinsamen Reise wurde ein anderes bedeutsames Ereignis besiegelt: Klett hatte Ernst eine Werkausgabe versprochen und ihn mit dieser Aussicht endgültig an seinen Verlag gebunden. 1958, als bei Gretha eine Krebserkrankung festgestellt wurde, kam Ernst mit einer so tiefen Depression, dass auch das Meer nichts dagegen ausrichten konnte und Fritz hilflos danebenstand. Er fuhr so verloren nach Hause, wie er gekommen war, nicht ohne auch dieses Mal sein Zeichen in der Opuntie zu hinterlassen. »Du warst im vorigen Jahr schlechter Laune und bist jetzt, wie ich in Sardinien wahrnahm, guter«, resümierte Fritz nach der darauffolgenden Reise im Oktober 1959. »Etwas stockte und stockt nicht mehr, die Schwierigkeit ist behoben.« Diese Zustände waren ja auch ihm selbst sehr wohl bekannt. Ihre Reisen fanden fast immer ohne die Frauen statt. Die Versorgerinnen mussten sich unterdessen um Haus und Garten kümmern. Das hatte bei Fritz und Citta durchaus auch ökonomische Gründe. Citta wollte die »Bunte Stube« während der Saison nicht verlassen. In der Ferienzeit machte sie mit dem Geschäft ihren Umsatz, und davon lebten sie. Sie unternahm dafür in den Wintermonaten gern Reisen in ferne Weltgegenden, ohne Fritz, der über das Mittelmeer gar nicht hinauswollte. Und vielleicht brauchten sie diese Trennungen auch, um sich voneinander zu erholen. Ihre Beziehung funktionierte deshalb so gut, weil beide selbständig waren und jeder sein eigenes Leben lebte.

Auch Gretha genoss die Abwesenheit des »Gebieters«. Das Leben wurde leichter, wenn Ernst nicht da war und den Tagesablauf bestimmte. 1938, als die Brüder vom Weinberghaus nach Rhodos aufbrachen, hatte sie in übermütigem Ton an Rudolf Schlichter geschrieben: »Sobald ich die Trauerfahne der Strohwitwe auf meinem Dachfirst hisse und die beiden Hausväter sich auf die Fahrt nach der kleinasiatischen Küste mit all ihren Verlockungen begeben haben, suche ich Sie auf.« Sie hatte den beiden noch einen Picknickkorb zurechtgemacht, wohl wissend, dass die ihn beim ersten Umsteigen im Zug vergessen würden. In Ernsts Abwesenheit führte Gretha die Korrespondenz weiter und vertröstete Freunde mit Aussagen wie diesen: »Ihren Brief kann ich dem Gebieter erst nach seiner Rückkehr im Juli übergeben; er ist zu den sardischen Urgründen enteilt, und ich will den Thunfischfang, bei dem er sich vergnügt, nicht durch die gewaltigen Korrespondenzlasten erschweren, die hier auf dem Schreibtisch ruhen.« Auch als Grethas Krankheit schon weit fortgeschritten war, verzichtete Ernst nicht auf die Wochen in Villasimius. Bei ihrem langen, qualvollen Sterben konnte er ihr sowieso nicht helfen. Erholung hieß für ihn, mit dem Alltag auch die Eheverhältnisse zu verlassen. Das Brüderliche war das ursprünglichere Element, in das er mit Fritz eintauchte.

23 (ERDE)

Wilflingen 1960

Er sprach nicht von Depressionen, sondern vom »Ricorso«. Ernst kannte diese düstere Stimmung zur Genüge. Sie hatte sich im Lauf seines Lebens immer wieder eingestellt, doch nie zuvor mit dieser Wucht. Die strikte Disziplin, der er seine Arbeit unterwarf, und die Ordnungssysteme, die er um sich schuf, dienten ja auch der eigenen Sicherheit. Die Sammlungen in seinen Räumen, all die Bücher, Käfer, Muscheln, Bilder, Sanduhren, Spazierstöcke, häufte er an als Schutz gegen die Leere, der er aber doch nie entkam. Das fatale Gefühl, dass alles vergeblich ist, umschloss ihn wie eine Zelle ohne Tür und Fenster. Zustände der Abwesenheit gingen dem voraus. Eines Nachmittags war er nach Riedlingen gegangen, um die Schreibmaschine von der Reparatur abzuholen. Stattdessen kehrte er mit einem Brathähnchen zurück, berichtete Gretha dem Verleger Ernst Klett, weil er vergessen hatte, wozu er aufgebrochen war. Im Herbst, als Grethas Krankheit offenbar wurde, verdichtete sich die Düsternis. Jetzt, wo sie seine Unterstützung gebraucht hätte, versank er immer tiefer in sich selbst und fand keinen Boden. Im Dezember 1957 reiste er fluchtartig nach Paris, wo er nicht nur die Freundin Sophie Ravoux wiedersah, sondern auch den Philosophen und Religionswissenschaftler Mircea Eliade traf, mit dem er zwei Jahre später die Zeitschrift »Antaios« herausgab.

Gretha wurde in der Universitätsklinik München behandelt. Über Weihnachten durfte sie nach Hause, musste aber im Januar zu Bestrahlungen erneut ins Krankenhaus. Ernst war zutiefst beunruhigt. Er traute den Ärzten nicht. Die technische Invasion des Körpers durch die moderne Medizin war ihm so verdächtig, wie Fritz das schon in der *Perfektion der Technik* dargestellt hatte. Die Apparatemedizin unterwarf Ärzte und Kranke gleichermaßen. »Wir leben nicht mehr im Zeitalter der großen, blühenden, fressenden Seuchen, sondern in der Zeit des Krebses, der Zuckerkrankheit und der Neurosen«, hatte Fritz geschrieben, Zeiten, »in denen Teil-Sphären des Körpers sich materiell selbständig machen und, wuchernd um sich greifend, die Form des Körpers zerstören. Man muss daher die Frage aufwerfen, ob die Krebs-Institute, die sich in allen Ländern finden, nicht mehr zur Ausbreitung als zur Heilung des Krebses beitragen, denn das Denken, das in ihnen anzutreffen ist, entspricht den physischen Phänomenen, die sich am Krebs studieren lassen.« Fritz wusste also, was Ernst meinte, wenn er davon sprach, die Bemühungen der Ärzte führten »in eine künstliche Welt«. Grethas Zustand habe sich auch gleich nach der ersten Untersuchung verschlimmert. »Dazu kommt ihr Herz, mit dem wir seit langem nicht zufrieden waren, und nur eines, nämlich ihr guter Mut, ist ein Lichtblick für mich.«

Dennoch überließ er Gretha den Ärzten und der in München lebenden Schwester Hanna und flog im Januar 1958 auf Einladung der Bundesregierung nach New York. Die Großstadt war aber nicht dazu angetan, seine Stimmung aufzuhellen. Die Neue Welt habe ihn »recht deprimiert«, schrieb er an den Freund Hans Speidel, der zum Oberbefehlshaber der alliierten Landstreitkräfte in Mitteleuropa bei der Nato aufgestiegen war. »Die Uhren gehen dort vor – und wie seinerzeit Tocqueville so können auch wir heute ablesen, was uns blühen wird – eine Welt, die den Tod und die Liebe nicht kennt. Das hat mich unendlich bestürzt, obwohl es ja nur eine Bestätigung war.« Aus Sardinien schickte er im Juli Grüße an Carl Schmitt: »Leider begleitet mich die Dame Melancholie, Weisheit Salomonis. Hoffentlich setzt sich die Sonne durch« – eine Zustandsbeschreibung, die er nach der Rückkehr noch etwas präzisierte: »Von mir ist zu berichten, dass ich seit dem vorigen November recht melancholisch bin. Erfahrungsgemäß weiß ich, dass man auch wieder aus solchen Stimmungen aufsteigt, das ist freilich ein schwacher Trost. Ich habe den Eindruck, dass wir in eine besonders ungünstige Zeit hineingeboren sind – hundert Jahre früher oder hundert Jahre später wären die Dinge viel einfacher.«

Für Gretha hieß das, nicht nur ihre schmerzhafte Krankheit ertragen, sondern auch noch ihren Mann mittragen zu müssen. Zwei Weltkriege hatte er heroisch überstanden, aber dieser Situation war er nicht gewachsen. Es gab Tage, die er ganz im Bett verbrachte, doch meistens stand er morgens auf, zog einen Anzug an und knotete sehr korrekt die Krawatte, nur um sich in einen Sessel in der Bibliothek zu setzen und bis zum Abend dumpf brütend und ohne sich zu rühren vor sich hin zu starren. Ein ganzes Jahr ging das so. »Es sind Gewichte von Blei, die an ihm hängen und das Haus belasten«, klagte Gretha im Mai 1958 gegenüber einem Freund. Was den Zustand des »Chefs« betreffe, sei sie mit ihrem Latein am Ende. »Sie wissen ja von seinen Depressionen seit dem Herbst. Sie halten immer noch an. Es ist ein unablässiges Drehen im Kreise und um sich selbst und erstreckt sich praktisch auf alles: Arbeit, Konzentration, Leben, Werk, Gemeinschaft.« Im Grunde war es wie immer: Er verließ sich auf sie, die noch immer mit allem fertiggeworden war. Doch jetzt wusste sie nicht mehr weiter, und ihre Lebenskraft ließ nach. Sogar der sechzigste Geburtstag von Fritz, der mit Schildkrötensuppe, Mastpoularde und Eisbombe, mit Weißherbst und Meersburger Spätburgunder im Überlinger Bad-Hotel begangen wurde, erregte Ernsts Missfallen: »Auch diese Geburtstage werden immer anstrengender, ähnlich wie Post und alles andere; alles nimmt Arbeitscharakter an und verbeamtet uns und unsere freie Zeit.«

Erst Ende 1958 fand er allmählich die Fassung wieder und war nun auch bereit, Grethas Krankheit zu akzeptieren und sich damit auseinanderzusetzen. »Ich mache hier den Krankenwärter. Meine Frau liegt fest, was sie mit großer Ungeduld erfüllt«, schrieb er im März 1959 an Armin Mohler. Im April dann an Carl Schmitt: »Gretha liegt seit fünf Wochen, meist mit großen Schmerzen, so dass ich bei den Ärzten und in der Apotheke Stammgast geworden bin.« Im Juli: »Meine Frau ist noch immer krank. Der Garten ist das entfernteste Ziel, das sie bewältigt.« Es gab, wie immer bei Krebs, Phasen der Erholung, die neue Hoffnung aufkommen ließen, so im Oktober, als er an Fritz schrieb: »Gretha ging es besser, von Schmerzen im Bein und Becken abgesehen.« Die Feier seines fünfundsechzigsten Geburtstages erschöpfte sie dann aber völlig, so dass sie danach wieder für ein paar Wochen ins Krankenhaus musste, und spätestens im Sommer 1960 war das Ende absehbar. Klett unterrichtete er von »einem der trübsten Tage in meiner Existenz«, und Gerhard Nebel erfuhr: »Seit Montagmorgen nämlich hat sich das Befinden meiner Frau in besorgniserregender Weise verschlimmert. Ich muss daher an Ort und Stelle bleiben und hätte auch keine Ruhe, wenn ich, wie meine Frau wünschte, mich trotzdem in Bewegung gesetzt hätte. Dazu liegen die Dinge zu ernst. Sie hatte noch zwei große Tage in diesem Jahr, einmal meinen 65. Geburtstag, den sie mit viel Liebe vorbereitet und geleitet hat, und dann das Treffen der Ritter des Ordens Pour le Mérite auf der Burg Hohenzollern vor einem Monat, das sie begeisterte.« Im September: »Aber ich sehe mit Schrecken, dass sie uns trotz aller Mühe, die wir uns geben, alleinlassen will.« Im Oktober: »Ich bin in Sorge. Die Ärzte geben sich hier die Klinke in die Hand.« Und am 9. November, an Klett: »Es geht nun zu Ende, vielleicht heute noch, an diesem auch für unser Vaterland so traurigen Tag. Gretha ist fabelhaft, hat eben noch ein Glas Sekt mit uns zu trinken verlangt. Ihr Gesicht wird immer schöner. Ich habe eine Reihe von Nächten bei ihr gewacht – die reichsten Stunden, die ich je mit ihr verbracht habe. Hoffentlich kommen wir auch über die heutige.« Gretha starb am Totensonntag, am Abend des 20. November 1960, vierundfünfzig Jahre alt. Am nächsten Morgen, um 7.20 Uhr, telegraphierte er an Fritz: »Gretha heute Abend entschlafen. Bitte kommen. Ernst.«

Citta fuhr sofort, um im Haus zu helfen, Fritz kam erst am Mittwoch zur Beerdigung. Er fuhr mit Freunden im Auto und brachte Monsignore Horion mit. Es war ein trüber, feuchter Novembertag. Gretha lag aufgebahrt inmitten von Blumen. Schmal und mädchenhaft kam sie ihm vor, friedlich, doch mit einem Leidenszug um den Mund. Dorfkinder gingen dem Trauerzug singend voraus, im kahlen Geäst steckten die verlassenen Frühlingsnester. Drei große, schwarze, fremde Vögel saßen auf der Friedhofsmauer und sahen herüber. »Sie hat gern gelebt. Der Abschied fiel ihr schwer«, schrieb Fritz ins Tagebuch. Noch im Sarg schien sie sich zu wehren. Der Sarg passte nicht ins Grab, weil die feuchte Erde nachgab. Sie kam neben Ernstel zu liegen.

Den Jahreswechsel verbrachte Ernst mit Alexander in Überlingen, um der lastenden Einsamkeit und Stille in der Oberförsterei zu entkommen. In seinen Träumen kehre Gretha allnächtlich wieder, verriet er Fritz. Erst allmählich nehme er wahr, wie tief die Wunde sei, die ihr Verlust in ihm hinterließ. Wenn er durch den Wilflinger Garten ging und den Wechsel der Jahreszeiten erlebte, bedauerte er, dass sie daran nicht mehr teilhaben konnte. Und auch in den Träumen von Fritz erschien Gretha, nicht als Tote, sondern als Lebende, genesen von einer schweren Krankheit, wie sie ihm versicherte. An ihrem ersten Todestag stand die kleine Trauergemeinschaft wieder an den beiden reich geschmückten Gräbern. In Berlin war inzwischen die Mauer gebaut worden. Der jüngste Bruder Wolfgang hatte sich gerade noch rechtzeitig mit einem falschen Pass nach Westberlin abgesetzt. In der Oberförsterei war die Zeit rasch und spurlos vergangen; alles war unverändert. Nur merkwürdig, meinte die Haushälterin Resel, dass der Todestag doch schon so weit zurückzuliegen scheint. So ist es, sagte Fritz. »Der Tote hat keine Zeit mehr.«

Begierig stürzte sich Ernst auf Fritz' neue Erzählungen mit dem Titel *Kreuzwege*, lobte seine Fortschritte und den Reichtum an Themen und Figuren. Am liebsten hätte er Fritz darauf verpflichtet, das Buch zu schreiben, das ihm selbst nicht gelingen wollte, die Fortsetzung oder vielmehr die Überwindung des *Arbeiters*, an der er für die Werkausgabe vergeblich herumlaborierte. An diesem Text durfte und konnte er nichts ändern. Aber warum sollte nicht Fritz einen Roman schreiben, »der unsere Epoche und ihre Wendung schildert: vom Bürger zum Arbeiter und darüber hinaus in die Neue Welt, die wir vorerst nur ahnen und die der Arbeiter durch ungeheure Mühen und Opfer zu verwirklichen bestimmt ist, wobei seine Theorien und Ideale nur Vorwände und seine Fata Morganen Vorschüsse sind. Wenn es gelänge, dem Deutschen zu zeigen, womit und wofür er eigentlich beschäftigt gewesen ist und noch beschäftigt werden wird, so würde ihn [das] in das Zutrauen zu sich selbst wieder einsetzen, das ihm verloren gegangen ist. Keine Theorie, keine Philosophie, kein materieller Aufschwung sind dazu imstande, sondern nur das Kunstwerk allein – wenigstens in unserer diesseitigen Welt.« Stilistische Einwände behielt er für sich. Wenn Fritz im ersten Absatz der etwas unübersichtlichen Titelgeschichte gleich dreimal das Pronomen »welche« benutzte, hätte er das am liebsten eigenhändig herausgestrichen. Schon in Fritz' Essay über die Gärten des Abend- und des Morgenlandes war ihm das aufgefallen, doch seine Mahnung war wohl vergeblich gewesen. Jetzt schrieb er nur: »Dabei muss ich in Rechnung ziehen, dass unsere Horoskope und Temperamente sich unterscheiden und damit Gang und Rhythmus der Sprache und ihrer Figurationen.«

Und dann heiratete Ernst wieder. Plötzlich und ohne Vorankündigung. Noch nicht einmal achtzehn Monate waren seit Grethas Tod vergangen. Ernst hatte nichts davon verlauten lassen, kein Hinweis auf eine sich anbahnende Entwicklung, keine Andeutung einer Absicht, kein vorbereitendes Gespräch. So eine Heimlichtuerei hatte es zuvor nur einmal gegeben, als er, ohne Fritz etwas zu sagen, aus Rehburg abgehauen und zur Fremdenlegion geflohen war. Das lag ein halbes Jahrhundert zurück. Die Nachricht traf Fritz wie ein Axthieb. Das war nicht nur eine Frage des Stils: Für seinen Geschmack ging das viel zu schnell. Es war ein Vertrauensbruch. Ausgerechnet Liselotte Lohrer, die doch zunächst seine, Fritzens, Freundin und Verehrerin gewesen war, die in seinem Haus ein- und ausgegangen war, die ihm Blumen gebracht und regelmäßig die Geburtstage mitgefeiert hatte, die in der Fastnacht zur »Lohrerin« geadelt worden war, die er zum Tee besucht und bei der er Handschriften von Schiller, Fichte und Schelling aus dem Cotta-Archiv bewundert, mit der er Ausflüge nach Meersburg unternommen und die Ernst doch bei ihm kennengelernt hatte. Zunächst hatte sie für Ernst nicht viel übriggehabt. Um 1950 herum, das gab Fritz gerne zu, kam sie häufiger zu Besuch, als ihm lieb war, und brachte dabei stets auch noch ihre Freundin, die Fotografin Inge Dahm, mit, vielleicht als Anstandsperson, die dann stundenlang im Garten saß, als wäre sie da zu Hause, und die Johannes geduldig das Lesen beibrachte. Fritz genoss es, wenn er von Frauen als Dichter bewundert und umschwärmt wurde. Das waren Momente latenter Erotik, die ihn aufluden und die doch in nichts den gesellschaftlichen Konventionen widersprachen. Eine Verehrerin kam häufig vorbei, etwas zu häufig, wie Citta nicht umhinkam zu bemerken, um mit ihm Schach zu spielen. Eine Zeitlang war sie nahezu täglich da, und ein Schachspiel kann dauern.

Die Begegnungen mit Liselotte Lohrer waren seltener geworden, seit sie 1953 nach Marbach gegangen war. Die Cotta-Bestände, die im Gallerturm den Krieg überstanden hatten, wurden von der »Stuttgarter Zeitung« erworben und dem Deutschen Literaturarchiv übergeben, zunächst als Dauerleihgabe, dann als Schenkung. Liselotte, die sich in der Hinterlassenschaft der glanzvollen Johann Friedrich von Cotta'schen Verlagsbuchhandlung auskannte wie keine andere, wurde übernommen. Zum dreihundertjährigen Jubiläum des Verlages veröffentlichte die promovierte Germanistin die erste umfassende Cotta-Geschichte und 1963 den ersten Band des Bestandsverzeichnisses des Cotta-Archivs. Ihre wissenschaftliche Laufbahn war aber mit der Heirat beendet. Nun würde sie Ernst als »Stierlein« zur Seite stehen und dessen Werk betreuen.

Eine erste Annäherung hatte bereits stattgefunden, als er noch an *Heliopolis* schrieb und sie ihm einige nützliche Hinweise geben konnte. Als Ernst 1957 mit Klett den Vertrag über eine Werkausgabe schloss, der einen Vorschuss von hunderttausend Mark in vier Raten über vier Jahre einbrachte, und sich damit fest an den Klett-Verlag band, gehörte Liselotte als Lektorin gewissermaßen zur Vereinbarung dazu. Sie sollte die entstehende Ausgabe in zehn Bänden edieren. Klett pries sie mit den Worten an: »Sie ist zweifellos ein Glücksfall, weil sie die seltene Mischung von Akribie und Sensorium bei sich beherbergt.« Sie unterstützte auch Ernsts Bedürfnis, alle Texte erneut einer kritischen Revision zu unterziehen – ein Verfahren, das Armin Mohler, der ebenfalls als Herausgeber im Gespräch war, strikt ablehnte, weil er darin nicht ganz zu Unrecht politische Retuschen vermutete, eine Enthistorisierung der Schriften und einen Verlust an authentischer Originalität. Ernst betrachtete seine Bücher dagegen als Werkstücke, an denen er wie ein Tischler die im Lauf der Jahrzehnte deutlich gewordenen Gebrauchsspuren, Risse und Splitter und verborgene Konstruktionsmängel ausbessern wollte. Auch wenn ihm der ameisenhafte Fleiß, mit dem er sie inspizierte und abschmirgelte, selbst gelegentlich ein wenig suspekt vorkam, konnte er es doch nicht lassen. Liselotte Lohrers Vorschläge gingen noch über seine Eingriffe hinaus, die sich weitgehend darauf konzentrierten, Zeitmoden und stilistische Flüchtigkeiten zu tilgen. Gegen Mohlers auch öffentlich vorgetragene Vorwürfe setzte er sich mit dem Hinweis zur Wehr, er sei doch nicht der Museumswächter seiner selbst.

Die Heirat wurde am 3. März 1962 in der Klosterkirche Heiligkreuztal in unmittelbarer Wilflinger Nachbarschaft vollzogen. In der Familie gab es Spekulationen darüber, dass schon zu Grethas Lebzeiten ein Verhältnis bestanden habe, das über das zwischen Autor und Lektorin hinausging, auch wenn Ernst versuchte, die neue Ehe als reine Vernunft- und Zweckgemeinschaft darzustellen. Eine neue sorgende Hilfe brauche er auf dem Schiff, teilte er dem Freund Gerhard Nebel mit, daher werde er mit einer neuen Gefährtin den Lebensbund schließen, »und zwar mit Frau Dr. Liselotte Lohrer, die bislang im Marbacher Museum die Klassikerhandschriften betreut hat. Sie wird mir zur Seite stehen.« Alexander lehnte die neue Frau des Vaters ebenso ab wie Citta, die sich mit Gretha zu gut verstanden hatte, um nun schon bereit zu sein, eine neue Schwägerin zu akzeptieren. Vielleicht empfand sie es auch so, als sei Fritz nur ausgenutzt worden, als habe Liselotte ihn gebraucht, um sich auf dem Umweg über Fritz allmählich Ernst anzunähern. Eine Wissenschaftlerin, die ihre Aufgabe nicht nur darin sah, Hausfrau und Mutter zu sein, hatte es in der Familie bis dahin nicht gegeben, eine Frau, die zur Hüterin des Werkes wurde, zur Verwalterin des hausinternen Archivs und der Korrespondenz, zur Geschäftsfrau, die die vertraglichen Belange regelte und außerdem die Reisen und den Alltag organisierte – also all das übernahm, wozu Ernst nicht fähig war. Das Werk ging vor, die Familie hatte zurückzustehen. Das spürten alle Beteiligten.

Fritz kam nicht zur Hochzeitsfeier. Er zog es vor, mit Citta zum Fasching nach Elzach zu fahren. In seinem Tagebuch findet sich kein Hinweis auf die Hochzeit. Liselotte, die er hartnäckig falsch mit »ie« schrieb, findet dort überhaupt erst wieder 1968 Erwähnung, als sie zur kleinen Gruppe einer Islandreise gehörte, die Klett organisierte. Auch der Briefwechsel, in dem es doch seit Jahrzehnten kaum einmal eine Lücke gab – es sei denn, die Brüder lebten miteinander in derselben Stadt oder im selben Haus –, brach nach ein paar nichtssagenden Postkarten abrupt ab. Erst im Dezember meldete Fritz sich wieder mit einem Weihnachtsgruß und schickte eine Sanduhr als Geschenk, »zwar nicht alt und auch nicht kostbar, aber doch gut anzusehen, gute Handwerksarbeit, die einen Platz bei Deinen anderen Stücken verdient. Der Sand läuft in einer Stunde ab.« An Liselotte keine Grüße. Die Abstände zwischen den Briefen vergrößerten sich von nun an, der Ton wurde distanzierter und vorsichtiger. Auch die Frequenz der gegenseitigen Besuche nahm ab. Man tauschte Neuigkeiten und Informationen aus, Familieninterna, Gesundheitliches und Berufliches. Wenn Ernst an Fritz' fünfundsechzigstem Geburtstag 1963 vom »osmotischen Austausch« der Brüder sprach, bei dem sich nicht entscheiden lasse, wer jeweils der Gebende und wer der Nehmende gewesen sei, dann bezog sich das wohl eher auf die Jahre zuvor. Der 3. März 1962 war eine Zäsur. Danach wurde das brüderliche Verhältnis nie wieder so vertraut, wie es bis dahin gewesen war. Liselotte stand zwischen ihnen wie ein Fels. Ernst reiste mit dem »Stierlein« noch einmal nach Sardinien, während Fritz von nun an Juist bevorzugte, die Ferieninsel der Kindheitsjahre. Von der alten Gewohnheit, Käfer zu sammeln und die Beute dem Bruder zu senden, konnte er allerdings auch dort nicht lassen. Sardinien, ihre gemeinsame Landschaft, ihr Mittelmeer, war verloren. Ernst zog es immer dringlicher hinaus in die weite Welt. Damaskus, Afrika, Ceylon, Ostasien: Er wollte alle Kontinente bereisen, überall gewesen sein. Er wurde zum Sammler von Ländern und Berührungspunkten mit der Erdkugel, die er mit virtuellen Fähnchen spickte, als wäre sie eine Käfersammlung. Nur Osteuropa und die DDR, wo der Bruder Hans als Letzter der Familie die Stellung hielt, blieben unerreichbar.

24 (LUFT)

Wilflingen 1996

Wieder einmal galt es, beim Gang durch den Garten von der Kaiser-
winde Abschied zu nehmen. Seine blaue Blume der Vergänglichkeit.
In jedem Jahr war es ein Abschied für immer. In seinem Alter konnte er nicht mit der Wiederkehr rechnen. Mit den ersten Vorboten des
Herbstes schwand die Kraft, die den ganzen Sommer über Tag für Tag
neue azurne Blüten hervorgetrieben hatte. Und jede Blüte barg ein Geheimnis. Von Albert Hofmann wusste er, dass die Samen der Winde,
die bei den Azteken Ololiuqui hießen, einen Wirkstoff enthalten, der
dem LSD ähnelt. Es kam nicht darauf an, ob ein Stoff synthetisch
oder natürlich gewonnen wurde, bedeutend war das Raster der Mole-
küle. Darüber hatten sie auf ihren gemeinsamen Weltreisen während
der Flüge hoch oben über den Wolken immer wieder gesprochen,
auch über die Verwandtschaft von Molekülen des Pflanzenreiches mit
solchen des menschlichen Gehirns. Meskalin ähnelte dem Noradre-
nalin, Psilocybin dem Serotonin. Doch was hatte die Übereinstimmung der Formen zu bedeuten? Passten verschiedene Schlüssel ins
selbe Schloss? Albert Hofmann berichtete auch von der Bedeutung
der Winden in der japanischen Kunst und zitierte die Dichterin Chiyo
mit dem Vers: »Mein Trog ist gefangen / Von einer Windenblüte. / So
bitt' ich um Wasser.«

Vielleicht war die ästhetische Wirkung der Blüte ähnlich stark wie
ihre Kraft als chemische Substanz. Anschauen oder einnehmen – Fritz
hatte sich stets mit der Anschauung begnügt und blieb auf festem
Boden. Sein Garten, in dem er auch eine Voliere mit verschiedensten
farbenprächtigen Vögeln eingerichtet hatte, blühte so verschwenderisch, weil er alles aus der Sichtbarkeit schöpfte. Das war seine Art
der Verschmelzung mit der Pflanze. Ernst wollte auch die Wirkungen
kennenlernen. Hinsichtlich der Psychopharmaka mache der Garten
ihn zum Selbstversorger, hatte Albert Hofmann bei einem seiner
Besuche gescherzt. Wenn er eine Mohnkapsel anritzte und am Abend

nur einen Tropfen ihres Saftes kostete, dehnte die Nacht sich aus, als ob er vom Schnellzug in einen Bummelzug umgestiegen wäre. Eine Opiumnacht kann Ewigkeiten dauern, als wäre man eine alte, von den Jahrhunderten durchströmte Eiche. Und dann sind beim Blick auf die Uhr doch nur ein paar Minuten vergangen. Ein Pfeifchen Opium war dem Alter angemessen.

Die erste Begegnung mit LSD, Anfang der fünfziger Jahre, zu der Albert Hofmann ihm verhalf, verlief eher enttäuschend. Gegen den Tiger Meskalin war die von Albert entdeckte Droge nur eine Hauskatze. Das lag aber, wie Albert versicherte, lediglich an der zu niedrig angesetzten Dosis von 0,05 Milligramm, die zwar die Farbwahrnehmung intensivierte und den Rauchfaden eines japanischen Räucherstäbchens verzauberte, die aber nicht in die Tiefe führte. Wenn er seine Drogenreisen als »Einstiege« bezeichnete, dann hieß das ja, dass er hinunterwollte in eine Höhlenwelt. Albert hatte als Chemiker Erfahrung mit Drogen, doch er überschätzte die Sensibilität eines kreativen Menschen. So erlaubte dieser Versuch nicht mehr als eine erste Annäherung, und doch wurde in der zarten Rauchsäule die Zeit fassbar, als wäre sie ein greifbares Ding. »Die Zeit war in dem Gebilde wirkend«, heißt es in der Erzählung »Besuch auf Godenholm«, in der ein ebensolches Räucherstäbchen vorkommt. »Sie hatte es gerieft, gewirbelt, geringelt, als ob sich gedachte Münzen schnell aufeinanderschichteten.« Aber das war nicht genug. Es musste gelingen, die Zeit wie einen Schleier zu zerreißen, um dahinter die wahre Substanz der Dinge zu erschauen. Drogen konnten Türen öffnen, wenn man sie richtig zu nutzen verstand. Wer die Tür durchschritt, trat durch die Materie hindurch und aus ihr hinaus und warf einen Blick auf das geistige Sein. Doch bei diesem ersten Versuch gelangten sie nur bis an die verschlossene Tür. Die Oberflächen der Dinge begannen zu leuchten, aber sie wurden nicht transparent. Fröstelnd kehrten sie in die Wirklichkeit zurück und hüllten sich in Decken wie erschöpfte Wüstenreisende, wenn sich in der Nacht die Kälte herabsenkt. Im Rausch wird Zeit ausgeliehen und verschwendet; sie muss anschließend zurückbezahlt werden. »Der Flut folgt Ebbe, den Farben Blässe, die Welt wird grau, wird langweilig.«

Beim Wilflinger Pilzsymposion im Mai 1962 hatte er dann genügend Decken bereitgelegt und den Kachelofen im Winteresszimmer schon am Abend zuvor zum Glühen gebracht. Liselotte als neue Hausherrin bereitete alles vor, blieb aber vom Experiment ausgeschlossen. Sie musste dafür sorgen, dass nichts die Sitzung störte, kein Telefon und kein streunender Kater. Auf dem Esstisch hatte sie einen Strauß bunter Tulpen drapiert, an denen Farbveränderungen ablesbar sein würden. Zur Begrüßung der Gäste – außer Albert Hofmann waren der Arzt und Pharmakologe Heribert Konzett und der Orientalist Rudolf Gelpke gekommen – reichte sie heiße Schokolade, weil auch die Mexikaner Chocolatl tranken, bevor sie Teonanacatl kauten. Dann zog sie sich ins obere Stockwerk zurück und hörte sehr laut, wie zum Protest gegen ihren Ausschluss, die Zauberflöte. Das war der Einstand, den sie zu zahlen hatte.

Ernst trug einen ägyptischen Kaftan, den er von einer Reise mitgebracht hatte, Konzett ein buntbesticktes Mandarinenkleid, das Ernst beim Rottweiler Narrensprung als Kostüm gedient hatte, Gelpke und Hofmann saßen in Hausmänteln da. Alles, was an den Alltag erinnerte, sollte draußen bleiben. Die Pilze, diese Früchte der Erde und des Verfalls, standen in einem Glas auf dem Tisch. Sie schmeckten modrig, doch darauf kam es nicht an. Die Tulpen glühten, der Wind bewegte sich wie ein Gewand, in den Zimmerecken regten sich Schatten, der Kachelofen verwandelte sich in einen weißen Elefanten. Ernst betrat den Tanzsaal eines maurischen Palastes. Glitzernde Vorhänge, Perlenschnüre, kotige Schlangen, Radioaktivität, Kuckucksrufe. Später, als er die Bilder in Worte zu fassen versuchte, schrieb er: »War es die Hure von Santa Lucia, die aus dem Fenster die Brüste vorstreckte? Dann war die Heuer futsch. Salome tanzte; die Bernsteinkette sprühte Funken und steilte im Schwingen die Brustwarzen auf. Was tut man nicht für seinen Johannes? – Verdammt, das war eine üble Zote, das kam nicht von mir, war durch den Vorhang gesprochen.« Die Beschreibungen waren unbefriedigend. Sie gaben nicht wieder, was er erlebte. Wie bei Träumen führte der Versuch, die Bilder in Worte zu fassen, dazu, sie zu zerstören, weil sie dadurch eine Eindeutigkeit bekamen, die sie nicht besaßen. Die Hoffnung auf Inspiration und dichterische Kreativität hatte sich einst auch beim Kokain als Illusion erwiesen. Sprache ist immer schon Interpretation, aber der Rausch ereignet sich

in einer anderen Dimension. Auch wenn er sich während einer großen Fahrt Stift und Papier zurechtlegte, fand er im Logbuch hinterher
nicht viel Brauchbares vor. So im Februar 1970, als sie um 10.25 Uhr
eine Ampulle LSD öffneten, dieses Mal 0,15 Milligramm, aufgelöst in
einem Gläschen Wasser:»Schmeckt nach nichts.« Dann wie immer
Mozart, das Konzert für Flöte und Harfe, das Albert so sehr liebte.
Eine Blaumeise, die am Fenster pickte. Störende Außenwelt: Trakto-
ren. Glockenläuten, besser als Maschinen. Dann:»Besser, ja besser –
wenn auch noch nicht ganz.« Angenehme Empfindung,»als quölle
es reich in die Erscheinung hinein«. Um 13.16 Uhr:»Versuche es wieder mit dem Adlerflug. Nicht nur die Ränder – das Leinen violett.«
13.30 Uhr:»Ich brauche jetzt keine Verstärkung mehr.« Dann nur noch
Stichworte: Adlerflug. Drei Schwingen. Der Frühling kommt. Blau,
strahlend. Adlerschwünge.

Der Flug war geglückt, und Fritz war nicht dabei. Fritz war nie dabei. Diese Reisen gingen ihm zu weit. Schon Anfang der fünfziger
Jahre, als Ernst Klett in Stuttgart zum Experiment mit Meskalin lud,
hielt er sich fern. Da zog Fritz es vor, mit einer Grippe im Bett zu liegen, von dort aus»alles Gute für die Traumfahrt« zu wünschen und
eine Woche später den Bericht des Bruders entgegenzunehmen.»Auch
diesmal verlief alles zur Zufriedenheit, ja über die Erwartungen hinaus«, las er dann, neugierig, aber ohne Bedauern, etwas versäumt zu
haben.»Die Schilderung wäre allerdings vergeblich, da nur die Myste
die Andeutungen begreift. Jedenfalls ist das Experiment abgeschlossen, und ich kann nun zu einem etwas größeren Kreise übergehen,
wobei ich weiß, was herbeigeführt werden soll. Das Risiko ist enorm –
ich meine das weder gesundheitlich noch psychologisch, sondern hinsichtlich der Seinsberührung, die unerwartete Anforderungen stellt.
Die erste Seinsberührung in unseren Tagen war die der Atomkerne –
ihr folgen andere. Sie werden eine ungeahnte Veränderung der Welt
herbeiführen.«

Mit Klett war Ernst sich darin einig, das Experiment nicht zu wiederholen. Er blickte dann in den siebziger Jahren skeptisch auf die
»Masse des Fußvolks«, das den Drogen erlag und»mit ethischen und
juristischen Mitteln nicht mehr in Schranken gehalten werden kann«.
Da bekam er selbst mit dem Staatsanwalt zu tun. Sein Buch *Annähe-*

rungen, das von Erfahrungen mit Bier, Wein, Äther, Haschisch, Opium, Meskalin, LSD handelt und eine Philosophie der Entgrenzung erprobt, brachte ihm eine Anklage wegen unerlaubten Drogenbesitzes ein. Lächerlich. Er war nun wahrlich kein Jugendverführer und kein Dealer, wenn er unter wissenschaftlicher Anleitung und ärztlicher Begleitung den »Schimmer des Ewigen im sichtbaren Licht« suchte.

Für jede einzelne Windenblüte währte die Ewigkeit nicht länger als einen Tag. Und doch blühte die Pflanze den ganzen Sommer lang. Eine azurne Wand. Jetzt war es damit vorbei.

VII. SEE

25 (WASSER)

Überlingen 1963

Die Kälte hielt schon seit Wochen an. Am 25. Januar begann der See zuzufrieren. Fritz konnte vom Schreibtisch aus beobachten, wie die Eisschicht wuchs. Wo sonst die Schiffe anlegten, stiegen nun die Menschen in langer Prozession aufs Eis, machten ein paar vorsichtige Schritte und fingen dann zu tanzen an. Auch die Hänsele in ihren bunten Kostümen nahmen auf der Eisfläche Aufstellung und schwenkten die Fahnen der Narrenzunft. Ganz Überlingen war auf den Beinen, alle wollten auf den erstarrten See, als könnten sie die Fesseln des Alltags abschütteln, indem sie von dort aus auf die Silhouette der Stadt und auf ihr fernes Leben blickten.

Am 6. Februar war die Eisdecke vollständig geschlossen. Die Fähre zwischen Meersburg und Konstanz stellte den Betrieb ein. Durch das Eis liefen lange, schwere Stöße, die das Haus erzittern ließen. Fritz spürte die Erschütterungen unter den Füßen. Die Scheibe eines Vorfensters im Seezimmer zerbrach. Die Schwägerin Anna kam zu Besuch, zusammen gingen sie nach Dingelsdorf hinüber und kehrten von Wallhausen zurück. Das Wasser seufzte und stöhnte unter ihren Schritten. Seltsame, singende und seufzende Töne drangen von dort unten herauf. Manchmal bildeten sich schwarze Risse im Eis, durch die das Wasser drückte. Merkwürdig, dass ihm hier begegnete, was er in der Erzählung *Kreuzwege* schon zwei Jahre zuvor festgehalten hatte: Seine Protagonisten, ein Mann und eine Frau, trugen beim Weg übers Eis Schlittschuhe, und das Eis war durchsichtig wie Glas. »Rein ist der Frost, auf andere Weise als das Feuer«, hatte er geschrieben und die Frau zu einer Tänzerin gemacht, die sich den Seegrund unter dem tragenden Eis tiefer gewünscht hätte, als er war. Lust und Bedrohung, Übermut und Angst gehörten zusammen. Die Szenerie stimmte mit der jetzigen Ansicht überein, als wäre die Wirklichkeit nichts anderes als die Wiederkehr eines früheren Entwurfs. Die Bilder lagen in ihm bereit, er konnte auf sie zurückgreifen.

Am nächsten Tag, unterwegs nach Bodman, drang zaghaft die Sonne durch den Dunst. Die weite Fläche war menschenleer, kein Vogel ließ sich blicken, nur ein erschöpfter Haubentaucher hockte ratlos mitten auf dem zugefrorenen See. Viele Vögel starben im Frost. Am Sonntag setzte dann eine wahre Völkerwanderung ein, mit Buden, Würstchen, Segelfliegern, Musikkapellen. Ein paar Verrückte wagten sich sogar mit dem Auto hinaus; ein weißer Fiat mit schwarz lackiertem Dach schlitterte mit heulendem Motor dicht an ihm vorbei und erregte seinen Zorn. Züge von Wildgänsen kreuzten über dem Eis, und als ein paar Schwäne auftauchten, flogen ihre Eisschatten unter ihnen mit. Die letzte Seegfrörne hatte sich 1880 ereignet. Nur etwa einmal im Jahrhundert bot der See dieses Schauspiel, es wird immer seltener, seit die Erde sich langsam erwärmt. Dann war es Brauch, die hölzerne Johannesbüste in einem Festzug über das Eis zu tragen, diesmal von Hagnau nach Münsterlingen, wo der Heilige bis zur nächsten Gfrörne bleiben wird. Anfang März wurde das Eis langsam mürb, hielt aber noch fast vierzehn Tage zusammen. Erst mit der Schneeglöckchenblüte brach es bei aufkommendem Westwind auseinander. Die Schollen trieben langsam ostwärts ab.

Die Seegfrörne ließ Zeiträume ahnen, die weit über ein Menschenleben hinausgingen. Ihre Wiederkehr würde Fritz nicht erleben, so wenig wie die Wiederkehr des Halleyschen Kometen über dem Rehburger Garten. Die Eiswochen überragten das Gleichmaß der Jahre und den Rhythmus der Jahreszeiten, in dem er sich eingerichtet hatte. Wiederkehr beruhte auf den Bewegungen der Sterne und der Planeten. Wiederkehr bedeutete, der Erde zu vertrauen oder, wie in diesem Fall, dem See. *Wiederkehr* nannte er den Band mit vier Erzählungen, der 1965 erschien. »Die Wiederkehr beschenkt dich. Tu etwas hinzu!«, schrieb er als Maxime ins Tagebuch. Oder, zur Wintersonnwende: »Im Wechsel der Jahreszeiten ist Beständigkeit. Auch darin ist coincidentia oppositorum. In der Wiederkehr liegt Glück.« Weil die Dinge im Licht der Jahre verblassten, schuf nur die Wiederkehr so etwas wie Dauer. »Ist es so, dass im großen Kreislauf alles wiederkehrt, dann muss das Nächste das Fernste sein«, schrieb er an Ernst. Das Jahr wäre unvollständig, wenn er nicht wenigsten ein Mal den Uferweg von Bodman nach Wallhausen gegangen wäre: »Du wiederholst nicht nur deine

Gänge, du festigst die Wiederkehr.« So wie Flüsse sich in Jahrtausenden in die Felsen eingraben und Täler und Schluchten schaffen, so grub sich das Wiederholte in die Tiefenschichten der Erinnerung. Deshalb mussten die Jahre sich gleichen. Er zog seine Spur in geordneten Bahnen. Er lebte in Ritualen, bewegte sich im Kreis.

Bleigießen in der Silvesternacht. Dann hinaus auf den Balkon, um den Münsterglocken und dem Turmblasen zu lauschen. Das Feuerwerk wurde auf dem Landungsplatz betrachtet, dann von der Telefonzelle aus Horion angerufen. Ein Telefon kam erst spät ins Haus, technische Neuerungen waren unerwünscht. Der Fernsehapparat, der irgendwann doch angeschafft wurde, stand unten im Raum hinter der »Bunten Stube«. Wenn Fritz die Tagesschau sehen wollte, sagte er verschämt: »Ich geh mal runter.« Musik erklang nur selten; in den fünfziger Jahren hatte Citta einmal einen Plattenspieler mitgebracht und den Wunsch zu tanzen formuliert. Es war ein Gerät von Philips mit Deckellautsprecher, der immer ein wenig schepperte. Fritz besaß, ebenso wie Ernst, keinen ausgeprägten Sinn für Musik. Dabei war doch Musik hörbar gemachte Zeit. Dass Musiker sich nicht verstehen, hat mit dem Gehör zu tun, pflegte er zu sagen. Der technisch interessierte Ziehsohn Johannes zerlegte den Plattenspieler, um seine Funktionen zu ergründen, bekam die Teile aber nicht mehr zusammen. Damit war dieses Kapitel dann auch erledigt.

Weiter im Jahr: Auf die Faschingstage folgten der feierlich zu begehende Geburtstag von Ernst in Wilflingen und das Warten auf den Frühling, der sich mit der Seidelbastblüte ankündigte und im April mit den ersten Rufen des Kuckucks willkommen geheißen wurde. Wenn Fritz auf seinen Gängen von Johannes begleitet wurde, dann klimperten sie beim ersten Kuckucksruf mit den Münzen in der Hosentasche, denn wer dann Geld dabeihat, dem wird es das ganze Jahr über nicht ausgehen. Und sie zählten die Kuckucksrufe, um zu erfahren, wie viele Jahre sie noch zu leben hätten. Es blieb immer Zeit genug. Wenn Johannes keine Lust auf Spaziergänge hatte, kam dessen Halbbruder »Alexander Minimus« mit in den Wald, der zweite Sohn der Schwägerin Anna, die inzwischen geheiratet hatte und mit ihrem Mann in Bonn lebte. Oder sie gingen zu dritt. Alexander verbrachte fast alle seine Ferien am See und freute sich immer auf seinen Lieblingsonkel.

Er konnte gut zaubern und imponierte ihm damit; auch Ernst war beeindruckt und ließ ihn sogar einmal in Wilflingen seine Kunststücke vorführen. Da trat er die Nachfolge von Ernstel an, der auch gerne gezaubert hatte. Alexanders Verhältnis zu Fritz kühlte erst dann etwas ab, als er in den Jahren nach 1968 mit einer Freundin zu Besuch kam und ein Psychologiebuch mitbrachte, was Fritz sehr missfiel: Er solle sich doch besser an die griechische Mythologie halten. Johannes, für den Fritz Vater und nicht Onkel war, stritt häufiger mit ihm über solche Dinge und ärgerte sich dann stets darüber, dass Fritz mit Wissen geradezu munitioniert war. Die Streitereien endeten dann häufig mit dem Satz: »Lies erst einmal, rede dann, wenn du dich informiert hast.« Dagegen kam er nicht an.

Fritz wusste genau, wo der Kuckuck sich hören ließ, im Spetzgarter Tobel oder im Erlengrund, und wenn der Kuckuck Anfang Juli verstummte, war der Frühling vorbei. Mit Entsetzen entdeckte Fritz die Verwüstungen, die beim Bau einer neuen Straße angerichtet wurden. 1967 muss das gewesen sein. Fassungslos stand er da und hörte statt der Vögel das Brüllen der Planierraupen, die Schneisen durch den Wald schlugen und das Seidelbastdickicht vernichteten. Opfer des Fortschritts. Mobilität war ihm suspekt, dieses rätselhafte Bedürfnis der Menschheit, von hier nach dort zu fahren und dabei immer weniger Zeit verlieren zu wollen. Alle hatten dauernd etwas vor. Alle strebten der Zukunft entgegen und waren bereit, die Natur der Technik auszuliefern. Er aber wollte, dass alles so bleibt, wie es ist, denn nur das Unveränderliche kann wiederkehren. Der Fortschritt war eine lineare Bewegung in der Zeit, die sich nicht in seinen Kreislauf fügte. Auf Straßenbrücken blieb er lange stehen, blickte auf den Verkehr hinab wie auf einen toten Fluss und zählte die Autos. Er wollte wissen, wie viele es in einer Stunde sein würden. Er betrieb empirische Studien als Annäherung ans Unvermeidliche.

Schmerzhaft genau registrierte er die Zerstörung der Umwelt. Er beklagte Flurbereinigungen und Flussbegradigungen, die Verschmutzung der Luft und der Gewässer und das Veralgen der Seen, die Verwendung von Kunstdünger und Insektiziden, Wegwerfwahn und Plastikmüll und warnte vor den Gefahren der Radioaktivität. In der Münchner Akademie, wo er 1965 über »Wachstum und Planung« sprach, warb er für eine Moral der Schonung, der Vorsorge und der Rücksichtnahme. »Die Verschmutzung des Wassers ist nicht nur ein chemischer Vorgang; sie kennzeichnet die moralische Beschaffenheit des Menschen«, sagte er dort, als zitiere er schon die Weissagung des Indianerhäuptlings vom Stamme der Cree, die in den achtziger Jahren auf zahlreichen Kofferraumdeckeln klebte: »Erst wenn der letzte Baum gerodet, der letzte Fluss vergiftet, der letzte Fisch gefangen ist, werdet ihr merken, dass man Geld nicht essen kann.« Bei ihm klang das so: »Wenn man aus den Quellen nicht mehr trinken, im Wasser nicht mehr baden kann, wenn es gefiltert und gechlort werden muss, um Epidemien zu verhindern, dann ist nicht nur der Haushalt der Natur in Unordnung, sondern auch der des Menschen.« Fritz war das Wasser heilig, und er scheute sich nicht, diesen Begriff zu verwenden. Etwas für heilig zu erklären bedeutete, es zu achten und zu bewahren und zu verehren um seiner selbst willen. Unter diesem Blickwinkel wurde die Natur zur Schöpfung. Also nannte er seinen letzten großen technikkritischen Essay von 1969 *Die vollkommene Schöpfung* und stellte mit dem Untertitel »Natur oder Naturwissenschaft?« eine rhetorische Frage, deren Antwort auf der Hand lag: Wo Natur zur Wissenschaft wird, gerät sie unter die Herrschaft der Technik und der Ausbeutung. Wenn die Evolutionstheorie das Bild der Natur prägt, dann dominiert das Fortschrittsdenken, das die Zerstörung weiter vorantreibt. Wer die Natur aber zum Heiligtum erklärt, für den ist das Gebet die angemessene Haltung.

Wenn er im Boot auf den See hinausfuhr, um zu baden, war das seine Art zu beten. Er wollte nicht schwimmen oder gar Sport treiben – nichts wäre ihm fremder gewesen –, sondern eintauchen in das bevorzugte Element. Auch Johannes hatte schon in früher Kindheit, ausgerüstet mit einem Korkgürtel, vom Boot aus das Schwimmen lernen müssen. Es war eine Qual für ihn gewesen. Wie kam man bloß wieder ins Boot hinein? Er paddelte panisch herum und konnte nach einem Jahr immer noch nicht schwimmen.

In den sechziger Jahren, als der Bodensee umzukippen drohte, weil Abwässer ungeklärt eingeleitet wurden, weil Nitrate und Phosphor aus Düngemitteln und Waschpulver das Algenwachstum so sehr stimulierten, dass die Fische erstickten und die Uferstreifen nach Fäulnis stanken, war das tägliche Bad dann fast schon so etwas wie eine politische Demonstration, ein Festhalten am Bedrohten. Doch so hätte Fritz das niemals wahrgenommen. Jedes Bad vermerkte er im Tagebuch und zählte die Bäder des Jahres durch, als hinge von der Zahl etwas Wichtiges ab. Er sammelte Berührungen mit dem Wasser. Mitte Juni oder Anfang Juli wagte er sich erstmals hinein, wenn das Wasser kühl und köstlich war. »Achtzehntes Bad« des Jahres notierte er am 14. August 1971, und am 5. September: »Über den See nach Wallhausen. Badete mit Zita am Uferweg, am Kiesstrand unter der Weide. Das ist mein sechsundzwanzigstes Bad im See.« So hielt er Ordnung im Leben. Von Kindheit an war er es so gewohnt. Das Steinhuder Meer, die Nordsee, die Mulde in Leisnig, die Seen um Berlin, das Mittelmeer, der Bodensee. Immer und jederzeit Ufergänge. Oft hielt er für einen Tag nicht mehr fest als das: Ufergang. Was für Ernst der Wald, war für ihn der See. Er registrierte aber auch, dass die Summe der Bäder von Jahr zu Jahr abnahm. Das Tagebuch dokumentiert ein allmähliches Verlöschen, denn auch das ist die ewige Wiederkehr: ein Versinken und Verschwinden in der Wiederholung. »Die Verhältnisse werden durchsichtiger, wenn sie hinfällig werden.«

In den späten Jahren pflanzte er Stiefmütterchen, Nelken und Löwenmaul, einfache Dinge. Als er Holz nicht mehr selbst hackte, sondern den Säger kommen ließ, stapelte er immer noch die Scheite, glücklich wie ein Kind, und zählte sie dabei. Eiche, Buche, Fichte. »Holz macht froh«, schrieb er ins Tagebuch. Lange Zeit und immer wieder aufs Neue überlegte er mit Citta, das Forsthaus des Grafen Bodman zu mieten, das leerstand und dessen Dach sie von der Seeuferklause aus am gegenüberliegenden Ufer sehen konnten. Es lag mitten im Wald, abseits der Touristenströme, und hätte ihnen ermöglicht, dem immer lästiger und lauter werdenden Trubel am Überlinger Landungssteg zu entfliehen. Aber was wäre dann aus der »Bunten Stube« geworden? Wovon sollten sie leben? Seine Bücher verkauften sich schlecht oder gar nicht. Mit den *Gesammelten Erzählungen* versuchte Carl Hanser 1967 ein letztes Mal, ein Publikum zu finden für diesen der Gegenwart und den Moden so fernen Autor. Und als Hanser ihm dann mitteilte, dass er ihn nicht weiter verlegen könne, muss das ein Schock für ihn gewesen sein. Der Gedichtband *Es pocht an der Tür*, der 1968 bei Klostermann erschien, wurde ebenso wenig wahrgenommen wie die nahezu unbemerkt gebliebene *Vollkommene Schöpfung* ein Jahr später, von der allerdings sogar Ernst meinte, sie sei ein wenig »schwierig«.

Es war, als hätte Friedrich Georg Jünger es noch einmal darauf angelegt, die ganze Breite seines Schaffens als Erzähler, Lyriker und zeitkritischer Essayist zu demonstrieren. Doch die Vergeblichkeit war diesen Texten schon eingeschrieben. Die Gedichte begannen mit den Versen »Winterliche Leere / Weites Land. / Reib die Welt dir aus den Augen, / Nur ein Körnchen Sand.« Der Ton, der schon in den fünfziger Jahren seltsam rückwärtsgewandt wirkte, erschien in den politisch erregten Jahren der Studentenbewegung ganz und gar antiquiert. Was sollten die studentischen Revolutionäre, die von Gedichten sowieso nichts verstanden, damit anfangen, wenn einer schrieb: »Die Mädchen kehren vor dem Haus / Das Wiederkehrende und fegen / Die reine Bläue ein und aus.« Was sollten sie von Gedichten halten, die »Herbstabend« hießen oder »Waldnacht«, wenn es darum ging, die kapitalistische Gesellschaft zu überwinden? Das Misstrauen, das der Dichtung grundsätzlich entgegenschlug, ist den Versen anzumerken, wenn Friedrich Georg dem »prächtigen Dichter« kritisch und voller Selbstzweifel ins Stammbuch schrieb: »Warum suchst du Kostbares, / Suchst nach Erlesenem / Und schmückst mit der Seltenheit dich? / Du solltest sie wegwerfen. // Dein wohlgerundeter Satz / Zeigt den Hochmut, / Der eifersüchtig / Die eigene Leere verwahrt. // Dein Vers hat keinen Schatten, / Und die Kühlung des Lieds fehlt ihm. / Dein Nussbaum trägt keine Früchte / Und grünt nicht mehr.« Das klang wie ein Abgesang, ein Abschied von sich selbst. Es ist nicht zu überhören, dass Friedrich Georg Jünger sehr wohl die Stimmung der Zeit registrierte, zu der er nicht mehr zu gehören schien.

An jedem Samstagnachmittag kam pünktlich um halb fünf Monsignore Horion zu Besuch, die »geistige Braut«, um bis sieben Uhr zu bleiben. Sie zogen sich ins Seezimmer zurück, gingen rasch vom Tee zu Alkoholischem über und nebelten sich mit dem Rauch dicker Zigarren ein – Horions Vater war ein Zigarrenfabrikant aus dem Rheinland gewesen. Horion, klein, rund und munter, ein Priester wie aus dem Bilderbuch, lockte Fritz mit seinem Humor aus der Reserve. Sie sprachen über Käfer und über Kirchengeschichte und manchmal sogar über Politisches, und Horion erzählte Geschichten, wie die vom

Käferpenis, den er extrahierte, wie es Entomologen zu tun pflegen, wenn sie eine Art bestimmen. So hielt er es auch bei einem besonders seltenen Exemplar, das er mit dem extrahierten Teil an einen Spezialisten schickte, der dann aber den Penis verlor. Darüber konnten sie lange lachen. Auch im Juni, wenn Fritz nach Juist reiste, wo er sich im »Dünenhof« einquartierte, war Horion dabei; und wenn dort die Schwester Hanna aus München, der Bruder Wolfgang aus Berlin, Söhne, Neffen, Nichten und Enkel und deren Freunde und manchmal sogar Ernst erschienen, gehörte Horion zur Familie dazu. Nur Hans, der Leisnig nicht verließ, fehlte. Er hatte sich in einem Zimmer über der Apotheke eingerichtet, ging kaum noch aus dem Haus, ja er verließ, wie von dort zu erfahren war, manchmal tagelang nicht einmal das Bett. Er ernährte sich von nichts als Milch, ließ sich die Post unter der Tür durchschieben und war immer noch damit beschäftigt, das Geheimnis der Primzahlen zu ergründen. Zahlen waren seine Vertrauten. Sie waren nicht einfach nur Kolonnen von Nummern, sondern besaßen, Ziffer für Ziffer, einen eigenen Charakter. So lag er da, ein Oblomow im Osten. Sie vermissten ihn.

Nach der Rückkehr von der Nordsee reiste Fritz gleich weiter zur Gräfin Podewils auf den Pfänder, um rechtzeitig zur Feier seines Geburtstages zurück zu sein, dem wichtigsten Termin des Jahres, der mit Vorbereitungen und Aufräumarbeiten Tage in Anspruch nahm. »Donna Anna«, die Hausangestellte, putzte das Silber. Hühner wurden gekocht, Salat gewaschen, Soßen gerührt. Fritz kam gelegentlich in die Küche, um abzuschmecken; darin erschöpften sich seine Kochkünste. Zu den zahlreichen Gästen der Festgesellschaft gehörte mehrmals auch Ilse Benn, die Witwe Gottfried Benns. Der Wein wurde in der Badewanne gelagert und mit Eisbrocken gekühlt; Johannes und Alexander waren fürs Ausschenken zuständig. Angeblich hatte Fritz die Angewohnheit, nach dem Entkorken einer Flasche den Korken aus dem Fenster auf die Seepromenade zu werfen und dabei mit einer Geste um Ruhe zu bitten: Er wollte hören, ob sich von unten jemand beschwerte, den er getroffen hatte. Die Anekdote ist nicht besonders glaubwürdig, da sie nicht recht zu seiner Freundlichkeit passt. Doch vielleicht erinnerte er sich in solchen Momenten auch der Gelage mit Ernst und seinen Freunden in den wilden Berliner Jahren.

Im September blühte im Überlinger Stadtgarten die Königin der Nacht, das durfte keinesfalls verpasst werden. Dann folgte bald schon das Ofenfest – das feierliche Anheizen des großen gelben, hundertvierzig Jahre alten Kachelofens, des Mittelpunkts der Wohnung. Im November war das Veteranentreffen des Füsilierregiments 73 in Hannover ein fester Termin, den auch Ernst nur selten versäumte – und wenn er einmal nicht konnte, dann mahnte er Fritz:»Schön wäre es, wenn Du zum 50. Jahrestage des Sturmes auf St. Pierre Vaast bei den Füsilieren in Hannover sein könntest.« Man traf sich im Hotel Mußmann oder im Ratskeller, um alte Erinnerungen aufzufrischen und durchzuzählen, wie viele noch lebten. Sie wurden weniger von Jahr zu Jahr, doch die Toten blieben gegenwärtig und gingen durchs Gespräch. Wellhausen hatte die Flandernschlacht mitgemacht, bei der Ehlert gefallen war. Bartmer erzählte immer wieder, wie er Fritz nach seiner Verwundung zu trinken gegeben hatte. Bald fehlten Junker, Pfaffendorf und Gornick, und als auch Freund Kius starb, war es vorbei. Ernst und Fritz besuchten den Friedhof, legten Kränze am Grab der Großeltern und am Mahnmal für die Gefallenen nieder und fuhren weiter nach Rehburg, wo sie ums Elternhaus schlichen und sahen, dass der Park immer mehr verwilderte. Aus den Rhododendren, die der Vater hatte pflanzen lassen, waren mächtige, hohe Gebirge geworden.

Zu Advent schickte Fritz stets die gleiche Karte nach Wilflingen mit dem immer gleichen Bild des verschneiten Überlinger Münsters und ungelenken Weihnachtsgrüßen, unter die Citta mit einem dicken Rotstift ihren Namen schrieb. Von einer Hamburger Freundin erhielten sie dann vor den Festtagen per Post ein Spankörbchen mit einem lebenden Hummer, auch das ein festes Ritual. Johannes durfte die Schachtel öffnen, Fritz setzte den Topf mit Salz und Kräutern auf und gab das arme Tier, das matt die Beine und Scheren bewegte, ins kochende Wasser.

26 (FEUER)

Rom 1968

»Wir haben hier zwei große Zimmer, dazu ein Bad und eine kleine
Küche. Höchst angenehm ist eine große Terrasse«, meldete Ernst aus
Rom. »Die Villa liegt in einem ausgedehnten Park voll alter Bäume,
Brunnen und Statuen, unter denen auch eine Wilhelms II. ist.« Fritz
hatte den Bruder gebeten, darüber zu berichten, wie es sich in der
Villa Massimo leben und arbeiten lasse, denn als Ernst und Liselotte
im März 1968 für zehn Wochen dorthin aufbrachen, erhielt Fritz fürs
kommende Jahr ebenfalls eine Einladung. Wieder einmal ging ihm
Ernst voraus und erkundete die Gegend. Ernst knüpfte freundschaft-
liche Kontakte zu den in Rom lebenden Schriftstellern Stefan Andres
und Gustav René Hocke, von denen dann auch Fritz profitierte. Ernst
versicherte, dass es sich an den Vormittagen hier gut arbeiten lasse,
»falls wir nicht aufs Land fahren, wie es gestern geschehen ist«. Er fand
Lieblingsplätze auf der Tiberinsel und im näheren Umkreis: »Davon
träumt man dann der Nacht.« Im Tagebuch wurde er etwas genauer:
»Was Baumeister vor über zweitausend Jahren fügten, geht in die Augen ein und durchdringt nachts in den Träumen den Körper wie der
Sand ein Stundenglas, das gedreht wurde. In den Atomen sind wir ver-
wandt.«

Erste Gänge führten zum Forum, zur Trajanssäule und zum Friedhof Campo Verano. Auch die Städte der Toten besaßen Massenquar-
tiere und Viertel mit Villen und Gärten für die Reichen. Ärgerlich fand
er den südlichen Brauch, Erinnerungsfotos der Verstorbenen in die
Grabsteine einzulassen, als ob das Festhalten einer Hundertstelsekun-
de Leben angesichts der Ewigkeit der Toten irgendetwas zu bedeuten
hätte: »Noch keine Epoche hatte die Möglichkeit zu solchen Platthei-
ten.« In Rom, wo die Geschichte in Jahrtausenden sichtbar wurde,
wirkte die Orientierung am Augenblick besonders abgeschmackt.
Ernst bevorzugte äonenhafte Dimensionen. *Siebzig verweht* nannte er
das Tagebuch, das er an seinem siebzigsten Geburtstag in dem Gefühl

begonnen hatte, eine Summe des Lebens ziehen zu müssen. Zu diesem Datum lag auch die zehnbändige Werkausgabe vollständig vor, so dass er auf etwas Abgeschlossenes zurückblickte. Schon mit siebzig war er sich selbst historisch geworden. Ab jetzt wollte er nicht nur seine Reisen dokumentieren – und mit ihnen die Schönheit der Welt als Hinweis auf einen unergründlichen Sinn –, ab jetzt wollte er die Zeit, die ihm blieb, kontinuierlich festhalten. Er konnte ja nicht wissen, dass noch mehr als dreißig Jahre folgen würden, in denen fünf umfangreiche Tagebuch-Bände entstanden – ein spätes Hauptwerk. Er begann schwungvoll mit dem Satz: »Das biblische Alter ist erreicht – merkwürdig genug für einen, der in der Jugend niemals das dreißigste Jahr zu erleben gehofft hatte.«

In der essayistischen Großmeditation *An der Zeitmauer* hatte er zuvor schon zum Sprung aus der menschlichen Weltgeschichte in die kosmische Erdgeschichte angesetzt. Ebbe und Flut: Die Götter zogen sich zurück, die Titanen waren auf dem Vormarsch. Die Atombombe und die Gentechnologie, ja bereits die Erfindung des Blitzableiters waren Anzeichen dafür, dass der Austritt aus dem historischen Raum bevorstand oder schon vollzogen war. Aus den absehbaren Katastrophen würde eine neue Ordnung hervorgehen, so wie jede Zerstörung, jeder Verzehr als Vorgriff auf die Zukunft zu deuten waren. Das war sein Optimismus. »Revolutionen künden sich in den Sternen an«, schrieb er am Beginn der *Zeitmauer*: »Dort sind die Maßstäbe zur Einteilung der Weltzeit, vom flüchtigen Augenblick bis zu den Lichtjahren. Daher deuten sich die tiefsten Veränderungen der menschlichen Ordnung in der Sternkunde an. Der Blick auf den gestirnten Himmel zeichnet die erste, die unsichtbare Bahn. Ihm folgen die Erscheinungen. Die Moderne beginnt und endet mit der kopernikanischen Revolution. Jeder neue Blick auf das All hat einen metaphysischen Hintergrund. Das All und das Auge verändern sich gleichzeitig.«

Das ewige Rom war in der politisch bewegten 1968er-Zeit ein günstiger Aufenthaltsort. Vom deutschen Botschafter erfuhr er, dass es »anlässlich eines Attentats, das auf den Studenten Dutschke verübt wurde«, in Berlin Unruhen gegeben habe. Er notierte das ohne tieferes Interesse, schnitt aber einen Zeitungsartikel aus, der den Selbstmord eines von Studenten gedemütigten italienischen Professors meldete.

Klett berichtete er von Studentenprotesten, hielt das Thema aber aus dem Tagebuch heraus wie alles, was sich bloß auf der politischen Oberfläche der Gegenwart abspielte. In Rom sah er schöne, sportliche junge Menschen, die ihm mit ihren durchgeformten Körpern und ihrer Kraft als Inkarnationen der Gestalt des »Arbeiters« erschienen. Doch sie waren seltsam beziehungslos, besaßen keinen Sinn für Transzendenz, kein Verhältnis zur Stadt als historischer Landschaft und keine Fähigkeit zu staunen angesichts der Wunder der Natur. Diese Jugend war ihm fremd. Dabei hätte sie ihn in ihrer gegen das bürgerliche Establishment gerichteten antikapitalistischen Wut an seinen eigenen lodernden Hass auf die bürgerliche Demokratie erinnern können. Dem elementaren, unverstellten Leben, das er damals gesucht hatte, galt auch die Sehnsucht der Jungen. Aber die Vorzeichen hatten sich vom Nationalen ins Internationalistische, vom Kriegerischen ins Antimilitaristische verkehrt. Nun galt die Solidarität dem doch eher fernen vietnamesischen Volk und die politische Phantasie einem Seid-nett-zueinander-Weltfrieden: Love and Peace. Doch die Kraft des Protests und der Losung »Macht kaputt, was euch kaputtmacht!« glich sich über die Zeiten hinweg. Seine Vision eines Weltstaates, in dem es keine Armeen, sondern nur noch eine befriedende Polizei geben würde, war den Utopien der Friedensbewegten gar nicht so fern.

Doch ihn interessierte das nicht mehr. Die Kirchen rund um das Forum Romanum mit ihren Säulengängen und ihren Heiligenfiguren hatten ihm mehr zu erzählen. Alle paar Jahrhunderte wurden sie restauriert für die Ewigkeit, anders als die kurzlebigen Staaten, die nicht restaurierbar waren. Auch in der Bundesrepublik war das, was die linken Kritiker als »Restauration« bezeichneten, nichts als ein hilfloser Versuch, die Zeit aufzuhalten und die Moderne abzuwehren. Damit hatte er nichts zu tun. Vielleicht empfand er konservativ, aber er war keiner, der die Uhr zurückdrehen wollte. Er zog ganz grundsätzlich Sanduhren vor. »Woher kommt es, dass man vor der Verwendung des Wortes ›konservativ‹ so starke Hemmungen empfindet, und das in einer Zeit, die erhaltender, bewahrender Kräfte bedürfte wie keine andere?«, hatte er in seinem Essay über den französischen Royalisten Antoine de Rivarol gefragt und dieses Phänomen mit den romantischen Einflüssen erklärt, die sich von Anfang an mit dem Begriff und der Haltung des Konservatismus verbanden und die,»da sie auf dem Gefühl des Verlustes beruhen, sich negativ auswirken«. Der wahre Konservative, den er in Rivarol verehrte,»ist derjenige, der sich Romantik, ja selbst Begeisterung am wenigsten leistet und ihrer auch nicht bedarf. Das ›res, non verba‹ ist ihm Gesetz.« Er suche »aus den konservativen Ideen das Haltbare zu sondern von dem, was überflüssig und schädlich an ihnen ist«.

Aus der Geschichte, der deutschen zumal, hatte Ernst sich verabschiedet. Das Nationale berührte ihn nicht mehr, auch wenn er sich mit der Oder-Neiße-Grenze nicht abfinden wollte und die deutsche Teilung für ein Unglück hielt. In Europa, im Weltstaat, würde das keine Rolle mehr spielen. In der Bundesrepublik war er so wenig heimisch geworden wie zuvor im »Dritten Reich« und davor in der Weimarer Republik. Einer, der unter den Sternen lebt und sich an ihren Bahnen orientiert, kann in keinem Staate heimisch sein. Das Bundesverdienstkreuz hatte er aus den Händen Kurt Georg Kiesingers trotzdem angenommen, und er war auch dessen Einladung zum Frühstück in der Villa Reitzenstein gefolgt, mit der Kiesinger sein Fehlen beim siebzigsten Geburtstag in Wilflingen wiedergutmachen wollte. Dann war Kiesinger Bundeskanzler geworden, was Ernst auf einem Schiff zwischen Afrika und Europa zur Kenntnis genommen hatte. Sosehr er das persönlich erfreulich fand, fürchtete er zugleich, Deutschland gerate damit stärker in de Gaulles Fahrwasser. Doch warum beschäftigte ihn das überhaupt noch?

Die Debatten über Kiesingers NSDAP-Vergangenheit zeigten ihm, wie fern er diesem retrospektiven Gezänk stand. Er lehnte es ab, Geschichte moralisch oder auch nur unter soziologischen Aspekten zu betrachten. Es war zu einer Mode geworden, große Männer zu verabscheuen oder gar den Bundeskanzler öffentlich zu ohrfeigen. Ermöglicht hatte das die Psychologie, die dazu verführte, Personen auf Verdrängtes zu reduzieren und Charaktere zu kastrieren. Soziologie sei die Wissenschaft von der Gesellschaft, wenn keine mehr da ist, hatte Fritz einmal gesagt. Psychologie war die Lehre von der Seele nach ihrer Abschaffung. Die Bundesrepublik festigte sich in diesem Rahmen als Gedenknation mit Wiedergutmachungsauftrag. Post festum hatte Hitler doch noch so etwas wie ein Tausendjähriges Reich geschaffen. »Ganze Zweige der Literatur leben von seinem Andenken«, grollte Ernst. Die Literatur war darüber zu einem Nebengleis der Politik oder, noch schlimmer, zum Terrain der Soziologie verkommen. »Mir dagegen ist es um die Sprache zu tun«, schrieb er ins Tagebuch. »Auf Diskussionen lasse ich mich nicht ein.« Nur widerwillig war er im Jahr 1964 der Einladung zu einer Gedenkfeier des »20. Juli« in Sigmaringen gefolgt und hatte an Fritz geschrieben: »Wenn die armen Kerle geahnt hätten, dass sie einmal die Heroen unserer Demokratie werden würden, hätten sie's wohl kaum geglaubt. Damals wollte kein Hund mehr von ihnen ein Stück Brot nehmen. Ich weiß noch, wie Linstow sich ängstlich umsah, ehe er sich im Raphael neben einen Zahlmeister an den Tisch setzte.« Nun fürchtete Ernst, als »Zeitzeuge« herumgereicht zu werden – auch so eine Errungenschaft der auf Gedenkritualen aufbauenden Nation. Er wollte sich nicht zum historischen Auskunftsbüro degradieren lassen. Er hatte Wichtigeres zu tun.

Dabei beschäftigte ihn, genau genommen, nichts stärker als der Drang, Rückschau zu halten. Das 1967 erschienene Buch *Subtile Jagden* war eine auf Käferkunde konzentrierte Autobiographie als Geschichte seiner weitreichenden Leidenschaft, eine Lebenserzählung, die seinen Expeditionen und Fundstücken folgte. Er begann mit den frühesten, kindlichen Bemühungen in Rehburg, als er erste Exemplare aus der Sandkuhle und den Sumpfwiesen einbrachte. Er stieg noch einmal in die Schützengräben Flanderns, wo er in den Gefechtspausen so manches Wäldchen revidierte, um sich abzulenken mit der subtilen Jagd. Er ging wieder den Weg nach Versailles hinaus, wo er die Hecken durchsuchte. Die Küsten des Mittelmeeres, die Gärten Siziliens, die Mangrovenwälder Malaysias oder der amerikanische Soldatenfriedhof von Manila tauchten vor ihm auf. Cicindelen, Buprestiden, Spanisches Mondhorn, »der Moosgrüne« und vorneweg seine allerersten Sandlaufkäfer bildeten eine lange Kolonne von Erinnerungsstücken auf dem Marsch durch das Jahrhundert. Am Ende aber stand der bunte Staub, in den jede noch so kostbare Sammlung eines Tages zerfiel. Die Jagd als Ergreifen des Augenblicks, die Sammlung als Systematisierung und Einordnung, der Zerfall als Wissen um die Vergänglichkeit: Das war der Dreiklang des Lebens. *Subtile Jagden* ist eines der schönsten Bücher Ernst Jüngers – und wurde von der

Deutschen Akademie für Sprache und Dichtung zum »Buch des Monats« gewählt.

Jüngers Erzählkunst gewinnt immer dann an Leichtigkeit, wenn sie sich aus eigenem Lebensstoff speist. Seine Gedanken sind klarer und einfacher, wenn sie nicht gleich nach großer Bedeutung schielen, sondern auf genaue Beschreibung, auf Entdecken und Erleben setzen. Das galt auch für das Buch, an dem er in Rom arbeitete und das seine Erfahrungen mit Drogen resümierte. Er nannte es *Annäherungen* und nutzte das Thema, um erneut sein Leben Revue passieren zu lassen. Doch nun sprach er nicht mehr wie bei den Käfern als Liebhaber, sondern als Forscher und Experimentator, der Auskunft gab über die Wirkung bestimmter Drogen wie Meskalin, das er mit Ernst Klett, und LSD, das er mit Albert Hofmann probiert hatte. Auch dieses Buch ist reich an Anekdoten und Geschichten, etwa der vom »polnischen Karpfen« – einem Haschischrausch, den er in den zwanziger Jahren während einer Reise mit der Mutter in einem Hotel in Halle mehr durchlitt als genoss. Er hatte ein vom Dachboden der väterlichen Apotheke entwendetes Porzellangefäß mit dunkelgrünem Cannabisextrakt im Gepäck, hatte die zähe Paste mit dem Griff der Zahnbürste herausgepult und großzügig davon gekostet, bis die Zeit sich endlos ausdehnte wie in einem Schwindel und die Lektüre einer *Geschichte aus Tausendundeiner Nacht* zu einer dreidimensionalen Tiefenerfahrung wurde, als könne er darin herumgehen. Seine Heiterkeit war dann in Angst, die Angst in Panik umgeschlagen, im Pyjama rannte er barfuß durchs Hotelfoyer, rempelte Hausgäste an, riss Koffer um, stürmte ins Zimmer der Mutter, die ihn erschreckt anstarrte. Dem herbeigerufenen Arzt erzählte er etwas von einem verdorbenen Fisch, den er mittags gegessen habe. Das Cannabisgefäß hatte er rechtzeitig aus dem Fenster fallen lassen und in einem Schneehaufen versenkt.

Die Sichtachsen, mit denen er sein Leben und damit das 20. Jahrhundert durchzog, eröffneten andere Perspektiven auf die Geschichte als die Schneisen, die die Vertreter der 1968er-Generation schlugen. Die wollten ihre Väter endlich zur Rechenschaft ziehen und verlangten Auskunft über deren Taten und Untaten im »Dritten Reich«. Ernst Jünger hatte dazu nach 1945 vieles beigetragen; allein die Pariser Tagebücher bieten eine Unmenge an Stoff über das Innenleben der Machtapparate. Er hatte die deutschen Verbrechen keineswegs ausgeblendet, auch wenn er sich selbst nie anders als einen zur Beobachtung anwesenden Gast wahrnehmen konnte, der zwar die Uniform von Hitlers Wehrmacht trug, mit der ganzen Sache aber nichts zu tun hatte. Dass er seine biographischen Erinnerungen nun aber demonstrativ dem Primat ganz anderer, unpolitischer Erlebnisräume zuordnete, war sein subtiler Kommentar zur Zeit. Auch das blutige 20. Jahrhundert ließ sich nicht auf die Frage der politischen Teilhabe verengen. Mit den Käfern setzte er die Natur vor die Geschichte. Mit den Drogen öffnete er das Tor zur Transzendenz. Mit dem autobiographisch grundierten Kindheits- und Schülerroman *Die Zwille* fügte er diesem Zweiklang 1973 noch einen dritten Ton hinzu: einen romantischen Sehnsuchtston, mit dem er zwar nicht die gute alte wilhelminische Zeit pries, aber doch deutlich machte, wo er herkam und wo er hingehörte: ins 19. Jahrhundert. Er rückte eine vergangene Epoche in den Vordergrund, um sich mit diesem demonstrativen Antimodernismus von der Gegenwart und ihrer Fixierung auf die Nazizeit abzusetzen.

Annäherungen wäre ein Buch gewesen, mit dem er zum Guru der Hippie-Generation hätte werden können, zu einem Lehrmeister, der den Studenten vorausgegangen war und der mit Vorsicht und unter ärztlicher Aufsicht erprobte, was dann zur Mode wurde und allzu oft statt in die Bewusstseinserweiterung bloß in Exzess, Selbstverlorenheit und Abhängigkeit führte. Aber als Lehrmeister kam einer wie Ernst Jünger nicht in Frage. Dass er von Käfern und Drogen erzählte, musste bei all jenen neuen Verdacht wecken, die schon das Gespräch über Bäume für ein Verbrechen hielten. Wer von Käfern redete, schwieg vom Nationalsozialismus. Zudem gab sich Ernst Jünger nach 1945 – auch aus Trotz – wahrlich keine Mühe, sich von alten Nazis abzugrenzen. Er hielt Carl Schmitt die Treue – auch wenn der seltsam giftig auf ihn reagierte. Er verkehrte nicht nur mit Kiesinger, sondern auch mit dem ein paar Jahre später als ehemaliger NS-Marinerichter in Verruf geratenden Ministerpräsidenten Hans Filbinger, und Filbinger war es, der dafür sorgte, dass Jünger eine Landespension erhielt, als wäre er Beamter gewesen. Dass Hans Peter de Coudres, der Anfang der sechziger Jahre die erste umfassende Bibliographie seiner Werke erstellte, Mitglied der Waffen-SS gewesen war und 1936 eine Verherrlichung der

SS als »geistigem Stoßtrupp« publiziert hatte, hinderte ihn nicht daran, sich mit ihm anzufreunden. Die Vergangenheit war die Vergangenheit, und das Leben war voller Irrtümer. Warum sollte er darüber richten? Warum wurde ihm, dem alten Anarchen, immer noch vorgeworfen, dass er vor einem halben Jahrhundert den Krieg verherrlicht habe, anstatt die *Stahlgewitter*, wie einst Erich Maria Remarque, als sachlichen Bericht aufzufassen? Doch in den Augen der Studenten blieb Ernst Jünger immer und ewig der Stoßtruppführer, der Demokratiefeind und ein Wegbereiter Adolf Hitlers. Für die Söhne, die entschlossen waren, ihre Väter anzuklagen, gehörte er eindeutig auf die Seite der Väter. »Das Erstaunlichste an Ernst Jünger, wie an Adolf Hitler, ist sein Erfolg«, schrieb Nicolaus Sombart in einer zeitgemäßen »Zeit-Streit-Schrift«, die sich polemisch mit Jünger auseinandersetzte. Da Ernst mit dessen Vater Werner Sombart in den Berliner Jahren bekannt gewesen war und auch den Sohn sich freundschaftlich gewogen wähnte, entsetzte ihn diese Attacke. Umstritten zu sein war er gewohnt. Außenseitertum pflegte er als Auszeichnung zu betrachten. Polemik aber ertrug er nicht.

War es also besser, ganz am Rand der öffentlichen Wahrnehmung zu stehen wie Friedrich Georg? Fritz fühlte sich dort wohl. Das Abseits war der Ort, den er anstrebte und der ihm ein großes Maß an Freiheit versprach. Dass Ernst der Bekanntere, der Umstrittene, der Erfolgreichere war, neidete Fritz ihm nie, sondern sah diese Rollen als Teil ihres Übereinkommens an, gemeinsam ein großes, sich ergänzendes Werk zu schaffen, zu bewahren und zur Wirksamkeit zu bringen. Mit seiner Technikkritik hätte auch er der Studentenbewegung durchaus etwas zu sagen gehabt, doch es wäre für jeden Linken undenkbar gewesen, sich auf einen der Jünger-Brüder zu beziehen. Friedrich Georg kam schon deshalb nicht in Frage, weil er sich zwar antikapitalistisch, aber ebenso deutlich auch antimarxistisch positionierte. »Eigentum« war für ihn ein positiver Begriff, der etwas mit Verantwortung und Verbundenheit zu tun hatte. Die perfektionierte Technik verwandelte alles »Eigentum« in »Kapital«, Maschinen in Produktionsmittel und alle Dinge in leere Hülsen, ganz egal, ob das unter privatkapitalistischer oder, wie im Sozialismus, unter staatskapitalistischer Herrschaft geschah. »Entfremdung« traf demnach nicht nur das Verhältnis des Arbeiters zur Arbeit, sondern ebenso auch das des Eigentümers zum Eigentum. Er argumentierte weniger ökonomisch als ontologisch, weniger mit Marx als mit Heidegger, wenn er 1971 in einem Aufsatz über »Eigentum und Kapital« schrieb: »Kapital kann ohne Substanzauflösung, Eigentum ohne Substanzerhaltung nicht bestehen. Kapital ist kein Ding, keine Sache, kein Gegenstand, ist nichts als Kraft, und Kraft ist der Motor des Kapitals.« Solche Sätze sind nicht mehr als klangvolle Tautologien, laufen sie doch darauf hinaus, dass Kapital, als Kraft gedacht, sich selbst antreibt. Doch die Unschärfe seiner Begriffe störte ihn nicht. »Technik« und »Kapital« verschmolzen in seiner Argumentation zu einer mythologischen Macht des Fortschritts, der er sein Entzugsprogramm der ewigen Wiederkehr und das Vertrauen auf die elementare Natur entgegenstellte. Wer in marxistischen Kapital-Lesekreisen geschult war, konnte mit den unzeitgemäßen Mahnungen nicht viel anfangen, die Friedrich Georg Jünger ab 1971 in der von ihm mitherausgegebenen Zeitschrift »Scheidewege« publizierte, einer konservativ-ökologischen »Vierteljahresschrift für skeptisches Denken«, wie sie sich im Untertitel nannte.

Die »Scheidewege« knüpften nahtlos an die Zeitschrift »Antaios« an, die seit 1959 unter der Herausgeberschaft des rumänischen Religionsphilosophen Mircea Eliade und Ernst Jüngers im Klett-Verlag erschien und nun aus finanziellen Erwägungen heraus eingestellt wurde. Sie war nach dem mythischen Riesen Antaios benannt, einem Sohn des Meeresgottes Poseidon und der Erdmutter Gaia. Seine unerschöpflichen Kräfte erhielt er von ihr: Solange er den Boden berührte, erneuerte sich unentwegt seine Stärke. Herakles besiegte ihn schließlich, indem er ihn hochhob und damit seiner Kraftquelle beraubte. Für Ernst Jünger war Antaios das Symbol der Erdverbundenheit und einer bodenständigen Lebenskraft, die dann versiegt, wenn der Bezug zum »Urgrund« und zur Herkunft verloren geht. Herakles stand in dieser Sichtweise für den Sieg der Technik über das Ursprüngliche, für die Loslösung des Menschen von der Natur und den Beginn der verhängnisvollen Fortschrittsgeschichte.

Wie »Antaios« waren auch die »Scheidewege« eine späte Konsequenz aus den Zeitschriftenplänen der Nachkriegszeit, als Friedrich Georg die »Musischen Blätter« konzipierte und »Pallas« an den Bedenken Heideggers und Ernst Jüngers scheiterte, denen es zu heikel war, sich gemeinsam publizistisch zu positionieren. Diese Sorge mussten die Herausgeber der »Scheidewege« nicht mehr haben. Diese Zeitschrift zielte von vornherein nur auf eine kleine, ausgewählte Leserschaft mit naturwissenschaftlichen und mythologischen Interessen. Naturschutz, Probleme der Evolutionstheorie, Raum und Zeit, Umwelt und Entfremdung waren Themen der ersten Ausgaben, dazu schöne Abseitigkeiten wie »Philosophie und Praxis des Schmerzensgeldes«. Und zur Mondlandung setzte man sich mit der Rede auseinander, die der Papst aus diesem Anlass gehalten hatte.

Mit dem Unternehmer Max Himmelheber aus Baiersbronn, der mit der Erfindung der Spanplatte reich geworden war, hatte die Zeitschrift einen finanzstarken Mäzen und zweiten Herausgeber. Fritz, der Buchenholzliebhaber, sah ihm die Verirrung ins Technische nach, zumal er sie durch kulturelles Engagement kompensierte. Himmelheber gehörte schon seit Mitte der fünfziger Jahre zu dem kleinen Kreis um den Juristen und Rechtshistoriker Franz Beyerle, der hin und wieder in einer Überlinger Gastwirtschaft zusammenkam. Friedrich Georg war in dieser Runde der große Schweiger, wie Himmelheber sich erinnerte. Aber er war ein Schweiger der besonderen Art, der heitere Gelassenheit zur Schau stellte und mit seiner stillen Aufmerksamkeit den Gesprächen Tiefe und Ernsthaftigkeit verlieh, da es so schien, als müsse man vor allem ihn, den freundlichen, zugewandten Zuhörer, überzeugen. Die »Scheidewege« nahm Fritz dann sehr ernst. Die Zeitschrift wurde zum Arbeitsmittelpunkt seiner letzten Lebensjahre. Seine letzten Essays über »Masse und Kollektiv«, über »Glück als Unglück« und über »Mythen und Mythologie« erschienen dort. Auch wenn er weder redigierte noch redaktionell mitarbeitete, las er alle für die Veröffentlichung in Frage kommenden Beiträge. Und er schrieb das programmatische Editorial in der ersten Ausgabe, wo er den Scheideweg als Ort des Innehaltens und der skeptischen Neuausrichtung vorstellte: »Ohne Vertrauen öffnet sich kein Weg. Ob er gangbar ist, gangbar weitergeht, bedarf der Prüfung. Einen Beitrag zu dieser Prüfung zu geben, ist die Aufgabe dieser Zeitschrift.«

Ernst las das Premierenheft »gleich im Garten beim Sonnenbad«, zuerst Fritz' Einleitung und dann »Deinen Traktat über das Eigentum. Ein prächtiger Fisch, das Mittelstück schwierig, doch Kopf und Schwanz von großer Eleganz. Ob uns nun mehr zukommt als die Rolle von Beobachtern der immensen Bewegung, weiß ich nicht. Dass aber überhaupt ihr Zug gesehen wird und dass Bewusstsein ihn begleitet, ist schon sehr viel und wichtiger als selbst pädagogische Absichten.« In den kommenden Jahren – und noch über den Tod des Bruders hinaus – würde Ernst die »Scheidewege« auch mit eigenen Texten beliefern, zumeist mit Auszügen aus Tagebüchern und Reiseberichten. Das Symbol der Gabelung, wie es der Scheideweg darstellt, überzeugte ihn so sehr, dass er für seinen Kindheitsroman mit der Zwille ein ähnliches polares Zeichen als Titel wählte. Die Zwille stehe »für die Gespaltenheit unserer Welt«, erklärte er. »Die Gabel trennt aktive und passive Geister, Krieger und Künstler; das bewirkt zugleich die weithin tragende Kraft.« Allerdings ist die Zwille ein ungleich kämpferischeres Symbol als der kontemplative Scheideweg. Jeder der Brüder wählte das ihm gemäße Zeichen.

Ernst war wie immer »umstritten«, Fritz fast schon vergessen. Daran änderten auch die »Scheidewege« in ihrer konservativen Gepflegtheit nichts. Vielleicht liegt darin, dass er in Ruhe gelassen wurde, auch einer der Gründe, warum Fritz der jungen Generation etwas mehr Verständnis entgegenbrachte als Ernst. Während seines Aufenthalts in der Villa Massimo im Frühjahr 1969 – Citta begleitete ihn – fremdelte er allerdings mit den sich zunehmend radikalisierenden Studenten. Die Magnolienblüte beschäftigte ihn mehr als deren Aktionen. Am 20. Februar notierte er: »Warmer Morgenregen. Unruhe ist unter den römischen Studenten; sie besetzten die Universität. Wir gingen nach Santa Maria Maggiore, der größten der römischen Marienkirchen.« Und eine Woche später: »Die Universität bleibt geschlossen und die Unruhe unter den Studenten hält an. Einer brach sich den Hals, als er übers Dach kletterte und abstürzte. Verwüstungen und über hundert Verletzte. Gestern kam der amerikanische Präsident Nixon; in der Stadt flatterten Flugblätter gegen ihn, und heute, als ich nach dem Vatikan fuhr, war die Stadt voller Polizei. Gestreikt wird an jedem Tag, doch die Stadt ist groß, und von dieser Unruhe dringt nichts bis zur Piazza Bologna.«

In einer Rede, die er 1970 vor einem Überlinger Ärztekongress hielt, ließ er jedoch eine erstaunliche Sympathie für die Studenten erkennen. In ihrem Protest gegen die durchorganisierte, zweckrationale kapitalistische Ordnung und ihrem Wunsch, Sand im Getriebe der Welt zu sein und nicht bloß ein funktionierendes Rädchen im Maschinenraum, standen sie ihm nahe. »Mich hat die Aussage eines jungen Hanfrauchers beschäftigt«, sagte er vor der versammelten Ärzteschaft des Kongresses. »Er sagte, dass man den Spießern morgens Haschisch ins Kantinenfrühstück geben solle. Dann würde alles ganz anders aussehen. Der Staat verbiete Haschisch, weil sonst viele Menschen davon Gebrauch machen würden. Er verbiete ihn, weil sonst die menschlichen Automaten fehlen würden, die in den Fabriken aus Blech Autos machen.« Auch wenn er seine nationalistischen Pamphlete der zwanziger Jahre restlos verdrängt hatte und auch innerhalb der Familie niemals darüber sprach, war ihm der radikale Gestus vertraut, und er ahnte auch, dass darin ein terroristisches Element erstarken konnte. Es wäre naiv zu erwarten, die Jugend würde sich schon noch anpassen und einordnen, mahnte er. »Wahrscheinlicher ist, dass junge Menschen, denen man die Träume nimmt, zu Wölfen werden.«

In Rom bezogen Fritz und Citta tatsächlich dieselben Räume und saßen auf derselben Terrasse »mit Pergola für Sonnentage« wie im Jahr zuvor Ernst und Liselotte. Sie tranken Chianti und brieten sich abends Wachteln, die aber, wie er betonte, nicht gejagt, sondern gezüchtet wurden. Orion und Venus standen hell am Nachthimmel, und Fritz träumte von dem Pfirsichstrauch im Rehburger Garten, dessen kostbare Blüten er der Mutter zeigte. Rom war der Schauplatz seines Romans *Zwei Schwestern* aus dem Jahr 1956. Er hatte über die Stadt schon geschrieben, als er sie nur von kurzen Tagesbesuchen kannte und seinem Ich-Erzähler das eigene Lebensgefühl mitgegeben, fremd zu sein in der Fremde, ein unbeteiligter Zuschauer des Alltagsgetriebes. Er ließ ihn in Cafés vor dem Kolosseum sitzen, einen Espresso trinken und den Passanten in die Gesichter schauen, »Gesichter, die vom Beschäftigtsein verengt sind und oft blind scheinen vor Zweckmäßigkeit«. Der Roman spielte in den Mussolini-Jahren. Der Geheimdienst war hinter dem Erzähler her, aber es war nicht eindeutig zu sagen, auf welche Seite er eigentlich gehörte. Er war ein Mann ohne Geschichte und Zugehörigkeit, der von der Macht des Schicksals oder des Zufalls in ein Netz von Intrigen verstrickt wurde und sich in zwei Schwestern verliebte, von denen er erst die eine und dann, nach deren plötzlichem Tod, die andere wählte.

Rom mit seinen engen Gassen und Plätzen, seinen Ruinen und den blühenden Veilchen, die auf dem Boden des Forums gediehen, war im Roman genau so, wie Fritz es jetzt erlebte. Er hätte den eigenen Text als Reiseführer verwenden können. »Der Anblick so mächtiger Trümmer weckt sehr verschiedene Gedanken und Empfindungen. Die fruchtloseste unter ihnen mag die Wehmut sein. Besser ist, wenn wir unsere Einbildungskraft üben und in ihr das Zerstörte wiederherzustellen suchen. Das Forum gleicht einem Bilderrätsel, das scharfsinnige Vermutungen heraufbeschwört. Wer sich damit nicht befasst, der mag sich die Frage vorlegen, ob nicht alle diese Tempel, Paläste, Säulen und Architrave wert waren, zerstört zu werden wie das Imperium Romanum selbst, das mit Wolfsmilch gesäugt wurde.«

Es mag ein der Einladungspraxis der Villa Massimo geschuldeter Zufall gewesen sein, dass Fritz und Ernst sich nicht miteinander, sondern nacheinander in Rom aufhielten. Doch bei Brüdern, die in den Sternen das Schicksal erkennen, muss es erlaubt sein, auch dies als Zeichen zu deuten. Die Zeit ihrer gemeinsamen Mittelmeerreisen war vorbei, seit das »Stierlein« den Platz als privilegierte Reisegenossin an Ernsts Seite eingenommen hatte. Gemeinsame Reisen der Brüder führten in den sechziger Jahren eher in den hohen Norden, nach Spitzbergen und − Erfüllung eines Kindheitstraums − nach Island, doch sie waren dann nicht mehr unter sich, sondern mit größeren Gruppen unterwegs, als hätten sie eine Scheu davor, mit sich allein zu sein, als wäre die brüderliche Nähe nicht mehr opportun. Übereinstimmung wurde aus Äußerlichkeiten konstruiert, etwa wenn Fritz kurz vor der Reise nach Spitzbergen sich einen Zahn ziehen lassen musste, während Ernst »ausgerechnet beim Genuss von dicker Milch, am Freitag Abend eine Plombe verlor« und darin eine »Duplizität der Ereignisse« erkannte. »Am Sonnabend Morgen besah der Langenenslinger Zahnarzt den Schaden und zog ein bedenkliches Gesicht. Stiftzahn oder Krone wird fällig.«

Rom, einmal besucht, musste von nun an in Fritz' Jahreszyklus eingefügt werden. Schon im März 1971 kehrte er für einen Monat zurück, allerdings verlief dieser Aufenthalt unglücklich. »Gut ging es mir in diesen Tagen nicht«, schrieb er dort ins Tagebuch. »Auch ist in den Träumen Unfug. Unter anderem: Der Mantel wurde mir in einer Wirtschaft gestohlen, ich rief den Kellner, und er zeigte mir eine grüne, ärmellose Weste mit der Frage, ob das der Mantel sei. Das ganz ernsthaft – ein Zug für die Dummen im Lustspiel, doch liegt die wahre vis comica in anderem Felde. Die niedere Komik kommt mit dem Zufälligen aus.«

Die Rückkehr wurde auch deshalb möglich, weil Max Himmelheber ein herrschaftliches Anwesen auf der Insel Ischia besaß und Fritz und Citta einlud, es zu nutzen. Dorthin fuhren sie von nun an regelmäßig, zumeist im Oktober, Rom lag auf dem Weg. Dann schickten sie blaue Ansichtskarten an Ernst, und Fritz zählte statt der Bäder im Bodensee seine Bäder in der Therme und die Bäder im Meer.

27 (ERDE)

Wilflingen 1996

Klirrende Kälte, leichter Schneefall. Ernst schlief bis in den Vormittag hinein. Je älter er wurde, umso später stand er auf. Wenn er um halb elf herunterkam und Liselotte ihn vorwurfsvoll ansah, rühmte er das warme Bett. »Es gibt auch den ewigen Schlaf«, sagte sie dann, als ob sein spätes Erscheinen ein Grund zur Sorge wäre. »Und das ist der beste«, gab er zurück, wohl wissend, dass sie die Gelegenheit nutzen konnte, um eine neue Todesmeldung zu überbringen: »Dann wird es dich nicht zu sehr bekümmern, dass heute Nacht wieder ein Freund gegangen ist.« Der ewige Schlaf, den er sich vorstellte, wäre ein Schlaf voller Träume: »Die letzte Stufe des Behagens vor dem Zeitlosen.«

Die Freunde gingen, unaufhaltsam. Alfred Toepfer, die kluge Banine, Martin von Katte, Horion, der wenige Wochen vor Fritz gestorben und im Überlinger Münster aufgebahrt worden war, der grimmige Carl Schmitt, Hans Speidel, Carlo Schmid, Rudolf Schlichter, die Schwester Hanna, der Sohn Alexander, der sich, unheilbar krank, in seiner Berliner Praxis erschossen hatte. Zuletzt der Maler Horst Janssen, der ihn zum fünfundneunzigsten Geburtstag mit einem Porträt und der Widmung »Dem abenteuerlichen Herzen − gewissermaßen aus Dankbarkeit« überrascht hatte. Mit diesem Bild konnte er besser leben als mit dem cäsarenhaften Haupt, das Arno Breker hergestellt hatte.

Es waren nicht mehr viele da. Umso größer wurde das Gedränge auf dem Fensterbrett. »Im Augenblick des Todes treten wir in die Substanz der Geschichte ein«, hatte Léon Bloy, dieser hochgeschätzte, rabiate französische Erzkatholik geschrieben. Der Satz begleitete ihn seit langem. Im letzten Krieg hatte er sich damit über viele Tode hinweggetröstet. Da hatte er Bloy so verstanden, dass der Tod der größte Geschichtsschreiber ist, weil er »den Eindruck der Dinge in der Substanz« zeige. So hatte er es damals in einem Brief an Fritz formuliert und ganz ähnlich noch einmal ein paar Jahre vor Fritz' Tod. Der Bruder hatte eher ablehnend reagiert, weil er dem Katholizismus misstraute: »Die Substanz der Geschichte, in die der Mensch im Augenblick des Todes eintritt, ist für Léon Bloy die Auferstehung und das Jüngste Gericht. Ist es so, ist diese Substanz der Geschichte zugleich ihr Ende für uns.« Aber da irrte Fritz. Bloy meinte das genau so, wie er es sagte, materiell, physisch, direkt. Und so hatte Ernst es Fritz zu erklären versucht: »Die Bemerkung von Léon Bloy fasse ich eher so auf: dass die Zeitmoleküle sich zusammendrängen, bis kein Zwischenraum bleibt. Damit verliert die Zeit ihre Qualität, also die Dauer, und wird absolut.« Die Zeit war ja keine Anschauungsform, wie Kant behauptete, sondern so etwas wie Sternenstaub. Man konnte sie einatmen. Oder unter hohem Druck zu Diamanten formen.

Dass die Toten weiterlebten, war für Ernst keine Frage. Das ergab sich schon aus der Tatsache, dass er sich mit ihnen unterhielt. Manche verblassten und verschwanden bei wachsender Entfernung »wie Sterne in der kosmischen Dämmerung«. Andere traten deutlich aus dem Dunkel hervor und gewannen an Gestalt. Fritz war anwesend, wenn er ein Bild des Bruders vor sich auf den Tisch stellte. Es war die Aufnahme von ihrem letzten Aschermittwochs-Schneckenessen in Altheim, fünf Monate vor Fritz' Tod, als er schon deutlich gezeichnet war von der Krankheit. Da saßen sie nebeneinander beim Wein, zwischen sich eine brennende Kerze. Fritz sagte irgendetwas, sah auf die Tischplatte hinab und durch sie hindurch und schrieb mit der linken Hand ein Zeichen in die Luft. Ernst stützte das Kinn mit der Hand und blickte, versunken in vorbeiwehende Gedanken, in die Ferne. Jeder war bei sich und ganz für sich allein, und doch lässt die Fotografie eine Vertrautheit und Nähe erkennen, die der Vergewisserung nicht mehr bedarf.

Vor ein paar Tagen, als Ernst durch den Schnee stapfte, zum Weiher hinüber, die Fellmütze auf dem Kopf, hatte ihn ein Schwindel ergriffen. Er musste sich an einen Baum lehnen und festhalten. Da stand er, aufrecht wie eine Kerze, ohne zu wissen, wo und wie lange er so stand. Es kam vor, dass er sich im Wald verirrte und erst am Abend zurückkehrte. Im Herbst hatte ihn sein Nachbar, Schlossherr Franz von Stauffenberg, in solcher Lage aufgefunden. Da war er mit einer Tüte voller Pilze vom Wald her kommend den Weg zum Friedhof hinabgegangen. Als er vor den Gräbern von Gretha und seiner beiden Söhne stand, wusste er nicht mehr weiter. Der Freiherr hakte ihn unter, nahm ihm die Pilztüte ab und führte ihn behutsam heim. Doch fünfzig Meter vor dem Haus musste er ihn loslassen. Ernst wollte nicht, dass Liselotte ihn so sah und von seiner Schwäche erfuhr. Sie würde sich Sorgen machen und ihn nicht mehr alleine losziehen lassen.

Das letzte Wort behält immer der Tod. Wolfgang, der jüngste Bruder, starb zuerst. Sie begruben ihn an einem regnerischen Tag im Januar 1975 auf dem Berliner Waldfriedhof in sandigem, goldgelbem Boden; Fritz gab ihm die letzten Vorjahresrosen aus dem Überlinger Garten mit. Im September 1976 starb Hans in Leisnig, einen Tag vor seinem einundsiebzigsten Geburtstag. Fritz hatte ihm noch ein Päckchen geschickt, das ihn nicht mehr erreichte, und von Hans eine letzte Postkarte erhalten, in der er mitteilte, er lese wieder einmal die *Geschichten aus Tausendundeiner Nacht*. Vergeblich hatten sie sich darum bemüht, Hans aus der DDR herauszuholen. Er erhielt keinen Pass, obwohl Ernst sich nicht scheute, Ministerpräsident Filbinger um Unterstützung in dieser Sache zu bitten. Doch Hans war schon tot und neben den Eltern begraben, als die Ausreisebewilligung wie zum Hohn eintraf. Und dann musste erst die Berliner Mauer fallen und die DDR untergehen, bevor Ernst, begleitet von Liselotte, nach Sachsen reisen konnte. Nach fast fünfzig Jahren stand er wieder am Grab des Vaters und zum ersten Mal an dem der Mutter und dem von »Bruder Physikus«. Da war er siebenundneunzig Jahre alt.

An seinem achtzigsten Geburtstag, der auf Einladung von Ernst Klett im Württembergischen Automobilclub in Stuttgart begangen wurde (mit Kalbssteak, gegrillten Tomaten und Mandelbällchen), war Fritz noch dabei. In Wilflingen wurde am nächsten Tag weitergefeiert bei Schneetreiben, das erst am Abend nachließ. Die Biberacher Bürgerwehr spielte auf. Großer Zapfenstreich. Dann fand sich das ganze Dorf in der Festhalle ein. Musik, Gesang, Lustspiel. Es war bei jedem runden Geburtstag dasselbe Programm. Fritz hatte ihm ein Gedicht gewidmet, in dem er die gemeinsame Herkunft beschwor. Es hieß, wie es nicht anders heißen konnte, »Wiederkehr«, und natürlich kamen Kraniche darin vor.

Weiser der Zeit,
Der ungezählten,
Ist das Morgenrot,
Ist die Sichel des Mondes.

Der Gänge sind viele
Und die weglosen,
Ungebahnten
Mehrten das Glück uns.

Du mein Rohr du,
Grünendes, immerdar
Flüstern die Boten mit dir,
Die himmlischen Winde.

Über Hügel und Tal
Und die Ufer des Sees
Zog im Herbstwind
Klagend der Kranichzug.

Verweht ist die Spur,
Die der Kinderfuß,
Der unbedachte,
In die Gräser der Heimat zog.

Doch die Stimmen kommen und gehn.
Sie flüstern und raunen
Zeitlos wieder und wieder
In der Muschel des Ohres.

Wer sie nicht hört,
Hat den Ursprung des Liedes vergessen.
Den Wohllaut des Jahrs
Trägt das Mühen nicht ein.

Das Jahr war noch nicht um, als im Dezember 1975 die Nachricht von Fritz' Erkrankung eintraf. Traurige, dunkle Monate zum Winter hin. Sterbezeit. In einem November war Gretha gestorben, Ernstel bei Carrara gefallen. Im Dezember war die Mutter, Anfang Januar der Vater hinübergegangen. Fritz hatte nach der Rückkehr von Ischia stark an Gewicht verloren, Dr. Korte diagnostizierte Magenkrebs und riet zu sofortiger Operation. Fritz schaffte noch die letzten notwendigen Gartenarbeiten des Jahres, las in Eichendorffs *Taugenichts*, sah den Blattkaktus aufblühen, unternahm in Begleitung von Johannes einen Spaziergang am Seeufer, bat ihn, was er noch nie getan hatte, um eine Zigarette, die er rauchte wie ein Soldat vor der Schlacht. Er musste auf das Schicksal vertrauen und auch, was ihm zuwider war, auf die ärztliche Kunst. Vom Kriegslazarett abgesehen hatte Fritz nie in einem Krankenhaus gelegen. Jetzt bezog er ein Zimmer mit Blick über die Stadt und den See. Citta und Johannes brachten ihn hin. Johannes, der Medizin studiert hatte, wurde von den Ärzten weniger als Familienangehöriger denn als Kollege betrachtet. Sie zeigten ihm nach der Operation nicht ohne handwerklichen Stolz den apfelsinengroßen Tumor, der in einer silbernen Schale ruhte. Sie glaubten, alles sauber entfernt zu haben, und rechneten nicht mit Komplikationen. Doch ein Nerv war in Mitleidenschaft gezogen worden und verursachte einen quälenden, nicht enden wollenden Schluckauf. Citta übernahm das Tagebuch und protokollierte in den folgenden Wochen die Fortschritte des Rekonvaleszenten.

14.12. Ernst und Liselotte kamen aus Wilflingen. Intensivstation. Magenschlauch herausgenommen.

15.12. Erster Haferschleim. Katheter herausgenommen. Guter Tag.

17.12. Großer Orchideenstrauß von Graf und Gräfin Podewils angekommen. Bei Georg heute viel Schluckauf aufgetreten, unangenehm, nicht so guter Tag.

19.12. Schluckauf immer noch da. Starker Schweißausbruch. Erste Fäden an der Operationsnaht gezogen.

21.12. Schluckauf etwas besser, auch Appetit.

26.12. Schluckauf unter Tags gut, abends wieder stark. Erster Spaziergang im Hausgang. Citta liest vor, Adalbert Stifter, *Die Narrenburg*.

Mitte Januar, nach Hause entlassen, stellte der Schluckauf sich wieder ein. Fritz wog noch 122 Pfund. Nur langsam nahm er wieder zu, und wie bei einem Säugling wurde jedes dazugewonnene Pfund gefeiert. Noch einmal zurückgekehrt ins Leben, geschah alles wie zum ersten Mal. Den kargen Tagebuchnotizen, die Fritz nun wieder selbst eintrug, ist das Staunen darüber anzumerken.

31.1.1976: Ernst rief an und ich sprach mit ihm. Erstes Telefongespräch nach der Operation.

2.2.: Gang zum ersten Mal in den Garten. Der Frost hält an. *Metaphysik der Sitten.*

9.2.: Ufergang mit Zita. Schellente. Haubentaucher.

So verknappte sich die Existenz. Er notierte, dass Ernst zu Besuch kam und wieder abreiste, dass er Citta auf den Wochenmarkt begleitete und dass die Hausrotschwänzchen im Garten brüteten. Als er von Heideggers Tod erfuhr, erinnerte er sich an dessen ersten Besuch in Überlingen, noch während des Krieges. Heidegger wurde in Meßkirch beerdigt; Ernst war dort und spürte die Anteilnahme des Bruders, als er ihm davon erzählte. Ernst war es auch, der telefonisch die Nachricht von Hans' Tod überbrachte. Fritz, zur Kur in Vals, notierte: »Die Hoffnung, dass er kommen werde, ist dahin. Der Föhn geht durch die Täler. Warmer, blauer Morgen. Der Bergahorn gilbt.« In einer der folgenden Nächte träumte er, er tauche den Pinsel in ein Tintenfass, das ausgetrocknet war, dann in ein zweites und drittes, die aber ebenfalls ausgetrocknet waren, schließlich in eines, das Galle enthielt. Damit schrieb er etwas, an das er sich aber nicht mehr erinnern konnte. Weiße Spuren auf weißem Papier.

Das Leben ist ein Traum. In Überlingen saß Fritz am Schreibtisch und blickte aus dem Fenster. Drei Jahre zuvor war der Ausbau des Dachgeschosses fertig geworden, wo er seither ein großzügiges Arbeitszimmer bewohnte. Mit einem Hausfest und sehr viel Wein hatten sie den Umbau eingeweiht. Hinter dem großen Fenster, vor dem sein Schreibtisch stand, war nichts zu sehen als der See. Wasser, Schiffe, Vögel, Himmel, Wolken und gegenüber das bewaldete Ufer des Bodanrück. Die Überlinger Promenade mit all den fröhlichen Feriengästen verschwand unter ihm, zu Füßen des Hauses. Hier oben sah und hörte er davon nichts. Doch als die Promenade erneuert wurde, als wochenlang von Schiffen aus Stützpfeiler in den Grund gerammt wurden, wackelte das Haus, und vielleicht war es der Lärm der Maschinen, der ihn krank gemacht hatte. Die Technik rückte ihm auf den Leib, da gab es kein Entkommen.

Sein großer Familienroman *Heinrich March* blieb unvollendet – oder vielmehr: Er zeigte das Unvollendete als seine Besonderheit vor. Als Ernst das posthum erschienene Buch las, fiel ihm der eigentümliche Bauplan auf, ein Entwurf, »der mit seinen Mustern ausgerollt und wieder eingezogen wird. Die Motive werden angeschlagen, doch bleiben sie offen, werden nicht ausgeführt. Das erinnert an eine Seefahrt zwischen Inseln; dort locken Funde zu eingehender Betrachtung, aber das Meer, das sie verbindet, und seine Stimmung bleiben wichtiger.« Der Roman bestand aus lauter Einzelheiten, »wie Muscheln, die man am Strande aufliest und fortwirft, nachdem man sie genau betrachtet hat«. Ernst erkannte die Kindheitslandschaft um das Steinhuder Meer wieder bis auf den einzelnen Baum und eine Höhle, in die er mit Fritz geklettert war und deren Eingang sie nach dem Krieg vergeblich gesucht hatten. Die Familie March mit einem Pfarrer als Vater war kein Abbild der Familie Jünger, und doch hatte Fritz ihre Eigenschaften auf die drei Brüder verteilt. Ludolf, der Älteste, der in China zu Reichtum gelangte, war ein Weltentdecker wie Ernst. Wie Fritz studierte er Jura und versuchte sich früh als Lyriker. Heinrich repräsentierte als Chemiker die Neigung zur Wissenschaft, für die bei den Jüngers der Vater stand. Und Otto, der Jüngste, lebte als Förster im Wald.

Der Eindruck, beim Lesen zwischen Inseln herumzufahren und dabei den Zusammenhang aus den Augen zu verlieren, entstand dadurch, dass die Zeitgeschichte, in der jedes Leben sich doch ereignet, nur als Hintergrund angedeutet war. Der Erste Weltkrieg veränderte die Welt auch für die Marchs, doch sie taten so, als tangiere sie das nicht. Der zweite Teil, der das Schicksal der dritten Generation der Familie und ihren Zerfall schildert, beginnt mit dem Hinweis »Zwanzig Jahre später«, so dass ausgerechnet die NS-Zeit und der Zweite Weltkrieg, in dem Otto stirbt, ausgespart bleiben. Sich damit zu befassen hätte bedeutet, dass Fritz sich auch mit seiner eigenen nationalistischen Frühzeit hätte auseinandersetzen müssen, von der er jedoch nichts mehr wissen wollte. Die Verdrängung war so vollständig, dass mehr als der Satz »Zwanzig Jahre später« nicht möglich war. So ist *Heinrich March* der paradoxe Versuch eines Zeitromans unter Weglassung der Zeit-geschichte, eine melancholische Klage über den Verlust des »Urgrunds« und der fortschreitenden Entfremdung. Der Zerfall der alten Welt spie-gelt sich im bruchstückhaften Charakter dieses seltsamen Buches. Eine Erholung muss für Fritz die Arbeit an der Odyssee-Überset-zung gewesen sein, der er sich über viele Jahre hinweg vorzugsweise während der nachmittäglichen Ruhestunden widmete. Er kräftigte sich an den festen Rhythmen der Hexameter, an verlässlichen For-men und an Helden, denen ihr Schicksal von den Göttern persönlich zugemessen wurde. 1979 erschien diese Übersetzung posthum, zu-sammen mit *Heinrich March*, als müsse zwischen den beiden Epen ein geheimer Bezugspunkt zu finden sein: der Gang in die Fremde, Ab-schied und Wiederkehr als Grundmotive des Lebens. Ernst und Lise-lotte fuhren nach Stuttgart zur »Vernissage«, wie sie zu ihrem Missfal-len nun auch bei Buchpublikationen unter Verlegern üblich wurden. Ernst notierte: »Ein schönes Werk; doch hat der Autor gefehlt.«

Citta starb fast auf die Woche genau zehn Jahre nach Fritz und wurde an ihrem Geburtstag neben ihm begraben. Ernst legte ihr eine Blume auf den Sarg. Am Abend nach der Beerdigung saß er bei sin-kender Sonne am Schreibtisch des Bruders in der Seeuferklause und gedachte der Zeit, als sie fünfzig Jahre zuvor das Haus zum ersten Mal betreten hatten. Er dachte an die vielen Feste, an all die Gespräche und gemeinsamen Stunden, an seinen abenteuerlichen Besuch nach dem Krieg. Die Zeit strömte schnell dahin. Was blieb, war ein Kiesel im Bachbett, ein guter Satz, ein Gedicht, das zu guter Stunde entstand. Und es machte nichts aus, wenn das Gedicht, ja selbst die Sprache, in der es stand, eines Tages vergessen sein würden. In seinem Gedächt-nis blieben Gedichtzeilen von Friedrich Georg lebendig: »Denn eins sind Melodie und Instrument.« Sie tauchten immer wieder auf, und es geschah auch, dass ihm im Traum Verse zuflogen, als hätte Fritz sie ihm eingeflüstert: »Da noch kein Anfang gewesen / Und kein Ende war, / Bin ich Sein und Verwesen / Immerdar.« Er konnte sich nicht er-innern, das zuvor gelesen zu haben.

Sie mussten nie viel sprechen, wenn sie ihre Reviere abschritten, auf Rhodos, Sizilien oder Sardinien. »Kann man es Abschied von der Erde nennen, wenn man in ihr bleibt? Ein Zoll muss jedenfalls bezahlt werden.« Das Alter war ein Übrigbleiben, ein Ausharren auf verlorenem Posten. Beim Gang durch die Zeit orientierte er sich an den Jahrestagen. Am 20. Juli zündete er eine Kerze an und legte Lilien auf Fritz' Grab. Beim Gang durch den Raum hielt er sich an gemeinsam besuchte Orte, an denen Fritz wieder auftauchte. Oder es erschienen Tiere, die Früheres mit sich trugen. Als ihm auf Samos nach langer Zeit wieder einmal Phytoecia humeralis ins Netz ging, war sofort die Szene präsent, als Fritz ein solches Tier einst auf Rhodos von einer Distel gepflückt und sie dessen roten Spiegel auf dem Halsschild und – eine Mittelmeerbesonderheit – auf den Schultern bewundert hatten. Seither war ihm diese Art nicht wieder begegnet. »Alles war wieder ganz nahe«, hielt er den Augenblick fest, »als ob inzwischen nicht ein halbes Jahrhundert, sondern nur eine Nacht vergangen wäre: die Fahrt mit dem Bruder kurz vor dem Kriege, der die Welt verändern sollte, die Sonne von Rhodos, der Duft der Macchia, das Meer. Und das mit dem Blick auf ein winziges Wesen, ein Juwel der Schöpfung, einen Stein der Weisen in Miniatur.«

Auch Orebić suchte er noch einmal auf, fünfzig Jahre danach. Doch das Haus, in dem sie damals gewohnt hatten, war nicht mehr wiederzufinden: »Fünfzig Jahre sind heute, was deren fünfhundert waren für Chidher.« Chidher, der ewige Wanderer, blieb für immer jung. Und wenn er wiederkehrte an denselben Ort, wo einst eine Stadt gewesen war, dann war dort ein Feld, fünfhundert Jahre später ein Meer, dann ein Wald, dann ein Mann in seinem Garten, nach weiteren fünfhundert Jahren wieder eine Stadt, und immer glaubten die Menschen, die sich dort aufhielten, dies hier sei immer schon und für alle Ewigkeit so gewesen. Und so ging es fort bis zur letzten Strophe in Rückerts Gedicht: »Und aber nach fünfhundert Jahren / Will ich desselbigen Weges fahren.«

So würde alles wiederkehren, würde sich wandeln und ewig gewesen sein. Er wartete nicht auf den Tod. Der Tod war immer schon da. Die Welt, die er kannte, würde zugrunde gehen und neu erstehen. Auch die Götter würden zurückkommen, so wie der Halleysche Komet. Bis dahin würde es noch eine Weile dauern. Jahrzehnte, Jahrhunderte, Jahrtausende. Aber was sind schon Jahrtausende. Letzthinnig, dachte er mit einem Wort von Schelling, letzthinnig bin ich Optimist.

DANK

Biographien sind Erzählungen, die Lebensläufen nachspüren. Sie sind immer fiktiv, auch wenn nichts darin erfunden ist. Aus den Daten und Fakten allein ergibt sich kein zusammenhängendes Leben. Das gilt für Autobiographien, die auf die Kraft der Erinnerung vertrauen, ebenso wie für akribisch recherchierte wissenschaftliche Arbeiten. Nichts ist erfunden, alles ist Fiktion: Das gilt auch für dieses Buch über Ernst und Friedrich Georg Jünger. Die Details stimmen, auch wenn manche konkreten Situationen – so die Tage des alten Ernst Jünger in Wilflingen – imaginär sind. Doch auch diese Kapitel setzen Recherche voraus und beruhen auf Vorgefundenem. Wichtigste Quelle war der umfangreiche, immer noch unveröffentlichte Briefwechsel der Brüder, der von 1913 bis 1977 reicht. Im Deutschen Literaturarchiv Marbach liegen auch die unpublizierten Tagebücher Friedrich Georg Jüngers, die – neben weiteren Beständen des Archivs – ebenfalls ausgewertet wurden. Mein Dank gilt allen Mitarbeitern, die mich dort mit Rat und Findigkeit unterstützten, dem Direktor des Literaturarchivs, Ulrich Raulff, und dem Kurator der großen Marbacher Ernst-Jünger-Ausstellung, Stefan Schlak, für Ideen und Anregungen. Auch die Ausstellung selbst mit ihren Exponaten, Kalendern, Notizbüchern, Briefen, war eine schöne Fundgrube. Dem 2011 verstorbenen einstigen Sekretär Ernst Jüngers in Wilflingen, dem Literaturwissenschaftler Heinz Ludwig Arnold, danke ich für weitere Hinweise.

Ein besonderer Dank gilt allen, von deren Arbeit ich profitierte, vor allem den Ernst-Jünger-Biographen Heimo Schwilk und Helmuth Kiesel, die mit ihren Büchern hohe Maßstäbe gesetzt haben, und Andreas Geyer, der die erste umfassende biographische Werkgeschichte Friedrich Georg Jüngers vorgelegt hat. Hilfreich waren auch das von Tobias Wimbauer erstellte Register der Tagebücher Ernst Jüngers und Ulrich Fröschles kommentiertes Verzeichnis der Schriften Friedrich Georg Jüngers.

Nicht möglich gewesen wäre mein Buch ohne die vertrauensvollen Gespräche mit Johannes von Reumont, der mir auch das Haus an der Überlinger Seepromenade öffnete. Besuche in Wilflingen und in Rehburg am Steinhuder Meer gehörten ebenfalls zum Annäherungsprozess: Ohne Kenntnis der Landschaften, in denen sich das Leben ereignet hat, lässt es sich weder begreifen noch darstellen. Dank auch Alexander von Reumont, Franz Schenk Freiherr von Stauffenberg, Michael Klett, allen weiteren Gesprächspartnern und Wegbegleitern, meinem Lektor Balthasar Haußmann, Barbara Oetter für den schönen Titel, für Geduld und tägliche Unterstützung, meinem Vater für eine erste prüfende Lektüre, Dirk Brauns und natürlich allen weiteren Lesern.

INHALT